北大法宝

法律实务丛书

2015年国家社科基金重大项目
政府和社会资本合作模式（PPP）立法研究成果

规则与启示

特许经营PPP裁判规则解读与适用

北大法律信息网 / 组织编写

孙钢宏 / 顾问　　黄华珍 / 著

Rules and Enlightenment

Understanding and Application of Rules
of Judgment for PPP Concession Cases

北京大学出版社
PEKING UNIVERSITY PRESS

图书在版编目（CIP）数据

规则与启示：特许经营 PPP 裁判规则解读与适用 / 黄华珍著 . —北京：北京大学
出版社，2017. 12

（北大法宝法律实务丛书）

ISBN 978 - 7 - 301 - 28550 - 3

I. ①规… Ⅱ. ①黄… Ⅲ. ①基础设施建设—基本建设投资—研究—中国 ②基础
设施建设—融资—研究—中国 Ⅳ. ①F299. 24

中国版本图书馆 CIP 数据核字（2017）第 174862 号

书　　　名	规则与启示：特许经营 PPP 裁判规则解读与适用	
	GUIZE YU QISHI:TEXU JINGYING PPP CAIPAN GUIZE JIEDU YU SHIYONG	
著作责任者	黄华珍　著	
策 划 编 辑	陆建华	
责 任 编 辑	陆建华　方尔埼	
标 准 书 号	ISBN 978 - 7 - 301 - 28550 - 3	
出 版 发 行	北京大学出版社	
地　　　址	北京市海淀区成府路 205 号　100871	
网　　　址	http：//www. pup. cn　http：//www. yandayuanzhao. com	
电 子 信 箱	yandayuanzhao@ 163. com	
新 浪 微 博	@ 北京大学出版社　@ 北大出版社燕大元照法律图书	
电　　　话	邮购部 62752015　发行部 62750672　编辑部 62117788	
印 刷 者	北京宏伟双华印刷有限公司	
经 销 者	新华书店	
	730 毫米×1020 毫米　16 开本　22. 75 印张　455 千字	
	2017 年 12 月第 1 版　2017 年 12 月第 1 次印刷	
定　　　价	59. 00 元	

丛 书 序

随着互联网＋、大数据、微时代的来临，信息传播的介质呈现出多样化发展态势，博客、微博、微信等自媒体的快速发展为数字化阅读提供了条件，但由此形成的碎片化阅读、浅阅读使读书成为一种"被动"的行为，也让真正有效的阅读变得艰难。纸质出版物作为传统媒介，对培养深度阅读习惯有着重要的、不可替代的作用。"北大法宝"和北大法律信息网虽然是法律信息的领跑者，但从未忽视纸媒阵地的作用，一直在网络、出版和自媒体领域积极探索，努力打造精品。

"北大法宝"作为国内最早的法律专业数据库，30年来在法律信息方面一直走在行业前列，尤其注重内容建设。2010年组织编写的"北大法宝法律人高级助手书系"是业内较早的与数据库关联的法律实务系列丛书，引起较大反响。北大法律信息网作为国内第一个法律信息网站，20余年来一直走在学术前沿，用平台优势积极培养优秀作者，自2013年起持续出版《北大法律信息网文粹》，已成为互联网法律前沿文章的重要集结地。2013年、2014年先后开设"北大法宝"和"北大法律信息网"微信公众号，实现了网络平台、新媒体平台和纸媒平台的共通、共赢发展。

根据国家互联网＋法律的时代需求，"北大法宝"在三大平台基础上，实施法律实务内容的深入挖掘，推送优秀作者，大力发展纸媒平台的发展策略，"北大法宝法律实务丛书"应运而生。从"北大法宝"纸媒平台的发展趋势来看，《北大法律信息网文粹》作为学术类出版物、"北大法宝法律实务丛书"作为实务类出版物将长期存在和运营。未来"北大法宝"将根据研究和业务领域的延展，不断推出新的研究成果。

"北大法宝法律实务丛书"侧重法律实务研究，丛书选题契合法律实务热点和难点，以法律实务工作者关注的法律问题作为研究内容，以司法案例分析为基础，将法律实务问题与案例要点分析完美结合，提炼法律实务要点，提示法律风险，提出法律启示和规避要素。本丛书邀请的作者，均为从事法律实务工作的优秀法律人，也是北大法律信息网的优秀作者，不仅有良好的法律教育背景，同时有多年的法律从业经验，在他们所工作和研究的领域享有良好的声誉。本丛书计划将二维码技术贯穿始终，尽可能让文中所使用的案例、法规可通过扫描二维码的方式在北大法律信息网、北大法宝数据库中查阅，帮助读者充分享受数字化与传统阅读相结合的乐趣！

"北大法宝法律实务丛书"将持续出版，欢迎法律专业人士和法律爱好者们为我们提供宝贵建议，你们的关注是我们发展的最大动力！我们力争将该丛书打造成业内一流的法律实务出版物。

丛书的出版，应当感谢北京大学出版社的大力支持，感谢北京大学出版社编辑团队的积极推动，感谢作者提供的优秀文稿和苛求的写作态度，感谢"北大法宝"优秀的编辑和技术团队，感谢为本书出版默默付出的所有工作人员。

郭　叶

北大法律信息网副主编

2017 年 10 月

序

德恒律师事务所是中国大型综合性律师事务所之一，经过二十多年的发展，现已形成遍布中国和世界其他100多个主要城市的全球服务网络。德恒在建设工程与金融服务领域积累了丰富的法律服务经验，德恒服务了以三峡工程、南水北调工程为代表的一系列重大项目，培养了一支专业过硬、综合素质较高的律师队伍。

近年来，PPP业务在我国蓬勃发展，德恒积极响应国家政策，提前布局PPP法律服务，集合德恒总部及国内外分支机构PPP专业律师力量，设立德恒PPP业务中心，并成立了由二十多位合伙人组成的中心执委会负责日常工作。德恒PPP业务中心服务了一大批PPP项目，涉及市政、医疗教育、养老、产业园区、交通、水利环保、公共服务等领域，其中包括北京新机场等国内重大项目及"一带一路"沿线的重大国际工程项目。

本书由德恒PPP业务执委会委员黄华珍律师撰写而成。黄律师在日常为众多PPP项目提供法律服务之余，潜心研究我国政府特许经营司法案例，从中梳理法院裁判规则，并借此推动对PPP项目全生命周期管理的探讨和实践，本书为德恒律师法律文库再添一新作品。

德恒律师是中国法律制度的践行者，我们一直提倡知行合一，以理论指导实践，以实践促进理论发展，鼓励律师深入研究法律、探索法理。本书将是德恒律师为中国法制建设添砖加瓦的又一新作，希望对广大读者有所帮助，也期待继续为客户提供更为优质、高效的法律服务。

孙钢宏

北京德恒律师事务所执行主任

2017年10月

自　序

自 2014 年开始，PPP 模式以迅猛之势在国内发展，截至 2017 年 6 月末，中国 PPP 入库项目共计 13554 个，投资额 16.3 万亿元。其中，已签约落地 2021 个，投资额 3.3 万亿元，落地率 34.2%。当前 PPP 法律服务主要集中于非诉讼法律服务阶段，但无论是交易模式的选择，交易结构的搭建，抑或交易文件的拟定均需以相关司法裁判规则为导向，以尽可能避免未来产生纠纷。维护良好的市场秩序是司法的重要功能之一，在裁判规则的引领从事交易活动是法治社会的重要特点。自 19 世纪 80 年代开始，PPP 模式中最重要的特许经营模式在我国发展已有 30 余年，一些特许经营项目以失败告终，甚至酿成诉讼。这些特许经营项目失败的原因是什么？对当前 PPP 模式的推广有何借鉴意义？诉争特许经营项目的争议焦点是什么？法院的裁判要旨是什么？对 PPP 项目合同和项目管理有何启示？带着这些疑惑，我们开始研究 PPP 裁判规则。

我们在北大法宝、人民法院裁判文书网以"BOT""特许经营"等为关键词进行检索，共发现最高人民法院和各省、自治区、直辖市高级人民法院所公开的判决中，涉及基础设施与公共服务特许经营的案例近百个。这些案例几乎涉及 PPP 项目全生命周期，包括缔约、特许经营权授予与撤销、项目用地、项目公司、建设、运营、移交等，以及工程总承包、设备采购、工程分包等投后管理阶段。我们整理归纳了涉案项目基本情况，提炼了案件争议焦点，梳理了法院对争议焦点的裁判结果和理由，总结了裁判规则，并针对争议焦点检索了最高人民法院的其他案例，检验该裁判规则的稳定性，最后思考了对当前 PPP 项目缔约和组织实施的启示，是为本书上编和下编。

然而，这些案例中仅 2 个案例涉及 PPP 项目融资，我们认为其原因在于此前项目融资并不发达，很多项目仍然依靠主体信用，但本轮 PPP 热潮中，以项目现金流为信用基础的项目融资已经上路。特别值得关注的是资本金融资，传统以公营公建为主的基础设施投资模式中，资本金基本由政府提供；传统企业投资的项目中，资本金多由投资人以自由资金投入，资本金融资也不成问题。但本轮 PPP 中，社会投资人为完成国有资产监督管理委员会有关资产负债率的考核需求，多要求引入财务投资人出表，而金融机构为规避真股投资的风险，也愿意以财务投资人的身份参与 PPP 项目，名股实债型 PPP 项目资本金融资随之兴起。传统"回购＋差补"的名股实债型的交易结构往往无法满足出表需求，实践中发展出"远期认缴""双 GP 双劣后"等升级交易模式。资本金融资是否违反国务院《关于固定资产投资项目试行资本金制度的通知》（国发〔1996〕35 号）？各种名股实债型 PPP 交易模式的合法性如何？带着这些疑问，我们不再局限于 PPP 的概念范畴，专门研究有关"回购""差额补足""小股大债"等新型增信方式和交易结构的裁判规则，供 PPP 融资参考，是为本书中编。

我们将以上案例分析编写成书，供 PPP 业界从业人员参考，欢迎大家批评指正、交流探讨。

黄华珍

2017 年 11 月

目
录

第六章 建设运营 ···································· 105

下编／投后管理

规则与启示:特许经营 PPP 裁判规则解读与适用

規则与启示

Rules and Enlightenment

上编 | 特许经营项目合同

第一章　项目范围

01　滦县兆薪燃气有限公司与滦县新奥清洁能源有限公司用益物权纠纷

案例来源：(2012)冀民二终字第56号，(2013)民申字第314号。

关键词：天然气　特许经营　经营范围　民事纠纷

一、裁判规则

【规则】特许经营项目中特许经营权的经营范围应通过行政程序进行确认

在特许经营项目中，如果政府方在授予投资人特许经营权后，又授予其他投资人特许经营权，确定前后两项特许经营协议的经营范围是明确投资人权利是否受到侵害的基础，特许经营协议的经营范围应由当事人另行提起行政诉讼予以确定。

二、审判概览

（一）涉案项目情况

2005年3月2日，滦县建设局与滦县兆薪燃气有限公司(以下简称"兆薪公司")签订了《燃气开发协议书》，其中约定：兆薪公司独家开发建设经营滦县城区（含开发区，企业自备气除外）燃气设施，建煤制气及天然气兼容站一座，占地5.5亩，城市主管网80公里及3万户城区居民庭院入户管网，特许经营期为30年。

2011年6月8日，滦县发展改革局与滦县新奥清洁能源有限公司(以下简称"新奥公司")签订了《天然气经营协议》，明确新奥公司经营范围是2005年3月2日滦县建设局与兆薪公司所签订《燃气开发协议书》范围外使用天然气的用户；建设内容是，新奥公司出资2.5亿元建设永唐秦输气管道至滦县26公里天然气管道及门站、母站、天然气加气站及附属设施，开发经营范围内的天然气用户。

（二）审理要览

1. 原告诉求

兆薪公司认为新奥公司的经营范围与其存在冲突，侵犯了其独家经营区域内的合法权益，并造成了巨额经济损失，提起诉讼，要求新奥公司停止侵权。

2. 审理经过

本案经过一审、二审以及再审程序。

河北省高级人民法院作出（2012）冀民二终字第 56 号民事判决，最高人民法院作出（2013）民申字第 314 号再审民事裁定书，裁定驳回滦县兆薪燃气有限公司的再审申请。

三、 争议焦点的规则解读

【焦点】在后特许经营权是否侵犯在先特许经营权

1. 当事人观点

兆薪公司认为，新奥公司铺设的永唐秦天然气管道滦县开口至滦县的管线，没有合法手续，同时经过了台商工业园，该园区即为滦县的开发区，系《燃气开发协议书》中划定的兆薪公司享有独家经营权的区域。新奥公司至今未取得有关部门核发的《燃气经营许可证》《建设工程规划许可证》等合法、有效的政府许可文件，无论是滦县人民政府的《会议纪要》、滦县发展改革局出具的《说明》，还是滦县发展改革局与新奥公司签订的《天然气经营协议》，均非政府的行政许可文件。新奥公司在滦县经营燃气业务、建设天然气设施及管道均属违法行为，不仅侵害了兆薪公司的独家经营权，同时也违反了国家对燃气行业的管理规定。

2. 法院观点

最高人民法院认为：

滦县人民政府根据本地区的经济发展与规划，承诺首先取得永唐秦天然气管道滦县开口权的企业享有滦县输气管道工程建设的权利。新奥公司经过积极联络协调，争取到中石油公司为滦县增设开口，并首先取得了中石油公司为滦县增设开口的批复。此后，滦县政府与新奥公司签订了特许经营协议。因此，新奥公司铺设天然气管道是基于滦县人民政府的行政许可及授权，该行为是否正当合法、是否侵犯了兆薪公司的燃气经营权等问题不属于本案用益物权民事纠纷的审查处理范围。

河北省高级人民法院向滦县发展改革局等单位进行了调查，滦县发展改革局在《关于滦县新奥清洁能源有限公司有关情况的函》中称：新奥公司与兆薪公司的经营范围、内容界定明确，没有冲突。新奥公司与兆薪公司均是在滦县人民政府的授权及许可范围内经营燃气管道建设及供应，经营范围及区域的具体确认，应由授权单位即滦县人民政府自己作出解释。即使上述两份协议在经营范围上存有冲突，也是滦县人民政府根据本地区的发展与规划依行政职权作出的决策，法院在本案用益物权纠纷中无权替滦县人民政府作出解释，并对双方的经营范围进行具体划分。

新奥公司的经营行为是基于滦县人民政府的规划许可，其所从事天然气供应、建设燃气设施及管道等经营行为是否符合经营天然气的行业规定，属于行政执法部门的审查处理范围。兆薪公司申请再审称，新奥公司尚未取得燃气经营许可证，新奥公司在滦县从事天然气供应、建设燃气设施及管道等经营行为属于违法行为，不属于本案审查范围。

3. 作者简评

本案的核心争议点是新奥公司的在后特许经营权是否侵害兆薪公司的在先特许经营权。兆薪公司认为新奥公司未取得《特许经营许可证》，未依法取得特许经营权，而其在兆薪公司特许经营范围内铺设管道等行为已经侵害了兆薪公司的合法权益。

然而，最高人民法院认为本案案由为用益物权纠纷，即民事纠纷，而新奥公司是否依法取得特许经营权，其特许经营范围是否与兆薪公司之特许经营范围相冲突，属于政府解释范围，非本案审理范围。若兆薪公司认为政府违法授予新奥公司特许经营权，可以提起行政诉讼，请求撤销滦县人民政府及其相关部门授予新奥公司燃气经营权的行政行为，并要求滦县人民政府赔偿损失。

我们认为，特许经营项目合同是较为复杂的一种复合合同，纠纷解决过程中存在着请求权竞合的法律问题。一旦产生纠纷，如何正确选择请求权及准确确定被告是取得胜诉的关键。本案中作为原告的兆薪公司若不是以用益物权提起第三人侵权之诉，而是基于特许经营合同以政府方为被告提起合同纠纷之诉，本案可能会出现另一番局面。

4. 最高人民法院与该争议焦点相关的裁判规则

参见本章第二节中"商丘新奥燃气有限公司与商丘昆仑燃气有限公司侵权责任纠纷"一案。

四、 启示

【启示】明确项目范围与项目唯一性问题

从本案中可以看出，最高人民法院在涉及特许经营项目的案件审理中是区分特许经营合同和作为特许经营合同基础的特许经营权授予两部分法律关系的。

根据国家法律法规规定，特许经营项目实施需经一些前置性审批程序，主要包括项目审批、PPP模式的审批以及具体实施方案的审批等事项。这些审批事项是作为特许经营合同的前置基础或者生效条件存在的。而这些审批事项往往确定了作为特许经营合同履行基础的特许经营权权利义务内容，一旦这些权利义务内容存在争议，这些审批事项当然属于行政诉讼领域的范畴。

如何避免陷入行政诉讼的泥沼？我们强调应当将审批事项的具体内容明确到特许经营合同中去，尤其是特许经营权的范围、具体内容、期限等是必须约定在合同中的，或者以合同附件形式呈现。

很多社会资本方出于怕麻烦的心理，以为已经有了审批文件就可以一劳永逸，没有将审批内容约定在特许经营合同中，从而产生了很多纠纷，甚至是如本案这样的本可避免的行政纠纷。

 02 商丘新奥燃气有限公司与商丘昆仑燃气有限公司侵权责任纠纷案

案件来源：（2015）民申字第 256 号。

关键词：侵权纠纷　法院主管　规划　特许经营范围

一、裁判规则

【规则】特许经营范围所涉规划条件之确认不属于法院主管范围

当事人因特许经营协议对特许经营范围约定不明，需要通过明确规划条件予以确定的，其争议不属于民事法院裁判范围。

二、审判概览

（一）涉案项目情况

2007 年 12 月 27 日，商丘新奥燃气有限公司（以下简称"新奥公司"）与经商丘市政府授权的商丘市市政管理局（即商丘市城市管理局）签订《管道燃气经营协议》，该协议约定特许经营权有效期限为 30 年，自 2004 年 8 月 28 日起至 2034 年 8 月 28 日止；特许经营权行使地域范围为"商丘市城市规划区内"。

2012 年 10 月 12 日，河南省弘泰燃气有限公司（以下简称"弘泰公司"）与睢阳区政府签订《投资建设天然气加气母站项目合同书》，该合同约定，项目投资基本情况：在睢阳区境内投资建设城市基础设施（含燃气管道）；经营品种：管道天然气（LNG、CNG）；项目地址：商丘市归德南路西侧，迎宾大道以南、富商东路以北；睢阳区政府按照"全程代办"的要求，负责提供项目核准立项、环保评价、工商登记、建设规划、文物勘察、土地使用证办理等各项相关协调服务，费用由弘泰公司承担；弘泰公司负责 3 亿元投资款足额到位等。后弘泰公司被商丘昆仑燃气有限公司（以下简称"昆仑公司"）吸收合并，合并后的公司名称仍为昆仑公司。

（二）审理要览

1. 原告诉求

2014 年 4 月 21 日，新奥公司向河南省商丘市中级人民法院提起诉讼，主张其于 2007 年 12 月 27 日与经商丘市政府授权的商丘市市政管理局签订了《城市管道燃气特许经营协议》，约定由新奥公司独家经营商丘市城市规划区域内的管道燃气业务，特许经营权行使地域范围为商丘市城市规划区域内。自 2012 年 11 月起，昆仑公司在商丘市睢阳产业集聚区内持续铺设燃气管道，该行为侵犯了新奥公司的特许经营权，要求昆仑公司停止侵害、赔偿损失。

2. 审理经过

本案经过河南省商丘市中级人民法院一审、河南省高级人民法院二审、最高人民法院再审。

河南省商丘市中级人民法院裁定驳回起诉，河南省高级人民法院裁定驳回上诉，维持原裁定。最高人民法院裁定驳回商丘新奥燃气有限公司的再审申请。

三、争议焦点的规则解读

【焦点】特许经营范围争议是否属于民事法院裁判范围

1. 当事人观点

昆仑公司认为，商丘市城乡规划局于 2013 年 6 月 28 日向商丘市政府出具《关于商丘燃气管理若干问题的情况说明》，该说明指出："根据特许经营协议的签署日期和起始时间，商丘城市规划区域的认定应适用于河南省人民政府 1995 年批复的《商丘城市总体规划(1993 – 2010)》所确定的城市规划建设用地范围，面积为 56 平方公里。商丘市政府法制办公室于 2014 年 3 月 24 日《关于新奥燃气与昆仑燃气就管道燃气特许经营范围争议的处理意见和建议》中也明确赞同商丘市城乡规划局关于上述特许经营范围的界定意见，同时指出上述协议约定的"商丘城市规划区域内"实际应指《中华人民共和国城市规划法》（以下简称《城市规划法》）所指城市规划区中的城市市区。昆仑公司施工的范围均在该 56 平方公里以外，不存在对新奥公司的侵权。

新奥公司认为，(1)根据《城市规划法》对于城市规划区的解释及范围的确定，城市规划区的范围以政府编制的规划为准。河南省人民政府《关于〈商丘城市总体规划(1993 – 2010)〉的批复》（豫政文〔1995〕190 号）明确 1993 – 2010 年商丘城市规划区范围是：包括王坟乡在内的 496.51 平方公里土地总面积；河南省人民政府《关于〈商丘市城市总体规划（2005 – 2020）〉的批复》（豫政〔2008〕4 号)明确 2005 – 2020 年商丘城市规划范围：包括睢阳区全境总面积为 2165 平方公里的土地。(2)九四版商丘城市总体规划所确定的建设用地范围是 56 平方公里，城市规划区域为包括王坟乡在内的 496.51 平方公里。新奥公司与商丘市市政管理局签订的《管道燃气经营协议》约定的经营范围为商丘城市规划区域，并非城市规划建设用地范围。(3)2010 年 12 月 21 日商丘市城市管理局向睢阳区政府发出的商城函〔2010〕38 号文件，明确了"新奥公司拥有的城市管道燃气特许经营范围已经涵盖了睢阳产业集聚区"。因此，昆仑公司在新奥公司经市政府授权的商丘城市规划区域内经营，侵害了新奥公司的合法权益。

2. 法院观点

河南省商丘市中级人民法院一审认为：

合同约定本项目特许经营区域范围如附件三图示，新奥公司未提交该附件，法院无法确定新奥公司特许经营的区域范围；且商丘市人民政府作为特许经营的批准机关，有权对其区域范围进行明确，法院对新奥公司的特许经营区域范围问题不予审理。

河南省高级人民法院二审认为：

合同对特许经营权范围约定不明，新奥公司亦未提供附件三；商丘市城市管理局、商丘市城乡规划局以及商丘市政府法制办公室对协议约定新奥公司特许经营的区域范围也存在不同意见；据当事人提交的现有证据不能明确界定新奥公司特许经营的区域范围。而关于特许经营区域范围的界定或确认问题，属于政府的行政职权范围，不属于民事案件审理的范围。

最高人民法院再审认为：

本案争议焦点为城市规划区域范围的确定是否属人民法院民事案件裁判范畴。故双方就昆仑公司相关行为是否构成侵权的争议，源于对商丘市城市规划区域的不同认识。该争议的解决，不能回避商丘市城市区域范围的认定问题。而城市规划区域应由行政机关依法确定。但本案中，商丘市相关部门对该市城市规划区域范围的意见并不一致。商丘市人民政府或其他有权机关亦未就商丘市城市规划区域的范围作出明确的认定。在行政机关未明确本案《特许经营协议》所涉商丘市城市规划区域范围的情况下，直接认定新奥公司依该协议所享有特许经营权的区域范围，超出人民法院民事裁判的范畴。

3. 作者简评

本案纠纷源于合同对特许经营范围界定的不明确，而政府相关部门对项目范围又提出不同的解释，且未形成统一意见，法院认为界定城市规划区域范围属政府行政职权，法院不能越权裁判，在该范围未经行政机关依法确定前，应当驳回原告起诉。

四、 启示

【启示】社会投资方应在 PPP 合同明确合作项目范围

从权利的角度看，特许经营项目的基础是特许经营权，特许经营权的权利范围就显得尤为重要了。特许经营项目的经营范围，用以明确约定在项目合作期限内政府与项目公司的合作范围和主要合作内容，是特许经营项目合同的核心条款。根据项目运作方式和具体情况的不同，政府与项目公司的合作范围可能包括设计、融资、建设、运营、维护某个基础设施或提供某项公共服务等。以 BOT 运作方式为例，项目的范围一般包括项目公司在项目合作期限内建设（和设计）、运营（和维护）项目并在项目合作期限结束时将项目移交给政府。通常上述合作范围是排他的，即政府在项目合作期限内不会就该 PPP 项目合同项下的全部或部分内容与其他任何一方合作。

本案揭示特许经营合同纠纷里特许经营权经营范围中一旦涉及需要行政确认的内容（特别是规划条件），一般来说不属于法院的主管范围。因此，在前期项目准备、合同缔约过程中，各方当事人应明确合作项目范围，最好以附图形式明确项目红线，避免将来出现争议。

第二章 前期工作

01 中信国安集团有限公司与江苏省工商行政管理局投资合同纠纷案

案例来源：(2013)苏商初字第0003号，(2015)民二终字第1号。

关键词：信息系统 投资开发 立项 商用密码 合同解除

一、 裁判规则

【规则1】项目立项未通过应根据合同约定确定责任方

合同未明确约定由缔约的政府部门负责项目立项的，立项因非缔约部门原因未获通过的，不应视为政府方违约。

【规则2】非因任何一方当事人原因解除合同后，各方按照合同约定或法律规定按比例承担损失

合同因非任一当事人原因解除后，项目存在损失的应按合同约定或推定的损失承担比例分担。项目接收方应向项目投资方进行补偿，补偿额为投资额减去损失分担额。

二、 审判概览

（一）涉案项目情况

2000年9月18日，江苏省工商行政管理局（以下简称"江苏省工商局"）与中信国安集团有限公司（以下简称"中信国安公司"）签订《合作建设江苏省数字化工商信息系统协议书》（以下简称《总协议》），约定双方共同合作开发江苏省工商信息管理系统，系统包括作为工商系统内部管理操作平台的"内部业务网"、作为对外企业信息服务平台的"信息服务网"以及与税务、海关、银行等相关行业联通"行业协作网"。工程预计总投资约1.5亿元（投资额以最终双方确认的决算为准），中信国安公司作为系统的投资商与系统集成商，在协议签订后10日内，在江苏省注册项目公司，注册资金为5 000万元，作为工程启动资金，后续资金的投入待系统分析报告及设备配置方案确定后，一次性投入到该公司。江苏省工商局拥有工程实施中重大事项的决策权，负责与系统建设相关的政府立项手续，指导、协调各市、县的非技术性问题，中信国安公司负责系统建设所需全部资金。双方在该实体的合作期限为2002年1月1日至2011年12月31日（如需延长另行商议）。前5年内的收益，按江苏省工商局30%、中信国安公司 70% 的比例分配；后 5 年按江苏省工商局 70%、中信国安公司 30% 的比例分配。所投资的系统硬件设备在其投资成本回收后（最迟于 2006 年 12 月 31 日前），所有权归江苏省工商局所有。

2001 年 4 月 30 日，江苏国安创维信息产业有限责任公司（以下简称国创公司）经工商登记注册成立，注册资本 5 000 万元，中信国安公司出资 2 750 万元，创维集团有限公司（以下简称创维集团）出资 2 250 万元。

2001 年 8 月 11 日，江苏省工商局、中信国安公司、创维集团签订补充三方协议（以下简称《三方协议》），约定《总协议》中工商局权利义务不变，中信国安公司的权利和义务转由中信国安公司与创维集团共同承担；中信国安公司、创维集团分别按 55%、45% 的比例承担中信国安公司原有的权利和义务；利益分成由国创公司替代中信国安公司，与工商局按《总协议》约定的比例分享。

2001 年 8 月 11 日，江苏省工商局下属事业单位江苏省工商行政管理咨询服务中心（以下简称"咨询中心"）与国创公司签订《关于成立江苏工商企业在线科技有限公司合同》，约定由咨询中心与国创公司共同成立江苏工商企业在线科技有限公司（以下简称"工商在线公司"），经营期限为 10 年（自 2002 年 1 月 1 日至 2011 年 12 月 31 日），经营范围为软件开发、系统集成、信息服务。公司注册资本 500 万元，咨询中心出资 150 万元，占股 30%，国创公司出资 350 万元，占股 70%。从 2007 年 1 月起，双方的股份比例调整为咨询中心 70%，国创公司 30%。公司设立股东会、董事会，董事长由咨询中心出任，总经理由国创公司出任。国创公司继续按照《总协议》全面完成系统建设任务，并以成本价向工商在线公司转让该系统。工商在线公司在取得经营收入后（经营收入来源为企业入网费等），在提取正常营运费用的情况下，优先支付购买该系统的款项，力争国创公司的投资在公司成立后三年全部回收，此后的利润，在缴纳税款提留各项基金后，按双方的股份比例分配。同年 11 月，在线公司依据上述约定成立。2008 年在线公司名称变更为江苏省工商企业在线信用管理有限公司。

截至一审，信息系统中内部业务网基本建成，企业服务网部分建成，行业协作网未建。内部业务网、企业服务网由江苏省工商局、江苏省工商企业在线信用管理有限公司使用。

该项目收入主要来源于 ca 系统认证收入，但省委机要局及江苏省国家密码管理委员会办公室（以下简称"江苏省国密办"）认为工商江苏 ca 中心与省里筹建的 ca 中心相冲突，于 2003 年初要求停止工商江苏 ca 中心项目，且因各种原因，系统建设以来一直没有回报。2004 年 2 月 6 日，江苏省工商局、中信国安公司、创维集团签订《合作建设江苏省数字化工商信息系统补充协议书》（以下简称《补充协议》），约定：国创公司为信息系统的合同未履行部分的债务（金额合计为 14 536 619.94 元）转移给江苏省工商局信息中心承担，江苏省工商局信息中心承担的这部分债务作为江苏省工商局的投资，不再作为中信国安公司、创维集团的投资，并在中信国安公司、创维集团投资决算中予以扣除。

2006 年 6 月 6 日，国创公司给江苏省工商局发函称：至 2004 年底，国创公司累计投入 16 655 万元，完成了各项任务，实现了整个系统的联通和稳定运行。由于国家政策调整以及江苏省工商局没有采取必要的行政推进和协调手段，使原定的投资回报及盈利方式受到很大影响。2003 年 5 月，江苏省工商局提出以国际大酒店全部资产抵偿公司项目投资的方案，国创公司在报请股东批准后于 2004 年 7 月 26 日致函江苏省工商局同意该提议，并不再强调任何投资回报，仅要求返还投资成本。因国际大酒店三次挂牌交易均未成交，江苏省工商局又提出由国创公司出资购买国际大酒店，国创公司在项目上全部资产直接划归江苏省工商局所有，江苏省工商局再将国创公司出资全部返还的方案，就此方案国创公司再次报请股东批准并致函江苏省工商局。但江苏省工商局突然提出其未就资产置换事宜形成任何决议，对于国创公司的补偿不能超过投资额的 50%。国创公司对该方案不能接受。

2006 年 8 月 21 日，江苏省工商局给国创公司 2006 年 6 月 6 日的来函回函称：江苏省工商局从未就江苏省数字化工商项目投资偿还事宜作出过任何决定，也从未就该事宜与有关缔约方达成任何协议。为友好解决分歧，提供两种建议供选择：（1）继续履行所有协议，如合同期限届满未达预期目的，再行商谈。（2）解除所有协议，江苏省工商局给予一定的补偿。江苏省工商局将审计报告载明的 121 639 983.47 元的 50% 支付给产权方，产权方将项目的全部资产移交江苏省工商局。

（二）审理要览

1. 原告诉求

2013 年 1 月 14 日，中信国安公司向江苏省高级人民法院起诉称：江苏省工商局未能按照《总协议》和《三方协议》的约定完成案涉信息系统的立项手续，也未能协调好政府其他部门使案涉信息系统中的有偿服务项目获得批准，导致直至合作期满中信国安公司和创维集团的投入无任何回收，预期的收益根本没有实现。因此，江苏省工商局应当向中信国安公司赔偿有关损失。请求判令：解除《总协议》《三方协议》及相关协议；江苏省工商局返还中信国安公司在信息系统项目中投入的 82 205 597.78 元；江苏省工商局赔偿中信国安公司预期利益损失 35 230 970.48 元；江苏省工商局赔偿中信国安公司迟延收回投入及迟延实现预期利益期间的利息损失，暂计算至 2012 年 12 月 31 日的利息损失为 50 201 349.2 元。

江苏省工商局向江苏省高级人民法院提起反诉称：中信国安公司因商业判断失误且怠于履行合同义务，导致投资收益不理想，江苏省工商局对此并无过错。请求判令：中信国安公司返还 2002 年 – 2006 年期间信息系统建设、升级、维护的款项共计 72 477 579.55 元；中信国安公司继续履行《总协议》《三方协议》及相关协议。

2. 审理经过

本案经江苏省高级人民法院一审和最高人民法院二审终审。

江苏省高级人民法院作出（2013）苏商初字第0003号民事判决，判决：确认江苏省工商局与中信国安公司于2000年9月18日签订的《合作建设江苏省数字化工商信息系统协议书》、江苏省工商局与中信国安公司、创维集团于2001年8月11日签订的《合作建设江苏省数字化工商信息系统项目补充协议书》于2004年7月26日解除；江苏省工商局于判决生效之日起10日内返还中信国安公司64 096 051.17元及相应利息（自2004年7月27日起至实际给付之日止，按中国人民银行同期贷款基准利率计算）；中信国安公司在江苏省数字化工商信息系统中的权利归江苏省工商局所有；驳回中信国安公司的其他本诉请求；驳回江苏省工商局的反诉请求。

最高人民法院于2015年6月18日作出（2015）民二终字第1号民事判决书，判决：驳回上诉、维持原判。

三、 争议焦点的规则解读

【焦点1】因其他非合同方政府部门原因项目未立项是否构成政府违约

1. 当事人观点

原告中信国安认为：ca认证是信息系统项目对外收费的重要来源，依据《总协议》约定，江苏省工商局负有取得案涉信息系统建设相关政府立项手续的约定义务。江苏省工商局未取得与信息系统建设尤其是ca系统建设相关的政府立项手续，导致系统被江苏省国密办叫停，属于违约，应承担违约责任。

2. 法院观点

江苏省高级人民法院一审认为：

根据《总协议》的约定，江苏省工商局的义务是负责与系统建设相关的政府立项手续，指导、协调各市、县的非技术性问题。上述约定中的"政府立项手续"是否包含ca系统的建设并不明确，即使包含，因是否立项的决定权在政府而非江苏省工商局，结合协议的其他约定，该义务也应理解为江苏省工商局负责向政府申报建设ca系统，而非江苏省工商局确保取得ca系统建设的政府立项手续。本案证据表明，江苏省工商局已将信息系统项目报送给了江苏省发展计划委员会，因此其已履行立项申请义务，不存在违约行为。当然，此原因更不属于中信国安公司违约，而属于不可抗力。

最高人民法院二审认为：

虽江苏省工商局负有办理系统建设相关政府立项手续的合同义务，但案涉ca系统建设的行政许可机关为国家密码管理机构，能否获批非江苏省工商局所能控制，故江苏省工商局未成功办理ca许可并不构成当然违约。本案合同解除非因任何一方当事人不履行合同约定义务所致，各方均无需承担违约责任。

3. 作者简评

本案双方当事人互相指责对方违约，中信国安认为江苏省工商局未成功使本项目ca系统获得立项，应承担违约责任。江苏省工商局认为项目不成功的主要原因并非ca系统未获立项，因入网费仅为系统营利的一种方式，项目失败的主要原因是中信国安未积极投资建设有价值的电子商务服务，吸引企业入网，中信国安应承担违约责任。

我们认为双方当事人在合同中未明确项目产出标准，对于项目顺利运行的关键——ca系统立项问题——未作明确约定，是发生争议的重要原因。ca证书属商用密码产品，依据《商用密码管理条例》第10条的规定，未经国家密码管理机构许可，任何单位或者个人不得销售商用密码产品。一审法院通过"目的解释"等解释学方法，正确认定入网费应为项目收益主要来源，ca系统于2003年初即被江苏省国密办叫停，致使案涉信息系统项目无法实现合同预期盈利目的，投资方并无明显违约。与此同时，一审法院根据"文义解释"，认定合同仅规定江苏省工商局对立项的协调义务，正确地认定因其他部门原因立项未获通过非工商局违约之过。质言之，一、二审法院均认为项目失败非因任何一方当事人所致。

当然，一、二审法院对于立项未通过原因性质的判断略不相同，一审法院认为属于不可抗力，认为中信国安已根据《中华人民共和国合同法》（以下简称《合同法》）第94条第1款第（一）项解除了合同；二审法院回避了不可抗力的概念，认为双方当事人是按照《合同法》第93条第1款协议解除的规定解除合同。本案判决书显示，江苏省工商局并不认可合同已被协议解除。我们认为法院根据双方当事人往来函件正确地认定了双方已进入合同清算阶段，推定合同已被解除。

【焦点2】项目非因任何一方当事人过错解约后损失如何承担

1. 当事人观点

中信国安公司认为，不论江苏省工商局是否违约，基于项目建设完成后一直由江苏省工商局使用的客观现实，案涉《总协议》及相关系列协议被依法解除后，江苏省工商局也应返还中信国安公司的全部投入，即全部投资加上融资成本。一审法院以解除日为时点，将该项目此前的投入折掉30%作为项目损失是错误的，江苏省工商局一直在使用该系统，根本就没有任何损失。

2. 法院观点

江苏省高级人民法院一审认为：

由于本项目合同解除不可归责于江苏省工商局，故中信国安公司关于要求江苏省工商局赔偿其预期利益损失及迟延实现预期利益的利息损失的请求缺乏法律依据，不能成立。

根据审计报告和相关资料，一审法院认定在2004年7月26日（即合同解除日，以下简称"解除日"）前，国创公司对信息系统的总投入为 148 839 661.55 元，江苏省工商局对信息系统的总投入为 66 502 916.46 元。法院酌定从信息系统建设至合同解除日折旧率为 30%，故国创公司、江苏省工商局的损失为 64 602 773.4元（〔148 839 661.55 + 66 502 916.46）× 30%〕。因《总协议》未约定亏损分担的比例，参考利润分配比例的约定，故亏损应平均分担。国创公司投入信息系统 148 839 661.55 元，扣除其应承担的 32 301 386.7 元亏损后，对信息系统残值可分 116 538 274.85 元。因合同约定合同解除后，信息系统的有关权利应归江苏省工商局享有，江苏省工商局应向中信国安公司、创维集团返还 116 538 274.85 元。因《三方协议》约定创维集团、中信国安公司对原由中信国安公司享有的权利、承担的义务按 45%、55% 的比例享有和承担，故江苏省工商局应返还中信国安公司 64 096 051.17 元。

最高人民法院二审认为：

一审综合本案实际，将该信息系统至解除日的折旧及运营等费用酌定为总投入的 30%，并无不当。一审结合江苏省工商局与国创公司关于利润分配比例确定双方各承担投资损失的 50%，符合损益相当原则，并无不当。江苏省工商局取得该信息系统所有权而应向国创公司支付系统残值，根据《三方协议》，一审判令江苏省工商局返还中信国安公司 64 096 051.17 元，亦无不当。

3. 作者简评

本案双方当事人对于非因任何一方当事人原因合同解除后的财产处理存在重大分歧。原告中信国安公司认为江苏省工商局至少应返还其全部投资加上融资成本。但一审法院通过行使自由裁量权认定双方当事人的亏损额为双方累计总投资额的 30%，亏损由双方按照 1∶1 的比例分担，因此中信国安取回的价值中应扣除该部分损失。然而，双方当事人均不满意一审法院的判决，被告江苏省工商局不认可 30% 的折旧率，认为系统实际残值应委托专业鉴定机构确定，法院认定的 70% 的残值过高。最高人民法院维持了一审法院的见解。我们认为该案开创了合同非因双方当事人原因解除的一种清算方式，即由 BOT 项目受益人（通常为政府）向投资人补偿，补偿额为其"实际总投资额"减去其"应承担的项目亏损额"。

四、启示

【启示 1】PPP 合同中应明确各项审批工作分工等前提条件

本项目失败的关键原因在于作为项目营利基础 ca 系统立项未获有关部门审批通过。若项目投资之初，双方当事人考虑到该 ca 系统立项需其他政府部门审批通过，则应提前与相关部门沟通，避免出现项目不可行的风险；或者在合同中明确该部分工作由何方负责，并约定审批不通过、合同目的不达时双方权利义务的分配，避免因项目失败的损失分担问题发生争议。

在特许经营项目中，政府通常会授权某职能部门或事业单位作为项目实施机构，并由其代表政府与社会资本方签订《特许经营项目合作协议》。通常 PPP 协议中会明确"项目前提条件"，并明确每一项前提条件应由哪一方当事人负责完成。项目前提条件通常包括：完成融资交割，即项目公司已为项目建设融资的目的签署并向融资方提交所有融资文件，并且融资文件要求的就本项目获得资金的所有前提条件得到满足或被豁免；获得项目相关审批，包括项目立项、PPP 模式审批、可研、规划、土地等；保险已经生效；项目实施相关的其他主要合同已经签订；建设期履约保函等担保已提交等等。如果双方约定的上述任一前提条件在规定的时间内未满足，并且另一合同方也未同意豁免或延长期限，则该合同方有权终止项目合同。

特许经营项目的相关审批不仅包括传统建设工程项目的立项、可研、规划选址、环评、土地预审等，涉及特许经营的还应该按照《基础设施和公用事业特许经营管理办法》（2015 年 6 月 1 日六部委 25 号令）履行特许经营审批手续，包括 PPP 模式立项、物有所值和财政承受能力评估、特许经营项目实施方案审批等特许经营项目特有审批。一些特殊的项目还可能涉及特殊审批手续，例如本案 ca 系统因涉及商业密码管理问题，需国密办审批。在项目审批方面，通常建设项目立项、可研、规划、土地、PPP 模式立项等应由政府方完成，与项目相关的手续，例如项目用地许可、工程许可、施工许可等应由项目公司完成，建议在合同中细化各项审批手续的负责主体，避免将来出现争议。

根据《基础设施和公用事业特许经营管理办法》，特许经营项目应由县级以上人民政府有关行业主管部门或政府授权部门（即项目提出部门）提出特许经营项目实施方案，本级人民政府应建立各部门协调机制，项目提出部门会同发展改革、财政、城乡规划、国土、环保、水利等有关部门对特许经营项目实施方案进行审查。经审查认为实施方案可行的，各部门应当根据职责分别出具书面审查意见。项目提出部门综合各部门书面审查意见，报本级人民政府或其授权部门审定特许经营项目实施方案。项目联评联审机制是降低项目审批不通过风险的重要保障，凡涉及基础设施和公用事业特许经营的，均应按照六部委 25 号令的规定履行项目联评联审手续。

我们认为 PPP 项目应充分考虑项目前期工作包含的内容，充分发挥项目联评联审机制的作用，避免遗漏审批工作，并在合同中明确该部分工作由何方负责，并约定审批不通过、合同目的不达时双方权利义务的分配，避免因项目失败的损失分担问题发生争议。

【启示 2】特许经营协议应明确非因当事人原因解除的损失分担原则

本案争议产生的另一重要原因是合同未对非当事人原因解除后的损失分担问题作出明确规定。《基础设施和公用事业特许经营管理办法》第 38 条规定："在特许经营期限内，因特许经营协议一方严重违约或不可抗力等原因，导致特许经营者无法继续履行协议约定义务，或者出现特许经营协议约定的提前终止协议情形的，在与债权人协商一致后，可以提前终止协议。特许经营协议提前终止的，政府应当收回特许经营项目，并根据实际情况和协议约定给予原特许经营者相应补偿。"

根据工程项目惯例，如果合同终止发生于建设期，则双方将依据投资文件、财务文件、施工文件等资料共同确定前期手续、工程设备、材料、投资人的设备和工程实物的价值，确定政府方应给予投资方的补偿额，实践中通常引入第三方审计机构评估。若因政府方违约终止，则除应补偿投资人未收回的投资额外，还应承担合同规定的违约责任；若因投资方原因终止，投资方能否获得其全部投入成本，需由双方商议并在合同中明确；若因法律变更、政府行为终止，应补偿投资人未收回的投资额，其他损失的补偿比例需由双方在合同中确定。

如果合同终止发生于运营期，项目公司应向政府方移交项目，政府方应支付所移交的运营维护所需的零部件、备品备件和化学品的合理评估值，此外应按照投资总额的一定比例(或曰"可用性服务费的净现值")向投资方进行补偿，涉及违约的还需按照合同约定承担违约责任。

若因不可抗力等原因终止，投资人所有投入和直接损失在扣除保险赔款后，由政府方与投资人平均分担。

当然，每个项目实际情况各不相同，具体补偿、赔偿原则与方法需在合同中明确，避免将来发生争议。

02 宁建国与都江堰市民政局合同纠纷案

案例来源：(2010)成民初字第 640 号，(2014)川民终字第 686 号。
关键词：民政局　投资　殡葬　收益　合同无效

一、　裁判规则

【规则】外资建设殡葬设施需履行特定审批程序

利用外资建设殡葬设施，应经省、自治区、直辖市人民政府民政部门审核同意后，报国务院民政部门审批，未报审批所签订的协议无效。

二、　审判概览

（一）涉案项目情况

1995 年 10 月 8 日，都江堰市人民政府作出《关于民政局申请台湾宁建国兴建灵骨塔请示的批复》，同意我国台湾宁建国先生在与都江堰市民政局新选地址合资修建火葬场后，在新建的火葬场内独资兴建灵骨塔；由宁建国经营管理，接受市民政局管理。

1995 年 12 月 18 日，宁建国(乙方)与都江堰市民政局(甲方)签订《关于修建火葬场配套工程纳骨塔的协议》（以下简称《修建纳骨塔协议》），约定："一、纳骨塔所征用土地 20 亩，所需资金由乙方支付，并在甲方新建火葬场旁边修建纳骨塔。甲方负责纳骨塔 20 亩土地的征用、施工和有关手续的办理，同时按规定办理有关费用的减免。二、宁建国决定捐资 50 万元人民币给都江堰市民政局修建火葬场。乙方在合同签订的 30 天内支付给都江堰市民政局 30 万元，在纳骨塔工商执照办好 180 天内再到位 20 万元。三、修建纳骨塔所需资金全由乙方支付，并根据工程进度逐步到位。四、乙方修建的纳骨塔，是乙方独立法人资格单位，因宁建国是我国台湾人，无大陆身份证，故不能办理法人营业执照，所以宁建国委托都江堰市民政局黎辉安担任纳骨塔的法定代表人，并经请示市委黄留福书记、市政府代兴泉市长同意。但甲方只负责政策指导，协助解决有关问题。由乙方宁建国全权负责经营管理，实行独立核算，自负盈亏，自负一切行政、刑事、民事、经济等责任，并负责处理完毕，与甲方无关。五、乙方在纳骨塔建成使用的第一周年内向甲方上交管理费 30 万元，第二年上交甲方 40 万元，第三年上交甲方 50 万元，从第四年开始每年向甲方上交营业总收入的 10% 管理费……" 1996 年 1 月 29 日，都江堰市立福宝塔（以下简称"96 立福宝塔"）成立，住所为都江堰市青城桥殡仪馆内，法定代表人为黎辉安。宁建国于 1996 年冬开始在徐渡乡丰乐村（在都江堰市殡仪馆的一侧）修建纳骨塔。

1998 年年初，因纳骨塔修建出现资金短缺，宁建国找到了合作伙伴章春，委托章春办理都江堰市投资建设纳骨塔相关事宜。在 96 立福宝塔经都江堰市民政局申请注销后，1999 年 7 月，章春以洪碧青的名义开办了成都福座实业开发有限公司（以下简称"福座公司"）。1999 年 8 月 2 日，四川省民政厅批复同意都江堰市殡馆所和福座公司联办、兴建了都江堰市立福宝塔（以下简称"99 立福宝塔"）。

2000 年 5 月，章春邀请林明仁投资福座公司，继续修建纳骨塔，林明仁成为 99 立福宝塔的实际经营者。2001 年 1 月 30 日，章春、宁建国等作为甲方，林明仁作为乙方签订了《协议书》，约定该《协议书》签订后，乙方当支付权利金于甲方，并约定了支付方式。后宁建国根据《协议书》从林明仁处领取了权利金 200 万元左右。

（二）审理要览

1. 原告主要诉求

原告宁建国起诉至四川省成都市中级人民法院，认为其与都江堰市民政局签订的《修建纳骨塔协议》违反法律、行政法规的强制性规定，该协议无效，都江堰市民政局应承担该协议无效的全部责任。请求：都江堰市民政局返还其投资款 300 万元及相应利息（以投资款 300 万元为基数，按照银行同期贷款最高利率计算，自 1995 年 12 月 18 日起计算至都江堰市民政局返还全部投资款之日止）。

2. 审理经过

本案经过一审和二审程序。一审法院四川省成都市中级人民法院作出

（2010）成民初字第 640 号民事判决，判决：驳回宁建国的诉讼请求。

二审法院四川省高级人民法院于 2015 年 1 月 8 日作出（2014）川民终字第 686 号民事判决：驳回上诉，维持原判。

三、 争议焦点的规则解读

【焦点】未履行行政审批程序的殡葬设施投资合同是否无效

1. 当事人观点

本案原告宁建国认为，一审判决未采信生效刑事判决已查明的宁建国投资 300 万元修建纳骨塔的事实，违反了最高人民法院《关于民事诉讼证据的若干规定》第 9 条第 1 款第（四）项关于已为人民法院发生法律效力的裁判所确认的事实当事人无需举证证明的规定；其从林明仁处收到的 200 万元为福座公司股权转让款，而不是其修建纳骨塔的投资收益。

2. 法院观点

四川省成都市中级人民法院一审认为：

宁建国与都江堰市民政局在 1995 年 12 月 18 日签订的《修建纳骨塔协议》是平等主体之间设立、变更、终止民事权利义务关系的协议，属民事合同；《殡葬管理条例》第 8 条第 2 款规定："利用外资建设殡葬设施，经省、自治区、直辖市人民政府民政部门审核同意后，报国务院民政部门审批。"此处的"外资"，是指经我国有关部门批准直接进入我国境内的外国企业、个人或者其他经济组织的投资。香港、澳门、台湾地区的企业、个人或者其他经济组织直接进入大陆境内的投资参照外资办理。《殡葬管理条例》第 18 条规定："未经批准，擅自兴建殡葬设施的，由民政部门会同建设、土地行政管理部门予以取缔，责令恢复原状，没收违法所得，可以并处违法所得 1 倍以上 3 倍以下的罚款。"《修建纳骨塔协议》涉及的纳骨塔的修建未经四川省人民政府民政部门审核同意并报国务院民政部门审批，所修建的纳骨塔应当且已经被取缔，《修建纳骨塔协议》无效。

宁建国主张其投入了 300 万元修建纳骨塔。但其引用的（2007）都江刑初字第 70 号刑事判决书的被告人是林明仁等人，关于宁建国投资的事实不属于被告人的犯罪事实，应根据宁建国所举出的有关投资的收据、发票等对其投资金额进行认定；宁建国支付的工程款、签章费、地勘费等共计 488 430 元，后自林明仁处收到塔位销售款（权利金）200 万元左右。与其投入资金相比，宁建国已通过签订合同、修建纳骨塔收到较大经济收益，并未因合同无效而遭受有经济损失，且上述建设费用并未支付给都江堰市民政局，因此宁建国不得要求都江堰市民政局返还该款项；都江堰市民政局从宁建国处收取了集资款 10 万元，鉴于其已依照合同约定履行了为宁建国办理或协助办理工商执照、物价批文、土地使用等义务，而宁建国通过合同履行有所获益，故可从公平合理的角度出发，判决不予返还该 10 万元。

四川省高级人民法院二审认为：

关于宁建国在林明仁经营 99 立福宝塔期间，从林明仁等人的塔位销售款中提取了 200 万元左右的权利金的问题，虽然宁建国主张其获得权利金是因为向章春引荐商机而取得了福座公司的股权，但宁建国并未举证证明上述主张；根据 99 立福宝塔与 96 立福宝塔的名称均为都江堰市立福宝塔、99 立福宝塔于 2000 年 7 月 31 日向宁建国补发 1996 年至 1999 年的薪资、宁建国未对福座公司投资却从林明仁等人的塔位销售款中提取 200 万元左右的权利金等事实，以及宁建国在一、二审庭审中关于其在 2008 年以前并不知晓 96 立福宝塔已被注销，其认为 96、99 立福宝塔具有延续性等陈述，可以认定宁建国系因投资修建纳骨塔而从林明仁处获得 200 万元左右的塔位销售款（权利金），该收益已经超过了宁建国修建纳骨塔所投入的资金，故原审法院认定"宁建国已通过签订合同、修建纳骨塔收到较大经济收益，并未因合同无效而遭受有经济损失"，并无不当。

3. 作者简评

《殡葬管理条例》经过多次修订，条文相对于本案判决作出时有较大的变化，比如关于殡葬设施的审批权限，新的《殡葬管理条例》在第 8 条规定如下："建设殡仪馆、火葬场，由县级人民政府和设区的市、自治区、直辖市人民政府的民政部门提出方案，报本级人民政府审批；建设殡仪服务站、骨灰堂，由县级人民政府和设区的市、自治州人民政府的民政部门审批；建设公墓，经县级人民政府和设区的市、自治州人民政府的民政部门审核同意后，报省、自治区、直辖市人民政府民政部门审批。"但无论条例如何修改，殡葬设施的建设必须经过相关主管单位的审批，这一点是一直保持的。

而未经合法审批的殡葬设施属于违法设施，属于合同标的不合法的情形。从目前国内的司法审判实践来看，合同标的不合法的情况下，较容易被认定为合同无效。

4. 最高人民法院与该争议焦点相关的裁判规则

【基本案情】

2005 年 10 月 31 日，明田（湖南）企业有限公司（以下简称明田公司，明田公司系中国大陆设立的港资、台资企业）与衡阳市殡葬事业管理处（以下简称管理处）签订《衡阳市新建殡仪馆投资承包经营合同》（以下简称"合同"），约定由明田公司投资承包衡阳市新殡仪馆，承包形式为全额投资建设、全部承包经营（全部自收自支），按本合同约定交纳承包费，享有本合同条款约定的权益；承包经营期限 30 年，自新殡仪馆正式营业之日起开始计算。合同第 5 条至第 15 条约定了管理处的权利义务，其中第 5 条约定，管理处负责提供 160 亩土地供明田公司建设衡阳市新殡仪馆，另提供经衡阳市人民政府已批准并列入规划的 200 亩土地给明田公司从事公墓开发；第 10 条约定，在明田公司承包经营期内，衡阳市民政局在衡阳市城区范围内不再审批新的殡仪馆，遗体火化率逐年提高，并保证原则上不再批准另外的墓地开发；第 11 条约定，在新殡仪馆开业之前，管理处负责提请衡阳市人民政府出台本地区殡葬管理规定。合同第 16 至 26 条约定了明田公司的权利义务；其中第 16 条约定，在经营期内，明田公司享有新殡仪馆及公墓全部资产的使用权、占有权、收益权；第 17 条约定，明田公司应按照衡阳市政府批准的新殡仪馆规划、设计要求，全额投资建设；第 18 条约定，明田公司应在本合同生效后 15 日内开工，并在开工后 8 个月内竣工。

合同履行过程中，由于明田公司贷款投资不能到位，严重影响了合同的履行，对此，管理处于 2006 年 6 月 22 日给明田公司承诺称："你我双方于 2005 年 10 月 31 日签订的《衡阳市新建殡仪馆投资承包经营合同》31、32、33、34 条对你方违约责任做了相应规定，现因具体情况有变，为消除你方顾虑，我处作出以下说明和承诺：（1）由于施工方和天气原因，工程不能按该合同第 18 条约定的日期竣工，工程竣工日期顺延至 2006 年 9 月 30 日。（2）对该合同第 21 条约定的工程款汇入时间和金额不做具体要求，并不追究明田公司此前未按该合同第 21 条的约定汇入工程款的违约责任。"

2008 年 4 月之后，殡仪馆一直处于停业状态。2007 年 10 月 10 日，管理处向明田公司发出了解除合同的通知。

【裁判要旨】

最高人民法院认为，合同并未约定管理处负有将合同上报国务院民政部门审批的义务，而且本案亦不属于《殡葬管理条例》第 8 条第 2 款中"利用外资建设殡葬设施"的情形，合同不需要报国务院民政部门审批，故管理处不构成违约，明田公司行使抗辩权的条件并未成就。

四、 启示

【启示】特许经营项目应获得法律法规所要求的全部审批程序

殡葬项目是政府公共事业性质项目，具有高度的垄断性与特许经营性，尤其在广大县域区域内，因国家实行殡葬改革，严禁火葬，因而殡葬经营管理的经济价值更加突出，盈利前景较好，属于使用者付费项目，且付费收入完全能够覆盖特许经营项目投资者投资收益的特许经营项目，未来是 PPP 模式可以有所作为的领域。但是社会资本方进入殡葬领域应特别重视该领域特殊的审批流程与事项，避免出现资金投入但是合同却无效的尴尬情况的发生。

《基础设施和公用事业特许经营管理办法》第 7 条和第 8 条规定了特许经营项目的主管机关，具体为：国务院发展改革、财政、国土、环保、住房城乡建设、交通运输、水利、能源、金融、安全监管等有关部门按照各自职责，负责相关领域基础设施和公用事业特许经营规章、政策制定和监督管理工作。县级以上地方人民政府发展改革、财政、国土、环保、住房城乡建设、交通运输、水利、价格、能源、金融监管等有关部门根据职责分工，负责有关特许经营项目实施和监督管理工作。县级以上地方人民政府应当建立各有关部门参加的基础设施和公用事业特许经营部门协调机制，负责统筹有关政策措施，并组织协调特许经营项目实施和监督管理工作。

同时根据《基础设施和公用事业特许经营管理办法》，特许经营项目应由县级以上人民政府有关行业主管部门或政府授权部门提出特许经营项目实施方案，本级人民政府应建立各部门协调机制，项目提出部门会同发展改革、财政、城乡规划、国土、环保、水利等有关部门对特许经营项目实施方案进行审查。经审查认为实施方案可行的，各部门应当根据职责分别出具书面审查意见。项目提出部门综合各部门书面审查意见，报本级人民政府或其授权部门审定特许经营项目实施方案。本案中涉及的殡葬项目除了前述 PPP 模式的基本审批外，其他审批权限详见《殡葬管理条例》第 8 条的如下规定："建设殡仪馆、火葬场，由县级人民政府和设区的市、自治区、直辖市人民政府的民政部门提出方案，报本级人民政府审批；建设殡仪服务站、骨灰堂，由县级人民政府和设区的市、自治州人民政府的民政部门审批；建设公墓，经县级人民政府和设区的市、自治州人民政府的民政部门审核同意后，报省、自治区、直辖市人民政府民政部门审批。"

03 罗文华与四川鑫盛豪建设有限公司合同纠纷

案例来源：（2013）洪民二初字第 122 号、（2014）赣民一终字第 108 号。

关键词：BOT　合资公司　投资款　不当得利

一、 裁判规则

【规则】项目公司成立前，委托代理人的超越代理权限的个人行为由个人承担责任

自然人个人虽代表合资公司一方承办中外合资企业事宜，签订有关方面的文件、协议，但对于个人超越代理权限单方收取并承诺在一定情况下还款的责任，则由个人承担。

二、 审判概览

（一）涉案项目情况

2010 年 10 月 11 日，英国新亚国际投资集团有限公司（以下简称"新亚公司"）盖章，刘雯签字，出具一份《授权委托书》，内容为："经英国新亚国际投资集团有限公司董事会联席会议决定：授权罗文华女士前往中华人民共和国重庆市梁平县承办中外合资企业，承办过程中罗文华女士有权代表我集团公司签订有关方面的文件、协议，签字有效，我集团公司认可。在承办商务活动中，罗女士必须遵守中华人民共和国法律和有关方面的法规，不得违法。授权期限：

2010 年 10 月 11 日至 2010 年 12 月 11 日。"

2010 年 10 月 13 日，新亚公司与四川鑫盛豪建设有限公司（以下简称"鑫盛豪公司"）签订了一份《关于梁黔高速公路 BOT 项目前期工作合作协议书》（以下简称《合作协议》）（罗文华签名，未加盖新亚公司印章），主要内容为："新亚公司所提交文件资料经政府审核认同并与该项目联合体签订有关协议后，3 个工作日内，鑫盛豪公司支付新亚公司人民币 200 万元（工本费），并将此款打入罗文华女士账户。"

10 月 20 日，新亚公司与鑫盛豪公司签订了一份《关于成立中外合资公司的备忘录》，第 8 条约定：为加快项目进一步实施，确保鑫盛豪公司与政府所签协议中资金到位时间的约定，新亚公司务必在 2011 年 3 月 31 日前将合资公司的注册资金以及 5 亿美元的项目投资资金全部到位。同日，罗文华向鑫盛豪公司出具一份《承诺书》，内容为："在收到鑫盛豪公司 2011 年 3 月 10 日支付的余下 100 万元人民币款项后，2011 年 3 月 31 日前中外合资公司注册资金及前期投资款仍未到位，导致合资公司不能成立，我本人承诺无条件退还鑫盛豪公司提供的前期费用 200 万元人民币。"同时，鑫盛豪公司向新亚公司出具了一份《关于办理中外合资公司及联合体费用的承诺书》，内容为："经双方约定，新亚公司与鑫盛豪公司共同成立中外联合体及中外合资公司，本公司自愿支付新亚公司相关费用共计 200 万元人民币，在双方签订联合体协议及备忘录时，先期支付给新亚公司委托授权人罗文华女士 100 万元人民币后，英方公司提供办理中外合资公司真实、有效、完整的文件资料，余款在 2011 年 3 月 10 日一次性付清。"

2011 年 2 月 23 日，罗文华在上述承诺书上签字并加盖新亚公司印章。2011 年 2 月 24 日、25 日、3 月 10 日，鑫盛豪公司分别向罗文华账户汇款 50 万元、50 万元、100 万元，合计 200 万元。鑫盛豪公司另于 2011 年 2 月分别向罗文华账户汇入借款 1 万元、5 万元，合计 6 万元。罗文华曾经向鑫盛豪公司出具 3 张收款收条，分别为 6 万元、35 万元、15 万元，合计 56 万元，落款时间为 9 月 30 日、2010 年 11 月 4 日、10 日。

2012 年 1 月 9 日，新亚公司向鑫盛豪公司出具一份《关于对罗文华女士授权的说明》，内容为："我公司曾经授权罗文华女士承办中外合资企业事宜，她有权签订有关方面的文件、协议（授权期限为 2010 年 10 月 11 日—2010 年 12 月 11 日），但无权决定和收取费用。凡未进入我公司账户的钱款，均与我公司无关，系罗文华的个人行为。"但二审对"2012 年 1 月 9 日新亚公司出具给鑫盛豪公司的《关于对罗文华女士授权的说明》"的内容不予认定。

2012 年 2 月 13 日，四川中法律师事务所接受鑫盛豪公司委托，向罗文华发出一份函，主要内容为："在你代表新亚公司与鑫盛豪公司拟成立中外合资企业期间，未经新亚公司的收款授权私自收取鑫盛豪公司 200 万元，并承诺在 2011 年 3 月 31 日前合资公司不能成立将无条件退还该款。此外你还分几次向鑫盛豪公司借款 66 万元。到目前为止，中外合资公司尚未成立，你应退还的款项没有退还。希望你在收到本函后10日内将266万元退还鑫盛豪公司。"同月20日，罗文华委托律师回函，主要内容为："贵所给罗文华的律师函已于2012年2月15日收到。罗文华没有你函中所述向鑫盛豪公司私自收取费用和借款。罗文华所收费用均是依据合作协议书和鑫盛豪公司承诺书等文件。"本案双方诉争所涉中外合资企业至今未成立。

（二）审理要览

1. 原告主要诉求

一审原告鑫盛豪公司起诉至江西省南昌市中级人民法院，请求判令：罗文华向鑫盛豪公司退还200万元（自2011年4月1日起至退清款项之日止按照中国人民银行同期同类贷款利率计算200万元利息）；借款6万元（借款利息自2012年3月1日起至还清之日止，按照中国人民银行同期同类贷款利率计算）。

2. 审理经过

本案经过一审和二审程序。江西省南昌市中级人民法院作出（2013）洪民二初字第122号民事判决，判决：罗文华在本判决生效后7日内一次性归还四川鑫盛豪建设有限公司200万元及其利息（自2011年4月1日起至还清之日止按照中国人民银行同期同类贷款利率计算）；罗文华在本判决生效后7日内一次性归还四川鑫盛豪建设有限公司6万元及其利息（自2012年3月1日起至还清之日止按照中国人民银行同期同类贷款利率计算）；驳回四川鑫盛豪建设有限公司其他诉讼请求。

江西省高级人民法院于2014年10月7日作出（2014）赣民一终字第108号民事判决书，认为：原审判决虽然适用法律错误，但判决结果正确。判决：驳回上诉，维持原判。

三、 争议焦点的规则解读

【焦点】委托代理人的超越代理权限的行为应由谁承担责任

1. 当事人观点

本案一审原告鑫盛豪公司认为，2010年10月20日，罗文华向鑫盛豪公司出具一份《承诺书》，载明"2011年3月31日前中外合资公司注册资金及前期投资款仍未到位，导致合资公司不能成立，我本人承诺无条件退还鑫盛豪公司提供的前期费用200万元人民币。"由此可见，这完全是罗文华的个人行为，基于罗文华的承诺，鑫盛豪公司向罗文华支付了款项，后来罗文华承诺的事项未实现，因此罗文华就应当承担自己承诺和保证的由其本人无条件退还200万元的还款责任。

本案一审被告罗文华认为，罗文华是代表新亚公司与鑫盛豪公司就梁黔高速公路BOT项目进行合作，其代理行为的法律后果应该由新亚公司承担。鑫盛豪公司起诉罗文华为被告，是诉讼主体错误，本案的适格被告应该是新亚公司，一审法院应该依职权将新亚公司列为被告或依法驳回鑫盛豪公司的诉讼请求；罗文华代表新亚公司与鑫盛豪公司的合作义务已经履行完毕，鑫盛豪公司支付相关费用是其应尽的义务，不存在返还；罗文华已经将其收取的200万元前期费用(工本费)全部交给了新亚公司法定代表人刘文。其完全履行了代理义务，没有取得任何利益，更没有任何不当得利；罗文华不应当是本案的被告，责任应当由新亚公司来承担。

2. 法院观点

江西省南昌市中级人民法院一审认为：

(1)关于罗文华是否应当返还鑫盛豪公司支付的200万元的问题。2012年1月9日新亚公司向鑫盛豪公司作出说明，其曾经授权罗文华于2010年10月11日至12月11日期间承办中外合资企业事宜，签订有关方面的文件、协议，但并未授权罗文华决定和收取费用。即罗文华与鑫盛豪公司签订的《合作协议》(未加盖新亚公司印章)上写明将200万元打入罗文华账户，系罗文华的个人意思表示。且罗文华承诺在2011年3月31日前中外合资公司注册资金及前期投资款仍未到位，导致合资公司不能成立，无条件退还鑫盛豪公司提供的前期费用200万元。即罗文华收取鑫盛豪公司200万元费用没有合法根据，属于不当利益，应当将该200万元返还鑫盛豪公司。罗文华在第三次开庭时提供的鑫盛豪公司《声明》中虽写明"2011年2月下旬与新亚公司签订的相关协议(工本费事宜)予以作废"，但罗文华并未提供《声明》中所指的相关协议。因此，罗文华辩称不予归还鑫盛豪公司支付的200万元，缺乏事实依据，不予采纳。

(2)关于鑫盛豪公司诉请罗文华归还借款62万元的问题。根据鑫盛豪公司提供的银行凭证记载，罗文华只收到其借款6万元，即鑫盛豪公司提供的罗文华书写的3张收条56万元，无相应的银行凭证相互印证，不予认定，故罗文华应当归还鑫盛豪公司借款6万元。

江西省高级人民法院二审认为：

(1)关于罗文华是否实际收取了鑫盛豪公司支付的200万元的问题。罗文华提出其已经将代新亚公司收取的200万元以现金的方式支付给了新亚公司的法定代表人刘文，故该200万元系新亚公司收取，不是罗文华个人收取。罗文华的该项主张除了其个人陈述外，没有其他相应的证据可以证明，故该主张因缺乏相应的事实依据，不予支持。

(2)关于罗文华是否有权收取鑫盛豪公司支付的200万元的问题。新亚公司曾出具《授权委托书》，授权罗文华前往重庆市梁平县承办中外合资企业，承办过程中罗文华女士有权代表新亚公司签订有关方面的文件、协议，签字有效，新亚公司认可。2010年10月13日，罗文华作为新亚公司(甲方)的委托代理人与鑫盛豪公司(乙方)签订一份《合作协议》，其中第2条约定："甲方所提交文件资料经政府审核认同并与该项目联合体签订有关协议后，3个工作日内，乙方支付甲方200万元(工本费)，并将此款打入罗文华女士账户。"从授权委托书及协议的内容看，罗文华系代新亚公司收取鑫盛豪公司200万元工本费，罗文华收取该200万元有《合作协议》作为合同依据。一审判决依据新亚公司事后出具的《关于对罗文华女士授权的说明》认定罗文华收取200万元工本费没有合法根据、属于不当得利，属适用法律错误，应予纠正。

（3）关于罗文华是否应返还鑫盛豪公司200万元的问题。在双方签订《合作协议》后，鑫盛豪公司和罗文华均向对方出具了《承诺书》。罗文华和鑫盛豪公司均确认该两份承诺书系对《合作协议》第2条的补充约定。对罗文华的承诺，双方存在不同理解。罗文华认为这是其代表新亚公司的承诺，相应的法律后果应由新亚公司承担，而鑫盛豪公司认为该承诺是罗文华个人的承诺。关于罗文华出具的《承诺书》的性质问题。首先，从该份承诺书的形式看，罗文华在"承诺人"处签字，并没有加盖新亚公司印章；其次，从承诺书的文字内容看，其中"我本人承诺"的用语更符合作为个人承诺的解释；最后，从承诺书的履行效果来看，鑫盛豪公司信任承诺书中"若条件不成就无条件退还200万元"的承诺，于2011年3月10日将余款100万元支付给了罗文华账号。综上，均应解释为该《承诺书》系罗文华的个人承诺。鑫盛豪公司信任该承诺，并依据承诺向其支付了200万。故在承诺的义务未履行的情况下，鑫盛豪公司有权向罗文华个人主张返还该200万元。

一审判决虽然适用法律错误，但判决结果正确，本院予以维持。但是，一审判决确定本案案由为不当得利纠纷不当，本案系围绕《合作协议》产生的合同权利义务法律关系，故依据《最高人民法院民事案件案由规定》，确定本案案由为合同纠纷。

3. 作者简评

本案实际上是因民事代理行为而产生的争议，本案中代理人受合资公司委托具体实施项目公司设立工作，签订《合作协议》并收取投资款。但是需要注意的是，本案代理人的权限仅包括"签订文件和协议"，并不包括收取款项。也就是说收取款项的行为是代理人的个人行为，从而该个人行为的效力不能及于被代理人，因此本案中合同相对方只能向该个人主张权利而不能起诉合资公司。本案法院也基于此准确作出个人返还相关款项的判决。

四、 启示

【启示】特许经营项目中社会资本方应注意代理人的授权管理

特许经营项目中社会资本方不可避免要委托代理人具体实施合同洽谈、合同签订、项目公司设立等具体事项。尤其是在落实市场项目、寻找交易机会的阶段，往往是与某些有特定社会资源的个人建立居间关系，由该个人代表社会资本方洽谈项目。本案揭示出，社会资本方应重视代理人的授权管理，给代理人的授权委托书中应将代理权限逐项详细列明，特别是要将不能由其实施的行为列明，尤其是要明确代理人无权收取款项，无权作出经济类承诺等限制性内容，以避免产生争议，造成经济损失。《中华人民共和国民法通则》（以下简称《民法通则》）中对民事委托代理的法律特征、法律后果等进行了详细的规定，《民法通则》第65条第1款规定：民事法律行为的委托代理，可以用书面形式，也可以用口头形式。法律规定用书面形式的，应当用书面形式。尽管没有法律规定要书面形式，但是特许经营项目的社会资本方应当采用书面形式。《民法通则》第65条第2、3款同时规定，书面委托代理的授权委托书应当载明代理人的姓名或者名称、代理事项、权限和期间，并由委托人签名或者盖章。委托书授权不明的，被代理人应当向第三人承担民事责任，代理人负连带责任。特许经营项目的社会资本方如果授权不清，根据本条的规定，是要直接对外承担民事责任的。在此还要介绍一下表见代理，《合同法》第49条规定："行为人没有代理权、超越代理权或者代理权终止后以被代理人名义订立合同，相对人有理由相信行为人有代理权的，该代理行为有效。"表见代理比较常见的情形是行为人用盖公章的空白纸张签订合同等。在此情形下，即便行为人没有得到授权，但是基于对善意第三人利益的保护，被代理人仍然要承担相应的合同责任。因此社会资本方要更加重视授权管理，包括公章等印鉴管理。

第三章　特许经营权

01 海南洋浦光信实业有限公司与高密市公安局、高密市公安局交通警察大队合作协议纠纷案

案例来源：（2010）潍商初第 10 号，（2011）鲁商终字第 24 号。
关键词：闯红灯违章处罚系统　罚款分成　BOT　无效

一、裁判规则

【规则】特许经营合同目的违法则合同无效

对行政罚款分成以收回投资的约定违反了《中华人民共和国行政处罚法》（以下简称《行政处罚法》）规定，应认定为无效，由于该分成条款是特许经营合同的合同目的，合同因目的违法而应认定为无效。

二、审判概览

（一）涉案项目情况

2005 年 7 月 6 日，高密市交警大队（甲方）与海南洋浦光信实业有限公司（以下简称"海南洋浦公司"）（乙方）签订合作协议，约定由乙方投资并投入技术承建甲方 9 个红绿灯路口的共计 36 个方向闯红灯违章处罚系统；承建 4 个路口的数字化远程视频监控系统；承建 2 处单面 LED 双基色显示屏系统；甲方按照"投资建设—合作经营—移交"的方式（以下简称"BOT 方式"），以对处罚闯红灯违法车辆罚款分成的方式，分期偿还和支付乙方投资与技术服务的费用，本协议工程造价为 3 515 500 元；甲方为乙方在交警大队提供办公室一间，以便于乙方照片管理人员及技术人员常驻高密市进行日常工作及技术服务，甲方派出纳一名，乙方派会计一名，并制定相关的财务制度共同遵守；乙方依据甲方提供的车辆数据库与甲方共同协商建立合理的处罚工作流程，从而使处罚与收款系统良好运行；设备未经验收不得投入使用，否则视为验收合格；乙方投资款的收回，由机动车违法闯红灯罚款总额按5∶5比例分成偿还，每张照片处罚为 200 元，甲乙双方各得 100 元，甲乙双方分成年限为 6 年，如乙方分成实际收入每年达不到 70 万元，甲方应给乙方补足到 70 万元；电子警察系统运行中所产生的费用，经甲乙双方财务主管签字确认后实

报实销。协议同时附设备配置及价格清单。协议签订后，海南洋浦公司开始安装闯红灯违章处罚等设备及系统。

2006年12月29日，高密市公安局（甲方）与海南洋浦公司（乙方）签订合作协议补充条款，约定取消合作协议中的"乙方分成实际收入每年达不到70万元，甲方应给乙方补足到70万元"。另约定为，双方分成按罚款净收入5:5分配，如6年内乙方收入达不到投资金额，可协议延长，直至还清为止，还清后再延长一年，仍按5:5分配；本系统开通运行后，甲乙双方委托审计部门进行投资工程审核验收，审计部门核定的金额经双方认可，为乙方最终的投资金额；由于交警大队搬迁需增加投资，需租用光缆5条，每条每月租金600元，6年租金216 000元，10台光端机6万元，视频矩阵1台6 000元，控制键盘2 000元，共计284 000元，6年内以罚款还清；新交警大队指挥中心电视屏幕墙计20万元，由乙方友情赠送。

2007年3月14日，高密市交警大队（甲方）与海南洋浦公司（乙方）签订合作协议补充条款（2），约定乙方追加设备投资118 100元，还款方式按合作协议及合作协议补充条款原则实行；乙方在2009年3月31日前将9个路口所有立杆换为F杆；乙方保证在2007年4月1日前将指挥中心的设施全部安装完毕，确保电子警察的开通。补充条款（2）同时附增加设备一览表。

2007年4月1日，在上述设备及系统未经交接、验收、审计的情况下，双方开始投入运行。截至2008年年底共收取罚款4 324 390元。

2007年11月7日，海南洋浦公司向高密市交警大队开具50万元收据，但高密市交警大队实际支付49万元。同时向海南洋浦公司开具1万元电费收据。

2009年3月24日，海南洋浦公司函告高密市委，反映该公司投资高密市电子警察系统，高密市公安局欠付其投资款，要求给予满意答复。2009年4月8日，高密市公安局答复如下：由于上缴财政部门的交通违章罚款返还不及时，致使出现欠款问题，将多方筹措资金，分期分批尽快还清欠款。

（二）审理要览

1. 原告主要诉求

原告海南洋浦公司起诉至山东省潍坊市中级人民法院，请求法院判令：高密市公安局、高密市公安局交通交警大队偿还海南洋浦公司剩余货款数额；高密市公安局、高密市公安局交通警察大队支付海南洋浦公司货款利息。

2. 审理经过

本案经过一审和二审程序。一审法院山东省潍坊市中级人民法院作出(2010)潍商初第10号民事判决，判决高密市公安局、高密市公安局交通警察大队共同偿还海南洋浦光信实业有限公司货款344 946元；高密市公安局、高密市公安局交通警察大队共同支付海南洋浦光信实业有限公司货款344 946元的利息（从2009年3月24日起按中国人民银行规定的贷款利率计算至本判决生效之日止）；上述一、二项均于判决生效后 10 日内付清；驳回海南洋浦光信实业有限公司的其他诉讼请求。

二审法院山东省高级人民法院于 2011 年 4 月 13 日作出（2011）鲁商终字第 24 号民事判决，认为一审法院认定事实基本清楚，但关于剩余价款的利息起算时间确定不当，应依法予以纠正。

二审法院判决：维持潍坊市中级人民法院（2010）潍商初字第 10 号判决第一、三项和案件受理费、鉴定费、公证费、照相录像费的负担；变更潍坊市中级人民法院（2010）潍商初字第 10 号的判决第二项为：被告高密市公安局、被告高密市公安局交通警察大队共同支付原告海南洋浦光信实业有限公司 344 946 元的利息（从 2007 年 11 月 7 日起按中国人民银行规定的贷款利率计算至本判决生效之日止）。

三、 争议焦点的规则解读

【焦点】特许经营合同约定罚款分成是否有效

1. 当事人观点

本案原审原告海南洋浦公司认为，其在《合作协议》补充条款第 1 条中已确认该工程初步完工，不存在未验收的情况；该系统为配套设施且已运行 4 年多，应视为双方已交接，高密市公安局、高密市交警大队应支付货款和利息。

本案高密市公安局及高密市交警大队认为，海南洋浦公司没有完成《合作协议》项下的工程，未向交警大队提交分段验收报告和整体工程竣工验收报告，不符合《合作协议》约定，其未进行验收。依据《合作协议》补充条款，投资金额无法确定，其不应向海南洋浦公司支付货款和利息。

2. 法院观点

山东省潍坊市中级人民法院一审认为：

关于合同的效力问题，根据有关法律规定，公安机关是国家行政机关，是行政司法主体，公安机关的执法权是国家赋予的，同时国家还赋予其对违章行为的处罚权，公安机关在执法过程中对违法行为处罚所得应上缴国家，不得滥用。因此，高密市公安局、高密市交警大队与海南洋浦公司签订的合作协议、合作协议补充条款、合作协议补充条款（2）关于以罚款分成的方式支付货款，违反了法律规定，损害了国家利益，合作协议、合作协议补充条款、合作协议补充条款（2）罚款分成部分无效。除罚款分成部分无效外，其他部分不违反国家法律规定，应认定有效。

山东省高级人民法院二审认为：

依据《行政处罚法》第 53 条之规定"罚款、没收违法所得或者没收非法财物拍卖的款项，必须全部上缴国库，任何行政机关或者个人不得以任何形式截留、私分或者变相私分"，涉案合作协议中对行政罚款分成以收回投资的约定违反了该法律规定，依据《合同法》第 52 条第（五）项之规定，该项约定应为无效。因此项约定系该合作协议的主要条款，是合作协议签订目的之所在，故此项条款无效导致合作协议及其补充协议无效。

3. 作者简评

本案投资人与政府合作项目为交通违章监测系统建设，投资还款来源于交通违章处罚的罚款收入，但因上缴财政部门的交通违章罚款返还不及时出现还款障碍，终酿纠纷。终审法院正确地认定合同目的违反《行政处罚法》的强制性规定，属于无效合同，双方对合同无效均应承担责任，按过错程度分担损失。

我们在这里需要强调一下条款独立性的问题。在合同中往往会出现类似"因本合同某一个条款无效不影响合同效力"的约定，但是实际上，合同效力的问题是法律判断问题，是无法由当事人双方通过合同进行约定的。也就是说，一旦进入诉讼程序，合同效力问题是法官依职权进行判断的，不受合同中对于合同效力的约定。

当然，在合同无效的情况下，社会资本方并不是完全无法收回投资成本。山东省高级人民法院认定合同无效后，同时认为涉案合作协议双方均具有过错，政府应返还电子警察系统及价款，并赔偿相应价款所产生的利息损失；亦认为海南洋浦公司对违反行政法规导致合同无效的后果也具有一定过错，作为电子警察系统的建设方和维护方，对于电子警察系统运行中产生的电费应由其承担。最终，山东省高级人民法院判高密市公安局、高密市交警大队应支付海南洋浦公司的货款数额为投资总额（法院认定经由审计部门核定的金额，为 844 946 元）减去已支付的款项 50 万元（有收据）为 344 946 元，并支付相应的利息。从此处理结果可以看出，本案法院根据本案具体情况认为导致本案协议无效的社会资本方和政府方的过错基本相当，但支持了投资人的大部分请求，值得关注的是投资总额是以审计确定的，而非合同约定的投资总额。

四、 启示

【启示】应构建合法合规的项目合作模式和回报机制

1. 构建合法合规的项目合作模式

PPP 项目可分为经营性项目、准经营性项目以及非经营性项目。[①] 回报机制

[①] 《关于开展政府和社会资本合作的指导意见》（发改投资〔2014〕2724 号）第 2 条的规定。1. 经营性项目：对于具有明确的收费基础，并且经营收费能够完全覆盖投资成本的项目，可通过政府授予特许经营权，采用建设—运营—移交（BOT）、建设—拥有—运营—移交（BOOT）等模式推进。要依法放开相关项目的建设、运营市场，积极推动自然垄断行业逐步实行特许经营。2. 准经营性项目：对于经营收费不足以覆盖投资成本、需政府补贴部分资金或资源的项目，可通过政府授予特许经营权附加部分补贴或直接投资参股等措施，采用建设—运营—移交（BOT）、建设—拥有—运营（BOO）等模式推进。要建立投资、补贴与价格的协同机制，为投资者获得合理回报积极创造条件。3. 非经营性项目：对于缺乏"使用者付费"基础、主要依靠"政府付费"回收投资成本的项目，可通过政府购买服务，采用建设—拥有—运营（BOO）、委托运营等市场化模式推进。要合理确定购买内容，把有限的资金用在刀刃上，切实提高资金使用效益。

包括三种：一是政府付费，二是使用者付费，三是可行性缺口补助（VGF）。根据《传统基础设施领域实施政府和社会资本合作项目工作导则》（发改投资〔2016〕2231号）第3条"实施方式"中的规定，"政府和社会资本合作模式主要包括特许经营和政府购买服务两类"。一般来说使用者付费类项目属于特许经营，政府付费类项目属于政府购买服务。

本案投资还款来源于交通违章处罚的罚款收入。根据财政部《关于对行政性收费、罚没收入实行预算管理的规定》，罚没收入必须全部上缴财政，绝不允许将收费、罚没收入与本部门的经费划拨和职工的奖金、福利挂钩，严禁搞任何形式的提留、分成和收支挂钩。但本案中高密市公安局、高密市交警大队与海南洋浦公司签订的合作协议、合作协议补充条款中约定以罚款分成的方式支付货款，最终山东省高级人民法院认定合同目的违反《行政处罚法》的强制性规定，属于无效合同，双方对合同无效均应承担责任，按过错程度分担损失。

我们认为本案的合作模式出现了问题，采使用者付费模式违反了《行政处罚法》的强制性规定，换句话说社会资本方无权向"使用者"进行收费，本案不应采取特许经营BOT模式运作。可行的做法是将其做成非经营性项目，即政府全额购买的形式，投资人投资建设违章处罚系统，相关费用由政府从财政收入中支付，纳入政府预算，而非直接将罚款分成。

2. 构建合法合规的回报机制

特许经营项目涉及付费种类较多，社会资本方需明确哪些属于应纳入政府预算，由财政资金支付，哪些可以来自直接用户付费，构建符合法律法规允许的收入模式。例如一个污水处理项目还款来源可能包括污水处理费、资源保护费、上级财政补助、本级财政预算等。根据《污水处理费征收使用管理办法》，污水处理费属于政府非税收入，应全额上缴地方国库，纳入地方政府性基金预算管理，实行专款专用。因此，对于污水处理费，投资人无法直接向用户收费，只能依靠财政支付。

根据《中华人民共和国预算法》（以下简称《预算法》）规定："政府的全部收入和支出都应当纳入预算"，"预算包括一般公共预算、政府性基金预算、国有资本经营预算、社会保险基金预算"。与PPP项目相关的预算一般是一般公共预算和政府性基金①预算两种。根据《预算法》第6条的规定："一般公共预算是对以税收为主体的财政收入，安排用于保障和改善民生、推动经济社会发展、

---

① 根据《2016年全国政府性基金清单》，政府性基金主要包括以下内容：铁路建设基金、港口建设费、民航发展基金、高等级公路车辆通行附加费(海南)、国家重大水利工程建设基金、水利建设基金、城市公用事业附加、城市基础设施配套费农网还贷资金、教育费附加、地方教育附加、文化事业建设费、国家电影事业发展专项资金、旅游发展基金、水库移民扶持基金(含大中型水库移民后期扶持基金、大中型水库库区基金、三峡水库库区基金、小型水库移民扶助基金)、残疾人就业保障金、新菜地开发建设基金、森林植被恢复费、育林基金、新型墙体材料专项基金、散装水泥专项资金、可再生能源发展基金、船舶油污损害赔偿基金、核电站乏燃料处理处置基金、废弃电器电子产品处理基金。

维护国家安全、维持国家机构正常运转等方面的收支预算。"PPP 项目通常都是涉及保障和改善民生、推动经济社会发展的项目，因此用一般公共预算支出是比较常见的。根据《关于在公共服务领域深入推进政府和社会资本合作工作的通知》（财金〔2016〕90 号）第 8 条的规定："……对于政府性基金预算，可在符合政策方向和相关规定的前提下，统筹用于支持 PPP 项目。"因此政府性基金预算也是可以作为 PPP 项目预算支出的。

同时根据《政府和社会资本合作项目财政承受能力论证指引》第 25 条的规定："每一年度全部 PPP 项目需要从预算中安排的支出责任，占一般公共预算支出比例应当不超过 10%。"指引对于 PPP 项目支出占政府性基金预算支出的比例没有明确的限制。随着 PPP 项目的高速发展，各地政府均面临触及前述规定的 10% 红线的局面，这对 PPP 项目的发展可能存在制约因素。但是根据《关于完善政府预算体系有关问题的通知》（财预〔2014〕368 号）第 2 条的规定："……盘活存量资金，将政府性基金项目中结转较多的资金，调入一般公共预算。"也就是说在一般公共预算 10% 比例无法调整的情况下，通过政府性基金中资金调入一般公共预算的方式，也可以增加一般公共预算的总数，从而从整体上增加可用于 PPP 项目的预算资金。

从上述法律规定可知，PPP 项目财政支出不管是使用一般公共预算还是使用政府性基金预算，都需要按照预算法的规定先纳入预算方能进行支出，而不能由社会资本方直接向使用者收取或者如本案这样由政府方和社会资本方直接分配。

3. 合同无效的后续处理

对于本案法院以合同主要条款无效为由判令合同整体无效，有观点持不同意见，认为直接判令合同全部无效不利于社会投资人利益保护。但我们认为法院的判决很难说违法，本案并不是简单的因合同部分条款无效而直接认定合同整体无效，而是因为社会资本方签订合同的目的是收取罚款分成从而获得投资收益。法院认为"收取罚款分成"的约定是合作协议的主要条款，是合作协议签订目的之所在，合同主要条款因违反《合同法》第 52 条第（五）项"法律和行政法规的效力性强制性"规定而无效，合同目的违法，故此合同整体无效。

同时，在合同无效的情况下，社会资本方并不是完全无法收回投资成本，本案判决揭示了合同无效后的合同结算的通常方法，即可以返还的返还，无法返还的折价补偿。法律依据是《合同法》第 58 条的规定："合同无效或者被撤销后，因该合同取得的财产，应当予以返还；不能返还或者没有必要返还的，应当折价补偿。有过错的一方应当赔偿对方因此所受到的损失，双方都有过错的，应当各自承担相应的责任。"当然，我们建议 PPP 项目构建合法合规的回报机制和合作模式，以避免合同无效产生后续争议。

敦煌市凯威贸易有限公司与原敦煌市市政工程公司合同纠纷申请再审案

案例来源：（2014）酒民二终字第 46 号，（2014）甘民申字第 503 号。

关键词：所有权　经营权　协议无效　改制　主体适格

一、裁判规则

【规则】社会资本方有权利用合同权益进行商务开发

尽管社会资本方不具有案涉广告设施的所有权，但是基于特许经营协议，社会资本方享有广告设施的广告经营权，因此社会资本方有权以广告经营权为转让标的，合同效力不受影响。

二、审判概览

（一）涉案项目情况

敦煌市规划局按照政府的要求制作敦煌市城市街道标识系统，由于资金原因，敦煌市规划局采取市场化运作的模式，与成都东冠世珍标识制作工程有限公司就敦煌市城市街道指示标识系统的制作项目签订合同后，委托原敦煌市市政工程公司（后经改制改为敦煌市市政工程有限公司）全面负责公交站台系统的制作管理，并签订合同书，约定原敦煌市市政工程公司支付全部制作费用，敦煌市规划局以将该标识系统承包给其 15 年作为投资回报，自 2009 年 1 月 1 日合同生效，至 2024 年 12 月 31 日合同终止。该合同还约定自合同签订之日起，公交站台标识系统的广告经营权归原敦煌市市政工程公司所属管理。2011 年 5 月 13 日，原敦煌市市政工程公司与敦煌市凯威贸易有限公司（以下简称"凯威贸易公司"）在敦煌市容环境园林管理中心、敦煌市城市综合管理执法局的监督下，签订协议书，约定原敦煌市市政工程公司作为甲方将敦煌市沙州镇宁塞路、西域路、文昌路广告位（包括地基和埋压的电缆）和城区 30 个公交站牌的使用权和产权转让给乙方凯威贸易公司，转让费用为 180 万元。

应凯威贸易公司的要求并经过原敦煌市市政工程公司的同意，敦煌市规划局在 2011 年 7 月 1 日前与凯威贸易公司又签订一份合同书，确定了其对标的物享有的权利。

2013 年 7 月 5 日，原敦煌市市政工程公司通过工商登记变更为敦煌市市政工程有限公司。

（二）审理要览

1. 原告主要诉求

原告原敦煌市市政工程公司起诉至敦煌市人民法院，请求法院判决：凯威贸易公司给付其欠下的转让费及逾期付款违约金。

2. 审理经过

本案经过一审、二审以及再审程序。一审法院作出（2013）敦民初字第570号民事判决，判决被告凯威贸易公司给付原告原敦煌市市政工程公司转让费120万元，逾期付款违约金155 979.78元（计算至2013年5月23日），合计1 355 979.78元，限于判决书生效后15日内履行。

二审法院甘肃省酒泉市中级人民法院于2014年4月4日作出（2014）酒民二终字第46号民事判决：驳回上诉，维持原判。

甘肃省高级人民法院经过再审于2014年12月15日作出了（2014）甘民申字第503号民事裁定书，认为：凯威贸易公司的再审申请理由不能成立，裁定驳回敦煌市凯威贸易有限公司的再审申请。

三、 争议焦点的规则解读

【焦点】特许经营合同中的社会资本方对所涉财产是否具有处分权

1. 当事人观点

原敦煌市市政工程公司认为，其对本案转让的标的物拥有合法的产权，并已具体交给了凯威贸易公司，并不是凯威贸易公司所称无法实现标的物产权的交接与转移。

凯威贸易公司认为，原敦煌市市政工程公司对转让标的不享有产权，对该财产没有处分权，无法实现标的物产权的交接与转移，致凯威贸易公司合同目的无法实现，双方签订的《协议书》应予解除。一、二审法院认定该合同合法有效错误，都没有认清本案涉案资产的BOT性质，将其含糊地表述为"收益的权利"（一审）、"广告经营权"（二审），混淆了使用权和经营权的法律属性。

2. 法院观点

敦煌市人民法院一审认为：

原敦煌市市政工程公司对标的物进行了全额投资，并依合同享有收益的权利，其二者之间的转让协议已经相关部门的同意，凯威贸易公司辩解合同无效的理由不能成立。

甘肃省酒原市中级人民法院二审认为：

凯威贸易公司与原敦煌市市政工程公司在相关部门鉴证下签订转让协议，双方实际转让标的为城区部分广告位、30座公交站台标识系统的广告经营权，后相关管理部门对此也进行了确认，该合同不违反法律的禁止性规定，应认定合法有效。

甘肃省高级人民法院再审认为：

本案审查的焦点问题为涉案转让协议的效力问题。从涉案合同当事人签订合同的目的、前后两份合同的内容、凯威贸易公司就同一涉案资产先后签订上述两份合同等事实看，再审申请人凯威贸易公司与原敦煌市市政工程公司对涉案资产的性质是明知的，双方签订的转让协议实际转让的标的应为广告经营权，故一、二审法院认定转让协议有效并无不当。

3. 作者简评

本案中，原敦煌市市政工程公司通过和规划局签订特许经营协议的方式，取得了敦煌市公交站台系统15年的承包权以及广告经营权。而在原敦煌市市政工程公司与凯威贸易公司签订的协议中，则约定将相关广告位和公交站牌的使用权和产权均转让给凯威贸易公司。这就产生了一个问题，即在原敦煌市市政工程公司不享有对所涉资产所有权的情况下，其向凯威贸易公司转让资产产权是否属于无权处分从而致使转让合同无效？本案终审法院认定，虽然转让人对标的资产没有所有权，但是依据特许经营合同享有广告经营权，转让标的为广告经营权，而非标的资产的所有权，因此转让合同有效。

我们注意到一、二审法院在判决书中均有政府方对处分权进行追认和同意的论述，一审法院强调"转让协议已经相关部门的同意"，二审法院则强调"相关管理部门对此也进行了确认"。也就是说即便从无权处分的角度来看，由于广告经营权的转让获得了政府方的追认和同意，那么该等处分行为也应被认定为有效。本案提示社会资本方应在特许经营合同中约定特许经营权可以用于融资或进行转让处分等商务开发，如果在特许经营合同中无类似约定，则应在处分特许经营权之前获得政府方的同意。

四、 启示

【启示】广告经营权应符合相关规定

特许经营协议中社会资本方的经营权是其最重要的收益来源。在特许经营协议中明确经营权的具体内容，并允许其进行商务开发（包括融资或转让）是特许经营项目得以发展的最基本条件。

广告经营权是特许经营项目的重要收费来源。我们注意到本案原告凯威贸易公司诉称，原敦煌市市政工程公司对转让标的不享有产权，对该财产没有处分权，无法实现标的物产权的交接与转移，致凯威贸易公司合同目的无法实现。由于本案判决未对合同目的无法实现作更多阐述，因此我们无从知晓标的物产权转移与合同目的实现的关系。

广告经营权收入作为还款来源的特许经营项目，应特别注意广告经营权之取得、运行、转让应当符合《中华人民共和国广告法》（以下简称《广告法》）、《广告管理条例》等相关规定，避免因法律障碍而无法实现经营目的。

首先，广告之经营需取得相应的审批或备案。

《广告法》第11条规定："广告内容涉及的事项需要取得行政许可的，应当与许可的内容相符合。"《广告管理条例》第6条："经营广告业务的单位和个体工商户（以下简称广告经营者），应当按照本条例和有关法规的规定，向工商行政管理机关申请，分别情况办理审批登记手续：（一）专营广告业务的企业，发给《企业法人营业执照》；（二）兼营广告业务的事业单位，发给《广告经营许可证》；（三）具备经营广告业务能力的个体工商户，发给《营业执照》；（四）兼营广告业务的企业，应当办理经营范围变更登记。"一些地方性法规还规定了特殊审批要求，例如《太原市户外广告设施设置管理办法》第22条规定："设置户外广告设施的单位和个人，应当到规划行政部门申请办理户外广告设施建设工程规划许可证。"除了规划许可证外，有些地方还要求广告设置人取得《户外广告设施设置许可证》。投资人应注意提前了解相关审批、备案之要求与操作可行性。

其次，户外广告之设置应注意符合整体规划，避开禁止张贴区，遵守有关户外广告张贴的具体规定。《广告法》第42条规定："有下列情形之一的，不得设置户外广告：（一）利用交通安全设施、交通标志的；（二）影响市政公共设施、交通安全设施、交通标志、消防设施、消防安全标志使用的；（三）妨碍生产或者人民生活，损害市容市貌的；（四）在国家机关、文物保护单位、风景名胜区等的建筑控制地带，或者县级以上地方人民政府禁止设置户外广告的区域设置的。"《广告管理条例》第13条规定："户外广告的设置、张贴，由当地人民政府组织工商行政管理、城建、环保、公安等有关部门制订规划，工商行政管理机关负责监督实施。在政府机关和文物保护单位周围的建筑控制地带以及当地人民政府禁止设置、张贴广告的区域，不得设置、张贴广告。"

一些地方性法规对户外广告之张贴规则作出更细致的规定，例如《太原市户外广告设施设置管理办法》第11条规定："有下列情形之一的，不得设置户外广告设施：（一）利用交通安全设施、交通标志的；（二）影响市政公共设施、交通安全设施、交通标志使用的；（三）妨碍生产或者人民生活、危及公共安全、影响道路畅通、损害市容市貌的；（四）国家机关、文物保护单位、公共教育文化场所和名胜风景点的建筑控制地带；（五）利用行道树、古树名木的；（六）利用危房及其他可能危及安全的建筑和设施的；（七）市、县（市）人民政府禁止设置户外广告设施的其他情形。"第18条规定："市人民政府应当按照规划设置一定比例的公益性户外广告设施。批准的公益性户外广告设施阵地不得发布商业广告。"再如，《河北省高速公路沿线广告设施管理规定》第8条规定："在高速公路沿线设置单柱式广告塔（牌）形式广告设施的，应当沿高速公路主线双侧单列设置，单侧间距一般不小于一千米。高速公路服务区、主线收费站区内设置的广告设施，采用单柱式广告塔（牌）形式的，单侧不超过四个；采用单面墙式广告牌形式的，单侧不超过五个。匝道收费站区内设置的广告设施，不超过六个。"因此，投资人在财务测算时应注重广告禁设区的问题，避免财务测算不准确。

再次，应注意广告收费之监管。《广告管理条例》第14条规定："广告收费标准，由广告经营者制订，报当地工商行政管理机关和物价管理机关备案。"

最后，应注意广告设施设置权之权利来源的合法性。不少地方政府规定，户外广告设施设置人应当与户外广告设施载体的所有权人签订户外广告设施载体使用合同，依法取得设施载体使用权。而利用公共载体设置商业广告的，则应通过竞争性程序从政府处取得广告设施设置权。例如《宁波市户外广告设施设置管理办法》第11条规定："利用公共场地、公共设施等政府性资金投资建设的载体(以下简称公共载体)设置户外商业广告设施的，其载体使用权应当按照《宁波市市容和环境卫生管理条例》第31条的规定和户外广告设施设置规划的要求，通过公共资源交易中心以招标、拍卖等公平竞争方式取得；其中，海曙区、江东区、江北区行政区域内的载体使用权，应当按照市户外广告设施设置指引和市户外广告设施设置专项规划的相关要求，通过市公共资源交易中心统一配置。"

03 张家界电力广告装饰工程有限公司与张家界市城市管理行政执法局投资合同纠纷案

案例来源：(2011)民提字第228号，(2010)湘高法民二终字第27号。

关键词：广告经营权　扩建　合同解除　继续履行

一、 裁判规则

【规则】非合同缔约方的政府原因导致合同无法履行，社会资本方可以主张解除合同

因政府部门管理职能发生调整，特许经营权重复授予第三方，构成特许经营合同政府方当事人的违约，社会资本方可以主张解除合同。

二、 审判概览

(一)涉案项目情况

2000年6月，张家界电力广告装饰工程有限公司(以下简称广告公司)与张家界市建设委员会(以下简称市建委)签订了《张家界市城区公共汽车候车亭投资建造合同》，合同约定：由广告公司投资建造公共汽车候车亭，广告公司享有候车亭12年的广告发布权；到期后，双方继续签订广告发布合同；现有公汽线路停靠站(包括几大景点)候车亭的建造必须在2000年9月底完成，其他站点在2001年12月底完成；如有政策性变化或市政府有新的规定以及城市道路改扩建，广告公司必须无条件服从，自行无偿拆除、移位；第一、二年市建设局向广告公司收取候车亭广告费总额1%的管理费，以后每年按广告费总额2%收取管理费；如一方违约，另一方可终止合同，违约方应向守约方赔偿一切经济损失和社会损失。合同还对候车亭的材质、规格、外观设计等作了约定。合同签订后，广告公司投资修建候车亭51座。其中，大桥路、教场路、天门路、人民路、解放路、北正街、回龙路共24座小候车亭，均为一个独立的大灯箱和一个独立的小灯箱组成，于2000年9月底完成；子午路、迎宾路、大庸中路、大庸西路共27座大候车亭，均为三个相互连接的并立的大灯箱和一个独立的小灯箱组成，于2001年12月底完成。2005年10月，由于城市管理职能的变更，市建委将《候车亭投资建造合同》移交给市城管局继续履行，广告公司、市城管局及市建委三方签订了《永定城区公共汽车候车亭管理交接备忘录》。

2007年，张家界市人民政府决定对张家界市城区"四路"进行扩建改造。2007年7月30日，张家界市人民政府将"四路"改造范围内的公共汽车候车亭广告经营权授予了张家界市经济发展投资集团有限公司（以下简称经济投资公司）。2007年8月4日，"四路"改造工程建设指挥部向广告公司发出"关于拆除公共汽车候车亭的通知"。广告公司和另一家广告公司湖南东文实业有限公司两次向市城管局提出书面报告，要求在道路改造后继续履行合同，如不能继续履行合同在依法进行补偿的赔偿损失后方能终止合同。市城管局在两份报告上均签署了请两家公司支持政府工作，先按合同"尽快拆除，待新候车亭竣工后，再按合同协商履行"的意见。随后，广告公司自行拆除了"四路"改造范围内的36座候车亭，其中子午路、迎宾路、大庸中路24座大候车亭，教场路、解放路12座小候车亭。在"四路"改造完成、新的候车亭全面竣工后，广告公司要求市城管局继续履行合同，交付新建候车亭的广告发布权，市城管局因新候车亭广告发布权已被授予经济投资公司，未能继续履行合同，也没有给予赔偿。

（二）审理要览

1. 原告主要诉求

原告广告公司起诉至张家界市中级人民法院，请求法院判决：解除《张家界市城区公共汽车候车亭投资建造合同》；市城管局赔偿广告公司投资建设的51个公共汽车候车亭的直接投资损失333.54万元；市城管局赔偿广告公司广告经营权损失费532.80万元。

2. 审理经过

本案经过一审、二审以及再审程序。一审法院张家界市中级人民法院作出(2009)张中民二初字第4号民事判决，判决：驳回广告公司的诉讼请求；广告公司与市城管局的《张家界市城区公共汽车候车亭投资修建合同》继续履行；市城管局在判决生效后十五日内将广告公司原经营公交线路范围内的新建候车亭广告经营权交付给广告公司，未按期交付的，按每逾期一天经营损失1858元计算，由市城管局给广告公司赔偿；合同期限相应顺延，从新建候车亭由市城管局交付给广告公司之日起开始计算剩余合同期限，其中大桥路、教场路、天门路、人民路、解放路、北正街、回龙路候车亭的剩余合同期限为5.12年，子午路、迎宾路、大庸中路、大庸西路候车亭的剩余合同期限为6.38年。

二审法院湖南省高级人民法院作出(2010)湘高法民二终字第27号民事判

决：驳回上诉，维持原判。

最高人民法院经过再审于 2011 年 11 月 21 日作出了（2011）民提字第 228 号民事判决书，判决：撤销湖南省高级人民法院（2010）湘高法民二终字第 27 号民事判决；撤销张家界市中级人民法院（2009）张中民二初字第 4 号民事判决；解除《张家界市城区公共汽车候车亭投资建造合同》中涉及已拆除的 36 座候车亭部分的履行；张家界市城市管理行政执法局赔偿张家界电力广告装饰工程有限公司经营权损失 2294436 元。

三、 争议焦点的规则解读

【焦点】政府方将改建后工程的广告发布权授予第三方，原被授予方可以主张解除合同

1. 当事人观点

广告公司不同意继续履行双方签订的投资建造合同，坚持合同全部解除。其认为候车亭投资修建合同第 8 条约定，如一方违约，另一方可终止合同并赔偿守约方的经济损失；根据合同法第 94 条、第 107 条的规定，本案中广告公司有权解除合同并要求赔偿损失。

市城管局认为，广告公司违约在先，广告公司应当每年交纳 2% 的管理费，但其从未交纳过；市城管局在广告公司没有履行义务的情况下，在纠纷发生后，仍一直协助广告公司解决并向政府汇报，为广告公司争取利益；市人民政府决定修建城市道路，是为了社会公共利益，合同双方当事人无法避免、无法改变，市城管局在合同履行过程中没有任何过错。

2. 法院观点

湖南省高级人民法院二审认为：

广告公司按合同约定履行了建造候车亭的义务，市城管局应当履行让广告公司在候车亭上行使广告经营权的合同义务。张家界市人民政府在对道路进行改扩建后，将新建候车亭的广告经营权的职能另行授予给了经济投资公司，致使原管理人市城管局不再拥有该项职能，无法继续履行合同。广告公司不能在新建候车亭上行使广告经营权，市城管局存在违约行为。但市城管局的违约并非其自身行为和主观故意所致，其主观上没有过错。一审诉讼过程中，市城管局已表示负责从经济投资公司处收回新建候车亭的广告经营权，再交由广告公司从事广告经营，继续履行合同；二审中，市城管局提交了经济投资公司的函，表明张家界市城区"四路"候车亭的广告经营权，已重新交回给市城管局。故广告公司未能得到候车亭广告经营权的障碍已经可以由市城管局排除，其继续经营候车亭广告的合同目的可以实现，合同可以继续履行。

由于本案纠纷的起因是由于张家界市人民政对道路进行改扩建后，新建候车亭广告经营权的管理职能发生了变更。而候车亭的建造属于公用事业，市城管局与广告公司在合同中仅约定收取一定的管理费，并没有牟取广告经营发布的利润。

广告公司起诉是因为候车亭广告经营权已被政府授予他人，其未能得到新候车亭的广告经营权。在合同有继续履行的基础，也能够继续履行的情况下，由广告公司继续履行合同，已经可以实现其继续经营候车亭广告的合同目的。

根据双方签订的合同约定："城市道路改扩建，广告公司必须无条件服从，自行无偿拆除、移位；……"广告公司在拆除原候车亭后，其要取得新候车亭的广告经营权，就需要承担新候车亭的重置费用。湖南经典资产评估有限公司的《资产评估报告书》对电力广告候车亭重置费用的确定，是根据该公司提交的相关施工合同及施工费计算评估得来，在广告公司应承担重置费且其认可该项评估结论的情形下，对广告公司的损失，应当将其经营损失减去重置候车亭的建造成本，那么，广告公司在解除合同后并不能获得其所期待的赔偿数额。而继续履行合同，广告公司仍可依据双方的合同行使一定期限的广告经营权。市城管局承诺继续履行合同时，广告公司不需承担新候车亭的建造费用，该院依法予以准许。

最高人民法院再认为：

市城管局未按约在"四路"改造工程完工后将候车亭的广告发布权授予广告公司，构成违约。依据双方签订的合同第8条约定，"如有一方违约，另一方可终止合同，违约方必须向守约方赔偿一切经济损失或社会损失。"该约定是双方当事人的真实意思表示，合法有效。广告公司依据合同约定，请求解除合同、赔偿损失，有合同依据。由于广告公司修建候车亭的主要目的是为了获得广告发布权，目前案涉广告发布权已由第三方公司实际享有，本案涉及的已经拆除的候车亭的广告经营的合同内容已经没有履行的可能性，因此，广告公司对已拆除的36座候车亭享有解除合同的权利。至于没有拆除的15座候车亭，广告经营权一直在广告公司名下，这15座候车亭并不存在履约的障碍，广告公司一并解除全部合同的请求不能得到支持。

3. 作者简评

本案纠纷的起因是由于市政府对道路进行改扩建后，政府部门的管理职能发生了变更，但在没有对原特许经营合同进行处理的情况下，张家界市人民政府将改造范围内的公共汽车候车亭广告经营权授予了案外第三方。原社会资本方以政府违约为由，提出解除合同的诉讼请求。最高人民法院准确认定了原特许经营合同的合法有效性，并认为案涉广告发布权已由第三方公司实际享有，本案涉及的已经拆除的候车亭的广告经营的合同内容已经没有履行的可能性，但可以解除合同主张因市建委违约而享有相应的广告经营损失赔偿。

四、 启示

【启示】社会资本方应该在特许经营合同中明确规定政府方应完成的义务

同样是因为非特许经营合同缔约方的原因导致合同无法履行，本案与本书的另一案例(中信国安集团有限公司与江苏省工商行政管理局投资合同纠纷案,以下称"中信案")的审判结果有着截然不同的走向。在中信案中,因非缔约方的政府原因导致合同无法履行,中信公司未能获得全部的损失赔偿。而在本案中,最高人民法院判决政府方赔偿了全部的经营权损失,共计2294436元。之所以会出现这样的差别,是因为在中信案中,特许经营合同中对于获得CA项目审批的义务并没有明确约定。从而因CA项目未获得审批导致合同无法履行,不能归结为政府方违约,从而无法全额主张损失。而在本案中,社会资本方在特许经营合同中明确规定了,政府方有义务保证社会资本方享有案涉道路周边的全部广告牌经营权,那么社会资本方无法获得合同约定的广告牌经营权就是因为政府方没能履行合同义务的违约行为造成的,因此政府方应赔偿全部损失。

本案提示社会资本方一定要在特许经营合同中明确约定政府方的义务,从而确保一旦出现特许经营合同无法履行的情况,能找到合同依据,以政府方违约为由能够获得较为充分的损失赔偿。

04 张家界百龙天梯旅游发展有限公司与赤水市人民政府等合同纠纷案

案例来源:(2013)黔高民商初字第6号。

关键词:特许经营合同　变更　主体资格　公平竞争　无效

一、 裁判规则

【规则】景区特许经营权不能通过协议方式授予社会资本方

政府与社会资本方直接通过协议方式而没有通过招标、拍卖等公平竞争的方式约定授予特许经营权的合同无效。

二、 审判概览

(一)涉案项目情况

2001年8月3日,赤水市委、市政府决定成立赤水旅游开发投资有限责任公司(以下简称"赤水旅投公司"),系国有独资有限责任公司。赤水旅投公司成立后,赤水市人民政府(以下简称"赤水市政府")授权其对十丈洞、燕子岩、四洞沟景区进行经营管理。

2004年1月2日,赤水市政府为委托方(甲方),张家界百龙天梯旅游发展有限公司(以下简称"张家界百龙公司")、张家界万众国际旅行社有限责任公司(以下简称"万众公司")为受托方(两家公司共同为乙方),就四洞沟、燕子岩、十丈洞景区(含香溪湖水库水面开发经营)、赤水河元厚至城区河段的旅游资源(以下简称"三区一湖一河"旅游区)特许开发经营事宜签订了《赤水景区委托经营协议》(以下简称《委托经营协议》)。协议的主要内容是:甲方保证乙方享有"三区一湖一河"旅游资源的独家开发权和50年的经营权,在乙方开发经营期间享受国家及地方政府现行的有关西部大开发优惠政策的待遇，乙方保证依法经营，照章纳税，并自获得"三区—湖—河"旅游区的开发经营权起向甲方交纳旅游资源使用费等事项。

2004年6月22日，赤水市政府为委托方（甲方）与张家界百龙公司、万众公司为受托方（两家公司共同为乙方），又共同签订了《委托经营合同》。合同标的与《委托经营协议》相同，但对《委托经营协议》的部分内容进行了细化和变更。合同约定：按照政府主导规划，企业自主经营，共同配合的总体原则，由乙方负责开发经营、委托开发经营的期限为50年（2004年8月1日至2054年8月1日）。

乙方自获得"三区—湖—河"的开发经营权起向甲方交纳旅游资源使用费，支付标准和支付方式为：第一年向甲方交纳门票总收入8%的旅游资源使用费，第二年起每年递增4%，但最高额度不超过门票总收入的20%；如遇国家开征资源使用税，乙方托管区域内所有项目缴纳的资源税总和不足门票收入20%的差额部分，仍由乙方补交给甲方，高于则依法纳税，并不再缴纳资源使用费；每半年付一次。

《委托经营合同》经甲乙双方法定代表人签字生效后，为履行合同，张家界百龙公司与万众公司共同出资成立了赤水百龙旅游发展有限公司（以下简称"赤水百龙公司"）。赤水百龙公司于2004年11月25日股东会决议决定张家界百龙公司和万众公司共同拥有的净资产的评估价值为6050.20万元，并将评估值中的6000万元用于对赤水百龙公司新增注册资本，其中张家界百龙公司占80%（5200万元），万众公司占20%（1300万元）。剩余50.20万元的净资产列入赤水百龙公司资本公积金。赤水市政府办公室于2004年11月2日致函赤水市工商局，表示根据《委托经营合同》的约定，赤水百龙公司享有对"三区—湖—河"旅游资源的开发经营权，原则同意对移交的"三区—湖—河"景区资产（含景区门票收益权）进行评估和作价入账。庭审中，张家界百龙公司、赤水市政府、赤水百龙公司均认可赤水百龙公司系张家界百龙公司、万众公司为具体履行《委托经营合同》出资成立。赤水百龙公司是《委托经营合同》的具体执行单位，代表张家界百龙公司履行合同，由此产生的全部权利义务均由张家界百龙公司享有和承担。本案涉及的所有以赤水百龙公司名义向赤水市政府出具的往来函件的相关内容的具体落实均由张家界百龙公司完成。张家界百龙公司、赤水百龙公司亦认可赤水百龙公司在"三区—湖—河"景区内具体的投资开发和经营行为均系受张家界百龙公司的指示进行。

2010年12月22日，张家界百龙公司与万众公司签订《协议书》，《协议书》中明确万众公司并未实际履行《委托经营合同》，对"三区—湖—河"旅游区未投入任何资金，赤水百龙公司一直由张家界百龙公司单独经营。万众公司将其基于《委托经营合同》已经获得或未来可能获得的所有权利全部转让给张家界百龙公司，张家界百龙公司同意在实际获得万众公司上述所有权利的前提下，承担万众公司基于《委托经营合同》已经产生或未来可能产生的所有义务。对于万众公司退出《委托经营合同》的事实，赤水市政府在庭审中表示认可。

（二）审理要览

1. 原告主要诉求

2013 年 9 月 2 日，原告张家界百龙公司起诉至贵州省高级人民法院，认为其与被告各方达成的经营合同合法有效，被告的违约行为给原告造成了多项损失，故向法院提起诉讼。经四次变更后，张家界百龙公司请求判令：解除双方于 2004 年 1 月 2 日签订的《委托经营协议》和 2004 年 6 月 24 日签订的《委托经营合同》两份合同；被告因违约未移交"一湖一河"景区并最终导致合同终止向原告支付违约金并返还原告前期直接投入和相应利息；赔偿合同解除后的预期收益损失；被告向原告返还合同解除前原告应得的景区门票收入，并支付实际返还之日前的利息。

赤水市政府在本院指定的举证期限内对张家界百龙公司和第三人万众公司提出了反诉。请求判令：确认赤水市政府与张家界百龙公司及万众公司于 2004 年 6 月 22 日签订的《委托经营合同》于 2012 年 10 月 12 日解除；张家界百龙公司赔偿赤水市政府代垫的银行贷款利息损失 9 366 657.46 元、复利损失 1 737 068.05 元以及贵州省基本建设投资公司（以下简称省基建公司）投资款罚息损失 205 万元；张家界百龙公司赔偿赤水市政府可得利益损失人民币 2 800 万元；张家界百龙公司向赤水市政府返还旅游景区门票收入人民币 27 967 616.24 元；张家界百龙公司向赤水市政府支付违约金人民币 500 万元。

2. 审理经过

本案经过一审程序。在本诉审理过程中，赤水市政府提出了反诉，贵州省高级人民法院受理后，决定合并审理。一审法院贵州省高级人民法院于 2015 年 3 月 20 日作出 (2013) 黔高民商初字第 6 号民事判决，认为《委托经营合同》无效，无效合同自成立之日起即不具有法律效力，而张家界百龙公司和赤水市政府的诉讼请求是以合同有效为请求权基础的，故张家界百龙公司和赤水市政府的请求权基础不成立，诉讼请求应当予以驳回。判决：驳回本诉原告张家界百龙天梯旅游发展有限公司的诉讼请求；驳回反诉原告赤水市人民政府的诉讼请求。

三、 争议焦点的规则解读

【焦点】政府是否可以直接通过签订合同的形式将景区特许经营权授予社会资本方

1. 当事人观点

原告张家界百龙公司认为，原被告双方签订合同后，其对景区、基础设施、服务设施及景区道路投入了大量人力、物力及财力，但赤水市政府一直未将经营合同约定的旅游区经营权移交给张家界百龙公司或赤水百龙公司。

此外，经营合同约定了各方履行的先后顺序，因赤水市政府未全面履行在先的移交旅游资源和经营权的合同义务，张家界百龙公司有权拒绝履行在后的投资建设义务；由于赤水市政府不履行组织编制景区详细规划的法定职责，张家界百龙公司事实上无法继续进行投资建设。

被告赤水市政府认为，原告根据《委托经营合同》即已享有"一湖一河"景区开发经营权，并通过依法申请项目开发的形式实现。"一湖一河"景区范围内无被告投资的固定资产，无需办理景区资产交接手续。

2. 法院观点

贵州省高级人民法院认为：

《委托经营合同》是对《委托经营协议》的变更。在《委托经营合同》签订后，当事人均是按照《委托经营合同》履行合同权利义务，亦是按照《委托经营合同》提出诉讼主张或进行答辩。因此，《委托经营协议》已经变更为《委托经营合同》。

《委托经营合同》的合同标的是赤水市"三区一湖一河"景区的开发经营权。对风景名胜资源的开发经营，应属政府垄断经营的范畴。赤水市政府和张家界百龙公司、万众公司通过签订合同，所形成的是以行政特许经营为主，民事法律关系为辅的复杂的特许经营法律关系。因此，《委托经营合同》虽名为"委托经营"，但就其本质而言，应属政府特许经营合同。

关于合同的效力问题，贵州省高级人民法院认为：

（1）赤水市政府不具备签订景区类经营合同的主体资格。根据国务院《风景名胜区管理暂行条例》的规定，人民政府是景区领导机构，可作宏观管理者，不能作为直接的管理者、利用者。本案中即便需要签订合同，其主体也应当是景区管理机构而不是该机构的上级人民政府。

（2）赤水景区内的土地属于旅游用地，根据国务院《关于加强国有土地资产管理的通知》（国发〔2001〕15号）第3条的规定，并参照国土资源部于2002年7月1日实施的《招标拍卖挂牌出让国有土地使用权规定》第4条的规定，商业、旅游、娱乐和商品住宅等各类经营性用地，应当采取招标、拍卖或挂牌的方式进行出让。本案中，赤水市政府和张家界百龙公司通过协议的方式对土地的价格进行了约定，该约定存在赤水市政府主体不适格、约定的内容违法的问题，应当认定无效。

（3）根据《中华人民共和国行政许可法》（以下简称《行政许可法》）第53条："实施本法第十二条第二项所列事项（即有限自然资源开发利用、公共资源配置以及直接关系公共利益的特定行业的市场准入等，需要赋予特定权利的事项）的行政许可的，行政机关应当通过招标、拍卖等公平竞争的方式作出决定。但是，法律、行政法规另有规定的，依照其规定。"本《委托经营合同》虽然签订于《行政许可法》正式施行即2004年7月1日之前，但《行政许可法》已经于2003年8月27日通过并公布，各方当事人应当知悉。在实施特许经营的程序和实施特许经营的期限上，均违反了相关法律法规。因此，合同中关于景区开发经营权特许经营条款的效力应当认定为无效。

（4）由于合同签订的时间是 2004 年 6 月，根据当时实施的《风景名胜区管理暂行条例》第 7 条第 1 款"风景名胜区规划，在所属人民政府领导下，由主管部门会同有关部门组织编制"的规定，风景名胜区的规划应当由风景名胜区主管部门组织编制。合同中将"三区一湖一河"旅游区和竹海梫椤景区的控制性详规和修建性详规交由张家界百龙公司和万众公司编制完成的约定违反了法律规定，亦应无效。

（5）根据《中华人民共和国招标投标法》（以下简称《招标投标法》）第 3 条"在中华人民共和国境内进行下列工程建设项目包括项目的勘察、设计、施工、监理以及与工程建设有关的重要设备、材料等的采购，必须进行招标：（一）大型基础设施、公用事业等关系社会公共利益、公众安全的项目"的规定，以及最高人民法院《关于审理建设工程施工合同纠纷案件适用法律问题的解释》第 1 条的规定，赤水景区内的建设工程项目应当通过招投标的方式进行，且投标人应当具备相应资质。本案中，赤水市政府与张家界百龙公司直接在《委托经营合同》中对赤水景区内的交通道路建设、基础设施建设等进行了约定，且张家界百龙公司不具有相应的建设资质，该约定的主体和内容均违反了法律规定，应当无效。

由于合同签订的主体、土地出让的方式、合同标的、规划编制、景区建设等主要合同条款无效，而双方的权利义务均是根据这些主要条款进行约定的，其他约定双方权利义务的条款不宜单独认定有效。因此，《委托经营合同》应当认定无效。

3. 作者简评

本案核心争议是政府是否可以不经竞争性程序直接选择景区特许经营的投资人？我们认为终审法院在本案中正确地持否定观点。根据相关法律法规，基础设施与公共服务特许经营权之赋予应履行竞争性程序，防止公共资源被贱卖。其中《基础设施和公用事业特许经营管理办法》明确规定特许经营权应通过竞争方式进行授权，具体的竞争方式包括招标、竞争性谈判等。① 《政府和社会资本合作项目政府采购管理办法》（财库〔2014〕215 号）规定了特许经营项目的 5 种采购方式，包括公开招标、邀请招标、竞争性谈判、竞争性磋商和单一来源采购。② 但是本案中，贵州省高级人民法院引用签订合同时尚未生效的《行政许

---

① 《基础设施和公用事业特许经营管理办法》第 3 条："本办法所称基础设施和公用事业特许经营，是指政府采用竞争方式依法授权中华人民共和国境内外的法人或者其他组织，通过协议明确权利义务和风险分担，约定其在一定期限和范围内投资建设运营基础设施和公用事业并获得收益，提供公共产品或者公共服务。"第 15 条："实施机构根据经审定的特许经营项目实施方案，应当通过招标、竞争性谈判等竞争方式选择特许经营者。特许经营项目建设运营标准和监管要求明确、有关领域市场竞争比较充分的，应当通过招标方式选择特许经营者。"

② 《政府和社会资本合作项目政府采购管理办法》第 4 条："PPP 项目采购方式包括公开招标、邀请招标、竞争性谈判、竞争性磋商和单一来源采购。项目实施机构应当根据 PPP 项目的采购需求特点，依法选择适当的采购方式。公开招标主要适用于采购需求中核心边界条件和技术经济参数明确、完整、符合国家法律法规及政府采购政策，且采购过程中不作更改的项目。"

可法》第 53 条的规定，即实施本法第 12 条第（二）项所列事项（有限自然资源开发利用、公共资源配置以及直接关系公共利益的特定行业的市场准入等，需要赋予特定权利的事项）的行政许可的，行政机关应当通过招标、拍卖等公平竞争的方式作出决定，但法律、行政法规另有规定的，依照其规定，认定本案合同无效。我们认为这是值得商榷的，法不溯及既往是最基本的法理，也即法律不应约束其生效前所签订的合同的效力。从这个角度讲，仅根据《行政许可法》的规定认定本案合同无效是存在一定问题的。

我们认为，本案中揭示出特许经营领域的一个认识误区，即只要是人民政府签订的合同就是有效的。但是实际的情况是，人民政府并不必然可以成为特许经营合同的当事人。根据国务院《风景名胜区管理暂行条例》的规定①，人民政府是景区领导机构，可作宏观管理者，不能作为直接的管理者、利用者。因此在本案的景区特许经营合同的，政府方主体应当是景区管理机构而不是该机构的上级人民政府。而《基础设施和公用事业特许经营管理办法》（六部委 2015年第 25 号令）第 14 条规定："县级以上人民政府应当授权有关部门或单位作为实施机构负责特许经营项目有关实施工作，并明确具体授权范围。"也就是说人民政府应当授权有关部门或单位具体实施特许经营项目，当然也包括特许经营合同签订。

本案提示社会资本方在签订特许经营合同时，一定要结合具体项目领域的特殊管理规定，明确政府方签约主体是否有签订合同资格，以确保合同的有效性。

四、 启示

【启示1】 基础设施与公共服务特许经营权应依法取得

《基础设施和公用事业特许经营管理办法》第 15 条规定："实施机构根据经审定的特许经营项目实施方案，应当通过招标、竞争性谈判等竞争方式选择特许经营者。"我们认为该条规定的立法目的在于保护公共资源，因此，只要涉及基础设施和公用事业特许经营的，必须通过竞争性程序选择特许经营者。所谓竞争性程序既包括《招标投标法》规定的招投标程序，也包括《中华人民共和国政府采购法》（以下简称《政府采购法》）规定的竞争性谈判、单一来源采购等非招投标程序。

对于 25 号令之前的项目，应该如何处理呢？本案给出了答案。《行政许可法》（2004 年 7 月 1 日）第 12 条第 2 款规定："下列事项可以设定行政许可：（二）有限自然资源开发利用、公共资源配置以及直接关系公共利益的特定行业的市

---

① 《风景名胜区管理暂行条例》第 5 条："风景名胜区依法设立人民政府，全面负责风景名胜区的保护、利用、规划和建设。风景名胜区没有设立人民政府的，应当设立管理机构，在所属人民政府领导下，主持风景名胜区的管理工作。设在风景名胜区内的所有单位，除各自业务受上级主管部门领导外，必须服从管理机构对风景名胜区的统一规划和管理。"

场准入等，需要赋予特定权利的事项。"第53条规定："实施本法第十二条第二项所列事项的行政许可的，行政机关应当通过招标、拍卖等公平竞争的方式作出决定。但是，法律、行政法规另有规定的，依照其规定。"因此根据《行政许可法》的前述规定，如果采取扩大解释，基础设施和公用事业特许经营也必须采取竞争性程序选择投资者。

具体到景区开发项目，《风景名胜区管理条例》第37条规定："风景名胜区内的交通、服务等项目，应当由风景名胜区管理机构依照有关法律、法规和风景名胜区规划，采用招标等公平竞争的方式确定经营者。"此外，根据《中华人民共和国物权法》（以下简称《物权法》），经营性用地也必须采取招拍挂程序选择投资者。因此，我们认为景区旅游开发经营者之选择也应当采竞争性程序。

【启示2】项目用地应依法取得

根据《招标拍卖挂牌出让国有土地使用权规定》第4条的规定，商业、旅游、娱乐和商品住宅等各类经营性用地，应当采取招标、拍卖或挂牌的方式进行出让。也就是说特许经营项目中如果涉及经营性用地，必须采用招拍挂的方式获得国有土地使用权。但是对于社会资本方来说，则可能存在着对项目投资之后，却因为公开招拍挂而无法获得项目土地使用权的情况，从而导致项目无法实施。

针对上述可能无法获得土地使用权的现实情况，国家出台了特许经营项目土地使用的专门性政策。比如《关于联合公布第三批政府和社会资本合作示范项目加快推动示范项目建设的通知》（财金〔2016〕91号）就明确规定了社会资本方和土地使用合并招标的操作方式。①

⑤ 哈尔滨长恒热电设备有限公司与安达市人民政府建设工程施工合同纠纷

案例来源：（2013）绥中法民一民初字第15号，（2015）黑民终字第15号。

关键词：供热　招投标　特许经营　违约

---

① 《关于联合公布第三批政府和社会资本合作示范项目加快推动示范项目建设的通知》（财金〔2016〕91号）第5条："PPP项目用地应当符合土地利用总体规划和年度计划，依法办理建设用地审批手续。在实施建设用地供应时，不得直接以PPP项目为单位打包或成片供应土地，应当依据区域控制性详细规划确定的各宗地范围、用途和规划建设条件，分别确定各宗地的供应方式：（一）符合《划拨用地目录》的，可以划拨方式供应；（二）不符合《划拨用地目录》的，除公共租赁住房和政府投资建设不以盈利为目的、具有公益性质的农产品批发市场用地可以作价出资方式供应外，其余土地均以出让或租赁方式供应，及时足额收取土地有偿使用收入；（三）依法需要以招标拍卖挂牌方式供应土地使用权的宗地或地块，在市、县国土资源主管部门编制供地方案、签订宗地出让（出租）合同、开展用地供后监管的前提下，可将通过竞争方式确定项目投资方和用地者的环节合并实施。PPP项目主体或其他社会资本，除通过规范的土地市场取得合法土地权益外，不得违规取得未供应的土地使用权或变相取得土地收益，不得作为项目主体参与土地收储和前期开发等工作，不得借未供应的土地进行融资；PPP项目的资金来源与未来收益及清偿责任，不得与土地出让收入挂钩。"

一、 裁判规则

【规则】仅有施工内容而无经营内容的合同应认定为建设工程施工合同

合同性质应根据合同权利义务内容予以认定，仅有建设内容而无经营内容的合同应认定为施工合同而不是特许经营合同，应适用建设施工合同相关法律规定来确定合同当事人的权利义务关系。

二、 审判概览

（一）涉案项目情况

2011 年初，安达市人民政府（以下简称"市政府"）决定，将哈尔滨长恒热电设备有限公司（以下简称"长恒公司"）引进市投资热电联产集中供热项目（以下简称"供热项目"）。市政府于同年 4 月发给长恒公司《安达市城镇供热项目框架协议》（以下简称《框架协议》）一份，阐明："长恒公司投资 9.9 亿元建设供热项目，项目规模为供热管网 74 千米、换热站 53 座、城镇供热面积达到 1 000 万平方米。"在此过程中，还就承接大供热项目后，由长恒公司承接安达市佳园物业有限公司（以下简称"佳园物业公司"）辖区小区供热和物业管理事宜进行约定。长恒公司于 2011 年 8 月 15 日设立"安达市长恒热电有限公司"，购置项目所需物资。2012 年 4 月 11 日，市政府对供热项目公开招标。经招标，长恒公司未中标，遂成诉讼。

（二）审理要览

1. 原告诉求

原告长恒公司认为，双方之间的《框架协议》合法有效，且该协议双方均已实际履行。2012 年 4 月 11 日，市政府在没有通知长恒公司的情况下，以供热项目必须经招标为由，通过当地媒体公布了招标公告，单方终止协议，对其违约，致使原告合同目的无法实现，其投入和垫付的资金也无法收回，给长恒公司造成经济损失。请求判令：安达市政府支付履行保证金；承担因违约给长恒公司造成的各项经济损失。

2. 审理经过

本案经过一审和二审，长恒公司申请再审被驳回。

绥化市中级人民法院作出（2013）绥中法民一民初字第 15 号民事判决，判决：市人民政府赔偿长恒公司投入热电联产集中供热项目工程损失及工程设计费；驳回长恒公司的其他诉讼请求。

黑龙江省高级人民法院作出（2015）黑民终字第 15 号民事判决，认定供热项目属于法定的必须进行招标的建设工程项目，双方达成的《框架协议》未经法定强制招标程序。根据最高人民法院《关于审理建设工程施工合同纠纷案件适用法律问题的解释》第 1 条，该协议虽成立，但因违反效力性强制性规定而无效。原审认定该协议处于要约阶段，安达市政府承担缔约过失责任显属不当，本院予以纠正。判决：驳回上诉，维持原判。

后长恒公司不服二审判决，向最高人民法院申请再审，最高人民法院作出(2015)民申字第2 626号民事裁定书，裁定驳回长恒公司的再审申请。

三、 争议焦点的规则解读

【焦点】仅有施工内容而无经营内容的合同是建设工程施工合同还是特许经营合同

1. 当事人观点

长恒公司认为本案并非建设工程合同纠纷，不需要经过公开招标程序，因此双方签订的合同合法有效，黑龙江省高级人民法院认定合同无效适用法律错误。

安达市政府认为电子邮件形式的《框架协议》既不是要约，也不是承诺；且该《框架协议》亦未表明长恒公司可以通过行为作出承诺，故该《协议》因不具备合同成立的形式和实质要件而没有成立。

2. 法院观点

黑龙江省高级人民法院二审认为：

案涉供热项目关系到社会公共利益，且总投资达到9.9亿元，属于大型基础设施工程。根据《招标投标法》第3条第1款第(一)项规定："在中华人民共和国境内进行下列工程建设项目包括项目的勘察、设计、施工、监理以及与工程建设有关的重要设备、材料等的采购，必须进行招标：(一)大型基础设施、公用事业等关系社会公共利益、公众安全的项目。"本案供热项目属于法定的必须进行招标的建设工程项目，因《框架协议》未经法定强制招标程序，根据最高人民法院《关于审理建设工程施工合同纠纷案件适用法律问题的解释》第1条的规定："建设工程施工合同具有下列情形之一的，应当根据合同法第五十二条第(五)项的规定，认定无效：……(三)建设工程必须进行招标而未招标或者中标无效的。"故该协议虽成立，但因违反效力性强制性规定而无效。原审认定该协议处于要约阶段，市政府承担缔约过失责任显属不当，本院予以纠正。

最高人民法院审理认为：

目前国家推行的政府与社会资本合作的基础设施建设投融资模式的各种文件中，均未规定必须招投标。《框架协议》并不包括给予长恒公司相关的特许经营权的内容，而是"双方就建设供热项目的有关事宜达成框架协议"，并明确长恒公司应按照市政府批准的供热项目规划施工，否则视为违约。同时明确其他具体问题以特许经营协议等合同文本确定。因此《框架协议》签订的目的主要是热电项目的施工建设。原审审理的范围也是因建设热电联产集中供热项目工程所产生的损失。长恒公司在原审中并未对原审将本案确定为建设工程施工合同纠纷的案由提出异议。因此，原审将本案定性为建设工程施工合同纠纷，并按照《招标投标法》的规定，认为本案热电联产集中供热项目属于法定必须进行招投标的建设工程项目，认定法律关系性质及适用法律正确。

3. 作者简评

在特许经营项目的实践中，存在"名为特许经营实为垫资施工"的情况，具体的表现形式就如本案合同一样，特许经营合同中仅约定有施工内容而无项目经营的内容。

《基础设施和公用事业特许经营管理办法》第 5 条规定了特许经营的几种操作模式，分别为"投资建设—运营—移交""投资建设—拥有—运营—移交""投资建设—移交—运营"等方式。① 而无论哪种方式，运营的环节都是不可或缺的，可以说特许经营合同的核心要素之一就是运营。

最高人民法院从本案合同中无运营的合同内容而认定本案合同是建设工程施工合同而不是特许经营合同，无疑是正确的。

需要提示的是：相较于特许经营合同，建设施工合同的承包人是必须拥有相应施工资质的，否则会因无施工资质导致相关合同无效。

四、 启示

【启示】特许经营项目应依法选择社会资本方

社会资本方在特许经营项目中出于种种考虑，包括阻断项目信息、减少公开竞争等考虑，往往会倾向于加快特许经营合同签订，而忽视法定的相关流程。但是最后的结果又往往因没有走完完整流程而导致合同效力出现问题进而产生纠纷。这提示社会资本方应严格按照法律规定的程序和方式签订特许经营合同。

在特许经营项目采购阶段，项目实施机构首先应确定采购方式，然后依据法律法规组织采购程序，根据竞争性程序选择社会资本方。《政府和社会资本合作项目政府采购管理办法》（财库〔2014〕215 号）规定了特许经营项目的 5 种采购方式，包括公开招标、邀请招标、竞争性谈判、竞争性磋商和单一来源采购。

公开招标，是指招标人以招标公告的方式邀请不特定的法人或者其他组织投标。根据财金〔2014〕13 号文，公开招标主要适用于采购需求中核心边界条件和技术经济参数明确、完整、符合国家法律法规及政府采购政策，且采购过程中不作更改的项目。

邀请招标，是指招标人以投标邀请书的方式邀请特定的法人或者其他组织投标，包括法律明确规定的可以采取邀请招标方式的和法律授权国务院和省级

---

① 《基础设施和公用事业特许经营管理办法》第 5 条："基础设施和公用事业特许经营可以采取以下方式：（一）在一定期限内，政府授予特许经营者投资新建或改扩建、运营基础设施和公用事业，期限届满移交政府；（二）在一定期限内，政府授予特许经营者投资新建或改扩建、拥有并运营基础设施和公用事业，期限届满移交政府；（三）特许经营者投资新建或改扩建基础设施和公用事业并移交政府后，由政府授予其在一定期限内运营；（四）国家规定的其他方式。"

人民政府决定的邀请招标的。

竞争性磋商采购方式是指采购人、政府采购代理机构通过组建竞争性评审小组(以下简称"评审小组")与符合条件的供应商就采购货物、工程和服务事宜进行磋商，供应商按照磋商文件的要求提交响应文件和报价，采购人从评审小组推荐的候选供应商名单中确定成交供应商的采购方式。

竞争性谈判，是指采购人或者采购代理机构直接邀请三家以上供应商就采购事宜进行谈判的方式。

单一来源采购是指《政府采购法》第31条规定的，可以采用单一来源方式采购的情形，包括只能从唯一供应商处采购的、发生了不可预见的紧急情况不能从其他供应商处采购的、必须保证原有采购项目一致性或者服务配套的要求，需要继续从原供应商处添购，且添购资金总额不超过原合同采购金额10%的情形。

06 广西梧州市中威管道燃气发展有限责任公司与苍梧县人民政府纠纷案

案例来源：(2014)桂行终字第35号，(2015)行监字第2035号。

关键词：特许经营权　单方中止　公共利益　补偿

一、 裁判规则

【规则】特许经营权之授予违法不必然撤销

同一项目在先特许经营协议未被撤销或解除，政府又将特许经营权授予他人，但撤销在后特许经营协议会给公共利益造成重大损失的，可不予撤销，但政府应给予前一投资人补偿。①

二、 审判概览

（一）涉案项目情况

2010年4月23日，经苍梧县人民政府(以下简称"苍梧县政府")授权，苍梧县建设局与广西梧州市中威管道燃气发展有限责任公司(以下简称"中威公司")签订《苍梧县管道燃气特许经营协议书》。在该合同未被解除或撤销、仍属有效之时，苍梧县政府单方中止中威公司的特许经营权，将该经营权授予广西中金能源有限公司(以下简称"中金公司")，并于2013年2月25日，与中金公司签订《特许经营合同》。两份合同在约定的特许经营权地域和期限上基本一致。

（二）审理要览

1. 原告诉求

原告中威公司诉请法院撤销苍梧县政府与中金公司签订的《特许经营合同》。

---

① 《行政诉讼法》第74条："行政行为有下列情形之一的，人民法院判决确认违法，但不撤销行政行为：
（一）行政行为依法应当撤销，但撤销会给国家利益、社会公共利益造成重大损害的……"

2. 审理经过

本案经过一审、二审和再审程序。

广西壮族自治区高级人民法院作出(2014)桂行终字第35号行政判决,确认被诉行政行为违法,责令相关行政机关于判决生效6个月内给予中威公司合理补偿。

最高人民法院作出(2015)行监字第2 035号行政裁定书,裁定驳回中威公司的再审申请,维持二审判决。

三、 争议焦点的规则解读

【焦点】未经法定程序违法将特许经营权授予他人应否撤销在后特许经营权

1. 当事人观点

再审申请人中威公司认为:苍梧县政府与中金公司签订的合同为违法无效的行政合同,中金公司的投资本质上是违法投入,在一审确认具体行政行为违法后,仍扩大违法的损失,依法不应予以保护,该投入不应视为公共利益。中威公司的合同在先且有效,应受到法律的保护;中金公司的合同在后且违法,不应予以保护。一、二审法院认为撤销苍梧县政府与中金公司的具体行政行为将会给公共利益造成重大损失没有事实与法律依据,该行政行为应当予以撤销。

苍梧县政府与中金公司认为:苍梧县政府与中金公司签订《特许经营合同》是因为中威公司怠于履行与苍梧住建局签订的协议;撤销苍梧县政府与中金公司签订的《特许经营合同》会给公共利益造成重大损失。

2. 法院观点

最高人民法院再审认为:

苍梧县政府在与中金公司签订特许经营协议前,已授权苍梧住建局与中威公司签订特许经营协议,协议合法有效,中威公司取得特许经营权,苍梧县政府在与中威公司签订的特许经营协议未被撤销或解除时,将特许经营权转而授予中金公司,系属擅自改变已生效的行政许可的行政行为,违反法定程序。一、二审法院确认被诉行政行为违法,并无不当。

但是,被诉行政行为违法,并不必然导致撤销该行政行为。最高人民法院《关于执行〈中华人民共和国行政诉讼法〉若干问题的解释》(以下简称《行政诉讼法司法解释》)第58条规定,被诉具体行政行为违法,但撤销该具体行政行为将会给国家利益或者公共利益造成重大损失的,人民法院应当作出确认被诉具体行政行为违法的判决,并责令被诉行政机关采取相应的补救措施;造成损害的,依法判决承担赔偿责任。

本案中,首先,中金公司在签订《特许经营合同》后已经基本完成市政管道铺设,基本建成管道燃气门站等管道燃气供气设施,并已取得梧州市市政局试运行的批复,可见中金公司对工程已有大量投入,燃气供应也已进入试运行阶段，部分辖区内的居民开始接受供气。若撤销该合同，将导致已使用燃气的用户暂停用气，延后尚未使用燃气的居民的用气时间，影响居民的生活。其次，若撤销该合同，中威公司如无法接收中金公司已建设的燃气设施，将导致工程重复建设，浪费市政资源，增加社会管理成本。最后，从燃气工程建设的速度和进度来看，中金公司明显优于中威公司，更符合政府行政管理目的，更有利于实现行政管理职能，维护公共利益。因此，撤销该合同将造成社会公共利益损失。

　　3. 作者简评

　　本案苍梧县政府在特许经营协议有效的情况下，擅自将特许经营权另行授予其他投资人的行为，违反了法律规定，属于违法行为，但撤销该行为将造成公共利益的损害，法院正确地作出确认违法、责令补偿的裁判。

四、 启示

【启示】政府方未经法定程序不得擅自收回特许经营权

　　国务院办公厅《关于在公用服务领域推广与政府和社会资本合作模式指导意见的通知》（国办发〔2015〕42 号）指出："政府和社会资本合作模式是公共服务供给机制的重大创新，即政府采取竞争性方式择优选择具有投资、运营管理能力的社会资本，双方按照平等协商原则订立合同，明确责权利关系，由社会资本提供公共服务，政府依据公共服务绩效评价结果向社会资本支付相应对价，保证社会资本获得合理收益。"政府与社会资本方只有基于平等合作、互惠共赢的立场，才能确保特许经营 PPP 项目的成功运作。政府方作为公共利益的守护者，应当履行监督管理的职责。本案苍梧县政府答辩称其将特许经营权授予中金公司的原因是中威公司怠于履行特许经营协议。

　　若投资人确实存在违约行为，政府可以依据法律规定和合同约定的实质条件与程序条件解除与投资人的协议。《基础设施和公用事业特许经营管理办法》（六部委 2015 年第 25 号令）第 38 条规定："在特许经营期限内，因特许经营协议一方严重违约或不可抗力等原因，导致特许经营者无法继续履行协议约定义务，或者出现特许经营协议约定的提前终止协议情形的，在与债权人协商一致后，可以提前终止协议。特许经营协议提前终止的，政府应当收回特许经营项目，并根据实际情况和协议约定给予原特许经营者相应补偿。"

　　依法及时处理社会资本方的违约行为，是对公共利益的有力保障。与此同时，政府也可以依据法律规定的程序重新选择新的社会资本方。《基础设施和公用事业特许经营管理办法》（六部委 2015 年第 25 号令）第 40 条规定："特许经营期限届满终止或者提前终止，对该基础设施和公用事业继续采用特许经营方式的，实施机构应当根据本办法规定重新选择特许经营者。"

　　但是如果社会资本方不存在法律规定或合同约定的违法违约行为，政府方擅自将特许经营权授予他人，则属于违法违约行为，需承担相应的违约责任、行政责任等法律责任。

07 赣榆京融管道燃气公司诉连云港赣榆区政府撤销管道燃气特许经营权纠纷案

案例来源：(2013)连行初字第 0002 号，(2014)苏行终字第 00158 号。

关键词：燃气　特许经营　独家　公共利益　重大不利影响

一、裁判规则

【规则】撤销违法获取的特许经营权将产生重大不利影响的可以不予撤销

政府部门未经招投标程序即授予社会资本方管道燃气特许经营权的行为违法，但由于管道燃气的供给问题直接关系到地区经济发展、社会生活等公共利益，如果撤销违法获取的特许经营权会给地区带来重大不利影响的，则不宜撤销。

二、审判概览

（一）涉案项目情况

2002 年 7 月 1 日，连云港市赣榆区人民政府（即原赣榆县人民政府，以下简称"原赣榆县政府"）和香港汇德海投资有限公司（以下简称"汇德海公司"）签订协议书，约定：汇德海公司投资建设的赣榆县"城市管道燃气生产供应系统工程"必须是赣榆县唯一的开发经营"城市管道燃气生产供应系统工程"的企业，公司名称暂定为"赣榆京融燃气有限公司"。同日，原赣榆县政府作出的"关于给予投资建设城市管道燃气系统工程的优惠政策"明确，"同意给予投资商如下优惠政策：1. 投资商独资开发经营的城市管道燃气生产供应系统工程，必须是当地唯一的独家开发经营的管道燃气企业……"

2002 年 10 月，赣榆京融管道燃气有限公司（以下简称"京融公司"）成立，在赣榆县开展管道燃气经营的相关业务，该公司一直利用槽车运气的方式进行经营供气，但没有专门的气源门站。

2007 年赣榆县建设局与京融公司签订城市管道燃气特许经营协议书，协议约定：京融公司为经原赣榆县政府批准的赣榆县唯一一家特许经营管道燃气的企业，约定京融公司在赣榆县境内及城区发展的新区区域范围内独家开发建设管道燃气项目 50 年，赣榆县建设局维护特许经营权的完整性，在特许经营期间，不得在已授予京融公司特许经营权地域范围内，再将特许经营权授予第三方。

2010 年 4 月 29 日，原赣榆县政府与中石油昆仑燃气有限公司（以下简称"昆仑燃气公司"）签订天然气综合利用项目合作框架协议，约定原赣榆县政府同意向昆仑燃气公司在赣榆县投资设立的燃气公司授予燃气特许经营权，特许经营范围为赣榆县经济开发区、海洋经济开发区、海州湾生态科技园、江苏柘汪临港产业区(以下简称"四大园区"),特许经营权为30年,公司名称暂定为"连云港中石油昆仑燃气有限公司"。

2010年7月13日,赣榆县住房和城乡建设局与连云港赣榆中石油昆仑燃气公司(后更名为连云港赣榆中油紫源燃气有限公司,以下简称"紫源公司")签订了赣榆县四大园区管道燃气特许经营协议(即被诉特许经营权),该公司取得了"西气东输"工程对赣榆县的开口权和用气指标,开展了管道燃气综合利用的前期工作,在赣榆县四大园区部分区域内铺设燃气管道并进行了供气。

此外,京融公司从其上游天然气气源方处通过槽车运输方式目前向赣榆区年供气量约为300万立方米,紫源公司从其上游天然气气源方处通过西气东输的邳连联络支线连云港分输站目前向赣榆区年供气量约为6 000万立方米。

2012年7月2日,江苏省能源局作出苏能源油气发(2012)41号《关于同意赣榆县天然气综合利用项目一期工程开展前期工作的通知》,同意连云港赣榆中石油昆仑燃气有限公司开展赣榆县天然气综合利用项目一期工程前期工作。京融公司不服,向江苏省人民政府申请复议,江苏省人民政府维持了该通知。

(二)审理要览

1. 原告主要诉求

一审原告京融公司起诉至连云港市中级人民法院,请求判令:撤销江苏省能源局作出的苏能源油气发(2012)41号《关于同意赣榆县天然气综合利用项目一期工程开展前期工作的通知》。

2. 审理经过

本案经过一审和二审程序。连云港市中级人民法院于2014年6月9日作出(2013)连行初字第0002号行政判决,判决:确认原赣榆县政府授予紫源公司的被诉特许经营权违法;原赣榆县政府应在本判决生效后6个月内采取相应补救措施。

江苏省高级人民法院于2014年12月30日作出(2014)苏行终字第00158号行政判决,判决:驳回上诉,维持原判。

三、 争议焦点的规则解读

【焦点】撤销违法获取的特许经营权将产生重大不利影响的,可否不予撤销

1. 当事人观点

本案一审原告京融公司认为:原赣榆县政府通过框架协议及授权赣榆县住房和城乡建设局签订特许经营权协议的形式授予第三人紫源公司享有赣榆县四大园区管道燃气特许经营权,未履行招标投标及听证等法定程序,严重违反法定程序,也侵害了京融公司的合法权益。在京融公司已经施工并供气的区域重复授予其他公司特许经营权违法;京融与紫源公司在燃气售价上实行同样的政府指导价，其与紫源公司在气源供气方面并不存在明显差距。

本案一审被告原赣榆县政府认为：京融公司与本案诉争的具体行政行为无法律上的利害关系，不具备原告主体资格。京融公司自认在向江苏省人民政府复议期间获知赣榆县住房和城乡建设局与第三人签订赣榆县四大园区管道燃气特许经营协议，其应当在知道具体行政行为3个月内起诉，现已超过法定的起诉期限。请求依法驳回京融公司的起诉。

第三人紫源公司认为：京融公司起诉超过3个月的起诉期限；第三人来赣榆县投资至今，已依法办理了各项行政许可手续，完成固定资产投资超亿元，成功实现"西气东输"在赣榆县的开口，顺利地与中石油公司签订了供气协议并拿到用气指标。鉴于第三人的特许经营权关系到赣榆县的国计民生，根据有关法律规定，不能撤销第三人的特许经营权。

2. 法院观点

连云港市中级人民法院一审认为：

原赣榆县政府在京融公司的特许经营期限内，未经法定招投标程序，在京融公司特许经营范围内又授予紫源公司被诉特许经营权，违反设立行政许可的程序性规定。但因紫源公司已取得了中石油西气东输工程对赣榆县的开口权和用气指标并实际供气；而京融公司多年来一直通过槽车运输的方式进行经营，该种供气方式在燃气成本、气源、供气量等较紫源公司利用"西气东输"工程气源供气存在明显差距。如果撤销原赣榆县政府授予紫源公司的被诉特许经营权，可能对赣榆县经济发展和社会生活造成不利影响，根据法律规定，不宜撤销被诉特许经营权。

江苏省高级人民法院二审认为：

关于原赣榆县政府授予紫源公司被诉特许经营权是否符合法律规定，根据2004年5月1日起施行的建设部令第126号《市政公用事业特许经营管理办法》第8条，2005年7月1日起施行的《江苏省燃气管理条例》第13条以及《江苏省管道燃气特许经营管理办法》第7条，应当采取招标投标等公开、公平的方式，选择特许经营企业授予管道燃气经营权。本案所涉被诉特许经营权应当根据上述法律规范所确定的程序，依法经过招投标等程序方可授予，而原赣榆县政府并未依照上述法律规范规定的程序授予紫源公司被诉特许经营权；且被诉特许经营权在原赣榆县政府已授予京融公司的特许经营权范围内，原赣榆县政府授予紫源公司被诉特许经营权的行为不符合其与京融公司的特许经营约定。故原赣榆县政府授予紫源公司被诉特许经营权的行为违法。

关于原赣榆县政府授予紫源公司被诉特许经营权是否应予撤销，《行政诉讼法司法解释》第58条规定，被诉具体行政行为违法，但撤销该具体行政行为将会给国家利益或者公共利益造成重大损失的，人民法院应当作出确认被诉具体行政行为违法的判决，并责令被诉行政机关采取相应的补救措施；造成损害的，依法判决承担赔偿责任。因本案所涉特许经营的产品为天然气，该能源的供给问题直接关系到该地区经济发展、社会生活、环境保护等公共利益。本案中，紫源公司目前向赣榆区的年供气量约6 000万立方米，而目前京融公司向赣榆区的年供气量约300万立方米，因此，如果撤销原赣榆县政府授予紫源公司的被诉特许经营权，将会对赣榆区的经济发展、社会生活、环境保护等公共利益产生重大不利影响。据此，原审法院认定被诉特许经营权不宜撤销，并依法作出确认原赣榆县政府授予紫源公司的被诉特许经营权违法及原赣榆县政府应在判决生效后6个月内采取相应补救措施的判决并无不当。

关于本案是否应当判决原赣榆县政府给予京融公司赔偿，人民法院裁判行政机关是否应给予当事人行政赔偿，应当以当事人向人民法院提起要求行政机关给予行政赔偿的诉讼请求为前提。因京融公司提起本案诉讼时并未一并提出要求原赣榆县政府给予其相应行政赔偿的诉讼请求，故原审法院就本案作出判决时，未判决原赣榆县政府承担赔偿责任并无不当。

3. 作者简评

行政诉讼中，人民法院作出判决要通盘考虑判决的社会效果以及对社会的影响。根据最高人民法院《行政诉讼法司法解释》第58条："被诉具体行政行为违法，但撤销该具体行政行为将会给国家利益或者公共利益造成重大损失的，人民法院应当作出确认被诉具体行政行为违法的判决，并责令被诉行政机关采取相应的补救措施；造成损害的，依法判决承担赔偿责任。"本案中，紫源公司目前向赣榆区的年供气量约6 000万立方米，如果撤销紫源公司的特许经营权，将会对赣榆区的经济发展、社会生活、环境保护等公共利益产生重大不利影响，因此在本案中原赣榆县政府授予紫源公司特许经营权尽管违法，但并不宜直接予以撤销。

四、 启示

【启示】特许经营项目社会资本方应特别注意项目特许经营权的权利维护

根据最高人民法院《行政诉讼法司法解释》第58条："被诉具体行政行为违法，但撤销该具体行政行为将会给国家利益或者公共利益造成重大损失的，人民法院应当作出确认被诉具体行政行为违法的判决，并责令被诉行政机关采取相应的补救措施；造成损害的，依法判决承担赔偿责任。"该条规定以确认判决代替撤销判决的适用有3个条件：第一，被诉具体行政行为依法应予撤销；第二，撤销被诉具体行政行为将会给国家利益和公共利益造成重大损失；第三，损失是重大的。

至于如何认定给公共利益造成重大损失，法律并无明文规定，由于案件的复杂性及个案的特殊性，法律不可能对何种情况下给公共利益造成重大损失应作出确认判决予以规定。因此，需要根据个案的具体情况在违法行政行为应予撤销的制度利益与给公共利益造成重大损失的社会公共利益之间进行利益衡量。

本案揭示出特许经营项目中政府违法授予其他第三人特许经营权的情况下，

如果该第三方进行了投入且特许经营实施社会影响范围较广的情况下，即便是授权违法，第三人的特许经营权也会基于社会公共利益予以维持。对于此类情况，社会资本方应在特许经营合同中明确特许经营的范围，这样对于可预期的运营收益有基本判断。另外在经营阶段要保持与政府的沟通，一旦政府新的特许经营有可能侵害社会资本方特许经营利益时，应第一时间要求政府予以改正，视情况提起行政诉讼或民事诉讼。也就是说，社会资本方应注意特许经营权的经营维护，在第三方特许经营权既成事实之前就要采取措施，这种情况下可以较好地维护自身权益。

08 益民公司诉河南省周口市政府等行政行为违法案

案例来源：（2003）豫法行初字第 1 号，（2004）行终字第 6 号。
关键词：天然气　特许经营　邀请招标　公共利益　不予撤销　保证金

一、裁判规则

【规则】撤销特许经营权的授予会对公共利益产生不良影响的不予撤销

政府部门未经招投标程序即授予社会资本方城市管道燃气特许经营权的行为违法，但由于管道燃气的供给问题直接关系到地区经济发展、社会生活等公共利益，如果撤销违法获取的特许经营权会给地区带来重大不利影响的，则不宜撤销。

二、审判概览

（一）涉案项目情况

2003 年 4 月 24 日，周口市人民政府（以下简称"市政府"）办公室将"西气东输"工程周口市区域网部分列入市重点项目。此前，河南省政府办公厅亦将"西气东输"城市管网和各类大中型利用项目纳入省重点工程管理。

2003 年 4 月 26 日，周口市发展计划委员会（以下简称"市计委"）向河南亿星实业集团有限公司（以下简称"亿星公司"）、周口市益民燃气有限公司（以下简称"益民公司"）等 13 家企业发出邀标函，着手组织周口市天然气城市管网项目法人招标，同年 5 月 2 日发出《周口市天然气城市管网项目法人招标方案》（以下简称《招标方案》），其中称，"受周口市人民政府委托，周口市发展计划委员会组织人员编制了周口市天然气城市管网项目法人招标方案"。该方案规定，投标人中标后，市政府委托周口市建设投资公司介入项目经营（市政府于2003 年 8 月 15 日作出周政〔2003〕76 号文撤销了该公司，该公司未实际介入项目经营）。该方案及其补充通知中还规定，投标人应"按时将 5 000 万元保证金打入周口指定账户，中标企业的保证金用于周口天然气项目建设"。益民公司在报名后因未能交纳5 000万元保证金而没有参加最后的竞标活动。

同年 5 月 12 日，正式举行招标。在招标时，市计委从河南省方圆招标代理有限责任公司专家库中选取了 5 名专家，另有周口市委副秘书长和市政府副秘书长共 7 人组成评标委员会。同年 6 月 19 日，市计委依据评标结果和考察情况向亿星公司下发了《中标通知书》，其中称："河南亿星实业集团有限公司：周口市天然气城市管网项目法人，通过邀请招标，经评标委员会推荐，报请市政府批准，确定由你公司中标。"

同年 6 月 20 日，市政府作出周政〔2003〕54 号《关于河南亿星实业集团有限公司独家经营周口市规划区域内城市管网燃气工程的通知》（以下简称"54号文"），其中称："为促进我市的经济发展，完善城市基础设施建设，提高居民生活质量，市政府同意周口市燃气城市管网项目评标委员会意见，由河南亿星实业集团公司独家经营周口市规划区域内城市天然气管网工程"。54 号文送达后，亿星公司办理了天然气管网的有关项目用地手续，购置了输气管道等管网设施，于 2003 年 11 月与中国石油天然气股份有限公司西气东输管道分公司（以下简称"中石油公司"）签订了"照付不议"用气协议，并开始动工开展管网项目建设。

益民公司经工商注册成立于 1999 年 4 月（未取得燃气经营资格），经营范围为管道燃气、燃气具、高新技术和房地产。2000 年 7 月 7 日，原周口地区建设局以周地建城〔2000〕10 号文曾对益民公司作出《关于对周口市益民燃气有限责任公司为"周口市管道燃气专营单位"的批复》，该批复主要内容为："按照建设部第 62 号令、河南省人民政府第 47 号令、河南省建设厅豫建城〔1996〕69号文之规定和'一个城市只允许批准一家管道燃气经营单位'的原则，根据设计方案及专家论证，该项目既能近期满足工业与民用对燃气的需要，又能与天然气西气东输工程接轨。经审查，批准你公司为周口城市管道燃气专营单位。"益民公司取得该文后，又先后取得了燃气站《建设用地规划许可证》，周口市（现周口市川汇区）大庆路、八一路等路段的燃气管网铺设《建设工程规划许可证》和《建设工程施工许可证》等批准文件。

到一审判决为止，益民公司已在周口市川汇区建成燃气调压站并在该区的主要街道和部分小区实际铺设了一些燃气管道。2002 年 9 月 20 日，面对当时周口市两个燃气公司即益民公司和周口市燃气有限公司（由周口市政府与北京中燃公司联合组建，后来解散）并存的状况，市政府常务会议作出决议称："不管什么情况，在没弄清问题之前，益民公司铺设管道工作必须停止，此事由市规划管理局负责落实。"同年 9 月 23 日，周口市规划管理局作出了通知，其中称："根据《河南省〈城市规划法〉实施办法》第三十三条'在城市规划区内新建、扩建、改建建筑物、构筑物、道路、管线和其他工程设施，城市规划行政主管部门应提供规划设计条件，建设单位和个人必须取得建设工程规划许可证'的规定和周口市人民政府常务会议纪要（2002）5 号要求，不管什么情况，在没有弄清问题之前，益民公司铺设管道工作必须停止。"

2003 年 11 月 9 日，周口市建设委员会作出周建城〔2003〕39 号文，以原周口地区建设局周地建城〔2000〕10 号文授予益民公司管道燃气专营单位资格缺少法律依据，不符合有关规章和规范性文件，属越权审批为由废止了该文。

（二）审理要览

1. 原告主要诉求

一审原告益民公司起诉至河南省高级人民法院，认为市计委、市政府作出的《招标方案》《中标通知》和 54 号文违反了法律规定，并侵犯了其依法享有的管道燃气经营权，请求判令：撤销市计委、市政府作出的《招标方案》《中标通知》和 54 号文。

2. 审理经过

本案经过一审和二审程序。河南省高级人民法院作出（2003）豫法行初字第 1 号行政判决，判决：（1）确认市计委作出的《招标方案》《中标通知》和市政府作出的周政文〔2003〕54 号文违法；（2）由市政府对益民公司施工的燃气工程采取相应的补救措施；（3）驳回益民公司的赔偿请求。

最高人民法院于 2013 年 6 月 7 日作出（2004）行终字第 6 号行政判决书，判决：维持一审判决第一项、第三项；一审判决第二项改为"责令周口市人民政府、周口市发展计划委员会于本判决生效之日起六个月内采取相应补救措施，对周口市益民燃气有限公司的合法投入予以合理弥补"。

三、 争议焦点的规则解读

【焦点】撤销特许经营权的授予会对公共利益产生不良影响的可否不予撤销。

1. 当事人观点

本案一审原告益民公司认为：《招标方案》规定市政府委托周口市建设投资公司介入周口市天然气管网运营、市政府占 35% 干股和交纳 5 000 万元保证金的要求严重违法，且侵犯了原告已经取得的燃气专营权；招标通知存在以下违法之处：一是采用邀请招标，而未采用法律规定的公开招标方式；二是只给竞标人 10 天的准备时间，少于法律规定的 20 天最短期限；三是评标委员会由政府官员组成，不符合有关法律规定；四是招标活动未依法通知有关监察部门参加，缺乏监督制约机制；54 号文存在以下违法之处：一是亿星公司不具备作为经营天然气前提条件的燃气专营资格；二是导致城市燃气管网重复建设和资源浪费；上述行为造成了原告支付停工期间职工工资、燃气用户要求退费，与哈尔滨安装公司等签订的施工合同无法正常履行，与天津东海燃气投资公司签订的 5 亿元投资协议和与河南三月风公司签订的 5 亿元投资协议不能履行的违约责任等损失；一审判决对公共利益的理解错误，亿星公司所谓投资、损失均是法庭审理结束后由其擅自签订的所谓协议造成的，而"擅自扩大的损失"是不应当受法律保护的，更谈不上所谓的公共利益。

本案一审被告市计委和市政府认为：益民公司不具备原告主体资格。被诉行为授予亿星公司的是天然气经营权，而益民公司获得批准的实际上是煤制气经营权，两种经营权不冲突，没有法律上的利害关系。招标方案合法，一是益民公司获得的燃气"专营权"系原周口地区建设局越权批准的，本身即属违法，不足以作为证明被诉行为违法的根据；二是法律不禁止国有公司参与经营事项，市政府委托国有公司介入项目的目的是加强对公用事业的管理和监控，益民公司关于市政府占35%干股之说没有依据。招标通知合法，一是按照法律规定，采用邀请招标方式是可以的；二是市计委实际通知投标人投标事项的时间很早，只是送达招标方式的时间较晚，实际上给了投标人充分的准备时间；三是评标委员会虽然都是政府官员，但其中5人是从法定的专家代理机构中抽取的，专家比例达到了《招标投标法》规定的标准；四是法律未规定必须通知监察部门参与招标，因此未通知监察部门参与不违法。54号文合法，理由如下：一是天然气经营权必须经过招标、投标取得，市政府通过招标授予亿星公司天然气管网的特许经营权符合法律要求；二是国务院2002年公布取消的审批项目中已经取消了燃气经营资质审批制度，据此亿星公司可以取得周口市天然气管网项目的经营权；周地建城〔2000〕10号文中的"专营"并非独家经营，而是专业经营，益民公司并未获得燃气独家经营权，故该文件并不是招标和特许行为的障碍。

2. 法院观点

河南省高级人民法院一审认为：

关于招标方案，市计委在益民公司的燃气经营权未被撤销的情况下发布天然气管网项目法人招标方案属程序违法；招标方案中规定市政府委托周口市建设投资有限公司介入周口市天然气管网项目运作，不符合国家关于政府不能经商的政策规定。

关于中标通知，招标方案中规定招标实行公开招标，而在实际招标时未公开公布招标方案，且适用了邀请招标的程序；本案中的招标项目是省级重点项目，按照《河南省实施招标投标法办法》第13条和国家建设部272号文第2条的规定，应当适用公开招标程序，如果适用邀请招标程序，应经过省人民政府或国家计委批准，但本案中适用邀请招标方式未经批准。因而市计委在未经批准的情况下适用邀请招标方式违法。根据《招标投标法》第24条规定，市计委给投标人的准备时间不符合法律关于准备时间不得少于20天的规定。

关于54号文，在益民公司的经营权和专营权未经法律程序被撤销的情况下，市政府又授予亿星公司天然气管网项目经营权，由于燃气包含天然气，这种做法形成了益民公司和亿星公司在天然气经营权上的冲突；54号文是依据招标作出的，招标方案和招标通知存在违法之处，54号文缺乏合法的依据，因此构成违法行政行为。

综上，可以认定被诉具体行政行为违法，但不宜撤销：被诉的行政行为虽然存在违法之处，但尚不属于《招标投标法》规定的中标结果当然无效的情形；撤销被诉行政行为会对周口市的公共利益产生不利影响。如将影响"西气东输"工程在周口市的接口和周口市民使用天然气，耽误周口市对"西气东输"天然气的使用，甚至可能因此而失去"西气东输"工程在周口市接口的机会；亿星公司已于2003年11月与中石油公司签订了"照付不议"用气协议，并将于2004年7月开始供气。如果撤销被诉行政行为，不仅会直接导致用气价款的损失，而且会影响周口市居民及时使用天然气；被诉行政行为作出后，亿星公司已进行了较大资金投入，且已与中石油公司签订了"照付不议"协议，如果撤销被诉行政行为，在招标程序中无过错的亿星公司也会形成较大经济损失。

结合本案情况，对益民公司施工的天然气工程应由市政府采取补救措施予以解决。虽然益民公司在没有燃气经营资格的情况下取得了营业执照，即其燃气经营权是违法的，但益民公司的经营权毕竟是经有关行政机关批准的，且益民公司也已根据批准文件进行了一定的资金投入和工程建设。对此，市政府及有关职能部门负有责任，应根据政府诚信原则对益民公司施工的燃气工程采取相应的补救措施予以处理。

最高人民法院二审认为：

（1）关于《招标方案》的合法性

尽管市计委有权组织城市天然气管网项目招标工作，但在周地建城〔2000〕10号文已经授予益民公司燃气专营权的情况下，按照正当程序，市计委亦应在依法先行修正、废止或者撤销该文件，并对益民公司基于信赖该批准行为的合法投入给予合理弥补之后，方可作出《招标方案》。市计委辩称，周地建城〔2000〕10号文中的"专营"系专业经营之意，而非独家经营，故周地建城〔2000〕10号文并非招标及特许行为之障碍。本院认为，根据该文所援引的"一个城市只允许批准一家管道燃气经营单位的原则"及其他法律依据，该文中的"专营"应当解释为独家经营，市计委的答辩理由缺乏法律依据，本院不予采纳。

（2）关于《中标通知书》的合法性

根据《招标投标法》第24条关于"依法必须进行招标的项目，自招标文件开始发出之日起至投标人提交投标文件截止之日止，最短不得少于二十日"之规定，给投标人的准备时间不得少于20日。市计委给投标人的准备时间起自2003年5月2日，截至同年5月12日，共计10日，明显少于法律规定的准备时间，构成违反法定程序。被上诉人市政府提出，由于招标时离"西气东输"在周口开口的时间已非常紧迫，故给投标人的准备时间短于法定时限情有可原。本院认为，被上诉人市政府提出的答辩理由虽具有一定合理性，但不能改变其行为的违法性。

（3）关于 54 号文的合法性

市政府在未对周地建城〔2000〕10 号文进行任何处理的情况下，作出授予中标人亿星公司城市天然气管网项目经营权的 54 号文，既违反了法定程序，又损害了益民公司的信赖利益；根据国发〔2002〕24 号《关于取消第一批行政审批事项的决定》及其附件《国务院决定取消的第一批行政审批项目目录》，燃气企业资质审批已被取消。在招标活动开始前，该文件已经生效，因此亿星公司取得天然气管网经营权并不以获得燃气企业经营资质为前提条件。

综上，二审法院认为，虽然市计委作出《招标方案》、发出《中标通知书》及市政府作出 54 号文的行为存在适用法律错误、违反法定程序之情形，且影响了上诉人益民公司的信赖利益，但是如果判决撤销上述行政行为，将使公共利益受到以下损害：一是招标活动须重新开始，如此则周口市"西气东输"利用工作的进程必然受到延误；二是由于具有经营能力的投标人可能不止亿星公司一家，因此重新招标的结果具有不确定性；三是亿星公司如果不能中标，其与中石油公司签订的"照付不议"合同亦将随之作废，周口市利用天然气必须由新的中标人重新与中石油公司谈判，而谈判能否成功是不确定的，在此情况下，周口市民及企业不仅无法及时使用天然气，甚至可能失去"西气东输"工程在周口接口的机会，从而对周口市的经济发展和社会生活造成不利影响。由于周地建城〔2000〕10 号文已被周口市建设局予以撤销，该文现在已不构成被诉具体行政行为在法律上的障碍，因此就本案而言，补救措施应当着眼于益民公司利益损失的弥补，以实现公共利益和个体利益的平衡。一审法院判决确认被诉具体行政行为违法并无不当，但其对补救措施的判决存在两点不足：一是根据法律精神，为防止行政机关对于采取补救措施之义务无限期地拖延，在法律未明确规定期限的情况下，法院可以指定合理期限，但一审判决未指定相应的期限。二是一审判决仅责令市政府采取相应的补救措施，而未对市计委科以应负的义务。

3. 作者简评

根据最高人民法院《行政诉讼法司法解释》第 58 条的规定，被诉具体行政行为违法，但撤销该具体行政行为将会给国家利益或者公共利益造成重大损失的，不作出撤销判决。本案揭示出公共利益是因个案而有所区别的。就本案的公共利益，法院重点考量了重新招标给公共利益带来的损害，其一是招标活动重新开始，对当地"西气东输"利用工作的进程的延误影响。其二是如果原授权人不能在重新招标程序里中标，则其基于对被诉行政行为的信赖而进行的合法投入将转化为损失，该损失虽然可由政府予以弥补，但最终亦必将转化为公共利益的损失。

09 平潭县平原镇江楼村民委员会与平潭县福鑫围垦开发有限公司海域使用权纠纷案

案例来源：（2013）岚民初字第738号，（2014）榕民终字第1534号，（2015）闽民申字第897号。

关键词：滩涂　使用权　BOT　侵权

一、裁判规则

【规则】特许经营合同是社会资本方投资建设运营的权利来源，并以此为基础界定是否侵犯第三方权利

社会资本方具有讼争海域的《海域使用权证》，依法拥有该海域及滩涂的使用权并进行围垦活动，第三方持有的《滩涂水面使用权证》不足以对抗社会投资方基于特许经营合同获得的投资建设运营权利。

二、审判概览

（一）涉案项目情况

1984年6月30日，平潭县人民政府向平潭县平原镇江楼村民委员会（以下简称"江楼村委会"）颁发了（岚字第0 036号）《滩涂水面使用权证》，明确渔楼村墩仔脚向南120步、礁路乌礁与苏沃公社西楼大队界标的滩涂养殖区归其使用。受证后，江楼村委会按照"自留滩"的形式由村民自己进行滩涂养殖收成。1985年后，江楼村民在紧邻江楼村的滩涂上自发投资，修建十几口虾池，进行对虾养殖。

2002年10月10日，平潭县人民政府的岚政〔2002〕171号文件第8条明确：截至2002年12月31日前，未取得《海域使用权证书》而进行海域使用的单位和个人，一律视为无证违法用海，将按照《中华人民共和国海域使用管理法》（以下简称《海域使用管理法》）有关规定给予处罚。

2003年4月9日，平潭县人民政府为甲方，刘常爱为乙方，双方签订一份《平潭县幸福洋二期围垦开发合同书》（以下简称《合同书》），约定平潭县幸福洋二期围垦工程承包期限为29年，即2005年7月1日至2034年7月30日；由乙方负责组建滩涂围垦开发项目公司，负责围垦项目用海、工程建设的报批以及项目建设开发的全部投资，项目总投资为1.05亿元。

2003年5月8日，刘常爱、刘光忠等人注册成立平潭县福鑫围垦开发有限公司（以下简称"福鑫公司"）。

2003年12月17日，福建省人民政府分别发文批复福建省海洋与渔业局，同意刘常爱、林光忠、郑文杰、俞宏义、翁其善、刘常明、余乃钦分别使用平潭县海坛岛乌礁滩89、86.7、89.1、79.3、89.7、91.9、75.9公顷海域用于围海养殖。2004年1月15日，乌礁滩（幸福洋二期）围垦工程开工。2003年12月22日，省海洋与渔业厅向刘常爱、林光忠、郑文杰、俞宏义、翁其善、刘常明、余乃钦各颁发海域使用权证书1本。

2003年12月29日，平潭县幸福洋二期围垦项目领导小组作出岚围垦〔2003〕16号《关于幸福洋二期围垦项目征用海域补偿补助方案》，其第6条指出，由于项目实施后，对部分已围虾池进水有一定影响，需采取抽水的办法补足水位，并规定了补助办法。福鑫公司已于2004年5月9日前将补助款拨付给江楼村委会。

2004年2月16日，平潭县人民政府与刘常爱签订一份《补充协议书》，对《合同书》第9条垦区内的赔偿方案进行了明确。后平潭县人民政府发出岚政〔2004〕98号通告明确，在幸福洋二期围垦开发承包期内，垦区内海域使用权属于幸福洋二期围垦项目业主单位，任何单位和个人不得侵犯。

自2005年至2007年1月，垦区领导小组（甲方）、各虾池业主（乙方）、福鑫公司（丙方）三方共签订多份《幸福洋二期垦区虾池收购协议书》，协议明确约定，业主在福鑫公司付清收购款后，无条件把虾池包括虾池所有财产、物品和虾池经营、使用权全部移交给福鑫公司。

2005年至2007年期间，围垦领导小组作为甲方，福鑫公司作为丙方，分别与作为乙方的江楼东升、对虾、盐场、高诚爱、小盐场、西澳养殖场等签订《幸福洋二期垦区虾池收购协议书》，协议书中约定：由乙方将虾池转让甲方，乙方应自丙方付清收购价款之时，将虾池经营使用权全部直接移交给丙方。江楼村委会、平潭县平原镇人民政府在协议书中的村镇意见栏上盖章。

2004年至2008年，围垦领导小组、平潭县财政局向江楼村委会账户拨付征用海域补偿补助款、工作经费和返还管理费、虾池收购和培青补助款、扶持虾农转产转业助款计人民币一千多万元。2008年8月，福建省海洋与渔业局对福鑫公司作出"非法占用海域期间内该海域面积应缴纳的海域使用金12倍罚款（即罚款人民币890 712元）"的行政处罚。同年10月、12月，中国海监福建省总队及国家海洋局作出相关答复，认为福鑫公司在围填海堤建设和堤内养殖用海中均有超面积用海行为，应对福鑫公司进行缴纳海域使用金12倍罚款的行政处罚，福鑫公司已接受处罚。

2010年8月13日，平潭县人民政府发出岚政〔2010〕82号《关于加快推进幸福洋造地项目建设的通告》，通告福鑫公司不得向养殖池进水，进行区域测绘、核实、登记、出台补偿方案。之后，福鑫公司停止对围垦区内养殖生产，政府对靠近涉案海堤内一线已进行吹沙造地建设。2013年，平潭县潭西大道公路平苏线已建设到垦区，将从垦区通过，向苏澳镇延伸。

此外，2010年9月18日平潭县人民政府的岚政〔2001〕110号文件第4条和第5条明确：凡1983年已领取《滩涂水面管理使用权属证》的农村集体经济组织，应在2001年11月30日前向县海洋与渔业行政主管部门办理换证手续。

对截至 2001 年 12 月 30 日前仍不申请办理海域使用证的用海单位和个人，一律视为无证违法用海，由县海洋与渔业行政主管部门按有关规定进行处罚，并责成其限期申报；限期内仍不申报的，责令其停止进行任何的开发利用活动，其他单位和个人有权申请该海域的使用权。

（二）审理要览

1. 原告主要诉求

原告江楼村委会起诉至福建省平潭县人民法院，请求法院判决：福鑫公司对其存在超面积围垦、堵塞出海口、影响船只出海、应建未建纳排潮专用水道、造成虾池报废等侵权行为；福鑫公司对江楼村委会的损失进行补偿。

2. 审理经过

本案经过一审、二审以及再审程序。一审法院福建省平潭县人民法院作出（2013）岚民初字第 738 号民事判决，认为本案福鑫公司以经批准的围垦规划为从事滩涂围垦的基本依据，实施幸福洋二期围垦项目建设，该行为不能确认为对该海域构成侵权，驳回原告平潭县平原镇江楼村民委员会的诉讼请求。

二审法院福建省福州市中级人民法院于 2014 年 10 月 8 日作出（2014）榕民终字第 1534 号民事判决：驳回上诉，维持原判。

福建省高级人民法院经过再审后于 2015 年 8 月 6 日作出（2015）闽民申字第897 号民事裁定，驳回平潭县平原镇江楼村民委员会的再审申请。

三、 争议焦点的规则解读

【焦点】投资方与政府方就海域围垦工程签订特许经营合同，是否有权在该海域滩涂从事围垦活动

1. 当事人观点

一审原告江楼村委会认为：本案系侵权纠纷，只要福鑫公司在履行合同过程中对江楼村委会的权利造成侵害，就应当依法承担民事侵权责任。福鑫公司没有提交证据证明其已经取得合法的海域使用权证，其围垦的全部面积都是违法的；福鑫公司所受的行政处罚并不能免除和影响其应对江楼村委会承担民事侵权责任；本案适用无过错责任原则。福鑫公司提交的证据材料仅是其在履行报批的前期阶段程序而不是最终审批结果，而且仅是施工前的环评报告，并不代表施工过程及完工后的环评情况；江楼村委会持有的《滩涂水面使用权证》依然合法有效。平潭县人民政府收回或撤销《滩涂水面使用权证》的行为，应具有必要的法律依据和必备的法律程序，不能无法可依或不依法律程序凌驾于法律之上；江楼村委会所持的是《滩涂水面使用权证》非《滩涂水面管理使用权属证》。"使用权"与"管理使用权"法律性质完全不同，因此该文件对江楼村委会不具有法律约束力；《关于平潭县福鑫围垦开发有限公司非法占用海域一案调查处理情况的反馈函》可以证实福鑫公司超面积围垦围海的情况确实存在；

福鑫公司没有建设纳排潮水道，造成江楼村委会村落出海道、出海口、排泄沟被堵死，滩涂使用功能遭到破坏，近 2 000 亩虾池全部报废；福鑫公司虽"对垦区内的养殖户及周边行政村进行征用海域补偿"，但该补偿是建立在伪造村民代表大会决议、分散报批以及先围海后补偿基础之上，程序严重违法。

一审被告福鑫公司认为：江楼村委会未依法申办《海域使用权证》，即使其持有的《滩涂水面使用证》是真实的，也早已作废；幸福洋二期围垦是政府重点项目，福鑫公司以 BOT 模式投资、建设、运营该项目，所有申报、审批手续都是合法的，江楼村委会无权作出违法围垦的定性；福鑫公司不存在超面积围垦，罚款是因为施工时技术原因导致大坝地基偏离，假设福鑫公司存在超面积，那么江楼村委会也无证据证明"所超的面积"是属于江楼村委会；根据一系列的收购协议，虾池（包含所有设施、财产和经营、使用权等）均已被政府收购，再交由福鑫公司使用；幸福洋二期围垦经过各级部门的环评审批，程序合法，不存在危害环境的情形；经专家组论证和各级政府批准，"中国鲎自然保护预留区"调整为"功能待定区"，并最终确定为"围垦养殖区"，程序合法，福鑫公司并未破坏野生动物鲎的生存环境；2010 年幸福洋垦区被政府重新规划为智能化示范新城区，并于 2012 年开始吹填造地，目前已变成平地，江楼村委会要求停止侵害、恢复滩涂使用功能完全不符合现实情况，且主张对象错误。

2. 法院观点

福建省平潭县人民法院一审认为：

首先应当明确《滩涂水面使用权证》的性质。根据农业部《水域滩涂养殖发证登记办法》第 3 条："使用水域、滩涂从事养殖生产，由县级以上地方人民政府核发养殖证，确认水域养殖权。"第 16 条："因被依法收回、征收等原因造成水域滩涂养殖权灭失的，应当由发证机关依法收回，注销养殖证。"《滩涂水面使用权证》是县政府颁发的，持证人只有使用权，颁证机关县政府可以因发展规划进行变更、收回、注销和延展；福鑫公司围垦行为的依据是与平潭县人民政府签订《平潭县幸福洋二期围垦开发合同书》，作为投资者具体实施围垦建设的，福鑫公司是履行与平潭县人民政府签订的开发合同产生的投资、工程施工义务；至于福鑫公司股东受准许使用乌礁湾滩海域的面积与《平潭县幸福洋二期围垦开发合同书》围垦范围的面积不符，存在超出批准的海域面积围填海的行为，行政主管机关已对被告的非法占用海域期间应缴纳的海域使用金进行 12 倍罚款的行政处罚。因此，福鑫公司海域围垦行为不构成侵权；幸福洋二期垦区于 2010 年 8 月由平潭县人民政府重新规划为智能化示范新城区，通告停止养殖生产，对围垦区实施吹沙造地。2013 年，潭西大道平苏线公路已建设并将通过垦区向苏沃镇延伸的诸事实客观存在。因此，江楼村委会提出要求排除妨碍、恢复讼争海域的使用功能的诉讼请求不符合现实情况，不予支持。

福建省福州市中级人民法院二审认为：

针对修建纳排洪沟问题。根据平潭县幸福洋二期围垦项目领导小组作出的

《关于幸福洋二期围垦项目征用海域补偿补助方案》中"关于已围虾池的补助"的规定，福鑫公司已将3年的抽水费补偿给江楼村委会；后垦区领导小组、各虾池业主、福鑫公司三方形成多份《幸福洋二期垦区虾池收购协议书》，明确约定，虾池业主在福鑫公司付清收购款后，无条件把虾池包括虾池所有财产、物品和虾池经营、使用权全部移交给福鑫公司；在《幸福洋二期垦区虾池收购协议书》签订及补偿到位后，就没有再修建纳排洪沟必要。

针对是否有收购滩涂问题。《幸福洋二期垦区虾池收购协议书》明确约定，江楼村委会不仅转让生产、生活、经营使用的设备设施，还包括转让虾池经营权和使用权。协议书中未对滩涂所有权和使用权进行约定，也证明谁都无权将国家所有的滩涂约定转让，而滩涂的使用权实际上已涵盖在虾池经营权和使用权中。即福鑫公司收购江楼村委会的虾池经营权和使用权的同时，就收购了其滩涂使用权，至于江楼村委会提出的补偿不足问题，应由其向政府有关部门进行协调。

幸福洋二期围垦项目作为平潭县政府重点招商引资工程，平潭县政府进行可行性研究、聘请专家评估、与投资商签订《平潭县幸福洋二期围垦开发合同》、成立围垦领导小组等一系列行为均未违反法律规定。《幸福洋二期垦区虾池收购协议书》的签订也是在征求大部分村民和虾农的意见后，由政府牵头、被上诉人投入、围垦专项资金补助、县财政拨款形成的。江楼村委会未提供充分的证据证明福鑫公司的围垦行为对其构成侵权；福鑫公司围垦行为于2004年8月即已结束，2010年8月福鑫公司被县政府通告停止养殖生产，故江楼村委会要求福鑫公司停止侵害的情形不存在；目前幸福洋二期围垦项目已被平潭县政府收回，进行吹沙造地建成智能化新区，江楼村委会要求恢复原状不符合现实情况。

福建省高级人民法院再审认为：

当地政府根据《海域使用管理法》的相关规定，向福鑫公司的7个股东颁发了讼争海域的《海域使用权证》，江楼村委会提出其拥有讼争海域滩涂的使用权，福鑫公司属无证围垦的理由缺乏事实和法律依据；幸福洋二期围垦项目是平潭县政府重点招商引资工程，并以BOT模式投资、建设、运营该项目，平潭县政府与投资商签订《平潭县幸福洋二期围垦开发合同》、成立围垦领导小组等一系列行为均符合法律规定。其后以围垦领导小组名义，与江楼村虾池使用者、福鑫公司签订《幸福洋二期垦区虾池收购协议书》，也是在征求大部分村民和虾农意见的情况下，由政府牵头、福鑫公司投入、围垦专项资金补助、县财政拨款形成的；江楼村委会未能提供充分有效的证据证明福鑫公司存在侵权行为，应承担举证不能的法律后果。

3. 作者简评

本案是特许经营权中较为少见的侵权纠纷，即特许经营项目合同外的第三方认为社会资本方基于特许经营权而实施的投资建设运营行为侵犯了第三方的合法权利。一般来说，如果特许经营项目完整履行了严格的审批程序，特许经营权是合法有效的，通常也不会直接因为特许经营权发生侵权事件。因此在本案中，社会资本方以当地政府根据《海域使用管理法》的相关规定，颁发的讼争海域的《海域使用权证》证明自己享有合法的开发建设运营权利，同时被告主张的其享有权利的幸福洋二期垦区已经平潭县人民政府重新规划为智能化示范新城区，通告停止养殖生产，对应的《滩涂水面使用权证》已经失效。法院支持了社会资本方的权利，并驳回被告的侵权主张。

四、 启示

【启示】合法确定特许经营权有利于避免侵权纠纷

特许经营项目中，从合同法的角度来说，社会资本方依法享有《特许经营合同》中约定的投资建设运营的权利，但这主要用于界定社会资本方和政府方之间的权利义务范围。从物权的角度来说，社会资本方依法享有政府方依法授予的特许经营权，特许经营权在土地使用权、海域使用权等用益物权领域极有可能会与第三方的用益物权产生冲突从而产生侵权纠纷。社会资本方参与特许经营项目时应特别关注土地使用权、海域使用权等权利的合法取得，相关权利取得的法律规定如下：

《海域使用管理法》对海域使用权的取得程序作出了明确的规定，海域使用权可以通过申请的方式取得，也可以通过招标或者拍卖的方式取得。通过申请方式取得的，单位和个人可以向县级以上人民政府海洋行政主管部门申请使用海域；县级以上人民政府海洋行政主管部门依据海洋功能区划，对海域使用申请进行审核，并依照本法和省、自治区、直辖市人民政府的规定，报有批准权的人民政府批准。（特定项目用海的，应报国务院审批）

海域使用申请经依法批准后，国务院批准用海的，由国务院海洋行政主管部门登记造册，向海域使用申请人颁发海域使用权证书；地方人民政府批准用海的，由地方人民政府登记造册，向海域使用申请人颁发海域使用权证书。海域使用申请人自领取海域使用权证书之日起，取得海域使用权。

通过招标或者拍卖的方式取得的，招标或者拍卖方案由海洋行政主管部门制订，报有审批权的人民政府批准后组织实施。海洋行政主管部门制订招标或者拍卖方案，应当征求同级有关部门的意见。招标或者拍卖工作完成后，依法向中标人或者买受人颁发海域使用权证书。中标人或者买受人自领取海域使用权证书之日起，取得海域使用权。

除了海域使用权外，特许经营项目最常见的用益物权就是国有土地使用权。《关于联合公布第三批政府和社会资本合作示范项目加快推动示范项目建设的通知》（财金〔2016〕91号）对特许经营项目获得土地使用权进行详细规定，具体如下：

PPP项目用地应当符合土地利用总体规划和年度计划，依法办理建设用地审批手续。在实施建设用地供应时，不得直接以 PPP 项目为单位打包或成片供应土地，应当依据区域控制性详细规划确定的各宗地范围、用途和规划建设条件，分别确定各宗地的供应方式：

（1）符合《划拨用地目录》的，可以划拨方式供应；

（2）不符合《划拨用地目录》的，除公共租赁住房和政府投资建设不以盈利为目的、具有公益性质的农产品批发市场用地可以作价出资方式供应外，其余土地均应以出让或租赁方式供应，及时足额收取土地有偿使用收入；

（3）依法需要以招标拍卖挂牌方式供应土地使用权的宗地或地块，在市、县国土资源主管部门编制供地方案、签订宗地出让（出租）合同、开展用地供后监管的前提下，可将通过竞争方式确定项目投资方和用地者的环节合并实施。

 ⑩ 范新安不服克拉玛依市人民政府行政许可案

案例来源：（2011）克行初字第 76 号，（2012）克中行终字第 1 号。
关键词：特许经营权　转让　期满　不予延续

一、 裁判规则

【规则】特许经营权到期后政府可以不予延期

特许经营期限届满后未得到行政许可延续经营期限的，亦不得继续经营。对期满后政府决定不予延续的情形，法律及有关行政法规并未规定应当给予补偿。

二、 审判概览

（一）涉案项目情况

2006 年 8 月 1 日，王希良与克拉玛依市公路运输管理总站签订了特许经营协议书，约定许可王希良从事城市公共交通客运，特许经营期限以道路运输证上核定期限为准，克拉玛依市公路运输管理总站于 9 月 14 日为王希良颁发了中华人民共和国道路运输证，于 9 月 19 日颁发了中华人民共和国道路运输经营许可证，王希良系新 j-28 431 号中巴车（以下简称"该车"）档案车主。后范新安以王希良的名义经营该车，即为该车的实际经营者。

在此前，克拉玛依市曾针对中巴车的营运和期限发布了多项法规。如 1997 年 5 月 21 日，克拉玛依市人民政府办公室印发克政办发〔1997〕38 号《批转市交通局对未经拍卖程序取得出租经营权的车主交纳有偿使用费问题的报告的通知》，规定凡未经拍卖程序取得出租车经营权的车主均应交纳出租车经营权有偿使用费，营运证使用的有效期限为 5 年，从 1997 年 1 月 1 日至 2001 年 12 月 31 日；2002 年 5 月 13 日，克拉玛依市交通局下发克交发〔2002〕7 号《关于在用出租车、中巴车年度检审有关问题的通知》，明确提出两项要求：一是出租车、中巴车营运证使用权尚未到期的，年度检审时，客管部门必须在营运证备注栏上加注使用权的有效期限；二是开始缴纳营运证特许权有偿使用费的在用出租车、中巴车，在政府政策尚未作调整前，允许按营运证特许权有偿使用的方式继续使用，年度检审时，客管部门必须在营运证备注栏上加注特许经营年度有效章。

1998 年 8 月 20 日、2000 年 1 月 16 日，克拉玛依市通过拍卖方式新增 18 个中巴车营运证，通过拍卖程序取得的特许经营权（营运证），在拍卖成交通知书上载明获得一个单车 5 年的营运有偿使用期限的资格。至 2005 年 1 月 16 日，克拉玛依市经拍卖及未经拍卖取得的中巴车特许经营权期限均已到期，2006 年克拉玛依市交通局根据《新疆维吾尔自治区市政公用事业特许经营条例》的规定，通过管理部门与经营者双方签订特许经营协议书的形式，明确了每辆中巴车的经营期限以道路运输证核准的日期为准。之后，克拉玛依市对个体中巴车业主一直实施每年按期进行审验，交纳 3 000 元特许权有偿使用费，管理部门允许其中巴车特许经营期限延续一年的政策，直至 2010 年 6 月。

自 2007 年 6 月至 2010 年 6 月期间，克拉玛依市公路运输管理总站在该车每年 6 月进行年度审验时，在道路运输证备注栏加盖特许经营有效期条形章，注明特许经营期限至次年 6 月。王希良的道路运输证最后一次加盖的特许经营有效期条形章注明特许经营期限至 2010 年 6 月。

依据克拉玛依市社会经济、公交事业的发展以及人民群众对安全、快捷、方便出行的需求，克拉玛依市人民政府在经过向市民征求意见、考察调研、反复论证后，决定对克拉玛依市中巴车管理体制进行改革，于 2010 年 6 月 28 日作出《通知》，决定争取在 2010 年年底前实现克拉玛依市个体中巴车整体退市，同时规定了中巴车退出线路经营补偿办法、退市中巴车辆的处理办法和对退市中巴车车主的就业帮扶办法。其中：（1）中巴车退出线路经营补偿办法：对克拉玛依中心城区和白碱滩区现有的 245 户个体中巴车车主，通过一次性发放 7. 1 万元/户的退出公交线路经营补偿，不再延续其对中巴车线路经营的许可，所有中巴车有序退出公交市场；（2）退市中巴车辆的处理办法：2010 年 8 月 16 日，克拉玛依市人民政府成立的克拉玛依市中巴车管理体制改革领导小组办公室以《通告》的形式向全体中巴车经营者告知，并分别于 2010 年 8 月 18 日、9 月 13 日、10 月 27 日、11 月 18 日、2011 年 3 月 3 日、3 月 31 日分六批发布了中巴车退市公告。

（二）审理要览

1. 原告主要诉求

一审原告范新安起诉至克拉玛依市克拉玛依区人民法院，请求判令：依法撤销克拉玛依市人民政府 2010 年 6 月 28 日作出的新克政发〔2010〕33 号《通知》和 2010 年 8 月 16 日克拉玛依市中巴车管理体制改革领导小组办公室作出的

《通告》，赔偿其停运损失33.6万元。

2. 审理经过

本案经过一审和二审程序。克拉玛依市克拉玛依区人民法院作出（2011）克行初字第76号判决书，判决：维持克拉玛依市人民政府于2010年6月28日作出的新克政发〔2010〕33号《关于印发克拉玛依市中巴车管理体制改革方案的通知》、克拉玛依市中巴车管理体制改革领导小组办公室于2010年8月16日作出的《关于发布克拉玛依市中巴车管理体制改革方案的通告》中关于中巴车退出线路经营补偿办法、退市中巴车辆的处理办法和对退市中巴车车主的就业帮扶办法；驳回范新安、第三人王希良要求被告克拉玛依市人民政府赔偿停运损失的诉讼请求。

克拉玛依市中级人民法院作出（2012）克中行终字第1号判决书，判决：驳回上诉，维持原判。

三、争议焦点的规则解读

【焦点】特许经营权到期后政府是否一定要延期

1. 当事人观点

本案一审原告范新安认为：其以王希良的名义经营中巴车，而王希良与克拉玛依市公路运输管理总站签订了特许经营协议书，该特许经营协议书对特许经营期限未作出明确约定。克拉玛依市人民政府通过发布《通知》《通告》，终止王希良的中巴车特许经营权，且在发布《通知》《通告》前没有召开听证会，广泛听取并征求中巴车经营者的意见，其行政行为缺乏法律依据，严重损害其合法经营权益且程序违法；应依照《新疆维吾尔自治区市政公用事业特许经营条例》第14条的规定，赋予中巴车业主8年的经营期限。

本案一审被告克拉玛依市人民政府认为：范新安与王希良未经克拉玛依市公路运输管理总站批准，自行转让中巴车特许经营权；范新安也未进行行政复议；《通知》《通告》是针对中巴车档案车主，故范新安不具有原告资格；为规范管理，克拉玛依市在原有的特许经营基础上，从2006年开始中巴车车主与管理部门签订特许经营协议书，每年交一次有偿使用费，允许经营期限延续一年，并在特许经营协议书和道路运输证上明确注明有效期为一年，这一政策一直延续到中巴车改革方案出台前；改革中巴车管理体制顺应了城市发展和群众的需求，并充分考虑到个体中巴车车主的意愿。

2. 法院观点

克拉玛依市克拉玛依区人民法院一审认为：

根据《新疆维吾尔自治区市政公用事业特许经营条例》第14条，中巴车特许经营权是有期限性的而不是终身制的。在经营期限届满后，需要按相关规定重新配置。克拉玛依市人民政府作为一级地方人民政府，有权在其职权内对克拉玛依市中巴车管理体制实施改革，其行政目的是满足随着社会经济发展而不断变化的人民群众的出行需求，该行政目的明确合法，符合城市发展的必然要求；根据庭审查明，克拉玛依市经拍卖及未经拍卖程序取得的中巴车特许经营权的期限在2005年均已到期。根据《行政许可法》第8条第2款，王希良的中巴车特许经营权至2010年6月已到期限，法律并未规定对期满的行政许可不予延续的应当给予补偿。克拉玛依市人民政府制定的中巴车退出线路经营补偿办法、退市中巴车辆的处理办法和对退市中巴车车主的就业帮扶办法，不违反法律的强制性规定。

克拉玛依市中级人民法院二审认为：

（1）克拉玛依市公路运输管理总站与本案中巴车所有权人王希良签订的《特许经营协议书》所约定的经营期限明确，且双方当事人对《特许经营协议书》的有效性没有异议。该协议书上载明"以道路运输证上核定的期限为准"的表述，就是对经营期限的约定。因道路运输证实行年审制，故王希良的中巴车经营期限以行政机关每年审核后许可经营的期限为准。在行政机关颁发"两证"之前，中巴车车主与行政机关签订的协议书并不是行政机关对中巴车所有权人从事特许经营作出的行政许可文书，故不属于行政许可决定。对涉案中巴车行政许可的经营期限，应当以克拉玛依市公路运输管理总站许可王希良营运而颁发的"两证"即道路运输证、道路运输经营许可证为依据。范新安并未取得特许经营权证，不具有合法的中巴车经营权，故不存在经营期限的问题。

（2）克拉玛依市人民政府作出的《通知》和《通告》的程序不违法。经查，范新安未提交克拉玛依市人民政府程序违法的相关证据。克拉玛依市经拍卖及未经拍卖程序取得的中巴车特许经营权的期限在2005年均已到期，此后管理部门每年审核一次，每次只许可中巴车特许经营期限延续一年。王希良的中巴车特许经营权至2010年6月已到期，对期满后不予延续的情形，法律及有关行政法规并未规定应当给予补偿。克拉玛依市人民政府在无法定义务的情况下，为了妥善安置中巴车业主，制定中巴车退出线路经营补偿办法、退市中巴车辆的处理办法和对退市中巴车车主的就业帮扶办法且已经履行，不仅没有违反法律强制性规定，而且已充分彰显了政府对中巴车业主的关心和照顾。

3. 作者简评

本案原告对克拉玛依市不再续期之行政决定不服，提起行政诉讼，法院认为特许经营期满政府有权不再续期，且政府之决策程序合法，对于原告之赔偿请求，法院认为法律和合同均未规定/约定政府应对此进行赔偿。

四、 启示

【启示】投资人应于缔约之初便关注是否存在特许经营期过短的问题

特许经营项目，一般是指政府采用竞争方式依法授权中华人民共和国境内外的法人或者其他组织，通过协议明确权利义务和风险分担，约定其在一定期限和范围内投资项目并获得收益，提供公共产品或者公共服务。同时《基础设施和公用事业特许经营管理办法》第 6 条规定，基础设施和公用事业特许经营期限应当根据行业特点、所提供公共产品或服务需求、项目生命周期、投资回收期等综合因素确定，最长不超过 30 年。无论是从特许经营项目的一般定义上来说，还是从法规的规定来看，特许经营项目都是有经营期限的，可以说在限定的经营期限内的经营是特许经营项目的基本特征之一。

而特许经营权存续期限决定着投资人收益之大小，一般来说，特许经营期长，则社会资本方用于收回投资成本以及经营获益的时间也就较长，盈利的可能性相对较大，反之则反。因此，投资人应于缔约之初便关注此问题，本案特许经营期只有一年，一年一批，这就存在着政府不再续期之风险。通常 PPP 项目特许经营期限较长，投资人应测算在经营期内其所有成本投入与收益产出之比能否满足预期盈利需求，并通过严格管理，提高生产效率以提升收益率，而不是简单否定合同约定，随意要求政府延长特许经营期。

11 海南中石油昆仑港华燃气有限公司等与儋州市人民政府行政许可纠纷上诉案

案例来源：(2011)海南二中行初字第 75 号，(2012)琼行终字第 4 号。

关键词：燃气　特许经营　排他　招标

一、 裁判规则

【规则】管道燃气特许经营权需经竞争性程序取得，排他性权利需要有合同依据

管道燃气经营权依法应当经过招标等市场竞争机制方可予以许可。在我国法律、法规等无特许经营权即为排他性经营权的规定的情况下，管道燃气经营权是否具有排他性应通过合法约定确定。

二、 审判概览

（一）涉案项目情况

2003 年 3 月 13 日，儋州市人民政府(以下简称"儋州市政府")向儋州畅通城市管道燃气有限公司(原儋州市长通实业有限公司)作出儋府函〔2003〕72 号《关于开发建设儋州市管道燃气项目的批复》（以下简称"72 号批复"），同意该公司在儋州市开发建设天然气管道燃气工程项目，确认总投资 1.51 亿港币。

同年 3 月 18 日，为了贯彻实施"72 号批复"的内容，原儋州市建设局与儋州畅通城市管道燃气有限公司(以下简称"儋州畅通公司")签订《开发儋州市管道燃气工程项目协议》，进一步确认儋州畅通城市管道燃气有限公司在儋州市投资 1.51 亿元建设管道燃气工程项目，并就管道燃气工程项目的建设目标、核定燃气价格的方法以及建设管理原则等主要内容进行了约定。

同年 11 月 6 日，儋州市政府通过发布《关于确认儋州畅通城市管道燃气有限公司更名为儋州中油畅通管道燃气有限公司的复函》（以下简称"247 号复函"），确认"72 号批复"对儋州畅通公司继续有效。

2008 年 7 月 11 日，海南华油燃气有限公司全资收购了儋州畅通公司。2008 年 12 月 4 日，儋州市政府作出儋府函〔2008〕187 号《关于城市管道燃气特许经营权变更有关问题的批复》（以下简称"187 号批复"），确认由于儋州畅通公司已被海南华油燃气有限公司全资收购，并成立海南华油燃气有限公司儋州分公司运营儋州的管道燃气业务，同意儋州中油畅通管道燃气有限公司根据"247 号复函"取得的城市管道燃气特许经营权变更由海南华油燃气有限公司儋州分公司承继。2009 年 9 月 25 日，海南华油燃气有限公司儋州分公司的企业名称变更登记为海南中石油昆仑港华燃气有限公司儋州分公司（以下简称"港华燃气公司儋州分公司"）。

2010 年 7 月 5 日，儋州市住房和城乡建设局曾向港华燃气公司儋州分公司发出了儋建函〔2010〕78 号《儋州市住房和城乡建设局关于完善滨海新区燃气管道专项规划的函》。该函的主要内容有：（1）根据儋府函(2003)24 号文件精神，你公司在我市行政区划范围内实施管道燃气工程项目的统一规划建设、统一经营管理。我局原则同意你公司加紧完善滨海新区的燃气专项规划，并制定建设计划尽快上报市政府审批。(2)你公司要落实建设资金，与滨海新区市政道路同步实施建设。

2010 年 12 月 15 日，儋州市滨海新区管理委员会与中海油管道公司签订《关于投资建设儋州滨海新区燃气管网供气工程协议》。

2011 年 3 月至 4 月，港华燃气公司儋州分公司、海南中石油昆仑港华燃气有限公司(以下简称"港华燃气公司")分别向儋州市住房和城乡建设局、儋州市政府提交书面报告，称儋州市政府"247 号复函"已经明确其在儋州市行政区域内有权从事管道燃气、汽车加气项目建设，并对整个儋州区域的管道燃气项目实施"统一规划建设、统一经营管理"，故请求政府及其职能部门尽快审批儋州滨海新区燃气专项规划，并同意启动滨海新区燃气项目建设。

2011 年 7 月 15 日，儋州市住房和城乡建设局向港华燃气公司儋州分公司函复，建议其暂缓评审滨海新区燃气规划，并告知儋州市政府常务会议决议已经同意并确认由滨海新区管委会与中海油管道公司签订的《儋州市政府与中海石油管道输气有限公司关于投资建设儋州滨海新区燃气管网供气工程协议》有效。港华燃气公司、港华燃气公司儋州分公司认为儋州市政府的上述行政许可行为侵犯其在儋州行政区域内排他性的燃气供气经营权和建设开发权及财产权，遂提起本案诉讼。

（二）审理要览

1. 原告主要诉求

一审原告港华燃气公司、港华燃气公司儋州分公司起诉至海南省第二中级人民法院，认为儋州市政府于 2010 年 9 月 10 日通过市政府常务会议形成的十三届 69 次〔2010〕14 号《常务会议纪要》侵犯其在儋州行政区域内排他性的燃气供气经营权和建设开发权及财产权，请求判令：撤销儋州市政府关于中海油管道公司在滨海新区享有燃气供气经营权和建设开发权的许可，即 14 号《常务会议纪要》第 17 条的决定内容。

2. 审理经过

本案经过一审和二审程序。海南省第二中级人民法院于 2011 年 9 月 13 日作出（2011）海南二中行初字第 75 号行政判决：驳回港华燃气公司、港华燃气公司儋州分公司的诉讼请求。案件受理费 50 元由港华燃气公司、港华燃气公司儋州分公司负担。

海南省高级人民法院作出（2012）琼行终字第 4 号判决书，判决：驳回上诉，维持原判。

三、 争议焦点的规则解读

【焦点】管道燃气排他性特许经营权是否需经竞争性程序取得

1. 当事人观点

本案一审原告港华燃气公司、港华燃气公司儋州分公司认为：儋州市政府作出的"72 号批复""247 号复函"及儋州市建设局于 2003 年 3 月 18 日与港华燃气公司签订的《开发儋州市管道燃气工程项目协议》均明确港华燃气公司在儋州市行政区域内具有管道燃气工程项目开发建设和经营管理权；港华燃气公司儋州分公司取得该许可后，投入了巨额资金，进行管道燃气工程规划设计及实地勘查等工作，该工作是儋州市政府事先许可并要求的；儋州市政府于 2008 年作出的"187 号批复"明确将港华燃气公司儋州分公司原有的对儋州行政区域范围的管道燃气统一建设开发经营管理权，变更为在儋州市行政区域内的城市管道燃气特许经营权，期限为 25 年，现仍在港华燃气公司儋州分公司的特许经营期限内；港华燃气公司儋州分公司在滨海新区享有城市管道燃气特许经营权，儋州市政府又将该区的管道燃气经营管理权许可给中海油管道公司，属于重复许可。

本案一审被告儋州市政府认为：港华燃气公司儋州分公司在儋州行政区域内无排他性的燃气经营开发权。

本案一审第三人滨海新区管委会认为：我们是按照儋州市政府的委托与中海油管道公司签订《儋州市政府与中海石油管道输气有限公司关于投资建设儋州滨海新区燃气管网供气工程协议》，在履行代理职责过程中并无不当行为，因此也无须直接承担该协议的法律责任。

本案一审第三人中海油管道公司认为：儋州市政府〔2003〕72 号文批准的只是经营开发权不是特许经营权，〔2008〕187 号文第一次提到特许经营权，但是按照建设部《市政公用事业特许经营管理办法》，特许经营是要经过公开招投标手续的，未经过此项手续的根本不能称为特许经营权，不具排他性；我公司是海南第一家经营天然气管道的公司，在滨海新区供气更具优势。

2. 法院观点

海南省第二中级人民法院一审认为：

关于港华燃气公司、港华燃气公司儋州分公司是否在儋州行政区域内有排他性的燃气供气经营权和建设开发权的问题。(1)由于"247号复函""187号批复"与"72号批复"是一脉相承的关系，对"247号复函""187号批复"内容的解释，均不应超越"72号批复"的原始文义且不能脱离该批文的真实意旨。儋州市政府在"72号批复"中提出的"统一规划、统一建设、统一经营、统一管理"，不是该市政府向儋州畅通城市管道燃气有限公司承诺的义务，而是出于公共管理的需要，要求该公司通过统一的内部管理进行项目实施，以确保生态和公共安全，这是地方政府对燃气事业进行特殊管理过程中的必要提示。港华燃气公司、港华燃气公司儋州分公司脱离燃气事业特殊的管理要求，把政府批文提出的上述"四个统一"内容单方解释成被授予排他性的燃气供气经营权和建设开发权，不符合上述批文的原始文义和真实意旨。(2)原儋州市建设局与儋州畅通城市管道燃气有限公司签订的《开发儋州市管道燃气工程项目协议》仅约定了管道燃气工程项目的建设目标、核定燃气价格的方法以及建设管理原则等主要内容，未就"排他性的燃气供气经营权和建设开发权"内容作出明确约定。被诉行政许可行为不违约。(3)被诉行政许可行为符合公共利益的需要。由于港华燃气公司、港华燃气公司儋州分公司进行的管道燃气工程项目建设规模仅局限于儋州市那大镇的部分区域、儋州市木棠工业区，尚未延伸到相距较远的儋州市滨海新区，因此，被诉行政许可行为不会造成重复建设，且港华燃气公司、港华燃气公司儋州分公司可在现有建设区域如那大镇、儋州市木棠工业区等区域内，加大建设进度，继续扩大经营规模。在儋州市滨海新区，中海石油管道输气有限公司凭借其在洋浦经济开发区(紧邻滨海新区)的气源基地，为滨海新区工业发展提供更为经济、迅捷的优质服务，对儋州市城乡经济快速推动作用，故被诉行政许可行为符合公共利益的需要，亦符合《市政公用事业特许经营管理办法》规定的"公共利益优先原则""合理布局、有效配置资源原则"。

海南省高级人民法院二审认为：

依照《行政许可法》第12条第(二)项的规定，对于有限资源的开发利用、公共资源配置以及直接关系公共利益特定行业的市场准入等，需要赋予特定权利的事项，可以设定行政许可。该法第53条规定："实施本法第十二条第二项所列事项的行政许可的，行政机关应当通过招标、拍卖等公平竞争的方式作出决定。但是，法律、行政法规另有规定的，依照其规定。"原建设部《市政公用事业特许经营管理办法》第2条也规定："本办法所称市政公用事业特许经营，是指政府按照有关法律、法规规定，通过市场竞争机制选择市政公用事业投资者或者经营者，明确其在一定期限和范围内经营某项市政公用事业产品或者提供某项服务的制度。城市供水、供气、供热、公共交通、污水处理、垃圾处理等行业，依法实施特许经营的，适用本办法。"可见，本案所涉管道燃气经营权依法应当经过招标等市场竞争机制方可予以许可。尽管儋州市政府曾同意将儋州市城市管道燃气的经营权给予港华燃气公司儋州分公司，儋州市住房和城乡建设局也曾发函给港华燃气公司儋州分公司，原则同意其加紧完善滨海新区的燃气专项规划，并制定建设计划尽快上报市政府审批，但港华燃气公司儋州分公司并未能提供出其已依法获得儋州市政府特许其经营儋州市和该市滨海新区管道燃气的证据；同时，港华燃气公司儋州分公司主张其在儋州市行政区域内具有排他性的燃气供应经营权和建设开发权，主要证据是儋州市政府的"72号批复""247号复函"和"187号批复"以及2003年3月18日儋州市建设局与其签订的《开发儋州市管道燃气工程项目协议》等，但这些"批复""复函"及《协议》均未明确港华燃气公司儋州分公司在儋州市行政区域内具有排他性的燃气供气经营权和建设开发权。我国法律、法规等也并无特许经营权即为排他性经营权的规定。由此，港华燃气公司儋州分公司主张其在儋州市行政区域内具有排他性的燃气供应经营权和建设开发权没有事实依据和法律依据。

3. 作者简评

本案港华燃气公司以为已就管道燃气项目取得排他性特许经营权，但其存在两个致命缺陷，一是没有经过法定竞争性程序取得该特许经营权，二是政府未给予排他性许可，因此其诉求无法得到法院支持。

四、 启示

【启示】基础设施特许经营权之取得需经过法定程序，排他性特许经营权之获得需有合同明确约定

基础设施与公用事业之特许经营是否应经过竞争性程序才能取得是存在争议的，此前法律法规并未对此进行专门性规定，但可从《行政许可法》等相关法律法规中推导，这就容易产生问题和纠纷。从本案可以看出，实践中，有的地方政府表示无需经竞争性程序，但一旦发生纠纷则是另外一种景象。2015年《基础设施和公用事业特许经营管理办法》颁布后明确规定，基础设施和公用事业特许经营，是指政府采用竞争方式依法授权中华人民共和国境内外的法人或者其他组织，通过协议明确权利义务和风险分担，约定其在一定期限和范围内投资建设运营基础设施和公用事业并获得收益，提供公共产品或者公共服务。同时该《办法》在第15条也明确规定，实施机构根据经审定的特许经营项目实施方案，应当通过招标、竞争性谈判等竞争方式选择特许经营者。特许经营项目建设运营标准和监管要求明确、有关领域市场竞争比较充分的，应当通过竞争方式选择特许经营者。至此，基础设施与公用事业之特许经营应经过竞争性程序再无争议，如果不履行竞争性程序，则可能导致项目合法性存在问题，从而可能会影响到合同效力。

关于排他性权利问题，可以说项目唯一性是特许经营项目赢利的重要来源，但项目唯一性的依据并非法律法规，而取决于双方协议，因此我们建议投资者应在 PPP 项目合同中明确特许经营之范围，并且明确是否取得的是排他性权利。

12 辽宁金润天然气有限公司与建平县人民政府收回工业燃气特许经营权上诉案

案例来源：(2013)凌行初字第 38 号，(2014)朝行终字第 00006 号。

关键词：天然气　特许经营　竞拍　收回

一、裁判规则

【规则】项目公司根本违约的，政府方有权在特许经营权期满前收回授权

在特许经营期限到期前，如果依实际情况，社会资本方已不可能依据其与政府方签订的合同提供相关特许经营服务，则政府方有权收回其特许经营权。

二、审判概览

（一）涉案项目情况

2009 年 11 月 20 日，建平县人民政府作出《关于签署陶瓷工业园工业燃气特许经营权授权的批复》（建政发〔2009〕66 号），授权建平县陶瓷工业园管理委员会与辽宁金润天然气有限公司(以下简称"金润公司")签订建平县工业燃气特许经营权协议，批复第 4 条确定"辽宁金润天然气有限公司应于 2012 年 11 月 30 日前实现为建平县陶瓷工业园工业用户提供天然气资源，逾期收回特许经营权"。

后工业园管委会与金润公司于 2010 年 2 月 5 日签订《辽宁建平陶瓷工业园燃气特许经营权协议书》，协议第 4 条(1)项明确"乙方(金润公司)在本协议签订之日起三年内，如天然气主管道工程不能动工或未接入建平境内，甲方(工业园管委会)有权撤销其特许经营权，并终止本协议"。后金润公司入驻陶瓷工业园区开工建设。

金润公司于 2010 年 8 月 7 日向建平县人民政府发函《关于申请明确辽宁金润天然气有限公司建平陶瓷工业园特许经营权有关问题答复函》，建平县人民政府于 2010 年 11 月 26 作出《关于辽宁金润天然气有限公司建平陶瓷工业园特许经营权有关问题的复函》，对金润公司的特许经营权和此前签订的协议予以认定。

2012 年 3 月 19 日，建平县外经局召开协调会议，作出对燃气公司实施兼并重组决定，成立建平县天然气兼并重组协调领导小组负责相关工作。2012 年 3 月 29 日，建平县国土资源局对天然气站用地(2012 – 91 号宗地)挂牌出让，因无人竞拍而流拍，2012 年 7 月 11 日对上述宗地再次挂牌出让，仍无人竞拍而流拍，直至 2013 年 4 月 24 日到 5 月 24 日第三次挂牌出让期间，由建平县岩出天然气有限公司竞买成交。此间三次拍卖原告金润公司未参与竞价。

2012 年 12 月 21 日，因金润公司未能完成为建平县陶瓷工业园工业用户提供天然气资源的合同义务，建平县人民政府作出《关于收回辽宁金润天然气有限公司在建平县享有的工业燃气特许经营权的决定》（建政发〔2012〕63 号），收回金润公司在建平县的工业燃气特许经营权。金润公司对此决定不服，于 2013 年 1 月 21 日向朝阳市人民政府申请行政复议。朝阳市人民政府于 2013 年 3 月 21 日作出朝政行复字(2013)第 12 号复议决定，维持建平县人民政府作出的《关于收回辽宁金润天然气有限公司在建平县享有的工业燃气特许经营权的决定》。

（二）审理要览

1. 原告主要诉求

一审原告金润公司起诉至凌源市人民法院，请求判令：撤销建平县人民政府作出的《关于收回辽宁金润天然气有限公司在建平县享有的工业燃气特许经营权的决定》（建政发〔2012〕63 号）。

2. 审理经过

本案经过一审和二审程序。凌源市人民法院作出(2013)凌行初字第 38 号行政判决，判决：维持建平县人民政府作出的《关于收回辽宁金润天然气有限公司在建平县享有的工业燃气特许经营权的决定》（建政发〔2012〕63 号）。

辽宁省朝阳市中级人民法院于 2014 年 2 月 17 日作出(2014)朝行终字第 00006 号行政判决书，判决：驳回上诉，维持原判。

三、 争议焦点的规则解读

【焦点】政府方是否有权在特许经营权期满前收回授权

1. 当事人观点

本案一审原告金润公司认为：一审法院在认定 2013 年 2 月 5 日为供气截止时间的同时，却维持建平县人民政府在此期限届满之前作出的行政决定，没有事实依据，更与建平县人民政府作出行政决定的依据不符；一审法院在庭审中通过审查并确认了建平县人民政府在同一区域内授予两家燃气经营企业特许经营权在先、在金润公司燃气特许经营权有效期限内通过行政手段强行整合并实际剥夺金润公司特许经营权在后的事实，但判决中却回避矛盾，明显偏袒建平县人民政府。

本案一审被告建平县人民政府认为：关于管网的问题金润公司现在还没有接通，所以其无论如何是不能完成协议的，主管道还没有接到朝阳，金润公司也无法将此管道接到建平，土地使用权出让过程中金润公司不肯参与竞买，所以其行为可以视为主动放弃，也是一种违约行为；金润公司怠为履行合同义务，

　　　　　　　　　　　　规则与启示：特许经营 PPP 裁判规则解读与适用

本来可以选择更合适的方法，按照原来达成的协议优先考虑金润公司，而其没有进行合作，并且主动放弃了土地的竞买，在解除上诉人的合同行为之前，我们只是协调意见，没有形成侵权和违约。

2. 法院观点

凌源市人民法院一审认为：

本案争议焦点之一是协议约定的实现供应天然气截止时间。建平县人民政府先批复明确授权工业园管委会与金润公司方签订特许经营权协议，明确金润公司应于2012年11月30日前实现为建平县陶瓷工业园工业用户提供天然气资源，此后工业园管委会与金润公司方签订协议约定期限为签约日期（2010年2月5日）后3年内，即截止日为2013年2月5日，超出授权范围，但此后建平县人民政府以复函形式明确金润公司的特许经营权和确认2010年2月5日工业园管委会与金润公司方签订特许经营权协议合法、有效，应认定建平县人民政府对工业园管委会与金润公司方签订协议约定供应天然气期限的认可，故认定以2013年2月5日为供气截止时间。但是，本案建平县人民政府于2012年12月21日作出《关于收回辽宁金润天然气有限公司在建平县享有的工业燃气特许经营权的决定》，作出决定的依据是金润公司不能实现为建平县陶瓷工业园工业用户提供天然气资源的事实，建平县人民政府作出决定时，距离约定供气时间截止点还有一个半月时间，而金润公司此时在尚未取得天然气站用地使用权情况下，在一个半月时间内已经不可能实现约定供气成为事实，建平县人民政府在时间届满前认定金润公司违约符合实际，对于金润公司因实际行为状态必然违约后的合同期限利益，并非本案审查内容。

双方争议的另一焦点是金润公司、建平县人民政府谁应对造成金润公司不能实现为建平县陶瓷工业园工业用户提供天然气资源的事实承担责任。金润公司依据《辽宁建平陶瓷工业园燃气特许经营协议书》取得特许经营权，合同双方都应依协议约定诚信履行义务，此协议也是据以确定当事双方权利义务的依据，协议双方因协议之外的事由是否导致金润公司违约事实，亦非本案审判内容。

综上，建平县人民政府根据原告违反《辽宁建平陶瓷工业园燃气特许经营协议书》确定义务的事实和《市政公用事业特许经营管理办法》的规定，作出上述处理决定具有法定职权，事实清楚，适用法律、法规正确，符合法定程序。

辽宁省朝阳市中级人民法院二审认为：

建平县人民政府具有作出被诉具体行政行为的法定职权。按照金润公司与辽宁建平陶瓷工业园管理委员会签订的协议，金润公司应在2013年2月5日前将天然气主管道接入建平境内，但在仲恺管委会于2012年12月21日作出本案被诉具体行政行为时，金润公司的实际行为状态决定了在协议约定期限内不能完成应履行义务的事实，仲恺管委会按照建政发〔2009〕66号批复中确定的逾期收回特许经营权的意见，作出收回金润公司的工业燃气特许经营权的决定并无不当。

3. 作者简评

特许经营权授予之目的在于满足基础设施与公用事业建设之需求，PPP项目具有非常强的公益性，如果投资人已确定无法在合同规定的期限内完成建设工作，则其已构成根本违约，政府有权根据《合同法》规定①及特许经营合同的约定解除合同，收回特许经营权。

四、启示

【启示】项目之组织应有序进行，避免因重大违约而被解除合同

本案纠纷出现的原因在于投资人无法按合同约定时间完成建设任务，才出现被政府收回特许经营权的被动局面。本案揭示出PPP项目投资人应具有较强的建设与运营能力、较强的项目现场管理能力以及资源调配能力，否则可能得不偿失。

 13 安徽国祯泉星天然气开发有限公司与临泉县人民政府燃气经营行政许可上诉案

案例来源：（2010）阜行初字第00 019号，（2011）皖行终字第00 017号。

关键词：天然气　特许经营　招投标　转让

一、裁判规则

【规则】未履行特许经营权取得程序的投资人不享有特许经营权

城市燃气经营属于市政公用事业特许经营范围，必须通过招标投标等公开、公平的方式获得。燃气经营许可需要转让的，需要依照法律法规规定的法定条件和程序，并经燃气特许经营行政主管部门审批方可转让。

二、审判概览

（一）涉案项目情况

2003年，临泉县人民政府与安徽国祯集团股份有限公司(以下简称"安徽国祯公司")签订天然气开发经营协议，使该公司获得临泉县区域内天然气工程独家开发经营权。

2004年，阜阳国祯能源开发有限公司(以下简称"阜阳国祯公司")经安徽国祯公司授权与临泉县建设局签订天然气开发协议，取得了临泉县区域的燃气特许经营权。

---

① 《合同法》第94条："【合同的法定解除】有下列情形之一的，当事人可以解除合同：（一）因不可抗力致使不能实现合同目的；（二）在履行期限届满之前，当事人一方明确表示或者以自己的行为表明不履行主要债务；（三）当事人一方迟延履行主要债务，经催告后在合理期限内仍未履行；（四）当事人一方迟延履行债务或者有其他违约行为致使不能实现合同目的；（五）法律规定的其他情形。"

2006年，阜阳国祯公司以燃气经营权作为出资与临泉糠糟饲料有限公司成立安徽国祯泉星天然气开发有限公司（以下简称"泉星公司"）。

2007年4月，双方签订补充协议，将临泉县糠糟饲料公司的权利义务转让给赵毅。该《补充协议》中阜阳国祯公司又将出资方式变更为现金出资，双方签字认可，组建后的泉星公司并未就燃气开发经营与政府及其职能部门签订协议。

（二）审理要览

1. 原告主要诉求

一审原告泉星公司起诉至阜阳市中级人民法院，认为临泉县人民政府违法作出《关于对临泉县天然气特许经营权实行公开出让的批复》，该批复损害了原告的合法权益，请求判令：撤销该《关于对临泉县天然气特许经营权实行公开出让的批复》。

2. 审理经过

本案经过一审和二审程序。阜阳市中级人民法院作出（2010）阜行初字第00019号行政裁定，裁定驳回安徽国祯泉星天然气有限公司的起诉。

安徽省高级人民法院于2011年3月4日作出（2011）皖行终字第00017号行政裁定书，裁定：驳回上诉，维持原裁定。

三、 争议焦点的规则解读

【焦点】未履行特许经营权取得程序的投资人是否享有特许经营权

1. 当事人观点

本案一审原告泉星公司认为，《补充协议》虽规定阜阳国祯公司将出资方式由燃气经营权变更为现金，但实际上阜阳国祯公司仍以燃气经营权作价入股，安徽国祯公司仍然具有临泉县区域内的天然气独家开发经营权。临泉县人民政府及其职能部门以立项审批、备案、授权等方式，确认了泉星公司业已取得的该特许经营权；临泉县人民政府作出临政秘〔2010〕31号批复，公开招投标出让天然气特许经营权，使泉星公司失去天然气独家开发经营权，也将使泉星公司投入的巨额成本无法通过独家开发经营权收回。因此，泉星公司与该批复具有法律上的利害关系。

本案一审被告临泉县人民政府认为，泉星公司没有依法取得临泉县天然气开发经营权，临泉县人民政府与泉星公司没有任何经营权出让和许可协议，其前期立项备案是基于履行县政府对安徽国祯公司的特许经营许可，现临泉县政府已与安徽国祯公司及阜阳国祯公司协议解除了天然气经营权出让协议，阜阳国祯公司也解除了与泉星公司的相关协议。临泉县人民政府如何出让城市燃气特许经营权并不损害安徽国祯公司及阜阳国祯公司的合法权益，更不损害泉星公司的权益。

2. 法院观点

阜阳市中级人民法院一审认为：

阜阳国祯公司以燃气经营权作为出资与临泉糠糟饲料有限公司成立泉星公司，后在《补充协议》中阜阳国祯公司又将出资方式变更为现金出资，双方签字认可，组建后的泉星公司并未就燃气开发经营与政府及其职能部门签订协议，泉星公司并没有取得临泉县天然气的特许经营权。临泉县发改委针对其报告的燃气加气站及释放站的项目备案，不能视为对其燃气特许经营权的行政许可。泉星公司与被诉批复行为没有法律上的利害关系，不具备本案诉讼主体资格。

安徽省高级人民法院二审认为：《行政许可法》第 4 条规定，"设定和实施行政许可，应当依照法定的权限、范围、条件和程序。"《安徽省燃气管理条例》第 12 条规定，"燃气企业应当具备国家规定的条件，经所在城市的市人民政府建设行政主管部门批准，取得燃气经营许可证。燃气经营权应当通过招标投标等公开、公平的方式取得。"城市燃气经营属于市政公用事业特许经营范围，泉星公司未通过招标投标等公开、公平的方式，亦未经建设行政主管部门批准并取得燃气经营许可证，故其并未依法取得临泉县燃气经营权。

《行政许可法》第 9 条规定："依法取得的行政许可，除法律、法规规定依照法定条件和程序可以转让的外，不得转让。"2006 年 12 月阜阳国祯公司、临泉县糠糟饲料有限公司签订的《关于组建安徽国祯泉星天然气有限公司的协议》，以及其后该两公司与赵毅签订的《补充协议》，均不符合燃气经营许可取得或转让的法定条件和程序，不能据此认定泉星公司已合法取得临泉县燃气特许经营权。临泉县发改委并非燃气特许经营行政主管部门，依法不具有实施燃气经营行政许可的权限，故其对泉星公司报送的燃气加气站及释放站项目备案行为，并非燃气经营权行政许可行为，泉星公司亦不能据此合法取得临泉县燃气特许经营权。

3. 作者简评

本案泉星公司之所以未取得法律认可的权利，原因在于程序瑕疵，尽管其母公司阜阳国祯公司经安徽国祯公司授权与政府签订特许经营协议，但该协议签约主体并非泉星公司；特许经营权中标人为安徽国祯公司，亦非泉星公司；特许经营权属证书取得人为安徽国祯公司，亦非泉星公司。尽管发改委对泉星公司之项目备案，但该行为并非法定特许经营权授予行为。因此泉星公司并无权享有并行使特许经营权。

四、启示

【启示】特许经营权之取得程序应合法

实践中，一些投资人不注重合规问题，过于关注项目之获取和商务条款。本案揭示出一个惨痛的教训，基础设施与公用事业特许经营项目的投资人必须依法取得特许经营权，这里的依法不仅包括需经过竞争性程序被政府选中，还包括应依法履行相应的签约程序，特别是特许经营权之许可程序。注意只有法定的主体才具有授权资格，本案管道项目授权主体是建设主管部门，而非发展与改革部门。当然该案发生时间较早，从当前 PPP 相关法规和政策文件来看，中标的社会投资方不得随意将项目建设运营投融资权交给其他第三方，除非经政府的同意，也就是说项目公司必须由中标的社会投资方单独组建，或严格依合同约定与政府共同组建，而不能擅自将第三人拉入项目公司，正如本案国祯公司与糠糟公司共同组建泉星公司一样。

第四章　项目用地

 01 深圳鹏森投资集团有限公司与成都市锦江区业余体育学校确认合同无效纠纷案

案例来源：(2011)成民初字第 363 号，(2012)川民终字第 64 号。
关键词：特许经营　合同效力　集体土地使用权　非农建设

一、裁判规则

【规则】在集体土地上进行非农建设的特许经营合同原则上认定为有效

确认集体土地上进行非农建设的合同无效的，应以该前置物权行为被纠正或确认违法为前提。

二、审判概览

（一）涉案项目情况

2004 年 5 月 20 日，成都市锦江区发展计划局批复同意原锦江区文体局修建成都锦江森林体育公园(一期)建设项目，项目业主为成都市锦江区业余体育学校(简称"锦江业余体校")。

2006 年 12 月 28 日，锦江文体局作出锦文广〔2006〕1 号《关于同意锦江体育运动场特许经营权出让的批复》，同意锦江业余体校采用 BOT 方式(建设—经营—移交)运作，出让锦江体育运动场特许经营权。

2007 年 1 月，锦江业余体校委托四川省嘉诚拍卖有限公司(简称"嘉诚公司")公开拍卖出让锦江体育运动场的特许经营权，经公开拍卖，深圳鹏森投资集团有限公司(简称"鹏森公司")以成交总价 1.026 亿元取得锦江体育运动场 27 年特许经营权。

2007 年 1 月 9 日，锦江业余体校与鹏森公司签订《协议书》，约定锦江体育运动场位于成都市南三环路二段，锦江区成龙路街道办事处皇经村一组、六组、七组和柳江街道办事处潘沟村十二组域内，东靠三环路与琉三路交界处，南邻三环路，西毗皇大路，北至琉三路，占地 168.4 亩；运动场的内容包括运动用地建设边界内所有建筑物、构筑物、停车场、体育设施、设施设备、市政道路桥梁、管线、园林绿化、花木、水体等。鹏森公司对锦江体育运动场的经营管理是针对该运动场所有的有形资产和无形资产的管理。鹏森公司每年须向锦江业余体校缴纳运动场特许经营权出让金240万元(以拍卖成交价为基数,每两年增长10%),每年6月30日前缴纳下一年度特许经营权出让金。

合同签订后,锦江业余体校将锦江体育运动场移交给鹏森公司管理。2007年11月,鹏森公司在成都市注册成立成都市巨能投资管理有限责任公司(简称"巨能公司"),负责锦江体育运动场的经营管理。锦江体育运动场的建设用地为锦江业余体校向成都市锦江区成龙路街道办事处皇经楼村一社、六社、七社和成都市锦江区柳江街道办事处潘家沟村十二社租用的农民集体所有的土地。

(二)审理要览

1. 原告诉求

2011年3月11日,原告锦江业余体校起诉至四川省成都市中级人民法院,认为:该协议约定由鹏森公司在集体土地上进行非农业工程建设及经营,违反了《中华人民共和国土地管理法》(以下简称《土地管理法》)的规定,协议应属无效;且鹏森公司、巨能公司并未履行妥善管理运动场经营权的义务,导致该运动场场地、建筑物、构筑物等损毁严重,造成国有资产的严重损失;鹏森公司、巨能公司已实际占用该运动场四年多,应向锦江业余体校支付实际占有运动场期间的使用费。锦江业余体校请求法院:确认鹏森公司与锦江业余体校签订的《协议书》无效;判令鹏森公司、巨能公司将锦江体育运动场(包括全部运动场地、建筑物、构筑物及其他体育设施、设备、园林绿化等)返还给锦江业余体校。

2. 审理经过

本案经过一审、二审以及再审程序。一审法院四川省成都市中级人民法院于2011年8月22日作出(2011)成民初字第363号民事判决,判决锦江业余体校与鹏森公司2007年1月9日签订的《协议书》无效,鹏森公司应于判决发生法律效力之日起10日内将锦江体育运动场返还给锦江业余体校。

二审法院四川省高级人民法院于2012年3月26日作出(2012)川民终字第64号民事判决:驳回上诉,维持原判。

四川省高级人民法院经过再审后认为:原审判决对《协议书》的效力问题适用法律错误,应予以纠正,鹏森公司的申请再审理由成立。四川省高级人民法院作出如下终审判决:撤销(2012)川民终字第64号民事判决及四川省成都市中级人民法院(2011)成民初字第363号民事判决;驳回成都市锦江区业余体育学校的诉讼请求。

三、 争议焦点的规则解读

【焦点】在集体土地上进行非农建设的特许经营合同的效力

1. 当事人观点

本案鹏森公司认为,《协议书》的约定未违反《土地管理法》第63条的规定，应属有效。

锦江业余体校认为，双方签订的协议书约定，鹏森公司在集体土地上进行非农业工程建设及经营违反了《土地管理法》第63条"农民集体所有的土地的使用权不得出让、转让或者出租用于非农业建设"的强制性规定因而无效。

2. 法院观点

一审法院四川省成都市中级人民法院支持了锦江业余体校的观点。

二审法院维持了该见解，同时追加说理认为：尽管《土地管理法》第43条规定，"任何单位和个人进行建设，需要使用土地的，必须依法申请使用国有土地；但是，兴办乡镇企业和村民建设住宅经依法批准使用本集体经济组织农民集体所有的土地的，或者乡（镇）村公共设施和公益事业建设经依法批准使用农民集体所有的土地的除外"。但本案中，锦江体育运动场不属于乡（镇）村公共设施和公益事业建设的范围，不应适用该条规定。

再审法院推翻了一、二审法院的上述观点，转而认定《协议书》有效，理由有三：一是本案并未违反《土地管理法》第63条的禁止性规定；二是政府不得违反诚信原则，以其具备缔约基础为由与投资者缔约，后又以其取得案涉土地使用权程序有瑕疵为由，转而推翻该合同的效力；三是即使土地使用权取得违反《土地管理法》，也应当以该"前置物权行为"被纠正或确认违法为前提，而锦江业余体校并未提供相关证据。

3. 作者简评

我们认为终审法院创造性地运用《合同法》诚实信用原则这一帝王条款，妥善处理了案件纠纷。目前基础设施与公用事业特许经营投资者最为担忧的问题之一是政府信用，终审法院的此项判决有助于引导地方政府积极提升自身信用。

而在特许经营合同效力纠纷中，为确保案件得以顺利正确审理，从当事人的角度出发，应结合案件实际情况，在民事诉讼的同时匹配相应的行政诉讼。

4. 最高人民法院与该争议焦点相关的裁判规则

《合同法》规定违反法律或行政法规强制性规定的合同无效，《土地管理法》第63条是否为法律的强制性规定？违反《土地管理法》第63条的合同是否无效？本案终审法院认为案涉土地未经"变性"，案涉项目虽属于在集体土地上进行非农建设，但该行为并未违反《土地管理法》第63条的强制性规定。终审法院同时也指出，即使违反，也应以该行为被确认违法或纠正为前提。我们观察到最高人民法院在"前置物权行为"被确认违法的情况下，均认为在集体土地上进行非农建设的合同属于无效合同。此类判决体现了各级人民法院在这个问题上法律适用的一致性，以下试举二例说明：

（1）相关案例：刘柬与海南通澳经济开发投资有限公司项目转让合同纠纷一案[1]

---

[1] 此案例来源于北大法宝，北大法宝引证码为 CLI.C.2227977 与 CLI.C.882708。

【基本案情】

1993 年 4 月 19 日，通澳公司与通什市人民政府（以下简称"市政府"）签订《兴建通用航空飞机场合同书》，约定由双方合作兴建春城机场，市政府出让 1 940 亩土地给通澳公司作为机场建设用地。1993 年 6 月 11 日，市政府给通澳公司颁发了通国用（1993）124 号《国有土地使用证》。1997 年，通澳公司与通什市土地管理局签订《国有土地使用权出让合同》后，市政府向海南省人民政府报告调整后的机场用地的征用、出让事宜，请海南省人民政府审批。海南省建设厅土地管理处就调整机场用地问题书面答复通什市人民政府，需先兑现农民征地款等后再报批，未予批准。2007 年，通澳公司与五指山市政府因完善机场用地使用权手续而发生争议，通澳公司向法院提起行政诉讼，请求确认五指山市政府不予恢复或重新确认春城机场项目的土地使用权等不作为行政行为违法。海南省高级人民法院作出（2009）琼行终字第 63 号行政判决，认定五指山市政府出让 1 738 亩土地给通澳公司并颁发《国有土地使用证》的行政行为，已超越其行政职权，判决驳回原告诉讼请求。2009 年 11 月 16 日，通澳公司（甲方）与刘柬（乙方）签订《五指山民用机场项目合作转让合同书》，后双方发生纠纷起诉至法院。

【裁判要旨】

最高人民法院审理认为，通澳公司与刘柬签订《五指山民用机场项目合作转让合同书》时，省政府未予批准，案涉土地性质仍属集体所有。依据《土地管理法》第 63 条关于"农民集体所有的土地的使用权不得出让、转让或者出租用于非农业建设；但是，符合土地利用总体规划并依法取得建设用地的企业，因破产、兼并等情形致使土地使用权依法发生转移的除外"的规定，农民集体所有的土地使用权不得转让。上述行政判决同时认定："五指山市政府对于 1 699 亩国有土地使用权是无权转让的""五指山市政府出让 1 738 亩的土地给通澳公司并颁发《国有土地使用证》的行政行为，已超越其行政职权，因此，五指山市政府的上述行为不合法"。案涉通国用（2000）字第 120 号土地使用权证已不能证明通澳公司合法取得了该证项下的土地使用权，故海南省高级人民法院认定通澳公司以该证项下的土地使用权为标的与刘柬签订的《五指山民用机场项目合作转让合同书》无效，并无不当。

（2）相关案例：天津市宏业达物业发展有限公司与静海县静海镇北五里村民委员会企业兼并合同纠纷一案①

【基本案情】

2007 年 3 月 12 日，北五里村村委会与宏业达公司签订《协议书》，约定宏业达公司以兼并方式整体收购甲方所属企业北五里砖厂（以下简称"砖厂"），收购范围包括该厂土地、厂房及其他用房、设备。

---

① 此案例来源于北大法宝，北大法宝引证码为 CLI.C.3856913 与 CLI.C.6744394。

2011 年，天津市国土资源和房屋管理局静海县国土资源分局《关于静海镇北五里砖厂违法用地案的调查报告》确认：2007 年兼并后，双方没有完成土地手续的变更登记，土地权属性质未变，村委会与宏业达公司以兼并为名行买卖之实；村委会未经审批，私下买卖集体土地的行为，违反了《土地管理法》第 63 条的规定；宏业达公司未经审批，签订协议并支付价款，并且以"所有权人"的身份行使转租权利，已构成非法转让土地行为。依据《土地管理法》《合同法》的规定，双方签订的土地使用权买卖协议违反了法律的强制性规定，该协议无效。

2012 年 6 月 12 日，天津市静海县人民法院作出（2012）静刑初字第 99 号刑事判决，认定村委会主任孔某以牟利为目的，非法转让该村 338 亩土地使用权，判处其非法转让土地使用权罪。

北五里村委会起诉至天津市第一中级人民法院，请求确认 2007 年 3 月 12 日北五里村委会、宏业达公司签订的《协议书》《补充协议》，以及 2007 年 4 月 16 日北五里村委会、宏业达公司及府君庙砖厂签订的《府君庙砖厂改制协议书》无效，遂成诉讼。

【裁判要旨】

最高人民法院认为，村委会及宏业达公司未经土地行政主管部门审批许可，私下买卖集体土地的行为，违反了《土地管理法》第 63 条的规定。双方签订的土地使用权买卖协议违反了法律的强制性规定。上述静海县国土资源分局有权对本案有关协议中涉及土地使用权转让行为的性质作出认定，其出具的调查报告应当作为案件定案的依据。本案一、二审判决认定本案诉争系列协议以集体企业兼并为形式，规避法律、法规的禁止性规定，具有相应的事实根据和法律依据。

四、 启示

【启示】建设项目土地使用权应合法取得

1. 建设用地的取得方式

从交易模式上看，建设用地使用权的取得方式可分为一级市场取得和二级市场取得，从一级市场取得的方式包括划拨与出让，从二级市场取得的方式包括转让、互换、出资、赠与、租赁、抵押等。

《土地管理法》第 54 条规定："建设单位使用国有土地，应当以出让等有偿使用方式取得；但是，下列建设用地，经县级以上人民政府依法批准，可以以划拨方式取得：（一）国家机关用地和军事用地；（二）城市基础设施用地和公益事业用地；（三）国家重点扶持的能源、交通、水利等基础设施用地；（四）法律、行政法规规定的其他用地。"基础设施与公用事业特许经营项目多数符合划拨取得土地使用权的条件，但对于打包项目，需具体情况具体分析。例如景区开发特许经营项目中多涉及住宿等经营性用地，根据《物权法》第 137 条："设立建设用地使用权，可以采取出让或者划拨等方式。工业、商业、旅游、娱乐和商品住宅等经营性用地以及同一土地有两个以上意向用地者的，应当采取招标、拍卖等公开竞价的方式出让。严格限制以划拨方式设立建设用地使用权。采取划拨方式的，应当遵守法律、行政法规关于土地用途的规定。"因此，打包项目中的经营性用地仍需采取招拍挂的公开竞价方式取得，除非法律、法规有特殊规定。

实务中，除了划拨与出让两种方式外，出资、租赁也是建设用地取得的重要途径。《物权法》第143条规定："建设用地使用权人有权将建设用地使用权转让、互换、出资、赠与或者抵押，但法律另有规定的除外。"出资方式通常是项目用地完成收储后装入政府平台公司，再由平台公司以土地作为资产代表政府在项目公司中出资。租赁方式通常是由项目公司从政府平台公司中租赁项目用地。特许经营项目协议或特许经营协议中应有"场地使用权"条款，明确项目用地的取得方式，避免因项目用地问题发生争议。

《财金〔2016〕91号》第5条规定了特许经营项目用地的几种方式："PPP项目用地应当符合土地利用总体规划和年度计划，依法办理建设用地审批手续。在实施建用地供应时，不得直接以PPP项目为单位打包或成片供应土地，应当依据区域控制性详细规划确定的各宗地范围、用途和规划建设条件，分别确定各宗地的供应方式：（一）符合《划拨用地目录》的，可以划拨方式供应；（二）不符合《划拨用地目录》的，除公共租赁住房和政府投资建设不以盈利为目的、具有公益性质的农产品批发市场用地可以作价出资方式供应外，其余土地均应以出让或租赁方式供应，及时足额收取土地有偿使用收入；（三）依法需要以招标拍卖挂牌方式供应土地使用权的宗地或地块，在市、县国土资源主管部门编制供地方案、签订宗地出让（出租）合同、开展用地供后监管的前提下，可将通过竞争方式确定项目投资方和用地者的环节合并实施。"

我们注意到《财金〔2016〕91号》除传统划拨、租赁和出让的方式之外，还明确规定了"项目投资方和用地者合并实施"的土地使用权实际操作方式，这个需要社会资本方在特许经营项目运作中予以重视。

2. 建设用地占用农民集体所有土地的法律规则

我国土地使用权分为国有土地使用权和集体土地使用权。《土地管理法》第2条规定："中华人民共和国实行土地的社会主义公有制，即全民所有制和劳动群众集体所有制。"《土地管理法》第8条明确了国有土地和集体土地的范围："城市市区的土地属于国家所有。农村和城市郊区的土地，除由法律规定属于国家所有的以外，属于农民集体所有；宅基地和自留地、自留山，属于农民集体所有。"

《土地管理法》第43条规定："任何单位和个人进行建设，需要使用土地的，必须依法申请使用国有土地。但是，兴办乡镇企业和村民建设住宅经依法批准使用本集体经济组织农民集体所有的土地的，或者乡（镇）村公共设施和公益事业建设经依法批准使用农民集体所有的土地的除外……国有土地包括国家所有的土地和国家征收的原属于农民集体所有的土地。"可见，建设用地通常属于国有土地，农民集体所有土地仅在以下4种情况下可以成为建设用地：一是兴办乡镇企业；二是村民建设住宅；三是乡（镇）村公共设施和公益事业建设。除此以外，其他情况下，若想使用集体土地作为建设用地，必须先使该集体土地被国家征用，转化为国有土地后，再进行国有土地的划拨或出让。

本案涉案建设用地在土地权属上仍属于农村集体所有土地，政府应完成土地收储手续后，再交由项目公司。然而，本案中锦江业余体校与村集体经济组织签订了土地租赁合同。《土地管理法》第63条规定："农民集体所有的土地的使用权不得出让、转让或者出租用于非农业建设；但是，符合土地利用总体规划并依法取得建设用地的企业，因破产、兼并等情形致使土地使用权依法发生转移的除外。"也就是说，根据前述法条规定，除了前述4种情形之外，农民集体所有土地使用权出让、转让、出租用于非农建设的，只有一种例外，即符合土地利用总体规划并依法取得建设用地的企业，因破产、兼并等情形可使土地使用权发生转移。

根据国务院办公厅《关于严格执行有关农村集体建设用地法律和政策的通知》（国办发〔2007〕71号），"任何建设需要将农用地和未利用地转为建设用地的，都必须依法经过批准。兴办乡镇企业、乡（镇）村公共设施和公益事业建设、村民建住宅需要使用本集体经济组织农民集体所有土地的，必须符合乡（镇）土地利用总体规划和镇规划、乡规划、村庄规划〔以下简称乡（镇）、村规划〕，纳入土地利用年度计划，并依法办理规划建设许可及农用地转用和建设项目用地审批手续"，"一些地方出现了违反土地利用总体规划和土地利用年度计划，规避农用地转用和土地征收审批，通过出租（承租）、承包等'以租代征'方式非法使用农民集体所有土地进行非农业项目建设的行为。对此，必须严格禁止，并予以严肃查处"。可见，国家严令禁止各项非法使用农民集体所有土地作为建设用地的行为，若非因兴办乡镇、建设村民住宅、建设乡村公益设施和公用事业，或兼并重组乡镇企业，占用农民集体所有土地，需履行征地、土地收储手续。

第五章　项目公司

01 北京紫光投资管理有限公司与大同市达子沟煤矿矿井水回用工程项目部、大同市浦达水业有限公司解散纠纷案①

案例来源：（2012）同商初字第 62 号，（2014）晋商终字第 15 号。

关键词：经营停顿　股东　合同履行　公司解散

一、裁判规则

【规则】项目公司因特许经营协议纠纷经营管理严重困难应予解散

项目公司因特许经营协议纠纷连续两年以上未实际经营、未召开股东会的，将无端占有股东资金，给股东带来更大损失，根据《中华人民共和国公司法》（以下简称《公司法》）规定，应予解散。

二、审判概览

（一）涉案项目情况

2008 年 11 月 27 日，经大同市工商行政管理局核准，原告大同市达子沟煤矿矿井水回用工程项目部（简称"达子沟项目部"）与第三人北京紫光投资管理有限公司（简称"紫光公司"）筹建成立大同市浦达水业有限公司（简称"浦达水业"），主要经营水资源开发及综合利用。浦达水业注册资本 50 万元，是由达子沟项目部出资 15 万元（占投资比例 30%），第三人紫光公司出资 35 万元（占投资比例 70%）正式成立的企业法人。紫光公司派陆石为被告法定代表人，后更换为李海金，由紫光公司负责日常经营。

紫光公司曾于 2006 年 10 月 26 日与大同煤矿集团有限责任公司马脊梁矿（以下简称"马脊梁矿"）签订《马脊梁矿矿井水处理厂技术、建设、运营和移交（BOT）特许经营权合同》，约定紫光公司投资人民币 669 万元为马脊梁矿矿井水处理厂进行技术改造，日进矿井水 4 000 立方米，生产成品水 3 000 立方米。从投资、建设、运营和整个服务期内，马脊梁矿授权北京紫光公司特许经营权。马脊梁矿也是合

---

① 本案中涉案项目为商业特许经营项目，但法院的裁判思路对基础设施和公用事业的特许经营项目中的项目公司经营管理有借鉴意义。

格产品水的采购方。根据特许经营合同约定，紫光公司应保证在整个特许经营期内始终按运营惯例运营，在源水水量及水质满足本合同相关条款规定的条件下，应保证在整个运营期内保持本项目的设计产水能力。① 紫光公司与达子沟项目部设立浦达水业公司的目的主要是用于负责马脊梁矿水处理厂的运营。

2011 年 2 月紫光公司将管理人员从浦达水业公司撤离，公司锁门停产，给公司及原告造成无可挽回的损失。原告达子沟项目部几次请求股东对账，召开股东会，启动公司正常经营，但均得不到紫光公司的回复。

浦达水业 2011 年度年检报告显示，全年销售收入、全年利润、全年亏损均为 0 元。

浦达水业自 2012 年至今，未召开股东会。

2012 年 9 月 19 日，因无法与浦达水业及第三人紫光公司取得联系，达子沟项目部在人民法院报刊登公告，请求于公告刊登之日起第 16 个工作日上午 9 时在浦达水业办公室召开股东会，研究恢复生产、筹建资金等事项。

（二）审理要览

1. 原告主要诉求

原审原告达子沟项目部起诉至山西省大同市中级人民法院，认为：紫光公司在浦达水业经营期间，擅自将经营所得私吞，拒绝财务公开，拒绝向股东分红，拒绝召开股东会。因第三人突然将管理人员撤离，致使公司锁门停产，造成无可挽回的损失，且无法通过其他途径解决，公司继续存续只能给原告股东造成更多损失。故请求法院：依据《公司法》的规定，依法判令解散大同市浦达水业有限公司。

2. 审理经过

本案经过一审和二审程序。一审法院山西省大同市中级人民法院作出 (2012)同商初字第 62 号民事判决，判决解散被告大同市浦达水业有限公司。

第三人紫光公司不服，向山西省高级人民法院提起上诉。

山西省高级人民法院于 2014 年 10 月 14 日作出 (2014)晋商终字第 15 号民事判决，认为原审判决认定事实清楚，适用法律适当，判决驳回上诉，维持原判。

三、 争议焦点的规则解读

【焦点】项目公司因特许经营协议纠纷 2 年未实际经营是否应予解散

1. 当事人观点

原审原告达子沟项目部认为在浦达水业经营期间，紫光公司将管理人员撤离，致使公司长期处于闭门瘫痪状态，给公司造成巨大损失，且无法通过其他

---

① 据山西省高级人民法院于 2016 年 6 月 3 日作出的关于马脊梁矿与紫光公司及中国京冶工程技术有限公司合同纠纷一案二审判决书(〔2015〕晋商终字第 153 号)。

途径解决，继续存续只能给股东造成更多损失，应依法解散浦达水业公司。

紫光公司认为浦达水业经营停顿的原因在于：（1）与大同煤矿集团有限责任公司马脊梁矿签订的《马脊梁矿矿井水处理厂技术、建设、运营和移交（BOT）特许经营权合同》（简称《特许经营合同》）在履行中发生争议，且双方正在协商过程中，致使浦达水业运营无法开展。在此情况下解散浦达水业将严重影响马脊梁矿的运营，对股东利益也将造成重大损失。（2）紫光公司虽然持有浦达水业公司70%的股权，但该公司的实际经营由达子沟项目部负责，其在原审中所称的紫光公司私吞经营所得、拒绝财务公开、拒绝股东分红等情形并不存在。

2. 法院观点

山西省大同市中级人民法院一审认为，

浦达水业目前处于关门停产状态，因公司法定代表人擅自离开公司致使公司经营管理发生严重困难，浦达水业的继续存续无疑会使股东利益受到重大损失。根据公司章程规定，公司的解散或变更须经代表2/3以上有表决权的股东通过，而原告的出资比例为30%，不占表决权的2/3。在占表决权2/3的第三人离开公司至今不归的情况下，原告作为公司的小股东在通过其他途径不能解决的情况下，持有公司全部股东10%以上的表决权提起诉讼，可以请求人民法院解散被告公司，因此应依法解散浦达水业公司。

山西省高级人民法院二审认为：

本案争议的焦点在于浦达水业公司是否存在"经营严重困难"的情形。根据达子沟项目部提交的浦达水业工商年检报告、经营状况表等证据，可以认定浦达公司连续两年以上无实际经营、未召开股东会、法定代表人失去联系的事实。此外，紫光公司主张的特许经营合同的签订双方为紫光公司和马脊梁矿，而非浦达水业，故该合同履行情况并非浦达水业经营停顿的理由。因此，浦达水业的继续存在只能无端占用股东资金，并因此给股东造成更多损害，应予解散。

3. 作者简评

本案项目公司因特许经营协议纠纷长达二年处于停业状态，双方当事人的争议焦点在于项目公司是否应依法解散。法院判定项目公司经营管理发生严重困难，应依据《公司法》（2005）第183条解散。[①] 最高人民法院对公司是否陷入"经营管理严重困难"有明确的判断标准，即只有当公司陷入治理僵局时才可依法解散公司。本案终审法院认定项目公司存在"连续两年以上无实际经营、未召开股东会、法定代表人失去联系"的事实，从而判决公司解散。当然在司法实践中，法院对于公司解散是持非常审慎的态度的，轻易不会判决公司解散。

4. 最高人民法院与该争议焦点相关的裁判规则

最高人民法院《关于适用〈中华人民共和国公司法〉若干问题的约定

---

① 《公司法》第183条规定："公司经营管理发生严重困难，继续存续会使股东利益受到重大损失，通过其他途径不能解决的，持有公司全部股东表决权百分之十以上的股东，可以请求人民法院解散公司。"现已变更为第182条。

（二）》（以下简称《公司法司法解释（二）》）（2008）第 1 条第 1 款规定："单独或者合计持有公司全部股东表决权百分之十以上的股东，以下列事由之一提起解散公司诉讼，并符合公司法第一百八十三条规定的，人民法院应予受理：（一）公司持续两年以上无法召开股东会或者股东大会，公司经营管理发生严重困难的；（二）股东表决时无法达到法定或者公司章程规定的比例，持续两年以上不能做出有效的股东会或者股东大会决议，公司经营管理发生严重困难的；（三）公司董事长期冲突，且无法通过股东会或者股东大会解决，公司经营管理发生严重困难的；（四）经营管理发生其他严重困难，公司继续存续会使股东利益受到重大损失的情形。股东以知情权、利润分配请求权等权益受到损害，或者公司亏损、财产不足以偿还全部债务，以及公司被吊销企业法人营业执照未进行清算等为由，提起解散公司诉讼的，人民法院不予受理。"

最高人民法院在"仕丰科技有限公司与富钧新型复合材料（太仓）有限公司、第三人永利集团有限公司解散纠纷案"[1]中指出："公司僵局并不必然导致公司解散，司法应审慎介入公司事务，凡有其他途径能够维持公司存续的，不应轻易解散公司。""公司经营管理严重困难包括两种情况：一是公司权力运行发生严重困难，股东会、董事会等权力机构和管理机构无法正常运行，无法对公司的任何事项作出任何决议，即公司僵局情形；二是公司的业务经营发生严重困难，公司经营不善、严重亏损。如公司仅业务经营发生严重困难，不存在权力运行严重困难的，根据《公司法司法解释（二）》（2008）第 1 条第 2 款的规定，不符合《公司法》第 183 条的解散公司条件。"

最高人民法院 2012 年发布的第 8 号指导案例"林方清诉常熟市凯莱实业有限公司、戴小明公司解散纠纷案"表明：判断公司的经营管理是否出现严重困难，应当从公司的股东会、董事会或执行董事及监事会或监事的运行现状进行综合分析。"公司经营管理发生严重困难"的侧重点在于公司管理方面存有严重内部障碍，如股东会机制失灵、无法就公司的经营管理进行决策等，不应片面理解为公司资金缺乏、严重亏损等经营性困难。

据此，只要公司治理机制失灵，例如股东会、董事会长期无法召开或无法形成决议，即使处于盈利状态，也符合法定公司解散条件；只要公司治理机制尚未失灵，即使处于亏损状态，也不符合法定解散条件。

四、启示

【启示】社会投资人应妥善治理项目公司，从而保证特许经营项目不会任意停止运营

本案项目公司因陷入"治理僵局"被法院依法"强制"解散，致使投资人遭受严重损失。防范公司治理僵局对于投资人利益之保障至关重要。

---

① 案号：（2011）民四终字第 29 号，来源：北大法宝，北大法宝引证码为 CLI.C.2134352。

我们认为，治理僵局防范之根本在于选择适当的合作伙伴，加强日常沟通，建立良好的伙伴合作关系；治理僵局防范之关键在于在项目之初便建立良好的公司治理结构，从司法案例来看，比较容易出现治理僵局的是采取"一票否决"或"全票通过"表决机制的项目公司。建议社会资本方在《股东协议》[①] 和《章程》中重点关注股东会、董事会、公司高管层的组成、决议事项、表决机制等公司治理结构设计。

就项目公司相关情况，财政部印发的《PPP 项目合同指南（试行）》有以下的指引内容：项目公司是依法设立的自主运营、自负盈亏的具有独立法人资格的经营实体。项目公司可以由社会资本（可以是一家企业，也可以是多家企业组成的联合体）出资设立，也可以由政府和社会资本共同出资设立。但政府在项目公司中的持股比例应当低于 50%，且不具有实际控制力及管理权。

当然，本案中项目公司陷入治理僵局还有一个重要因素是，投资人因《特许经营协议》与政府方陷入了长达两年的纠纷中。因而投资人没有意愿再对项目公司进行管理进而产生了本案纠纷。这揭示出，投资人无论在任何情况下均不应擅自停止特许经营项目的经营，即便是在政府方违约的情况下。在政府方违约的情况下，投资人也应通过合法合约的方式在解除特许经营协议的情况下，妥善将特许经营项目移交给政府方，投资人方能退出项目。否则投资人不仅要面临特许经营协议项下的对政府方的赔偿责任，还会如本案中这样承担对其他合作方及下游合同项下的违约责任和赔偿责任。

02 云南元江红河谷水利水电有限公司与元江哈尼族彝族傣族自治县人民政府合同纠纷案

案例来源：(2010) 玉中民二初字第 33 号，(2011) 云高民一终字第 96 号。

关键词：开发建设　实际履行　转让　适格

一、裁判规则

【规则】非合同当事人的实际履行人不能作为适格诉讼主体

合同相对性是合同法的基石之一，在法律无明确规定，且合同有效的情况下，基于合同纠纷的基础法律关系，实际履行人不能越过合同相对性直接起诉政府。

---

① 股东协议由项目公司的股东签订，用以在股东之间建立长期的、有约束力的合约关系。股东协议通常包括以下主要条款：前提条件、项目公司的设立和融资、项目公司的经营范围、股东权利、履行 PPP 项目合同的股东承诺、股东的商业计划、股权转让、股东会、董事会、监事会组成及其职权范围、股息分配、违约、终止及终止后处理机制、不可抗力、适用法律和争议解决等。

二、 审判概览

（一）涉案项目情况

2003 年 10 月 31 日，元江哈尼族彝族傣族自治县人民政府（以下简称"元江县政府"）（甲方）与温州金厦房地产开发有限公司（以下简称"温州金厦公司"）（乙方）签订《元江县桥头、罗垤电站项目建设合同书》，合同的主要内容为："一、开发原则和范围，在确保安全的前提下，由乙方独资兴建元江县域内元江桥头、罗垤两个电站；开发规模及方式：1、根据国家有关部门的规划，两座电站的规划规模是桥头电站总装机容量 11 万千瓦、罗垤电站总装机 4 万千瓦，估算总投资 10 亿元人民币；2、两个电站的项目建设作为一个合同约定实施。乙方在元江县注册成立独立核算的公司，并以公司名义开展桥头、罗垤两个电站的项目前期工作。……五、经营年限，乙方建成投产后，经营期为 50 年，即 2007 年 12 月至 2057 年 12 月。"

在此之前，2003 年 9 月 28 日，温州金厦公司（甲方）与温州瓯海沙河化工厂（乙方）签订了《协议书》，主要内容为："因乙方投资业务需要，挂靠甲方单位对外投资，具体情况双方约定如下几点，具有法律效力：一、对外投资全部以温州金厦公司出面运作，直至云南省元江县成立水电公司为止；二、挂靠以总投资额约 8 亿元，按 1‰计算作为甲方收取管理费，其他差旅费由乙方按实报销；三、甲方如果有资金投入云南省元江电站时，按一定比例给予股份，无资金投入时，甲方不参股、不经营、不承担经济风险。"

2004 年 5 月 25 日，温州金厦公司向元江县政府出具了《关于对云南元江桥头、罗垤电站项目建设合同开发建设权的说明》，主要内容为："云南元江桥头、罗垤电站项目建设合同是由应兴钿、戴瑞勋、陶文须、陶兆虎等自然人以我公司名义与元江县人民政府签订的。其项目建设开发权归属上述 4 人。今后云南元江桥头、罗垤电站项目建设的所有事务与我公司无关。"

2004 年 6 月 3 日，元江县工商局出具了名称预核内字（2004）第 20 号企业名称预先核准通知书，通知书的内容为："根据《企业名称登记管理规定》和《企业名称登记管理实施办法》，同意预先核准下列应兴钿、戴瑞勋等 5 个投资人出资，注册资本（金）50 万元（币种人民币）。在保留期内，不得用于经营活动，不得转让。"

2006 年 8 月 1 日，元江县商务局向元江红河谷公司出具《函》，主要内容为："2003 年 10 月 31 日，我县与你们签订的桥头、罗垤电站项目建设合同至今已近 3 年，现合同中部分条款之间的内容互相矛盾，为了进一步规范该项目的建设合同，请你们务必于 2006 年 9 月 5 日前到元江县商务局洽谈变更合同一事。若届时未来洽谈，我县将视你们自动放弃该项目建设权，项目合同自然失效，一切由此产生的后果由你们承担。"

2006 年 12 月 28 日，元江红河谷公司向元江县政府出具《关于元江桥头、罗坯电站建设近状说明（函）》，内容为："一、我公司是县政府同温州金厦公司 2003 年 10 月 31 签订开发协议内成立的项目公司，并得到县政府的函复认可。二、在这三年多的时间里我们已做了大量的电站前期工作，并履行了原合同的各项条款。"

2007 年 2 月 2 日，元江县政府向温州金厦公司出具了元政函（2007）1 号《元江县人民政府关于解除桥头、罗坯电站项目建设合同的函》，主要内容为："根据我方最近了解的情况，你公司在尚未与我方签订《元江县桥头、罗坯电站项目建设合同书》之前就将合同主体权利和义务转让给第三方，属你公司单方面转让合同，此行为导致合同至今不能履行。为此，依据相关法律规定，我方有权解除与你公司于 2003 年 10 月 31 日签订的《元江县桥头、罗坯电站项目建设同书》。今后，凡涉及元江桥头、罗坯电站的开发问题均与你公司无关，也与你公司有关系的第三方无关。如果其中存在什么争议问题，建议通过法律途径解决。"

（二）审理要览

1. 原告主要诉求

原告元江红河谷公司起诉至云南省玉溪市中级人民法院，请求：元江县政府应继续履行双方签订的《元江县桥头、罗坯电站项目建设合同书》；元江县政府与第三人实施的一切有关桥头、罗坯电站项目的开发、经营的行为无效；排除第三人对这两个电站的勘测、设计等一切妨碍元江红河谷公司、元江县政府履行合同的行为。

2. 审理经过

本案经过一审、二审程序。一审法院云南省玉溪市中级人民法院作出（2010）玉中民二初字第 33 号民事裁定，一审法院认为，元江红河谷公司作为原告提起诉讼不当，其并非是本案适格的原告，裁定：驳回云南元江红河谷水利水电有限公司的起诉。

二审法院云南省高级人民法院于 2011 年 8 月 18 日作出（2011）云高民一终字第 96 号民事裁定：驳回上诉，维持原裁定。

三、 争议焦点的规则解读

【焦点】非合同当事人的实际履行人是否可以作为适格诉讼主体

1. 当事人观点

本案原告元江红河谷公司认为，其是依据金厦温州公司和元江县政府的约定所设立的独立的法人机构，并非金厦温州公司下属非独立的分支机构；温州金厦公司是合同的签订者，而元江红河谷公司才是合同的实施履行者，根据权利义务相一致的原则，依法享有请求赔偿的权利；温州金厦公司将合同的权利和义务转让给上诉人并事先告知被上诉人，事后又得到被上诉人的确认；关于签收单的问题，王成龙一直代表元江县政府签收与元江红河谷公司往来的相关文件，他的签收应具有法律上的证据效力，且在明知签收单上的时间与实际签收时间不符仍予以签字的行为，本身就承认了实际收件时间。

本案被告元江县政府认为，本案不属于建设工程合同纠纷，元江县政府仅仅是把两个电站的开发建设经营权确定给温州金厦公司，而不是发包给对方；元江红河谷公司、元江县政府双方之间从来没有签订过《元江县桥头、罗垤电站项目建设合同书》，不存在合同有效无效的问题；未经元江县政府同意，温州金厦公司私下将合同权利、义务转让给他人的行为，元江县政府不予认可；由于温州金厦公司和元江红河谷公司隐瞒事实真相，元江县政府一直都误认为元江红河谷公司是温州金厦公司为履行合同义务而设立的，后来得知温州金厦公司已将两个电站的开发权转让给了应兴钿等5人；元江县政府否认王成龙对《签收单》的签收行为是职务行为。

2. 法院观点

云南省玉溪市中级人民法院一审认为：

元江红河谷公司和王成龙均承认签收单是补签的，元江县商务局对王成龙补签签收单的行为不予认可；无证据证实元江县政府已针对《说明》予以回复确认；在温州金厦公司于2006年12月29日提交给元江县政府的函中提到委派元江红河谷公司参与拟订方案，而不是元江红河谷公司所称的"其是温州金厦公司与元江县政府签订的开发协议内成立的项目公司"；温州金厦公司在调解和质证过程中，自始认为其是合同主体一方，元江红河谷公司是根据合同约定成立的，以便于项目的推进和运作，而仅是在调解方案中提到，认可元江红河谷公司的诉讼主体地位；温州金厦公司并没有放弃其作为合同当事人的主张以及其针对元江县政府的权利主张，元江县政府时至今日也仅认可合同的相对方为温州金厦公司；元江红河谷公司并非是本案适格的原告。

云南省高级人民法院二审认为：

温州金厦公司与元江县政府签订的《元江县桥头、罗垤电站项目建设合同书》是关于电站建设开发的项目合同，而非建设工程的施工合同。按照双方的合同约定，温州金厦公司应在元江县注册成立独立核算的公司，并以公司名义开展桥头、罗垤两个电站的项目前期工作。元江县政府及温州金厦公司均认为该约定并没有改变合同的相对方，元江红河谷公司的成立是为了便于运作项目，并非取代温州金厦公司的合同主体地位，也不是约定将合同的权利义务转让给在元江设立的公司。上诉人元江红河谷公司没有证据证明温州金厦公司将其与元江县政府之间所签订合同的权利义务进行了转让，其提交的签收单是事后补签的，权利义务转让的事实没有得到元江县政府及温州金厦公司的一致认可。

3. 作者简评

基础设施与公用事业特许经营合同因涉及公共利益，具有较强的公益性，为保护公共利益,社会资本方需经过竞争性程序选择,一经选定不得随意更换,否则即是对招投标文件的实质性背离。本案实质投资人并非名义中标人,而是挂靠中标人的自然人,具体实施项目的主体亦非由中标人成立,而是实质投资人牵头成立,政府方以此为由收回项目是有合同依据和法律依据的,法院亦正确地认定项目公司非合同当事人,无权提起诉讼。

需要提示的是:在特许经营领域相关合同中,只有施工合同纠纷领域有可能出现突破合同相对性的情况,这就是最高人民法院《关于审理建设工程施工合同纠纷案件适用法律问题的解释》第 26 条规定①的,实际施工人可以突破合同相对性,直接向与之无合同关系的发包人和总承包人主张合同价款。当然这种突破合同相对性是法律的特殊规定,不能普遍参照适用于其他合同关系中。

4. 最高人民法院与该争议焦点相关的裁判规则

对于非中标人出资设立的项目公司是否能够继承投资人与政府签订的合同权利义务问题,最高人民法院在其他案例中有不同结论。例如以下判例中:投资人与政府方签订协议约定投资人在当地成立项目公司后,项目公司承继投资人的权利义务,但投资人并未单独出资设立项目公司,而是联系其他主体共同出资设立项目公司,在这种情况下,最高人民法院认为政府方已认可了项目公司的主体资格。当然,我们注意到最高人民法院得出上述结论的推理过程是:政府方依约对项目公司的经营活动予以协助、配合,视为其对项目公司地位之认可。

相关案例:日照国晖电子科技有限公司与山东国恒能源有限公司、山东日照高新技术开发区管理委员会招商合同纠纷案

【基本案情】

2005 年 12 月 27 日,山东日照高新技术开发区管理委员会(以下简称“开发区管委会”)与中恒投资控股有限公司(以下简称“中恒公司”)就中恒公司持有的“高性能锂离子电池及材料生产项目”落户日照市高科技工业园区事宜签订《招商、投资协议书》,约定:开发区管委会将高科技工业园区内 294.89 亩土地作为引进中恒公司“高性能锂离子电池及材料生产项目”的工业生产及配套设施用地,分两期提供给中恒公司;中恒公司在日照市高科技工业园设立生产企业,总投资规模约 45 000 万元,开发区管委会以每亩 52 600 元的价格出让该宗土地使用权,共计 15 511 214 元;中恒公司在日照成立项目公司后,将协议中的权利义务交由该公司承接;开发区管委会在协议签订后 90 天内向中恒公司交付第一期建设用地,在收到全部土地款之后,交付全部建设用地;中恒公司在协议签订后 40 天内办理完毕公司注册,并支付第一期土地价款的 50%,土地权证办理过程中支付余款,第二期土地价款在开发区管委会办理完毕第一期土地权

---

① 最高人民法院《关于审理建设工程施工合同纠纷案件适用法律问题的解释》第 26 条:实际施工人以转包人、违法分包人为被告起诉的,人民法院应当依法受理。实际施工人以发包人为被告主张权利的,人民法院可以追加转包人或者违法分包人为本案当事人。发包人只在欠付工程价款范围内对实际施工人承担责任。

属证书后一月内开始支付,方式与第一期相同;开发区管委会在中恒公司分批交付土地价款后60天内将权属文件办理完毕交付中恒公司;双方可另签补充协议,补充协议与本协议具有同等效力。

2006年1月9日,山东国恒能源有限公司(以下简称"国恒公司")召开成立股东会议,决议日照市国泰燃料有限公司出资1 000万元,北京华本投资有限公司(委托)出资700万元,山东力恒能源有限公司出资300万元,设立国恒公司(项目公司),注册地点为日照高科技园区;确认履行《招商、投资协议书》,尽快使公司的电池项目开工生产。2006年1月16日,国恒公司全体股东选举纪忠元、梅在森(原中恒公司法定代表人)、刘明云为公司董事会成员。同年2月14日,国恒公司取得营业执照。

【裁判规则】

最高人民法院认为,本案《招商、投资协议书》系由曾担任中恒公司法定代表人的梅在森出面联系并签订。该协议签订后,双方依约履行相关义务,梅在森等代表中恒公司联系日照市国泰燃料有限公司、北京华本投资有限公司、山东力恒能源有限公司作为投资方,三方共同出资2 000万元,成立国恒公司。在开发区管委会协助下,国恒公司于2006年2月14日设立并取得企业法人营业执照。梅在森担任国恒公司的董事,具体负责其项目建设事宜。国恒公司成立后,依《招商、投资协议书》约定,以项目公司的身份独立开展项目申请、建设等经营活动。开发区管委会依约对国恒公司的上述行为予以协助、配合,其对国恒公司之项目公司的地位予以认可。同年2月17日,国恒公司向东港区发展计划局提交了《山东国恒能源有限公司(一期工程)企业立项的申请》,其载明"建设用地290亩"。日照市高科园规划建设管理办公室、日照市国土资源局高科技工业园办事处在该申请上加盖了公章。同年2月19日,日照市东港区发展计划局向国恒公司核发《山东省建设项目登记备案证明》,注明"用地控制在290亩以内"。同年2月24日国恒公司支付第一笔土地出让金526万元。

上述事实表明,依照《招商、投资协议书》"一、招商、投资项目"中第7条关于"甲(开发区管委会)、乙(中恒公司)双方同意,待乙方在日照成立项目公司之后,知会甲方,乙方将本协议中的乙方权利及义务一并交由该公司承接"的约定,双方已经确认国恒公司依约承继了中恒公司在《招商、投资协议书》的权利、义务,国恒公司成为了《招商、投资协议书》中的一方当事人,开发区管委会应当明知国恒公司依约享有全部290亩建设用地的权利。

结论:该案例中,国恒公司系社会资本方中恒公司法定代表人联系设立的项目公司。《招商、投资协议书》中明确了将中恒公司的权利义务交由项目公司承接,且开发区管委会依约对国恒公司的经营活动予以协助、配合,应认定其对国恒公司之项目公司的地位予以认可。项目公司国恒公司成为了《招商、投资协议书》中的一方当事人。

需要提示的是,最高人民法院没有审查本案招商投资是否需要经过竞争性程序。本案中涉及的项目为"高性能锂离子电池及材料生产项目"，该项目并不属于通常意义上的基础设施①和公用事业②的范畴，因此并不违反基础设施和公用事业需要经过竞争性程序确定投资人的法律规定。从而最高人民法院认定本项目《招商、投资协议书》合法有效，并且协议项下的权利义务内容可以转由项目公司承担。

四、 启示

【启示】特许经营项目社会资本方应避免转包挂靠等情况

实践中，存在着实际投资或施工人由于资质业绩等方面的限制，采用挂靠的方式承揽特许经营项目，或者社会资本方中标后，因为各种原因自己不实际投资建设运营，而是全部转给第三方进行投资建设运营的情况。但是根据法律法规的规定，转包挂靠都是违法的，我们提示社会资本方不要采用转包挂靠的承揽项目的方式，一旦出现转包挂靠，就如本案所揭示的，不仅特许经营权会被政府方收回，而且社会资本方还要承担巨额的违约赔偿。情况严重的，也会影响到社会资本方承接其他项目。

特许经营项目领域没有明确规定转包挂靠的具体情形，但是建设工程领域对转包挂靠有较多的规定，可以作为参考。其中《建筑工程施工转包违法分包等违法行为认定查处管理办法（试行）》对转包挂靠的认定进行了非常准确全面的规定。其中第6条规定："本办法所称转包，是指施工单位承包工程后，不履行合同约定的责任和义务，将其承包的全部工程或者将其承包的全部工程肢解后以分包的名义分别转给其他单位或个人施工的行为。"具体的转包认定情形详见该办法第7条的规定。③ 第10条规定："对本办法所称挂靠，是指单位或个人以其他有资质的施工单位的名义，承揽工程的行为。前款所称承揽工程，包括

---

① 2015年新修订的《基础设施和公用事业特许经营管理办法》将"基础设施"定义为"能源、交通运输、水利、环境保护、市政工程等"。

② 我国相关法律法规对公用事业的定义不尽相同，2002年开始实施的《关于加快市政公用行业市场化进程的意见》建城〔2002〕272号）使用了"市政公用事业"的概念，并将其定义为"供水、供气、供热、污水处理、垃圾处理等经营性市政公用设施"以及"园林绿化、环境卫生等非经营性设施"。2005年开始实施的《国务院关于鼓励支持和引导个体私营等非公有制经济发展的若干意见》（国发〔2005〕3号）将市政公用事业定义为"供水、供气、供热、公共交通、污水垃圾处理等"。

③ 《建筑工程施工转包违法分包等违法行为认定查处管理办法（试行）》第7条：存在下列情形之一的，属于转包：（一）施工单位将其承包的全部工程转给其他单位或个人施工的；（二）施工总承包单位或专业承包单位将其承包的全部工程肢解以后，以分包的名义分别转给其他单位或个人施工的；（三）施工总承包单位或专业承包单位未在施工现场设立项目管理机构或未派驻项目负责人、技术负责人、质量管理负责人、安全管理负责人等主要管理人员，不履行管理义务，未对该工程的施工活动进行组织管理的；（四）施工总承包单位或专业承包单位不履行管理义务，只向实际施工单位收取费用，主要建筑材料、构配件及工程设备的采购由其他单位或个人实施的；（五）劳务分包单位承包的范围是施工总承包单位或专业承包单位承包的全部工程，劳务分包单位计取的是除上缴给施工总承包单位或专业承包单位"管理费"之外的全部工程价款的；（六）施工总承包单位或专业承包单位通过采取合作、联营、个人承包等形式或名义，直接或变相地将其承包的全部工程转给其他单位或个人施工的；（七）法律法规规定的其他转包行为。

参与投标、订立合同、办理有关施工手续、从事施工等活动。"（具体的认定情形详见该办法第 11 条的规定①）

转包挂靠一直是我国基础建设领域难以杜绝的问题，但是自从《建筑工程施工转包违法分包等违法行为认定查处管理办法（试行）》颁布后，政府从人员、资金等具体层面入手，基本上转包挂靠已经无所遁形，只要查就肯定能查出来。因此社会资本方不应再存侥幸心理，应该尽量避免转包和挂靠的操作模式。

---

① 《建筑工程施工转包违法分包等违法行为认定查处管理办法（试行）》第 11 条：存在下列情形之一的，属于挂靠：（一）没有资质的单位或个人借用其他施工单位的资质承揽工程的；（二）有资质的施工单位相互借用资质承揽工程的，包括资质等级低的借用资质等级高的，资质等级高的借用资质等级低的，相同资质等级相互借用的；（三）专业分包的发包单位不是该工程的施工总承包或专业承包单位的，但建设单位依约作为发包单位的除外；（四）劳务分包的发包单位不是该工程的施工总承包、专业承包单位或专业分包单位的；（五）施工单位在施工现场派驻的项目负责人、技术负责人、质量管理负责人、安全管理负责人中一人以上与施工单位没有订立劳动合同，或没有建立劳动工资或社会养老保险关系的；（六）实际施工总承包单位或专业承包单位与建设单位之间没有工程款收付关系，或者工程款支付凭证上载明的单位与施工合同中载明的承包单位不一致，又不能进行合理解释并提供材料证明的；（七）合同约定由施工总承包单位或专业承包单位负责采购或租赁的主要建筑材料、构配件及工程设备或租赁的施工机械设备，由其他单位或个人采购、租赁，或者施工单位不能提供有关采购、租赁合同及发票等证明，又不能进行合理解释并提供材料证明的；（八）法律法规规定的其他挂靠行为。

第六章　建设运营

01 武威汉氏天安环境科技有限公司与甘肃武威黄羊工业园区管理委员会、武威市凉州区黄羊镇人民政府等合同纠纷案

案例来源：(2014)甘民二初字第15号，(2015)民二终字第116号。

关键词：特许经营　不恰当履行　违约责任　保证责任

一、裁判规则

【规则1】 特许经营项目投资人因政府方违约滥用停止运营权损害社会公共利益的，应承担主要违约责任

特许经营合同当事人应全面履行合同义务，政府方应及时付费，否则应承担相应违约责任。社会资本方与项目公司应确保运营质量，不得因政府方违约滥用停止运营权而损害社会公共利益，否则应承担主要违约责任。

【规则2】 实际运营日与合同约定运营日不同的，以实际运营日为准

项目投入运营起点当以项目实际运营、产生实际效益之日起算为妥，费用支付方应当自项目实际运营之日起支付相关费用。

二、审判概览

（一）涉案项目情况

2009年3月23日，甘肃武威黄羊工业园区管理委员会（以下简称"黄羊管委会"）、武威市凉州区黄羊镇人民政府（以下简称"黄羊镇政府"）与武威汉氏天安环境科技有限公司（以下简称"汉氏天安"）签订了《武威市凉州区黄羊镇污水处理厂BOT项目特许经营权合同》（以下简称《特许经营权合同》），约定黄羊管委会、黄羊镇政府授予汉氏天安在特许经营权期限内投融资、设计、建设、运营和维护污水处理厂，收取污水处理费并享有其他相关收益权利。汉氏天安享有特许经营权的独占性，在合同期内黄羊管委会、黄羊镇政府不得将特许经营权部分或全部授予第三方。污水处理厂的设计规模为5 000立方米/日，总投资不低于1 836.72万元，建设期限不得超过两年，包括基础设施建设和设备、设施调试期限，在建设期内如项目投入运营日期提前，则黄羊管委会、黄羊镇政府按合同约定标准以实际投入运营日开始计付污水处理费。特许经营期

限为 24 年(含建设期),若提前竣工并通过环保部门验收,应提前投入运营。约定工程竣工后,汉氏天安应组织生产试运行,在工程项目竣工并经环保部门验收合格出具报告之日,为正式投入商业运营之日。汉氏天安日处理污水量在 5 000 立方米以内情况下污水处理费为 358 万元(其中年均污水处理费 126 万元,项目年投资收益 232 万元),黄羊管委会、黄羊镇政府应按季度支付。自汉氏天安建设的污水处理厂依法经验收合格并投入运营之日起 5 日内,黄羊管委会、黄羊镇政府支付第一季度污水处理费 89.5 万元。此后黄羊管委会、黄羊镇政府应于每季度首月的 5 日前全额向汉氏天安支付本季度污水处理费 89.5 万元。若黄羊管委会、黄羊镇政府未能在上述时间内支付污水处理费,每迟延一天,每日应按迟延部分的 0.1% 支付逾期付款违约金。……由于汉氏天安的违约导致合同终止的,黄羊管委会、黄羊镇政府有权选择是否收购本项目,若黄羊管委会、黄羊镇政府选择收购汉氏天安项目的所有权和所有权益,则黄羊管委会、黄羊镇政府向汉氏天安支付的金额为:(22 − 实际经营年限)/22 × 项目总投资。若黄羊管委会、黄羊镇政府不选择收购,汉氏天安自行处置其全部资产。由于黄羊管委会、黄羊镇政府违约导致合同终止的,黄羊管委会、黄羊镇政府收购汉氏天安项目的所有权和所有权益,应向汉氏天安支付的金额为:(22 − 实际经营年限)/22 × 项目投资回报(22 年 × 232 万元)。

2009 年 3 月 22 日,黄羊管委会、黄羊镇政府、汉氏天安与武威市凉州区兴工担保有限责任公司(以下简称"兴工担保公司")三方共同签订《履约担保合同》作为本合同附件,约定兴工担保公司对黄羊管委会、黄羊镇政府在《特许经营权合同》约定的污水处理费(358 万元每年)支付义务逐年提供连带保证责任。担保期限自汉氏天安建设的污水处理厂依法验收合格并投入运营之日起,兴工担保公司每年出具担保函,承担当年担保责任。在汉氏天安建设的污水处理厂竣工验收后,兴工担保公司未按该履约担保合同约定出具担保函。

汉氏天安于 2009 年 6 月 18 日开始建设,至 2010 年 11 月 23 日,经汉氏天安申请,武威市环境保护局出具武市环函(2010)102 号《关于武威市凉州区黄羊镇污水处理厂试运行生产申请的复函》,同意黄羊镇污水处理厂进行试运行,时间 3 个月,并要求汉氏天安在 3 个月内向甘肃省环保厅申请环保竣工专项验收,验收合格后方可正式投入运行。汉氏天安公司在该批复后开始试运行,并申请环保竣工验收。2010 年 12 月 26 日,武威市环境保护检测站对污水处理一期工程环境保护进行了验收监测,出具了武环检(2010)95 号《建设项目竣工环境保护验收监测报告》,认为污水处理工程出口废水符合标准。2010 年 12 月 29 日武威市环境保护局作出武字环验(2010)31 号《关于对〈武威市凉州区黄羊镇生活污水处理项目一期工程竣工环境保护验收申请〉的批复》,认为甘肃省武威市凉州区黄羊镇生活污水处理项目一期工程符合《国家建设项目竣工环保验收管理办法》中规定的验收条件,同意该项目通过环境保护竣工验收。在武威市环境保护局验收后,污水处理厂正式运行。武威市凉州区环保局自 2011 年 1 月 30

日开始对该污水处理厂污染减排情况按月进行了现场核查，并每月出具了现场核查表。在每月一次的现场核查表中载明该污水处理厂建成投运时间为2010年12月26日。

2012年8月23日，黄羊镇污水处理厂通过了竣工验收。

黄羊镇污水处理厂运行至2012年8月份，双方就污水处理厂的稳定达标运行、正式投入商业运行的时间及污水费支付等问题发生争议。2012年10月份，双方就黄羊管委会回购该污水处理厂问题经过多次协商。双方因回购价格问题协商未果后，汉氏天安于2012年10月23日停止污水处理厂运行。污水未进入处理系统直接向外排放，影响当地居民正常生产生活，引起当地居民到武威市凉州区上访，武威市凉州区信访局批办至武威市凉州区环保局办理。后武威市凉州区环保局、黄羊管委会、黄羊镇政府多次出具责令改正违法行为决定书、公告通知，要求汉氏天安在限定之间内稳定达标运行，但汉氏天安仍未恢复运行。2012年12月10日，经黄羊管委会、环保局、公安局等多单位参加的处理黄羊镇污水处理厂停运问题专题会议决定，由黄羊管委会接管黄羊镇污水处理厂。2012年12月10日，黄羊管委会、黄羊镇政府接管污水处理厂后进行了技术改造，现在运行正常。

另，2010年8月份至2013年6月份期间，黄羊管委会为汉氏天安以垫付农民工工资、电费、预借、支付污水处理费的形式共计支付款项3 389 645.59元。2009年至2010年，汉氏天安分别支付技术服务费50万美元(折合人民币311.625万元)、技术服务报酬400万元。甘肃瑞泽工程咨询有限公司出具审核报告甘瑞工审字(2012)1201号确认黄羊镇污水处理厂工程结算价为19 130 085.81元，甘肃东方资产评估事务所出具评估报告将污水处理厂固定资产价值评估为1 384.5万元。

（二）审理要览

1. 当事人诉求

汉氏天安向一审法院提起诉讼，请求：（1）判令解除汉氏天安与黄羊管委会、黄羊镇政府签订的《特许经营权合同》；2判令黄羊管委会、黄羊镇政府支付污水处理费716万元及利息(逾期违约金每天按逾期支付部分的0.1%进行计算，自2011年1月1日开始计算至付清为止)；（3）判令黄羊管委会、黄羊镇政府赔偿经济损失4 639.99万元；（4）判令兴工担保公司对以上(2)、(3)项承担连带保证责任。

黄羊管委会、黄羊镇政府提起反诉，请求：（1）判决黄羊镇污水处理厂的全部资产归黄羊管委会、黄羊镇政府所有，汉氏天安应交付黄羊镇污水处理厂全部资产及技术资料；（2）判决汉氏天安退还黄羊管委会、黄羊镇政府多支付的污水处理费283.293万元。

2. 审理经过

本案已经甘肃省高级人民法院一审、最高人民法院二审。

一审法院作出(2014)甘民二初字第 15 号民事判决，判决：解除汉氏天安与黄羊管委会、黄羊镇政府签订的《特许经营权合同》；黄羊镇污水处理厂归黄羊管委会、黄羊镇政府所有，汉氏天安自本判决生效之日起 30 日内向黄羊管委会、黄羊镇政府移交黄羊镇污水处理厂全部资产和全部技术资料；黄羊管委会、黄羊镇政府自本判决生效之日起 30 日内支付汉氏天安污水处理费 3 137 154.41 元；黄羊管委会、黄羊镇政府自本判决生效之日起 30 日内按日 0.1% 支付汉氏天安公司污水处理费 3 137 154.41 元的逾期付款违约金（自 2012 年 12 月 3 日起至本判决生效之日止）；黄羊管委会、黄羊镇政府自本判决生效之日起 30 日内支付汉氏天安污水处理厂投资补偿款 1 921.7 655 万元；驳回汉氏天安的其他诉讼请求；驳回黄羊管委会、黄羊镇政府其他反诉请求。

最高人民法院作出(2015)民二终字第 116 号判决，判决：驳回上诉，维持原判。

三、 争议焦点的规则解读

【焦点 1】 如何认定特许经营项目进入运营的起算时间

1. 当事人观点

本案一审原告汉氏天安主张污水处理厂投入商业运营的时间及污水处理费计算起始时间应当为环保验收之日，即 2010 年 12 月 29 日，并主张污水处理费逾期支付违约金应当自 2011 年 1 月 1 日起计算。

本案一审被告黄羊管委会、黄羊镇政府则主张污水处理厂投入商业运营时间及污水处理费的起算时点应当自污水处理厂通过工程竣工验收（即 2012 年 8 月 23 日）起算，而非自环保验收之日起算，并称已向汉氏天安支付完毕自 2012 年 8 月 23 日起算的污水处理费，且超付 283.293 万元，未拖欠污水处理费，更不涉及逾期违约金。

2. 法院观点

甘肃省高级人民法院一审认为：

根据已查明事实及证据，认定污水处理厂已于 2010 年 12 月 29 日通过环保竣工验收，并投入商业运营，工程竣工验收迟于环保竣工验收，于 2012 年 8 月 23 日通过。黄羊管委会、黄羊镇政府应自 2010 年 12 月 29 日起向汉氏天安公司计付污水处理费。污水处理费共计 652.68 万元，抵扣黄羊管委会、黄羊镇政府以垫付农民工资、电费、预借、支付污水处理费的形式共计支付款项 3 389 645.59 元后，黄羊管委会、黄羊镇政府共欠汉氏天安污水处理费 3 137 154.41 元。因黄羊管委会垫付农民工资、电费、预借、支付污水处理费的次数较多，时间跨度大，综合本案实际情况，拖欠污水处理费的违约金从 2012 年 12 月 3 日黄羊管委会实际支付污水处理费 83.5 万元之日起，按双方合同约定日 0.1% 计算至本判决生效之日。

最高人民法院二审认为：

亦认定污水处理厂已经于 2010 年 12 月 29 日通过环保竣工验收，并投入商业运营，污水处理费的收取从项目实际运营，产生实际效益起算，符合合同的目的，也符合公平原则。黄羊管委会、黄羊镇政府应自 2010 年 12 月 29 日起向汉氏天安公司支付污水处理费。且一审法院综合考虑黄羊管委会垫付农民工工资、电费、预借、支付污水处理费的次数较多、时间跨度大等实际情况，判决拖欠污水处理费的违约金从 2012 年 12 月 3 日黄羊管委会实际支付第一期污水处理费 83.5 万元之日起，按双方合同约定日 0.1% 计算至本判决生效之日，并无不当。

【焦点 2】 因合同未能恰当履行而解除合同后的责任怎么承担

1. 当事人观点

汉氏天安称其不存在拖欠农民工工资的行为，且污水处理厂在汉氏天安运营期间一直良好，汉氏天安是在黄羊管委会、黄羊镇政府长期拖欠污水处理费，无资金进行大修的情况下，为避免污水管道冻裂、大量微生物被冻死，减少经济损失，而于 2012 年 11 月 19 日被迫停运污水处理厂，未构成根本违约。黄羊管委会、黄羊镇政府采取违法手段，强行抢占了污水处理厂后拒不归还，应承担由此所造成的一切经济损失。投资补偿款应按项目投资回报计算，不能按项目总投资计算。

2. 法院观点

甘肃省高级人民法院一审认为：

在整个合同履行过程中，双方均未按照合同约定诚信履行各自义务。汉氏天安在污水处理厂运行过程中，未能全面履行确保污水处理厂稳定达标运营义务，被甘肃省人民政府及武威市环境保护局、武威市监察局列为整改对象进行限期整改。且在与黄羊管委会、黄羊镇政府就污水处理费发生争议后，未能按合同约定正当主张权利，单方中止合同，停止污水处理厂运营。汉氏天安作为专门从事污水处理的企业，对擅自停运污水处理厂所能产生的危害后果应当能够预见，其在污水处理厂运营期间不能确保正常达标稳定运行和擅自停止运行污水处理厂的行为有违诚信，致使未处理的污水排放至无防渗漏措施的沟渠、坑塘，对当地环境安全、群众生产生活和社会稳定造成较大影响，属于根本违约，应对合同终止履行承担主要违约责任。

黄羊管委会、黄羊镇政府未按照合同约定及时足额支付污水处理费，也未确保兴工担保公司按年度出具担保函，亦构成违约。但在汉氏天安停止运行污水处理厂，在催告汉氏天安恢复污水处理厂运行无果后，及时接管污水处理厂并恢复运行，保护当地环境安全及群众正常生产生活，属合同终止后防止损失进一步扩大的行为，应减轻其违约责任。

综合以上情况及《特许经营合同》相关约定，一审法院未支持汉氏天安提出的由黄羊管委会、黄羊镇政府按(22 - 实际经营年限)/22 × 项目投资回报(232万元 × 22年)的标准支付违约金的诉求，判决黄羊镇污水处理厂全部资产归黄羊管委会、黄羊镇政府所有，黄羊管委会、黄羊镇政府应向汉氏天安公司支付的金额为(22 - 实际经营年限)/22 × 项目总投资。

最高人民法院二审认为：

双方均存在违约行为的认定与一审法院相同，二审法院认为在双方均存在违约造成合同解除的情况下，汉氏天安主张按照投资回报计算投资补偿款没有法律依据。投资补偿款的数额应为(22 - 实际经营年限)/22 × 项目总投资。

【焦点3】 如何认定保证期限

1. 当事人观点

汉氏天安认为《担保合同》已经约定兴工担保公司的逐年担保责任，担保函是逐年担保的具体细化，即便没有担保函，兴工担保公司仍不能免除其担保责任。

兴工担保公司则认为黄羊管委会、黄羊镇政府按照合同约定已经支付了污水处理厂运行期间的污水处理费，未要求兴工担保公司出具保证函，且兴工担保公司只对污水处理费承担连带保证责任，不包括损失赔偿和诉讼费。另外因汉氏天安存在违约，兴工担保公司不再对污水处理费承担担保责任。

2. 法院观点

一审法院甘肃省最高人民法院和二审法院最高人民法院均认定：根据合同约定，兴工担保公司每年出具担保函，承担当年担保责任。2009年3月22日，黄羊管委会、黄羊镇政府、汉氏天安公司与兴工担保公司签订了《污水处理厂BOT项目履约担保合同》后，从污水处理厂投入商业运营到本案纠纷产生，双方再未按约定逐年签订担保合同，表明兴工担保公司已不再为污水处理费的支付承担担保义务。汉氏天安诉请兴工担保公司承担连带保证责任的主张无合同依据。

3. 作者简评

项目尚未完全满足合同约定的投入商业运营条件，而已实际投入运营的，本着公平原则、实现合同目的的出发点，项目投入运营起点当以项目实际运营、产生实际效益之日起算为妥，费用支付方应当自项目实际运营之日起支付相关费用。对于类似情形，我们建议，双方应于实际运作情况与原合同约定情形不完全相符时，及时达成新的书面约定，这样有利于明确各方权利义务，未来发生纠纷时亦有据可依，避免相互扯皮。

合同当事人应当遵循诚实信用原则，按照合同约定全面、恰当地履行相应义务。如一方不按合同约定履行义务或不恰当履行义务的，致使合同目的无法实现的，应当承担违约责任。如双方均违反合同约定的，双方均成为违约行为主体，应当对各自的违约行为承担相应的责任。当双方都违反合同约定时，法院在确定各方所应承担的民事责任时，会考虑各方的过错程度。换言之，各方应当按照其过错程度来承担相应的民事责任。本案中汉氏天安对于黄羊管委会、黄羊镇政府拖欠污水处理费的违约行为，未正当主张合同约定的权利，而是在应当能预见到严重不良后果的情形下仍采取拒绝履行已方义务的方式，给当地环境和社会稳定造成较大影响，有损社会公益，实非适法行为。相较黄羊管委会、黄羊镇政府拖欠污水处理费的违约行为，汉氏天安停运污水处理厂的违约行为的过错更大，且黄羊管委会、黄羊镇政府在催告汉氏天安恢复污水处理厂运行无果后，及时接管污水处理厂并恢复运行。故而法院判定汉氏天安对合同终止履行承担主要违约责任，而黄羊管委会、黄羊镇政府因采取有效措施防止损失进一步扩大的行为，法院认定应减轻其违约责任。我们建议，各方主体在经济活动中应对已达成的合法合约全面、恰当地履行，在合法权益遭到侵害时，正当行使自己的相关权利，如此才能最大程度地保护自己的利益。

保证合同系保证人和债权人针对债务人不履行合同义务时由保证人履行债务或承担责任而达成的意思表示，合同中应载明担保范围、债务履行期限、保证期限等要素及其他双方认为需要约定的事项。本案担保合同中明确约定保证人以逐年出具担保函的形式承担保证责任，视为各方对保证责任的确定方式作出特别约定，即各方认同保证责任通过每年由担保人出具担保函来予以确定，而不是仅以担保合同的签署来确定。我们认为，实务中如采用保证担保作为风控措施的，最好在保证合同中一次性对被担保债权、担保范围、债务履行期限、保证期限等关键条款作出明确约定。如果采取本案的担保方式，很可能因项目存续期间保证人不愿意继续承担保证责任而不再继续提供担保，进而导致风控措施落空。

四、 启示

【启示】特许经营合同相关当事人应全面履行合同义务

鉴于特许经营项目通常会涉及公共安全和公共利益，为保障项目的持续稳定运营，社会资本方和政府方均以保障公共利益为前提，即便是发生争议期间，各方对于合同无争议部分仍应当继续履行，任何一方不得以发生争议为由，停止项目运营。本案中社会投资方擅自停止污水处理厂运营，如果存在社会公共利益的损失，社会资本方对于该等扩大损失部分是应该给予赔偿的。

当然，在项目运营过程中不可避免地会因一些可预见的或突发的事件而暂停服务。暂停服务一般包括两类：

1. 计划内的暂停服务

对项目设施进行定期的重大维护或者修复，会导致项目定期暂停运营。对于这种合理的、可预期的计划内暂停服务，社会投资方应在报送运营维护计划时提前向政府方报告，政府方应在暂停服务开始之前给予书面答复或批准，社会资本方应尽最大努力将暂停服务的影响降到最低。发生计划内的暂停服务，项目公司不承担不履约的违约责任。

2. 计划外的暂停服务

若发生突发的计划外暂停服务，社会资本方应立即通知政府方，解释其原因，尽最大可能降低暂停服务的影响并尽快恢复正常服务。对于计划外的暂停服务，责任的划分按照一般的风险分担原则处理，即：

（1）如因项目公司原因造成，由项目公司承担责任并赔偿相关损失；

（2）如因政府方原因造成，由政府方承担责任，项目公司有权向政府方索赔因此造成的费用损失并申请延展项目期限；

（3）如因不可抗力原因造成，双方共同分担该风险，均不承担对对方的任何违约责任。

本案法院揭示出一条规则，即使政府违约在先，项目公司也不应随意停止运营，因项目涉及公共利益，停止运营可能对公众利益造成巨大损害，例如本案污水未经处理影响公众健康案例，本案投资人亦因随意停止运营承担了主要违约责任。我们建议 PPP 项目投资人和项目公司按照合同约定全面履行自己的合同义务，当遭遇对方违约时，通过合同约定的程序友好协商或仲裁、诉讼解决，而不是采用停止项目运营这样的极端方式。

02 晋城市峰景房地产开发有限公司与晋城市恒光热力有限公司合同纠纷案

案例来源：（2014）晋市法民初字第 98 号，（2015）晋民终字第 333 号。
关键词：供热工程　无效　欺诈　公共利益

一、 裁判规则

【规则】社会资本方有自行建设能力的直接签订的工程施工合同有效

招标方式选定的特许经营项目投资人依法能够自行建设、生产或者提供，可以不进行招标。在此基础上签订的合同是双方的真实意思表示，且不违反法律法规的强制性规定，属于有效合同。

二、 审判概览

（一）涉案项目情况

2012 年 9 月 21 日，晋城市恒光热力有限公司（以下简称"恒光热力公司"）与晋城市住房保障和城乡建设管理局（以下简称"住建局"）签订《晋城市特许经营供热协议书》（以下简称《特许经营协议》），特许经营期限为一年，自 2012 年 11 月 15 日起至 2013 年 3 月 15 日止。

为了解决晋城市峰景房地产开发有限公司（以下简称"峰景房地产公司"）所

建峰景香滨蓝山小区的冬季供热取暖问题，峰景房地产公司向恒光热力公司提出入网申请。2012 年 11 月 8 日，在晋城市城区人民政府和晋城市城区北街办事处的协调下，双方签订《集中供热管网工程施工合同》，合同约定：由恒光热力公司负责该小区供热管网的施工安装。入网施工面积约 16 万平方米，工程费用共计 1 760 万元。由峰景房地产公司先行预付工程材料费 1 000 万元，剩余款项760 万元在 2012 年 11 月 28 日前支付。合同签订后，峰景房地产公司按约定预付工程材料费 1 000 万元。恒光热力公司同时根据合同约定，积极组织施工，如期完成供热工程。经峰景房地产公司验收并网，该小区于当年顺利供暖，至今已使用近两年，峰景房地产公司未按约定支付工程余款，恒光热力公司诉至法院。

（二）审理要览

1. 原告主要诉求

原告恒光热力公司起诉至晋城市中级人民法院，请求：峰景房地产公司向恒光热力公司支付工程余款 760 万元；峰景房地产公司按同期人民银行贷款利率赔偿恒光热力公司自 2012 年 11 月 28 日至实际支付工程余款之日的利息损失。

被告峰景房地产公司向晋城市中级人民法院提起反诉，认为恒光热力公司与峰景房地产公司签订的《集中供热管网工程施工合同》存在欺诈行为，峰景房地产公司具有合同撤销权；恒光热力公司依该合同取得的工程价款属于不当得利，应予以返还。

2. 审理经过

本案经过一审和二审程序。一审法院晋城市中级人民法院作出（2014）晋市法民初字第 98 号民事判决，判决：峰景房地产公司在判决生效后 10 日内向恒光热力公司支付工程余款 760 万元；峰景房地产公司依法按同期人民银行贷款利率赔偿恒光热力公司自 2012 年 11 月 28 日至实际支付工程余款之日的利息损失；驳回峰景房地产公司的反诉请求。

二审法院山西省高级人民法院于 2015 年 11 月 19 日作出（2015）晋民终字第333 号民事判决：驳回上诉，维持原判。

三、 争议焦点的规则解读

【焦点】投资方是否有权就小区供热工程与他方签订工程施工合同

1. 当事人观点

本案一审原告恒光热力公司认为：《集中供热管网工程施工合同》合法有效，没有法律明文规定禁止收取供热管网建设费，目前包括天津、河北、山东等省市在内均有专门收取供热工程建设费的规定，山西法律没有允许收取供热工程建设费的规定，但也没有禁止性规定；国家纪委、财政部于〔2001〕585 号文件作出的《关于全面整顿住房建设收费取消部分收费项目的通知》中提到取消部分不合法、不合理的收费项目中包括了"暖气集资费"，该通知是管理性部门规章，其本意是不让重复收取部分费用而不是不让收取；涉案合同的施工地点由公路部门主管，不属于市政主管范围，峰景房地产公司在确定供热单位和供热路线时是有选择的，恒光热力公司没有利用垄断逼迫其签订合同；《集中供热管网工程施工合同》不具有可撤销的法定事由，峰景房地产公司对于恒光热力公司的特许经营资格是明知的，如果存在撤销权的话，因其延误行使导致撤销权已经消灭；《晋城市特许经营供热协议书》中没有任何条文是针对本案合同作出的禁止性规定。

本案一审被告峰景房地产公司认为：其与恒光热力公司签订的《集中供热管网工程施工合同》为无效合同，如果认定该合同有效，则认定产权归属于建设单位方即恒光热力公司，市政公用设施转为私人所有，违反了《合同法》第52条第4项的规定；恒光热力公司取得供热经营权后借其因此形成的市场主体支配地位逼迫峰景房地产公司签订施工合同，违反了《中华人民共和国反垄断法》（以下简称《反垄断法》）第17条的强制性规定，应属无效；供热管网及设施属公用事业，属必须招标项目，恒光热力公司作为施工单位未办理招投标手续，也未出具施工资质证书证明其具有施工资质，故该合同依法属无效合同。特许经营合同赋予恒光热力公司的是建设投资的权利和义务，并未赋予其向用户收取施工费、签订施工合同并转嫁管网建设投资的权利；恒光热力公司只享受收取供热费用的权利不承担建设投资义务，不符合特许经营特征；恒光热力公司的施工合同价格未经任何政府部门的审定，该合同价格违法；经政府部门核定，峰景房地产公司应缴纳的城市基础设施配套费为479多万元，而恒光热力公司单为管网建设向峰景房地产公司索取的金额为1 760万元，恒光热力公司所定价格与其成本极为不符；恒光热力公司以独家供热、不签订合同不向其交费就不给供热为由，逼迫峰景房地产公司签订施工合同并交费，存在欺诈行为。峰景房地产公司的合同撤销权自2015年1月8日了解特许经营合同时起算。

2. 法院观点

晋城市中级人民法院一审认为：

恒光热力公司与政府之间签订的《特许经营协议》，是其对城市供热管网进行投资的合法依据和前提条件，其经营活动是经政府许可的合法行为。恒光热力公司取得特许经营资格，并不意味着其对城市供热的投资是无偿的，从《特许经营协议》本身可以看出该项投资不属政府投资范围，而是由恒光热力公司自主投资、自主经营、收益。因此才有恒光热力公司与峰景房地产公司之间签订的《集中供热管网工程施工合同》，该合同是双方在平等、自愿、充分协商的基础上签订的，是双方的真实意思表示，且不违反法律法规的强制性规定，该合同合法有效，被告应按合同约定履行自己的义务。

山西省高级人民法院二审认为：

关于合同的效力问题。恒光热力公司与峰景房地产公司于2012年11月8日签订的《集中供热管网工程施工合同》为有效合同，该合同是经过两级政府多次积极协调，双方充分协商，在平等、自愿的基础上签订的，是双方的真实意思表示，且不违反法律法规的强制性规定；该合同的订立及履行反映出当时当地政府没有市政供暖设施条件，存在突出供热矛盾的前提下，在政府主导协调下社会公共利益的及时有效保障，而并非损害社会公共利益，故本案亦不存在垄断经营违反《反垄断法》第17条规定的情形，峰景房地产公司也并未提出相关的有效证据；峰景房地产公司主张施工合同系无处分权人处分他人财产，以恒光热力公司对供热管网及附属设施不具有所有权，将国家财产擅自处分给峰景房地产公司，且未得到国家追认导致合同无效，该主张没有相关依据相支持；本案合同是双方的真实意思表示，为有效合同，峰景房地产公司并不能证明本案存在欺诈，即使峰景房地产公司有合同撤销权，依现有有效证据也超过了法定期限。

关于合同的主体资格问题。本案工程并不属于市政工程，故峰景房地产公司依据的规定（《招标投标法》第3条和《房屋建筑和市政基础设施工程施工招标投标管理办法》第2条、第3条）不适用于本案。政府对恒光热力公司的经营特许包括对地域供热的投资建设。况该工程属一般、短期工程（20天即完工），无证据对该工程有基本的资质和招投标要求。故基于双方情况本案诉讼当事人具备相应的主体资格。

关于合同的价款约定是否违法问题。关于峰景房地产公司小区供热工程，峰景房地产公司委托山西国建工程设计有限公司作出的工程预算书认定的价格为2 600多万元，而双方约定价款是按每平方米110元计价，总价1 760万元。这个价格是工程价款，也经过政府协调及双方充分协商，不属于峰景房地产公司所提的价格法律调整范围，故双方关于合同的价款约定应属于有效约定。

关于竣工验收的相关问题。该《集中供热管网工程施工合同》约定自上诉人付款1 000万元起20日内完成全部工程。该工程已如约在2012年11月28日完成并已验收入网供热两年多。峰景房地产公司主张不能成立，依法不予支持。

3. 作者简评

本案纠纷起源于原告峰景房地产公司认为恒光热力公司利用与政府签订特许经营协议所形成的独家经营市场地位，擅自收取供热工程建设费，定价畸高，对其构成合同欺诈，且未经过招投标程序，特许经营协议应属无效。对于招投标问题，鉴于《中华人民共和国招标投标法实施条例》第9条第（三）项规定，"已通过招标方式选定的特许经营项目投资人依法能够自行建设、生产或者提供"，可以不进行招标，而本案中法院认为"工程属于一般短期工程，无证据对该工程有基本的资质"的工程，因此法院认为该恒光公司恰恰是有自行建设和施工能力的，且无需经过招标程序。

对于定价问题，在合同合法有效的情况下，法院认为该等价格已经合同当事人充分协商，应属于有效约定。

四、 启示

【启示】供热工程项目应依法进行资源配置

供热工程还款来源稳定，属于有稳定现金流的经营性项目，也是国家力推的特许经营项目类型之一。住房城乡建设部等部门《关于进一步鼓励和引导民间资本进入城市供水、燃气、供热、污水和垃圾处理行业的意见》（建城〔2016〕208号）明确规定："民间资本可以采取独资、合资等方式直接投资城镇燃气、供热、垃圾处理设施建设和运营。可以采取合作、参股等方式参与供水、污水处理设施建设和经营。具备条件的民营企业可作为专业运营商，受托运营供水、燃气、供热、污水和垃圾处理设施。鼓励民间资本通过政府和社会资本合作（PPP）模式参与市政公用设施建设运营。"

供热PPP工程还款来源通常为采暖用户缴纳的供暖费，用户付费不足部分由政府财政补贴。对于供热工程建设费之收取，各地规定不同。有的地方不允许供热企业向开发商专项收取供热工程建设费，将其并入城市基础设施配套费，纳入政府性基金统一管理。例如2015年9月1日起施行的《青岛市供热条例》第18条规定："供热经营设施（包括供热管道、换热系统和用热计量装置）建设资金，并入城市基础设施配套费，由开发建设单位按照规定缴纳，专项用于供热经营设施的投资建设。"

而特定地区、特定条件下仍然可以直接收取供热工程建设费，例如《青岛市供热条例》第25条规定："未安装供热设施的既有住宅具备集中供热条件，且申请安装供热设施户数达到单元总户数百分之六十以上的，供热单位应当安装供热设施并供热，申请人应当按照规定承担相关供热设施配套建设费用。"黑龙江省物价监督管理局《关于林甸县继续收取供热工程建设费的批复》（黑价经〔2016〕22号）规定："一、收费范围。凡需你县集中供热的新建房屋开发建设单位，扩建、改建新增面积部分的房屋开发建设单位，既有房屋改造并入集中供热管网的用热户。二、收费标准。集中供热工程建设费收费标准为建筑面积每平方米35元……三、收费主体。集中供热工程建设费属经营性收费，收费主体为集中供热单位……四、设施建设。供热单位负责热源厂区外至住宅小区（含工企建筑）内入户井（包括换热站）或者单体建筑用地规划红线的供热设施建设。换热站用房由建设单位按供热单位要求提供，建设和运行费用由供热单位承担。建设单位负责入户井外或者建筑用地规划红线至房屋内的供热设施建设。"

 03 **黄高望与隆林各族自治县平班镇人民政府合同纠纷案**

案例来源：（2009）隆民一初字第877号，（2012）百中民二终字第83号，（2014）桂民提字第28号民事判决。

关键词：用地审批　建筑资质　无效　责任分配

一、 裁判规则

【规则】特许经营合同因未履行立项、规划手续无效的，政府应承担主要过错责任

项目合法合规是特许经营项目的前提，确保项目合法性与可行性是政府的首要义务，项目未履行立项、规划、用地等手续的，政府应承担主要过错责任；社会资本方在未取得合法建设手续前擅自动工建设，未尽谨慎义务，应负次要责任。

二、 审判概览

（一）涉案项目情况

1999 年，隆林各族自治县委乐乡人民政府（以下简称"委乐乡政府"）（委乐乡政府已与原扁牙乡人民政府合并后成立了隆林各族自治县平班镇人民政府，以下简称"平班镇人民政府"）向隆林各族自治县计划局提交了《关于要求审批委乐乡板坝农贸市场项目建议书的报告》。1999 年 9 月 1 日，隆林各族自治县计划局以隆计项字〔1999〕10 号文件批复同意立项。批复指出：计划投资 67.75万元；资金来源：乡政府自筹 7 万元，耕地占用税 18 万元，土地出让金 15 万元，个体工商户集资 27.75 万元；据此批复开展用地规划、设计和落实资金；待资金落实后报经该局列入年度投资计划方能实施。

2000 年 2 月 23 日，在未办理用地审批手续和无工程设计图的情况下，委乐乡政府与未取得建筑施工资质的黄高望签订了《板坝农贸市场协议书》。协议书主要内容：(1)工程项目为土石方开挖、平整场地、片石挡土墙、砼地板、钢架顶棚；(2)工程量见设计图，总造价约为 60 万元；(3)工程由黄高望全部投资，工程竣工后由黄高望向委乐乡政府提出书面工程竣工报告；工程自 2000 年 2 月30 日至 2000 年 7 月 5 日止，总工期为 125 天，属不可抗力因素引起不能施工的，经委乐乡政府认可，工期数予以展延；(4)开发后的新农贸市场的宅基地，均由黄高望自行安排转让，所得转让费用归黄高望所有，作投资的部分资金回笼；(5)黄高望所转让的宅基地，需办的土地转让及建房等一切手续均由委乐乡政府出面办理，办理手续的一切费用由购买方支付；(6)新农贸市场使用后的所有摊位费均由黄高望自己派人收取并归其所有，黄高望收取摊位费的时间为 38 年，从 2000 年 12 月 30 日至 2038 年 12 月 30 日止；(7)黄高望收取摊位费的 38 年内，必须向委乐乡政府上缴的协调费为人民币 3 万元，在新农贸市场场地平整完工后支付 1 万元，到新农贸市场正式使用的两个月内，把所余的 2 万元付清；(8)黄高望在收取摊位费的 38 年内，委乐乡政府必须协助黄高望摊位费的收取工作；(9)双方必须遵守合同的所有条款，如有单方违约，所造成的一切经济损失，均由违约方负全部责任。协议书订立后，黄高望即组织施工，在约定的施工期间内，黄高望未按约定完成地板、钢架顶棚的工程项目。

2002年6月26日，隆林各族自治县水利局作出《关于南盘江板坝河段违章建房停止整治的通知》，通知指出：根据2002年6月17日水利部珠江水利委员会《关于转发国家防办〈关于传达朱总理重要批示的通知〉的函》（珠水政〔2002〕9号）和国家防汛抗旱指挥部《关于传达朱总理重要批示的通知》（国汛办电〔2002〕39号）及自治区、地区关于落实朱总理指示精神的意见，经县四家班子研究部署，对南盘江板坝河段违章建房进行整治，不管是否有手续，凡在建工程一律停工整治，等待处理。此后，黄高望未再进行施工。

2003年5月13日，黄高望向委乐乡政府递交了《关于板坝农贸市场建设工程的竣工报告》，要求委乐乡政府对已于2002年10月竣工的工程进行验收。实际上黄高望并未完成协议书约定的砼地板、钢架顶棚的工程项目，该建设工程实际并未竣工。由于不能办理建房用地手续，导致黄高望未能完全收取宅基地出让金，引发本案诉讼。

（二）审理要览

1. 原告主要诉求

2009年9月17日，黄高望起诉至隆林各族自治县人民法院，认为板坝农贸市场的用地不能办理用地手续，无法按设计的功能经营，造成其投资损失，请求：平班镇政府向其支付工程价款504 600元，支付利息308 723.32元。

2. 审理经过

本案经过一审、二审以及再审程序。一审法院隆林各族自治县人民法院作出（2009）隆民一初字第877号民事判决，判决：平班镇政府给付黄高望工程建设补偿款人民币194 275元；驳回黄高望的其他诉讼请求。

二审法院百色市中级人民法院于2012年9月28日作出（2012）百中民二终字第83号民事判决：驳回上诉，维持原判。

广西壮族自治区人民检察院于2013年11月18日以桂检民抗（2013）93号民事抗诉书向广西壮族自治区高级人民法院提出抗诉。广西壮族自治区高级人民法院于2014年6月13日作出（2014）桂民提字第28号民事判决，判决：撤销百色市中级人民法院（2012）百中民二终字第83号民事判决和隆林各族自治县人民法院（2009）隆民一初字第877号民事判决；平班镇政府赔偿黄高望损失315 925元（平班镇政府应赔偿的数额减除黄高望已收取的土地转让费99 850元和市场摊位费10 000元）；驳回黄高望的其他诉讼请求。

三、 争议焦点的规则解读

【焦点】特许经营合同无效的过错责任如何分配

1. 当事人观点

本案一审原告黄高望认为，其依照与委乐乡政府签订的协议，对板坝农贸市场进行了投资建设，并在工程竣工后向委乐乡人民政府递交了竣工报告，但委乐乡政府迟迟不予办理市场的用地手续。后因委乐乡政府被撤销，板坝农贸市场的用地不能办理用地手续，无法按设计的功能经营，造成其投资损失；其过错在于未取得建筑施工的资质，而无论其是否取得建筑施工资质，合同必然无效，主要原因是该项目的建设在立项及用地审批方面均违规，因此，合同责任和损失在于委乐乡政府而不在黄高望，损失不应由双方共同承担，而应由政府承担。

本案一审被告平班镇政府认为，黄高望起诉标的为工程款，属于建设工程合同范畴，而其与黄高望签订的《板坝农贸市场协议书》并未涉及工程款支付等内容，并非建设工程合同中发包人和承包人关系；黄高望与我方签订的协议书中约定的"土地转让及建房等一切手续由甲方出面办理"，所谓"出面办理"是指我方协助黄高望和协调有关部门配合办理的意思，并非我方负责办理，作为乡级人民政府并不具备有关土地手续的审批权，不可能为黄高望直接办理有关土地转让和建房手续；黄高望在农贸市场完成场地平整后向群众销售宅基地，向各摊主收取摊位费，黄高望的投资中大部分已得到回笼，双方在协议中明确黄高望的投资回报除了宅基地销售收入，还有38年的市场摊位费收取，我方并未阻止黄高望继续收取摊位费，现黄高望要求我方进行全额赔付于法于理均没有依据；农贸市场建设工期自2000年2月30日起至2000年7月5日止，而黄高望直到2003年5月5日向我方提交竣工报告时，连合同约定的砼地板、钢架顶棚等工程项目均未建设，我方不可能组织人员对工程进行验收；板坝农贸市场场地工程属于违法建筑工程，我方作为所在地方基层政府，不可能将板坝农贸市场这一违法建筑作为地方政府法定的农贸市场，不存在黄高望的投资已经物化归属政府且享受增长收益这一事实。

2. 法院观点

隆林各族自治县人民法院一审认为：

委乐乡政府作为板坝农贸市场的建设单位，在未办理建设用地审批手续的情况下，即与黄高望订立工程建设协议书，存在过错。黄高望无建筑施工资质而承揽工程，且在无施工图纸的情况下进行施工，在本案中也存在过错。黄高望与委乐乡政府的过错责任相当。由于委乐乡政府已与原扁牙乡人民政府合并后成立了现今的平班镇政府，应由平班镇政府承担原委乐乡政府的民事责任；由于黄高望与委乐乡政府订立的《板坝农贸市场协议书》违反了《中华人民共和国建筑法》（以下简称《建筑法》）和《中华人民共和国土地管理法》（以下简称《土地管理法》）的强制性规定，属于无效合同，从订立时起就没有法律约束力，且因当事人对利息并没有约定，故黄高望要求给付工程款利息缺少事实和法律依据，不予支持。

百色市中级人民法院二审认为：

《板坝农贸市场协议书》因黄高望的行为违反《建筑法》第26条、委乐乡政府的行为违反《土地管理法》第61条而为无效合同；双方明知本案工程为无建筑资质和无建设立项及用地审批的项目，仍定约履行，企图发生违规项目取得合法使用手续的可能。双方当事人应当同时知道违规投资的工程项目必然发生的风险和责任。因此双方的过错责任相当，对无效合同造成的经济损失共负同等责任。

广西壮族自治区人民检察院抗诉称：

平班镇政府在本案中并无实际损失，黄高望投资建设的农贸市场已经物化为建筑物，并由平班镇政府实际使用，此建筑物的所有权终将归属政府所有，因此，被剥夺了经营权的黄高望才是实际受损人；《板坝农贸市场协议书》性质实为BOT协议，黄高望以工程款主张权利，法院应当适用最高人民法院《关于审理建筑工程施工合同纠纷案件适用法律问题的解释》为处断依据，对于该案虽未办理竣工验收手续但是已经为政府实际使用的建筑物，应当视为验收合格，并按照实际价值向承建方支付工程款；《板坝农贸市场协议书》除了具有建筑合同的内容外，其投融资性质、使用管理与移交内容还同时涉及其他关联法律关系，并非仅以合同法就可全文判断。该BOT协议如果认定无效，则应推定政府责任至大，因为合同有效性的内容涉及的大多是行政审批内容，政府保证其合法性系其天职，黄高望仅应承担谨慎注意的次要义务；生效判决的实体处分将政府的责任减轻一半，将黄高望的责任加重一倍，使得政府因为违规而获得了重大利益。

广西壮族自治区高级人民法院再审认为：

（1）关于合同效力问题。双方在签订合同时，所涉及的项目没有向相关职能部门报建，项目使用的土地也没有获得土地使用权，以及黄高望不具备相应资质，因此双方签订的合同应确定为无效；板坝农贸市场因所处河段整治，被政府确定为违章建筑而停工，此后黄高望未再进行施工，也无法继续完工并经营，所以不存在黄高望将板坝农贸市场竣工向委乐乡政府移交的事实。由于板坝农贸市场在建设之前，本来就是当地一个自发的农贸市场，黄高望停建撤离后，那里仍然以原先的自发状态而存在，黄高望主张平班镇政府已经接管板坝农贸市场没有事实依据。

（2）关于黄高望投资损失如何承担的问题。板坝农贸市场虽然没有最终建成，但黄高望在板坝农贸市场的建设中投入了资金，经评估为608 250元，已经难以通过经营收回，应认定为实际损失；在板坝农贸市场项目建设中，项目的合法性、可行性应为首要的，应是委乐乡政府的义务，由于项目无合法用地，无法获得准建手续，对合同无效委乐乡政府应承担主要过错责任，黄高望不具备相应资质，在未取得合法建设手续前擅自动工建设，未尽谨慎义务，对合同无效造成的损失应负次要责任；综合本案实际情况，作为委乐乡政府权利义务承受人的平班镇政府应承担黄高望在板坝农贸市场建设中投入资金损失70%的赔偿责任，黄高望应自负30%的损失。

3. 作者简评

特许经营项目实践中，"未批先建"等不规范行为在一定范围内仍然存在。有的项目后期可以补办相关手续，但有的项目却难以克服此缺陷，本案纠纷即源于此。一、二审法院均认为社会资本方与政府具有同等过错，但再审法院正确地指出，确保项目合法性与可行性是政府的首要义务，政府应承担主要过错责任。

本案揭示了合同无效的情况下对因合同无效产生的损失的处理方式，在本案中，由于社会资本方所投资建设的项目因建设在河段上而被确认为违章建筑，违章建筑本身是不具有使用价值也无法进行价值鉴定的，也就不能进行折价补偿，因此本案中社会资本方的投入只能作为损失进行处理。而根据《合同法》的规定，合同无效后的损失分担是根据过错程度进行分配的①。这也就是本案中区分政府及社会资本方各自过错程度的原因所在。

四、 启示

特许经营项目的基础是特许经营权本身的合法性，也就是说特许经营权本身必须经合法获得并授予社会资本方。否则整个特许经营项目以及基于特许经营权签订的系列合同的有效性和合法性都会受到影响。

根据《基础设施和公用事业特许经营管理办法》的规定，一般来说特许经营项目要经历以下几个步骤：(1)项目提出部门提出特许经营项目实施方案；(2)完善特许经营项目实施方案，出具特许经营可行性评估报告；(3)政府各部门出具部门书面审查意见；(4)政府审定特许经营项目实施方案；(5)政府授权实施机构实施特许经营项目；(6)实施机构通过竞争方式选择特许经营者；(7)签订初步协议/签订特许经营协议。此外，项目仍然需履行立项、规划、环评、用地等一系列前期手续，社会资本方应重点关注特许经营项目是否已经按照法律规定走完了全部审批流程，并取得相关批复。

根据财政部《关于印发〈政府和社会资本合作模式操作指南（试行）〉的通知》（财金〔2014〕113号）的规定，PPP项目需要由财政部门（政府和社会资本合作中心）会同行业主管部门，从定性和定量两方面开展物有所值评价工作；财政部门应根据项目全生命周期内的财政支出、政府债务等因素，对部分政府付费或政府补贴的项目，开展财政承受能力论证；项目实施机构还应组织编制项目实施方案。

我们建议：无论政府方是否完成相关审批程序，都应在特许经营合同中对项目风险进行约定，比如约定政策法律风险、审批风险等风险由政府方承担，社会资本方仅承担投资建设和运营风险。这样即便因项目审批等出现问题，导致项目无法继续，也可以根据合同主张权利。

---

① 《合同法》第58条："合同无效或者被撤销后，因该合同取得的财产，应当予以返还；不能返还或者没有必要返还的，应当折价补偿。有过错的一方应当赔偿对方因此所受到的损失，双方都有过错的，应当各自承担相应的责任。"

第七章 移 交

01 沭阳恒通水务有限公司与沭阳县人民政府合同纠纷案

案例来源：(2013)苏商初字第0002号，(2014)民二终字第18号。
关键词：污水处理　特许经营　资产回购

一、裁判规则

【规则】特许经营合同对回购依据约定不明的，由法院参酌合同确定

诉讼过程中法院委托的鉴定机构依据法定程序作出的资产价值评估意见应当作为回购依据，合同对于回购依据约定不明的，法院应当参照合同约定探究当事人的真意后确定。

二、审判概览

（一）涉案项目情况

2006年12月12日，沭阳县政府与南京博成环保工程有限公司(以下简称"博成公司")签订《特许投资经营权授予协议书》一份，约定：沭阳县政府授予博成公司投资建设、运营沭阳县第二污水处理厂项目的特许经营权，由博成公司负责在合同约定期限和范围内经营沭阳县第二污水处理厂；每月5日前(节假日顺延)，由园区、环保局及各企业分别安排一名工作人员会同博成公司按实际水量收取各企业前月的污水处理费，欠缴部分由沭阳县政府责成环保局对企业依法进行处罚，并协助博成公司追缴欠款；如环保局处罚不到位，应由环保局垫支欠款。后沭阳县宏达污水处理有限公司(以下简称"宏达公司")于2007年1月27日登记成立，工商登记资料载明孙健任公司总经理，持股比例为30%。

2009年4月30日，沭阳县政府与北京中恒联合建设咨询有限公司(以下简称"中恒公司")签订《特许经营协议》一份。协议约定沭阳县政府应责成环保局和环境监测站对本园区企业的水质进行监测，并且对超标排污单位收取超标排污代处理费，收取的超标排污费全部返还项目公司，所有收费欠缴部分、收取不足部分由沭阳县政府责成环保局对企业进行处罚，并协助中恒公司追缴欠款，如环保局处罚不到位，由开发区管委会从开发区的地方税收分成款中予以支付。2009年7月，中恒公司设立沭阳恒通水务有限公司(以下简称"恒通公司")，上述协议由恒通公司继承。

2009年7月24日，恒通公司与江苏省沭阳经济开发区管理委员会(以下简称"开发区管委会")签订《投资协议》，约定：恒通公司在沭阳县经济开发区化工区投资兴办日处理3万吨污水处理项目，项目用地面积约41.6亩，位于扎下化工区；恒通公司整体收购宏达公司，恒通公司的特许经营权及其他权利和义务(包括水质、水价等)按照与宏达公司原协议执行，原协议未注明的按照国家、地方相关行业规定和相关惯例执行。《投资协议》签订后，恒通公司在沭阳当地投资兴建了污水处理企业的相关设施，并进行了运营。

2011年，恒通公司提交2012年重点流域水污染处理项目中央投资计划项目申报材料。后江苏省发展和改革委员会作出省发展改革委《关于转下达重点流域水污染治理项目2012年第一批中央预算内投资计划的通知》，其中包括恒通公司污水处理项目，投资类别为中央预算内投资，计划下达投资额1 620万元。沭阳县政府确认该1 620万元已到账。

2011年12月13日，恒通公司与沭阳县政府签订《资产收购协议》，约定沭阳县政府收购恒通公司的土地、地面资产、地下工艺管道、机器设备及恒通公司建设的外部管网等；收购价格以双方共同委托单位评估价为准，地面资产、地下工艺管道、机器设备及外部管网按原价值评估，土地价格按原《投资协议》购买价格计算；付款采取分期的方式，三年付清。

2012年2月2日，恒通公司与沭阳县政府进行了资产交接，形成《资产构筑物、设备及资料移交清册》两本，其中一本注明了"初验待确认"。之后，沭阳县政府支付了《资产收购协议》约定的600万元定金。

2012年2月15日，恒通公司、沭阳县财政局与宿迁天园资产评估有限公司(以下简称"天园公司")签订《资产评估业务约定书》，共同委托天园公司对沭阳县财政局收购恒通公司部分资产价值进行评估。2012年4月23日，天园公司出具了天园评咨字(2012)第020号资产评估报告初稿，评估结论为：截至评估基准日2011年12月31日，委托资产评估值8 381.07万元，其中固定资产项下构筑物及其他辅助设施原值为1 773.87万元，固定资产项下办公设备评估价值为13.606万元。恒通公司、沭阳县政府对该初稿评估结论均有异议，天园公司后未出具正式资产评估报告。因双方对资产收购款项数额发生争议，沭阳县政府未再另行支付其他款项。

(二)审理要览

1. 原告诉求

2012年6月20日，恒通公司以沭阳县政府为被告向江苏省高级人民法院提起诉讼，请求判令：沭阳县政府支付资产收购款13 034.163万元，并支付利息346.89万元；沭阳县政府支付污水处理费4 614.947万元，其中超标污水处理费

1 640.37 276万元；沭阳县政府支付节能奖励 1 620 万元；沭阳县政府支付违约金 384 万元。

2. 审理经过

本案经过江苏省高级人民法院一审、最高人民法院二审。

一审审理过程中，江苏省高级人民法院委托江苏中天资产评估事务所(以下简称"中天事务所")进行了司法鉴定，评估结论为：移交清册内资产 322 项，评估价值 2 800.32 万元，清册外资产 31 项，评估价值 141.13 万元。

一审法院判决：(1)沭阳县政府向恒通公司支付 4 640.996 万元(含 1 773.87 万元构筑物及其他辅助设施价值、13.606 万元办公设备价值、2 800.32 万元移交清册内资产价值)，第一年应付的资产收购款 1 720.498 万元，并承担该款自 2012 年 4 月 15 日起至 2012 年 10 月 13 日止按照年利率 5.4% 计算的利息，于 2013 年 12 月 30 日前向恒通公司支付第二年应付资产收购款 610.249 万元，于 2014 年 12 月 30 日前向恒通公司支付第三年应付资产收购款 610.249 万元；(2)恒通公司按规定向沭阳县政府提供 4 640.996 万元资产收购款发票；(3)驳回原告的其他诉讼请求。

二审法院作出(2014)民二终字第 18 号判决：(1)维持江苏省高级人民法院(2013)苏商初字第 0002 号民事判决第二项；(2)撤销江苏省高级人民法院(2013)苏商初字第 0002 号民事判决第三项①；(3)沭阳县人民政府向沭阳恒通水务有限公司支付污水处理费 10 882 310.2 元；(4)驳回沭阳恒通水务有限公司其他诉讼请求。

三、 争议焦点的规则解读

【焦点】合同对资产回购依据约定不明如何处理

1. 当事人观点

一审审理过程中，双方当事人对于天园公司评估报告初稿中"构筑物及其他辅助设施" 1 773.87 万的评估值无异议，对于"办公设备" 13.606 万元的评估值无异议。存在争议的是剩余资产收购价、土地回购价、污水处理费、节能奖励、违约利息等项目。

(1)关于剩余资产收购价

恒通公司认为：清册外资产包括原宏达公司的旧设备，也包括漏点的设备和辅件，根据双方签订的《资产收购协议》，收购范围包括地上和地下所有资产，当然包括清册外资产，恒通公司不可能在厂售人走的情况下，还要保留该部分资产。

沭阳县政府认为：一审法院委托鉴定范围的具体内容是根据双方两本清册

---

① 由于至二审判决之时，第二笔回购款已届付款时限，因此二审法院判决沭阳县政府于本判决生效后 10 日内向沭阳恒通水务有限公司支付《资产收购协议》约定的第二年应付资产收购款 610.249 万元，并按照银行同期贷款利率计付该款自 2013 年 12 月 31 日起至实际支付之日止的利息，但其他付款内容未变。

确定的，可见恒通公司在一审中明确自认清册外资产不在收购范围之内。清册外资产一部分为低值资产，其他大部分为报废品，不符合沭阳县政府的收购目的，不应列入收购资产范围。

（2）关于土地回购价

双方当事人均认可恒通公司曾缴纳土地款114.7374万元，收款单位已退回土地款61.5374万元，恒通公司受让土地使用权的实际价格是53.2万元。

恒通公司认为：收到的退回款项是政府部门给予的奖励，不应在计算沭阳县政府应支付的土地价格中扣除，政府应按照114.7374万元回购。

沭阳县政府认为：因为《资产收购协议》明确约定"土地价格按原《投资协议》购买价格计算"，而《投资协议》约定土地价格为每亩6.4万元，同时签订的《补充协议》约定：达到一定投资条件的，"甲方奖励乙方每亩4.4万元"；可见双方当时约定的土地价格为附条件的每亩2万元，实际上政府也按这个价格收取相关土地费用。因此，政府应按照实际价格53.2万元回购。

（3）关于污水处理费

沭阳县政府认为：恒通公司与政府签订的《投资协议》约定特许经营权及其他权利和义务按照与宏达公司原协议执行，"原协议"即《特许投资经营权授予协议书》，该协议规定污水处理费欠缴部分由沭阳县政府责成环保局对企业依法进行处罚，并协助追缴欠款，如环保局处罚不到位，应由环保局垫支欠款。而恒通公司从未要求环保局对相关欠费企业进行处罚或要求环保局垫支欠款。恒通公司污水处理费实际由沂北公司协助收取，恒通公司并未要求沭阳县政府及相关部门参与收费事项，属于对污水处理费收取方式的变更，沭阳县政府不再承担原约定义务。污水处理费属于恒通公司与排污企业之间的债权债务，属于"收购前发生的经济往来"，与沭阳县政府无关。

恒通公司认为：本案双方当事人实际履行的合同是2009年4月30日中恒公司代签的《特许经营协议》，而不是2006年12月12日博成公司签署的《特许投资经营权授予协议书》。本案已收取的污水处理费都是由沭阳县政府组成的收费小组令企业缴入开发区管委会下属沭阳沂北循环经济产业园建设有限公司（以下简称"沂北公司"），然后由沂北公司支付给恒通公司，这与《特许经营协议》的约定是一致的，该协议规定由政府收取超标排污代处理费。

（4）关于1620万元中央预算内投资款

恒通公司认为：根据国家发改委相关文件，该资金应当归投资者所有。

沭阳县政府认为：该款系国家对纳入重点流域水污染防治规划项目给予的中央投资补助资金，根据相关文件要求，该资金不得补给任何单位或者个人，而必须专款专用于相关配套项目建设。目前恒通公司已将污水处理项目转让，不可能再进行建设，因此对该资金没有使用权。

（5）其他

关于扣除日处理污水量不足部分，被告沭阳县政府申请法院对污水处理设备日处理污水量进行鉴定，认为不足日处理3万吨的，应当扣减相应费用。

关于违约问题，恒通公司认为沭阳县政府应按照全部未付回购款承担违约责任。

2. 法院观点

(1)关于剩余资产收购价

江苏省高级人民法院一审认为：

中天事务所有相应资质，鉴定程序合法，在无相反证据的情况下其鉴定意见应作为定案证据，沭阳县政府应当向恒通公司支付清册内的2 800.32万元，沭阳县政府认为评估价过高不被支持，但清册外资产因未在《资产收购协议》收购资产的范围内，沭阳县政府也不认可收购该部分资产，因此政府亦无需支付该部分对价。

最高人民法院二审认为：

双方在《资产收购协议》中明确约定为清册列明的资产项目，据此沭阳县政府收购的范围应以清册记载资产为准。而清册外资产系司法鉴定过程中盘点出的部分资产，并未登记在原清册范围之内，因此不属于双方当事人达成一致的收购范围。

(2)关于土地回购价

江苏省高级人民法院一审认为：

原告恒通公司未提供证据证明退款是政府对其奖励，因此应当按照53.2万元的实际价值回购。

最高人民法院二审认为：

根据《资产收购协议》，沭阳县政府应以原购买价格回购恒通公司的土地使用权，即应以2万元/亩的价格支付回购款53.2万元，恒通公司要求沭阳县政府按照6.4万元/亩的价格回购其实际以2万元/亩的价格购得的土地使用权，不符合双方合同约定。

(3)关于污水处理费

江苏省高级人民法院一审认为：

原协议规定污水处理费由博成公司收取，欠费由环保局处罚，但恒通公司从未主张过欠费处罚，《资产收购协议》中亦未约定沭阳县政府应支付污水处理费，因此现有证据足以证明沭阳县政府无义务支付污水处理费。

最高人民法院二审认为：

《投资协议》并未明确"宏达公司原协议"系哪份协议，原审法院仅以《投资协议》签订于《特许经营协议》之后即推定恒通公司放弃履行《特许经营协议》，不符合恒通公司的真实意思表示，亦有悖于正常的商业逻辑；《特许投资经营权授予协议书》与《特许经营协议》在污水处理费支付方式的约定方面不存在实质冲突，《特许经营协议》对于恒通公司主张污水处理费的权利约定了更为有利的条款；恒通公司作为污水处理企业，其收回投资完全依赖于污水处理费的收取，此合同中有关污水处理费的条款关涉其重大经济利益，恒通公司有权主张依据《特许经营协议》实现权利。

关于污水处理费金额计算，恒通公司主张以其进水流量计显示数据13 520 792立方米为准，二审法院认为该数据系其单方采录，对方不予认可，不予采信。监控平台数据系恒通公司现场流量计实时传输自动形成，能够真实反映恒通公司的污水处理量。但恒通公司上传数据不完整导致监控平台仅有240天的上传记录，因此二审法院按照240天的记录测算出日平均废水排放量为12 385立方米，再乘以518天的运营时间，计算得出应付未付的污水处理费。

(4)关于1 620万元中央预算内投资款

江苏省高级人民法院一审认为：该1 620万元虽然系以恒通公司名义申报项目而由有关部门拨款，但现恒通公司已经转让了污水处理资产，不可能再按原申报资料载明的用途建设污水处理管网，因此不应由恒通公司享有。

最高人民法院二审认为：该1 620万元款项系国家对于本案污水处理项目给予的投资补助，应当用于项目配套的管网建设，恒通公司不再对项目进行运营，更不可能再对项目配套管网进行投资建设。

(5)其他问题

关于扣除日处理污水量不足部分：江苏省高级人民法院一审认为《资产收购协议》并未约定沭阳县政府收购案涉资产以污水处理设备达到日处理污水3万吨作为条件，故其扣除相应款项的意见不被支持。

关于违约问题：江苏省高级人民法院一审认为第一年应付款项中的未付部分，应按照年利率5.4%支付利息，对于其余款项，不应支付利息，因为其余款项付款时间尚未届至，且沭阳县政府并非恶意阻却付款条件成立，其对评估报告所提异议在后期鉴定中也被证明是合理的，在收购价格未评估确定前，沭阳县政府的付款数额无法确定，其在此情况下未支付后续款项不构成违约。

3. 作者简评

本案核心争点在于投资者与政府方对于回购价格产生分歧，尽管诉前双方委托天园公司进行评估，但除构筑物及其他辅助设施的1 773.87万和办公设备的13.606万外，其他资产评估价值双方当事人均不认可。诉讼过程中，中天事务所司法鉴定评估剩余资产为2 800.32万元，双方当事人均不接受，但法院认为符合法定程序的评估结果就当认可。此外，双方当事人对于地价款回购依据、中央补贴、污水处理费之支付亦存在重大分歧。关于地价款，法院认为只能按照投资人原始取得价款回购，奖励部分不得支付；关于中央补贴，法院认为因投资人不再运营本项目，所以无权获得；关于污水处理费，一审法院认为合同约定不明所以未支持，但二审法院基于合同目的，对此作了积极阐释，认为获得污水处理费是投资人的基本合同权利，但只能支持投资人有证据支持的部分。我们认为本案揭示出投资人在合同缔结和履行过程中的疏漏，如果投资人已将土地奖励、中央补贴等作为财务测算的重要组成部分，则其在合同中应清楚规定该部分应作为回购依据。在运营过程中投资人应详细记录污水处理吨数等数据，保留计费依据。

四、 启示

【启示1】特许经营协议应明确回购或者移交的规则

本案产生纠纷的一大原因是，双方对于回购资产的范围存在争议，政府方只愿意回购《资产清册》内列明的资产。这是特许经营项目的常见情况，因为在特许经营期满后，政府可能并不一定希望全盘回购已经建成的项目设施。但如果政府方有权选择不回购该项目，对于项目公司而言可能是非常重大的风险。因为项目公司不仅将无法继续实施该项目并获得运营回报，甚至无法通过政府回购补偿收回前期投资。鉴于此，在特许经营项目合同中，对于回购和移交的规定一般会比较谨慎。

特许经营协议的移交条款应当根据项目的具体情况明确项目移交的范围，以免因项目移交范围不明确造成争议。移交的范围通常包括：(1)项目设施；(2)项目土地使用权及项目用地相关的其他权利；(3)与项目设施相关的设备、机器、装辂、零部件、备品备件以及其他动产；(4)项目实施相关人员；(5)运营维护项目设施所要求的技术和技术信息；(6)与项目设施有关的手册、图纸、文件和资料(书面文件和电子文档)；(7)移交项目所需的其他文件。

【启示2】国家补贴不属于政府回购支付对价

在特许经营项目中，常见的付费机制主要包括3类：

一是政府付费(Government Payment)，是指政府直接付费购买公共产品和服务。在政府付费机制下，政府可以依据项目设施的可用性、产品或服务的使用量以及质量向项目公司付费。政府付费是公用设施类和公共服务类项目中较为常用的付费机制，在一些公共交通项目中也会采用这种机制。

二是使用者付费(User Charges)，是指由最终消费用户直接付费购买公共产品和服务。项目公司直接从最终用户处收取费用，以回收项目的建设和运营成本并获得合理收益。高速公路、桥梁、地铁等公共交通项目以及供水、供热等公用设施项目通常可以采用使用者付费机制。

三是可行性缺口补助(Viability Gap Funding，简称VGF)，是指使用者付费不足以满足项目公司成本回收和合理回报时，由政府给予项目公司一定的经济补助，以弥补使用者付费之外的缺口部分。可行性缺口补助是在政府付费机制与使用者付费机制之外的一种折中选择。在我国实践中，可行性缺口补助的形式多种多样，包括土地划拨、投资入股、投资补助、优惠贷款、贷款贴息、放弃分红权、授予项目相关开发收益权等其中的一种或多种。

国家补贴通常不构成特许经营项目的付费方式，因此如果在特许经营合同中约定了国家补贴比如政府方积极争取获得某些财政补贴，但如果最终无法获得，社会资本方也不能以此为由主张政府方必须支付该等补贴。

第八章 违 约

01 **大同煤矿集团有限责任公司马脊梁矿与北京紫光投资管理有限公司及被上诉人中国京冶工程技术有限公司合同纠纷案**①

案例来源：(2014)同商初字第 101 号，(2015)晋商终字第 153 号。

关键词：特许经营合同　继续履行　违约责任　优先受偿权

一、裁判规则

【规则】特许经营合同纠纷违约责任的负担应以有证据证明存在违约行为为前提

特许经营合同双方当事人认为对方履行的内容存在瑕疵，应提供相应的证据支持，如无法提供相应证据，应视为违约行为不存在，从而不支持违约责任的诉讼请求，双方当事人按照合同正常履行结算合同价款。

二、审判概览

（一）涉案项目情况

2006 年 10 月 26 日，原告大同煤矿集团有限责任公司马脊梁矿（简称"马脊梁矿"）与被告北京紫光投资管理有限公司（简称"紫光公司"）签订《马脊梁矿矿井水处理厂技术改造建设、运营和移交（BOT）特许经营权合同》（简称"特许经营合同"），约定紫光公司投资人民币 669 万元为马脊梁矿矿井水处理厂进行技术改造，日进矿井水 4 000 立方米，生产成品水 3 000 立方米。投资、建设、运营和整个服务期内，马脊梁矿授权北京紫光公司特许经营权。马脊梁矿也是合格产品水的采购方。合同主要内容为：（1）紫光公司的特许经营期自水厂竣工验收之日起为期 18 年，本项目从开工建设之日起，建设期约为 5 个月；（2）紫光公司应在特许经营期自行承担建设费用、责任及风险，负责本项目的投资、融资、建设、运营、维护等相关活动，并在特许经营期满后无偿移交马脊梁矿；（3）在特许建设期和经营期内，马脊梁矿授予紫光公司拥有本项目的所有财产、

---

① 本案中涉案项目为商业特许经营项目，但法院的裁判思路对基础设施和公用事业的特许经营项目有借鉴意义。

设备和设施的使用权以及本项目用地的使用权；（4）紫光公司可以出于本项目融资的目的质押本合同下的收费权；（5）紫光公司的主要责任：负责所有建设工程，并承担建设工程的所有费用和风险；在整个特许经营期内紫光公司应自行承担费用和风险，负责本项目的管理、运营和修理，紫光公司应保证在整个特许经营期内始终按惯例运营，使本项目处于良好的运营状态并能安全稳定地按照本合同规定出水标准处理矿井水，同时水处理厂的污水外排应符合国家相关排放标准；在源水水量及水质满足本合同相关条款规定的条件下，紫光公司应保证在整个运营期内保持本项目的设计产水能力；紫光公司应将马脊梁矿供应的矿井水进行处理并在达到要求后输送到指定地点，在特许经营期内，紫光公司应将本项目的产水能力全部用于处理马脊梁矿供应给紫光公司的矿井水；（6）马脊梁矿的主要责任：应确保在整个运营期内负责管理与维护水厂厂区外的进水管网及产品水供给管网，将河水（矿井水）免费输送至进水集水池，所供应进水水质满足 4.4.1 和 10.5 款要求；从运营期开始的第一个月起至本合同终止保证按照本合同规定的价格，按月及时足额支付水费，保证对水厂提供源水、单回路足额供电；马脊梁水厂自服务开始日起年日均保证进水量为 4 000 吨/日；水费结算采用"按日计量、按月支付、每半年考核结算"的方式支付，月水费＝（水费单价×月供水量）－月应扣减的水费，日供水量不足 2 400 吨时，按 2 400 吨计算，超过 2 400 吨按实际处理量计算，水费单价为 3.5 元/立方米。

2007 年 3 月 2 日，被告紫光公司将马脊梁矿井废水处理回用工程发包给第三人中国京冶工程技术有限公司（简称"京冶公司"），双方签订总承包合同，约定总工期为 4 个月，合同总价为 650 万元，项目全部资金由承包方京冶公司垫付，发包方紫光公司以项目的特许权为抵押，工程竣工后 3 年内向京冶公司按月分期偿还，若紫光公司不能及时偿还，则将用水单位支付给紫光公司的当月水费的 2/3 直接支付给京冶公司。该工程于 2007 年 9 月 8 日竣工验收合格。污水处理厂于 2007 年 11 月正式运营，期间被告紫光公司与第三人京冶公司签订委托运营协议，被告委托第三人运营马脊梁矿污水处理厂。2013 年 6 月 24 日，第三人就其对被告设定的马脊梁矿矿井废水处理回用水特许经营应得的月供水水费收入的 2/3 的质押权在中国人民银行征信中心进行了登记。

合同签订后，被告按约向原告供水，截至 2010 年 7 月，被告认可原告共向其支付水费 8 911 325 元。污水处理厂运营期间，第三人多次向原被告发出律师函催要欠款并要求行使质押权，同时要求被告履行大修义务，更换超滤膜、反渗透膜，被告一直未予更换，第三人于 2011 年 10 月 15 日停止对污水处理厂的运营。

京冶公司曾向北京市海淀区人民法院起诉紫光公司，要求其支付拖欠的工程款 450 万元，紫光公司未到庭应诉，北京市海淀区人民法院于 2014 年 8 月 18 日作出（2014）海民初字第 3612 号民事判决，判决紫光公司给付京冶公司工程欠款 450 万元及利息。紫光公司不服，上诉至北京市第一中级人民法院，双方在二审期间经法院主持调解，达成调解协议，紫光公司偿付京冶公司400万元。

第三人京冶公司曾因应收账款纠纷向北京市海淀区人民法院起诉原告马脊梁矿和被告紫光公司，要求马脊梁矿给付欠款450万元，紫光公司赔偿利息损失并承担连带清偿责任。北京市海淀区人民法院受理该案后，第三人京冶公司又向该院撤回起诉。

（二）审理要览

1. 原告主要诉求

原告马脊梁矿起诉至大同市中级人民法院，认为：被告紫光公司供水水质不符合合同要求，且未能按合同约定向原告供水，已构成违约，并给原告造成巨大经济损失，应支付违约金8 316 600元。

被告反诉称原告违反合同约定未按时支付水费，最终导致运营管理方即第三人以被告无力支付人员工资及相关费用为由停止对水厂的运营，故原告应向被告支付违约金300万元。

第三人京冶公司主张其对原告向被告支付水费收入的2/3享有优先受偿权。

2. 审理经过

本案经过一审和二审程序。一审法院大同市中级人民法院作出（2014）同商初字第101号民事判决，判决马脊梁矿于本判决生效后10日内向紫光公司支付水费3 608 175元，第三人京冶公司对马脊梁矿向紫光公司支付水费收入的2/3即2 405 450元享有优先受偿权；紫光公司继续履行特许经营合同，于本判决生效后30日内向马脊梁矿恢复供水；驳回马脊梁矿与紫光公司的其他诉讼请求。

二审法院山西省高级人民法院于2016年6月3日作出（2015）晋商终字第153号民事判决，认定原审基本事实清楚，适用法律正确，原审二上诉人的上诉请求均予以驳回，二上诉人应按照原审认定继续履行特许经营权合同。判决：驳回上诉，维持原判。

三、 争议焦点的规则解读

【焦点】特许经营合同双方当事人违约责任确认依据是什么

1. 当事人观点

马脊梁矿认为，紫光公司既没有供水吨数的证据，更没有马脊梁矿收到产品水的证明，不能仅凭合同中的计算公式要求其支付水费；特许经营合同中明确规定紫光公司在水厂消毒单元出水处安装经专业部门检验合格的流量计，并按照国家规定定期检验，进行处理达标后的实际产水量的计量。因此，被上诉人紫光公司向我矿主张水费，就应当按照合同要求举证证明向我矿供了多少水；所供产品水是否合格，应由紫光公司举证；根据《特许经营合同》，本项目出水水质应经专业机构定期检验，费用由紫光公司负担，标准执行国家最新颁布的《生活饮用水卫生标准》，但紫光公司生产出的水水质和井下水一样，并未达到合同要求的饮用水标准；紫光公司供水水质不符合合同要求，未能按合同约定向其供水，突然将管理人员撤离，使马脊梁矿不得不重新铺设管路解决用水需求，损失巨大，紫光公司应偿付违约金。

紫光公司认为马脊梁矿拖欠水费只是造成水厂停运的一个原因，造成水厂停运的另外原因系其提供的进水水质严重超标，紫光公司按照原有进水水质标准设计的污水处理系统已不能正常运行。根据《特许经营合同》第10.7款的规定，因进水水质不符合合同规定的标准，需要进行技术改造，由上诉人提出申请经被上诉人同意后实施，因改造增扣的运营成本和资本支出，上诉人有权从被上诉人处获得补偿。关于因水质超标需要进行技术改造的申请，上诉人已多次向被上诉人提出，但被上诉人均未予以回应，故按照合同约定，只有被上诉人同意改造并支付相关费用的情况下，水厂才能正常运营。因此紫光公司没有依据应向马脊梁矿恢复供水。

关于紫光公司提出的进水水质存在问题导致无法处理，马脊梁矿认为其引用的合同条款专门避开了出水水质为饮用水的条款，只是提出了改造的运营成本和投资，而改造是紫光公司的技术改造，马脊梁矿是事后补偿，并不是投资。

2. 法院观点

大同市中级人民法院一审认为：

《特许经营合同》为有效合同，双方均应依约履行各自的义务。现紫光公司未能保证水厂的正常运营，马脊梁矿亦未按约履行支付水费的义务，双方均应当承担继续履行合同的违约责任。

马脊梁矿并未提供证据予以证实其已支付的水费，而紫光公司主张依据《特许经营合同》计算公式计算应付水费数额符合合同约定，紫光公司主张马脊梁矿向其支付水费 3 608 175 元的诉讼请求成立，予以支持；根据合同约定，紫光公司应保证在整个运营期内保持本项目的设计产水能力，马脊梁矿支付水费后，紫光公司应继续向原告供水，恢复污水处理厂的运营，马脊梁矿要求被告继续供水的主张成立。马脊梁矿主张紫光公司供水水质不符合合同要求，其并未提供相应证据予以证实，按合同约定，被告应提供水质检测报告，被告辩称其供水水质已达标，亦未提供相应的证据，双方均应承担举证不力的法律后果，因此违约金部分不予支持。

山西省高级人民法院二审认为：

对于支付违约金的问题，紫光公司提供的出水水质及马脊梁矿提供的进水处理水质是否达标和符合合同要求，是本案构成根本违约的重要条件。马脊梁矿主张紫光公司没有提供合乎约定的出水水质导致严重影响该矿的生产生活和无法估量的经济损失，但其没有有效证据证明紫光公司提供的出水水质存在未达标的情形；同时上诉人紫光公司主张马脊梁矿拖欠水费构成违约应承担违约责任，但是也没有有效证据证明马脊梁矿提供的进水水质存在未达标的情形，双方均应承担举证不能的法律后果。

对于支付水费的问题，《特许经营合同》中明确约定每月一结算，月供水量不足 2 400 吨以 2 400 吨结算，超过的按实际处理量计算。这样的约定是涉及规模和流量的挂钩，是 BOT 合同常规条款。紫光公司月供水水费结算在合同中的约定明确具体，应以合同约定的供水量及依水费的结算办法结算水费额。马脊梁矿认为紫光公司没有提供供水吨数，仅凭合同中的计算公式违背事实是不当的，但无相应有效证据予以否定，故原审法院认定并无不当。

3. 作者简评

本案纠纷缘起于马脊梁矿未按合同约定支付水费，而矿方认为拒付水费原因在于紫光公司未提供合格水产品，紫光公司却认为矿方未提供合格进水水质。终审法院正确地认定任何一方当事人均未提供对方违约的证据，因此违约行为不予认定，马脊梁矿应按照合同约定支付应付未付的水费。

四、 启示

【启示】社会资本方应重视投后管理，确保使用者付费能够真正到位

我们注意到本项目失败的主要原因可能在于进水水质超过设备设计进水标准，而改造费用较高。因此，我们认为投资人项目前期论证中可能存在失误，未能对进水水质进行摸底调研。在缔约阶段，也未对水质不达标的处理措施作出详细约定，尽管合同约定"因进水水质不符合合同规定的标准，需要进行技术改造，由紫光公司提出申请经马脊梁矿同意后实施，因改造增加的运营成本和资本支出，紫光公司有权从马脊矿梁处获得补偿"，但是对于马脊梁矿不予答复的情形却未加约定。事实上，争议由此发生，紫光公司认为马脊梁矿未同意改造，因此未实施改造；而马脊梁矿认为紫光公司应先行垫付费用改造，因其对改造之同意，并不意味着其需对改造进行投资。此外，在项目执行阶段，双方当事人均未进行严格的项目管理，对于进水水质超标的情况，紫光公司未采取委托第三方鉴定等方式留存证据，而马脊梁矿亦未能对出水水质不合格留存证据。

据此，我们认为本项目之启示在于：特许经营项目投资前期应做好充分市场调研与财务测算，对于使用者付费项目，特别要重视投后管理，确保合同执行阶段应工程签证、运营证据保存。

02 **天津福特斯有限公司与天津市蓟县供热服务中心占有物返还纠纷案**

案例来源：（2014）津高民一初字第 0023 号，（2015）民一终字第 105 号。

关键词：供热 返还 所有权 赔偿

一、 裁判规则

【规则】特许经营合同无相反约定的，政府方依法享有市政工程的所有权

供热管道及设施设备并非一般的民事交易标的物，具有一定的区域规划性和社会公益性。对于其所有权之归属，应当有特别约定。双方当事人如未约定，那么建设运营供热管道及设备的公司不可取得所有权，应由代表政府方的供热中心享有所有权。

二、审判概览

（一）涉案项目情况

2008 年 11 月，天津市供热管理办公室（以下简称"供热办"）与天津市华奥供热有限责任公司（以下简称"华奥公司"）就天津市蓟县宝塔路锅炉房 2008—2009 年度供热运行和建设维修管理工作签订《协议书》。《协议书》约定，华奥公司负责宝塔路供热站的建设维修、运行和经营管理工作，履行与用热单位及业主签订的《供热协议书》及《供用热合同》，保证供热质量。后双方补充约定，供热办应保护华奥公司享有的权益和利益，授权华奥公司对用热单位及用热人拒不履行《供热协议书》《供用热合同》及私改供热设施和未经乙方同意擅自更改供热设施的予以停暖，诉讼追偿损失的权利。且供热办出具《授权委托书》，委托华奥公司作为其代理人，主要权限为：与用热单位及用热人签订及履行《供热协议书》《供用热合同》，按照蓟县物价局文件收费标准来收费。

同年 11 月 23 日，供热办与华奥公司签订《补充协议（二）》约定，华奥公司收缴的供热工程建设费用用于供热设施建设投资，所有权归于华奥公司所有，不上缴供热中心。

2012 年 11 月至 12 月间，众多用热业主反映华奥公司运营的宝塔路供热站供热温度不达标。2012 年 12 月 31 日，天津市蓟县应急管理办公室决定启动供热应急预案，责成天津市蓟县供热服务中心（以下简称"供热中心"）负责恢复宝塔路供热站供热范围内的正常供热工作。由此，供热办与华奥公司发生争议。在协商过程中，华奥公司曾向行政主管部门报送请示，请求转让诉争供热设施。

2013 年 7 月 28 日，天津福特斯有限公司（原名世纪力泰公司，以下简称"福特斯公司"）与华奥公司签订《蓟县宝塔路供热站资产买卖合同》，约定华奥公司整体出卖其名下蓟县宝塔路供热站资产，供热站配电设施等资产所有权、使用权、经营权、收费权全部归福特斯公司所有。

2013 年 9 月 5 日，供热中心向天津市蓟县人民法院提起诉讼。9 月 27 日，供热中心针对前述宝塔路供热站供热设施提出先予执行申请。2013 年 9 月 29 日，蓟县法院作出民事裁定，裁定华奥公司向供热中心交付宝塔路供热站供热设施。2013 年 10 月 10 日，供热中心依照已生效的先予执行裁定，实际接收占有宝塔路供热站供热设施。2013 年 11 月 19 日，蓟县法院作出（2013）蓟民二初字第 710 号民事判决，支持了供热中心提出的诉讼请求。华奥公司不服该判决，向天津市第一中级人民法院（以下简称"天津一中院"）提起上诉。2014 年 2 月

19 日，天津一中院作出（2014）一中民二终字第 22 号民事判决，驳回上诉，维持原判。华奥公司以"原审法院将福特斯公司排除在诉讼之外，遗漏当事人"为由，申请再审。天津市高级人民法院（以下简称"天津高院"）经审查认为福特斯公司既非合同相对人，亦非必须参加诉讼的当事人，遂于 2014 年 8 月 15 日作出（2014）津高民申字第 0812 号民事裁定，驳回了华奥公司的再审申请。此后，福特斯公司亦提出再审申请。天津高院经审查认为，供热设施的财产权属等问题不属于原审审理范围，原两审法院已明确告知当事人另行解决，福特斯公司以华奥公司资产受让人的名义主张供热设施的财产所有权，不属于再审审查的范围。

对此，福特斯公司提出反对。理由在于，2013 年 7 月 28 日，福特斯公司与华奥公司签订《蓟县宝塔路供热站资产买卖合同》，主要约定：华奥公司将出卖其名下蓟县宝塔路供热站设施，福特斯公司支付相应款项。因此，福特斯公司认为，供热设施所有权已归属己方所有，供热中心占有供热设施之行为属于侵权，应当返还，而且应赔偿因此造成之损失。

（二）审理要览

1. 原告诉求

福特斯公司的诉讼请求为：（1）供热中心立即返还福特斯公司供热管道及设施、设备的经营权、使用权，并赔偿自 2013 年 10 月 8 日至 2014 年 10 月 7 日期间的经营损失 550 万元；（2）如不能返还，供热中心向福特斯公司支付投资损失 26 358 万元；（3）诉讼费用由供热中心承担。2014 年 10 月 13 日，福特斯公司变更诉讼请求，具体内容为：（1）撤销原第一项诉讼请求中赔偿损失的要求；（2）变更原第二项诉讼请求为如不能返还，供热中心向福特斯公司支付投资损失 32 840 万元；（3）第三项诉讼请求不变。

2. 审理经过

本案经过天津市高级人民法院一审、最高人民法院二审。

天津市高级人民法院于 2015 年 3 月 16 日作出（2014）津高民一初字第 0023 号民事判决，判决驳回福特斯公司的诉讼请求。福特斯公司不服上诉，最高人民法院作出（2015）民一终字第 105 号判决，认为福特斯公司的上诉请求缺乏事实及法律依据，不予支持。判决：驳回上诉，维持原判。

三、 争议焦点的规则解读

【焦点】政府方应否向第三方返还案涉供热管道及设施设备的经营权、使用权

1. 当事人观点

本案一审原告福特斯公司认为，福特斯公司基于与华奥公司的合作协议和买卖合同已经取得出资、施工、建设宝塔路供热站的合伙人身份，享有案涉资产共同所有权，在供热中心依据另案先予执行裁定占有案涉资产前也已实际占有了该资产。供热中心对其占有的资产没有分文投资，却占有了福特斯公司数亿元财产。另案相关生效法律文书对供热中心占有供热站资产、设施设备等财产如何依法补偿亦没有认定和处理。

本案一审被告供热中心认为，法院基于已经生效的法律文书，确认供热中心对案涉供热设施资产具有合法的占有权，符合法律规定。福特斯公司在另案先予执行程序中既未提出异议，也没有向法院主张权利，亦不能证明其系案涉供热设施设备的合法占有人。华奥公司基于供热中心的委托，从用热单位收取建设费并由此投资形成的本案供热设施设备等资产，并非华奥公司自有资产，其亦无权转让给福特斯公司。

2. 法院观点

天津市高级人民法院一审认为：

首先，福特斯公司提供的证据仅能证实其与华奥公司存在买卖合同关系，而无法证实其确已实际占有的事实；其次，供热中心于2013年10月通过先予执行程序实际占有了讼争供热设施设备。依照福特斯公司与华奥公司之间的约定，福特斯公司此时已取得讼争供热设施设备的所有权、使用权。而福特斯公司在此期间既未就先予执行措施提出异议，亦未针对讼争供热设施设备主张权利，仅是华奥公司为维护其权利于2013年12月向蓟县人民政府提出异议，要求供热中心返还供热设施设备并赔偿损失。福特斯公司与华奥公司的前述行为，既与其主张的《蓟县宝塔路供热站资产买卖合同》的履行等事实存在矛盾，亦有悖常理。故福特斯公司主张其系讼争供热设施设备的原占有人，缺乏事实依据，不能成立。

最高人民法院二审认为：

从福特斯公司在本案一、二审过程中所持诉讼理由看，其提出该诉讼请求的基础在于，其已经享有案涉供热管道及设施设备的所有权并在供热中心基于另案先予执行程序取得"占有"之前即已实现了"占有"。

福特斯公司认为其已享有案涉供热管道及设施设备的所有权的主要依据是，它与华奥公司签订并履行了合作协议及买卖合同。但是，供热管道及设施设备不是一般的民事交易标的物，具有一定的区域规划性和社会公益性。在供热办与华奥公司所签《协议书》以及相关《授权委托书》中，双方当事人对标的物所有权问题并未作出明确约定，但从其中均明确载明华奥公司享有的负责宝塔路供热站的建设维修、运行、经营管理及供热收费等权利内容看，得不出华奥公司据此取得案涉供热管道及设施设备所有权的结论。如华奥公司都不享有所有权，那么福特斯公司更不可以基于买卖合同而获得所有权。在福特斯公司能否取得案涉供热管道及设施设备所有权问题上，应作不能超越华奥公司所享有权利边界的解释。《物权法》第30条规定，因合法建造、拆除房屋等事实行为设立或者消灭物权的，自事实行为成就时发生效力。具体到本案，该条规定所称"合法建造"之事实行为，应依有关行政主管部门审批而定。本案中，福特斯公司并未就其所称投资建设系根据当地相关政府职能部门批准所为提供证据。福特斯公司认为其与华奥公司签订并已履行了买卖合同，其对讼争标的物享有权利，但在蓟县法院先予执行过程中，其并未提出异议。不仅如此，在前述买卖合同已经履行完毕且其认为对讼争标的物享有权利的情况下，向蓟县人民政府报送《关于供热中心支付、收购宝塔路供热站资产转让金的请示》的主体仍然为华奥公司。在供热中心系依据生效裁定合法占有案涉供热管道及设施设备，且福特斯公司没有提供充分证据证明其已实现占有的情况下，对福特斯公司的主张，本院不予采信。

关于供热中心应否赔偿福特斯公司投资损失，供热中心应否赔偿损失以应否返还供热管道及设施设备的经营权、使用权为基础，如果应当返还但是不能返还，供热中心才应承担相应赔偿责任。如前所述，供热中心对福特斯公司不负有返还案涉供热管道及设施设备的经营权、使用权的民事责任，据此，供热中心不应赔偿福特斯公司损失。

3. 作者简评

本案争议焦点是供热中心应否返还供热设施的使用权、经营权。但是，欲解决此问题，必须先解决福特斯公司是否获得供热设施所有权问题。福特斯公司所有权之取得有两种主张路径，一是继受华奥公司所有权；二是因建造而原始取得。对于第一条路径，最高人民法院认为在华奥公司本不对案涉资产享有所有权的前提下，福特斯公司自然亦无所有权。对于第二条路径，虽然根据建造等事实行为可以获得所有权，但前提应是"合法建造"，但本案中没有证据显示福特斯公司之建筑行为是经过政府批准，因此不满足条件，不可以根据事实行为获得所有权。

此外，至于供热设施权属之问题，最高人民法院认为不可以简单按照一般动产与不动产物权变动模式来解决，而应考虑供热设施有一定的区域规划性和社会公益性。据此，对于供热设施之归属，如合同之中没有明文规定，就应当确认供热设施由供热中心享有所有权，而不会出现相反的情况。

四、 启示

【启示】特许经营项目合同应明确标的资产的所有权归属

根据《物权法》一般理论，动产物权因交付而转移，不动产物权因登记而转移。另外，因合法建造等事实行为也可以获得物权。但是，上述理论都有一个前提，即此类物权都只是涉及私益。对于供热设施等涉及公共利益之物品，《物权法》一般理论就不是必然适用了，而是应看政府与私人企业之间合同具体如何约定。

特许经营项目履行过程中，社会资本方出于避税的考虑可能不愿意取得项目资产所有权；而有的政府方出资代表为了强化对项目的控制，有时要求将项目立在其名下；有的项目土地由政府向其下属平台提供，并不直接交由项目公司所有，根据"房随地走"的原则，加之土地证与房产证二证合一，实务中项目资产产权可能随之办至政府指定平台名下。在特许经营项目合同对项目资产权属未作明确约定的情况下，我们认为以上情况都可能为将来可能的纠纷埋下伏笔。本案判决显示最高人民法院的立场是：当合同未做约定，为了社会公共利益而考虑，防止由私人掌握此类设施造成对公共利益的损害，就应认为它们由政府等公权力机关享有。当然，有的特许经营项目合同直接约定政府对项目资产具有所有权，即使未约定政府所有权的情况下，特许经营合同对于项目资产处置通常也有限制，禁止社会资本方随意转让、处分项目资产，否则将构成重大违约，政府方有权解除合同。

本案争议之所以产生，在于华奥公司与供热中心的合同未对项目资产的权属和处置作出具体约定，华奥公司将项目转让给第三方，在政府方主张收回项目时，第三方便出现损失，法院的观点是福特斯公司无权向供热中心主张权利，而只得向华奥公司主张违约责任。我们赞成这一判决思路，由此也可以得出一点启示：社会资本方在对基础设施和公用事业项目进行投资时应注意防范权属纠纷，尽管福特斯公司在与华奥公司签约时，供热中心尚未起诉，但双方纠纷并非一日酿成，在法律尽职调查的过程中应该可以通过外部调查访谈获取相关信息。

03 广汉市三星堆汽车客运服务有限公司与广汉市人民政府投资合同纠纷案

案例来源：（2008）川民初字第 39 号，（2009）民二终字第 37 号。
关键词：汽车客运　合同解除　可得利润损失

一、裁判规则

【规则】因政府方违约社会资本方主张可得利润损失的，应存在合同明确约定

可得利润主张应有法律或合同依据，在合同没有约定，同时也无证据证明符合法律规定的情形的情况下，可得利润的主张不能得到支持。

二、审判概览

（一）涉案项目情况

2003 年 12 月 29 日，广汉市人民政府与广汉市三星堆汽车客运服务有限责任公司（以下简称"三星堆客运公司"）签订了《广汉市三星堆汽车客运站项目建设经营投资合同书》，约定：该项目总投资规模约 3 300 万元；广汉市人民政府授予三星堆客运公司特许经营三星堆汽车客运站 40 年，引入三星堆客运公司对该项目的建设、经营进行独家全额投资；该项目的建设时间自合同签订生效之日起至2004年12月31日止，若因三星堆客运公司遭遇不可抗力事件和客观障碍的发生影响工作进度，投入经营的时间应予以顺延，并不视其违约；特许经营权起止时间为自2004年12月31日至2044年12月31日；三星堆客运公司对三星堆汽车客运站40年特许经营权届满后，将广汉市人民政府授予的40年经营权及汽车客运站内的所有不动产和土地使用权以及与汽车客运站经营有密切联系的动产无偿地交付广汉市人民政府；广汉市人民政府保证无偿赠送汽车客运站使用"三星堆"的冠名权，其无偿使用期限与特许经营权40年同步；广汉市人民政府保证在合同签订后10个工作日内，向三星堆客运公司提供"撤销现有3个汽车站"即"三站合一"、特许经营权、项目立项报告、项目环境影响评价的相关文件，待三星堆客运公司的新汽车客运站建成正式经营前3个月内，广汉市人民政府负责将广汉全市汽车客运站的经营权无偿移交给三星堆客运公司，且绝对保障其在特许经营40年期间内，独家享有经营广汉市汽车客运站的经营权（乡镇客站除外）；广汉市人民政府就建设经营所需的46亩土地，保证其土地性质为综合用地，以有偿出让方式出让给三星堆客运公司综合开发利用；三星堆客运公司严格按照国家交通部一级汽车客运站的标准进行建设，按相关法律、法规的规定进行经营；任何一方违约均由违约方向守约方支付合同总标的额5%的违约金，若违约金不足以弥补受损方的直接损失和间接损失，则由违约方另行按第三项计算公式赔付受损方的赔偿金（第三项为在本合约40年的履行过程中，除不可抗力外，若广汉市人民政府单方面提出终止合同的履行，广汉市人民政府除按三星堆客运公司实际投入的本息全额赔偿外，还应无条件地赔偿剩余经营年内的可得利益，可得利益标准：按该事由发生时前两年三星堆客运公司实得年平均收入×剩余的年限计付）。2005年1月26日，广汉市人民政府与三星堆客运公司签订了《补充协议》，约定：由于客观原因的变化，协议约定的时间内车站未建成投用，双方协商一致，将竣工投用时间推后至2005年12月31日。

2004年6月18日，广汉市国土资源局与三星堆客运公司签订了《国有土地使用权出让合同》，约定广汉市国土资源局在2004年5月31日前，将出让土地交付给三星堆客运公司，三星堆客运公司未按合同约定支付土地出让金。

2006年5月25日，三星堆汽车客运站工程通过竣工验收。同年8月，三星堆客运公司编制了三星堆汽车客运站接手经营方案。2007年9月25日，广汉市交通运输管理处向三星堆客运公司出具了站级复核意见，希望三星堆客运公司对9项内容尽快完善投入使用。

2004年12月21日，广汉市人民政府向国家开发银行出具了广府函〔2004〕57号函，同意三星堆客运公司以其享有的40年汽车客运特许经营权向国家开发银行提供质押，广汉市交通局为登记部门；如三星堆客运公司不能按时偿还贷款本息，在变卖其财产及担保人担保财产仍不足偿还贷款本息时，广汉市人民政府同意公开拍卖剩余年限的特许经营权用于偿还受偿不足部分贷款本息，其余部分归广汉市人民政府所得。同年 12 月 22 日，三星堆客运公司与国家开发银行签订了《借款合同》，以 3 种方式提供担保，其中第三种为：由出质人三星堆客运公司以其三星堆汽车客运站特许经营权提供质押担保，质押登记部门为广汉市交通局。同年 12 月 28 日，广汉市交通局以广交运〔2004〕299 号文件向国家开发银行四川省分行出具了三星堆汽车客运站特许经营权登记证明。广汉市原有的 3 个车站至今未撤销，三星堆汽车客运站至今未投入运营。

2004 年 4 月 9 日至 2006 年 8 月 22 日，三星堆客运公司多次向广汉市人民政府书面反映村民因拆迁安置问题阻挠施工、围墙修建工作因此受阻、场地未能按时交付、出站口道路修建问题、投入使用前接手经营权问题及"三站合一"问题等，广汉市人民政府均未予以回复。2008 年 7 月 10 日，三星堆客运公司向广汉市人民政府邮寄送达了其于同年 7 月 8 日出具的解除《广汉市三星堆汽车客运站项目建设经营投资合同书》的通知函，认为因广汉市人民政府严重违约，致其在长达两年多的时间里无法经营，造成了巨额损失；鉴于广汉市人民政府的违约事实至今存在，使合同目的无法实现，故依据《合同法》的规定正式宣告解除合同。

（二）审理要览

1. 原告主要诉求

三星堆客运公司向四川省高级人民法院提起诉讼，请求判令：广汉市人民政府立即接收三星堆汽车客运站的全部资产；广汉市人民政府赔偿三星堆客运公司实际投资 3 988.840 336 万元及相应利息（利息按照银行同期贷款利率计算，从 2006 年 9 月 30 日起至支付之日止）；广汉市人民政府赔偿三星堆客运公司 2006 年 9 月 30 日之后支付的银行利息及其他支出 299.853 414 万元（暂计至 2008 年 9 月）；广汉市人民政府给付三星堆客运公司违约金 165 万元；广汉市人民政府赔偿三星堆客运公司可得利润损失 5 796.8 万元。

2. 审理经过

本案经过一审和二审程序。一审法院四川省高级人民法院作出（2008）川民初字第 39 号民事判决，判决解除广汉市人民政府与三星堆客运公司签订的《广汉市三星堆汽车客运站项目建设经营投资合同书》；广汉市人民政府在判决生效后两个月内，赔偿三星堆客运公司投资损失 3 396.873 399 万元及利息（利息按中国人民银行同期流动资金贷款利率计算，从 2006 年 9 月 30 日计算至支付之日止）；广汉市人民政府赔偿损失后，由其接收三星堆汽车客运站的全部资产；广汉市人民政府在判决生效后 30 日内，支付三星堆客运公司违约金 165 万元；驳回三星堆客运公司的其他诉讼请求。

二审法院于 2009 年 7 月 11 日作出（2009）民二终字第 37 号判决，认为一审判决认定事实清楚，适用法律正确，应予维持。判决驳回上诉，维持原判。

三、 争议焦点的规则解读

【焦点】合同解除后社会资本方是否有权主张可得利润损失

1. 当事人观点

三星堆客运公司认为：根据《合同法》第113条的规定，合同依法解除后，三星堆客运公司有权要求违约方赔偿可得利润损失，这项权利首先是基于法律的明确赋予，而不是以双方当事人是否有约定为前提；广汉市交通局于2003年3月编制了《广汉市三星堆汽车客运站可行性分析报告》，该份证据充分证明广汉市人民政府在签订合同时，已经清楚地认识到如果合同能够得以履行，三星堆客运公司每年可以获得的经营利润是362.3万元。广汉市人民政府应当按照362.3万元/年的标准赔偿三星堆客运公司可得利润损失。

广汉市人民政府认为：合同履行过程中，三星堆客运公司存在未按合同约定支付土地出让金，未按合同约定的时间将三星堆客运站修建完毕并投入使用，未依法修建三星堆客运站等违约行为，即使广汉市人民政府在履行合同中有瑕疵，三星堆客运公司没有守约，广汉市人民政府也不应当向其承担违约责任；三星堆客运公司不愿意经营三星堆客运站而要求解除合同，双方签订的投资合同并未约定三星堆客运公司单方解除合同时对方应当赔偿可得利润损失；三星堆客运公司对可得利润的计算依据是广汉市交通局盖章的《可行性分析报告》，广汉市人民政府已举证证明该报告是三星堆客运公司的前身德阳市龙盛运业有限公司融资，自己制作要求广汉市交通局盖的章，其目的是为了融资而不是双方签订投资合同书时用于计算可得利润。

2. 法院观点

四川省高级人民法院一审认为：

三星堆客运公司与广汉市人民政府签订的本案所涉协议，是双方的真实意思表示，不违反法律和行政法规的禁止性规定，合法有效，双方均应按照协议约定履行自己的义务。

(1)关于广汉市人民政府是否存在违约行为的问题。

按照合同的约定，在三星堆客运公司新汽车客运站建成正式经营前3个月内，广汉市人民政府应负责将广汉全市汽车客运站的经营权无偿移交给三星堆客运公司，且绝对保障其在特许经营40年期间内，独家享有经营广汉市汽车客运站的经营权(乡镇客站除外)。三星堆客运公司新汽车客运站于2006年7月3日验收合格，该公司于2006年8月制定了接手经营方案，广汉市人民政府即应当及时履行"三站合一"、移交独家特许经营权的义务。虽然广汉市人民政府为三星堆客运公司贷款出具了函件，同意其用40年的独家特许经营权作质押贷款，但是经三星堆客运公司多次催告后，广汉市原有的3个车站仍在运营，并没有撤销或将经营权移交给三星堆客运公司，三星堆客运公司至今没有实际享有该市汽车客运站的独家特许经营权。现广汉市人民政府主张三星堆汽车客运站不具备营运条件，但没有提供证据予以证明，其主张不能成立。广汉市人民政府构成违约，应依法承担违约责任。

（2）关于双方签订的投资合同是否应当依法予以解除的问题。

双方在合同中约定：任何一方违约，均由违约方向守约方支付合同总标的额5%的违约金。因此，三星堆客运公司主张广汉市人民政府应当按照合同约定支付165万元违约金的请求成立，依法应予支持。根据《合同法》第97条，广汉市交通局委托四川同兴达会计师事务所有限公司所作的资产总计为3 988.840 336万元，实际完成投资额为3 396.873 399万元，广汉市人民政府应当赔偿该投资损失及其利息。双方在合同中约定了违约金的计算方法，也约定若广汉市人民政府单方终止合同履行，还应赔偿剩余经营年内的可得利益，而并未约定因广汉市人民政府违约、三星堆客运公司自身要求解除合同的情形下，其仍应当对三星堆客运公司可得利益损失进行赔偿。因此，三星堆客运公司要求广汉市人民政府赔偿其可得利润损失，没有事实和法律依据，难以支持。

二审法院认为：

一审法院在判决中支持三星堆客运公司有权依法解除合同，广汉市人民政府对此未提起上诉，因此双方当事人签订的《广汉市三星堆汽车客运站项目建设经营投资合同书》自2008年7月10日起解除；一审判决中提到对合同解除后恢复原状的裁判，虽判决第二项错用"赔偿"一词，但不影响其具有恢复原状的含义，且三星堆客运公司对此项未提出上诉意见，本院依法予以维持；本案一审中，双方当事人均未对三星堆客运公司实际损失单独举证、质证，而双方在订立合同中约定的违约金，可以视为对损失赔偿的约定，三星堆客运公司依据《合同法》第113条的规定以及双方合同中的约定，主张广汉市人民政府应当赔偿其合同履行后的"可得利润损失"，即我国《合同法》所称的预期可得利益损失。本院认为，对于合同解除后的损失赔偿，应当按照《合同法》第97条关于合同解除的规定处理，故合同解除以后三星堆客运公司的预期可得利益不属于赔偿之范围。三星堆客运公司依照《合同法》第113条的规定，可以要求广汉市人民政府赔偿违约期间给其造成的损失，该条规定明确了违约造成的损失中包括可得利益，亦即违约金作为对于因违约造成损失的预估应当包括实际损失与可得利益。双方当事人在合同中约定了违约金的计算方式，并约定若违约金不足以弥补受损方的直接损失和间接损失时，由违约方另行赔付受损方的赔偿金（即赔偿剩余经营年内的可得利益）。从上述约定可以看出，双方约定的违约金已经包括了对于可得利益受损部分的预估，三星堆客运公司并未对违约金的数额提出异议；由于三星堆客运站未实际投入运营，三星堆客运公司未向本院提供能够证明其实际损失的证据，《广汉三星堆汽车客运总站投资可行性分析报告》中经济效益分析的年度利润亦不能作为计算其损失的依据。故三星堆客运公司请求赔偿其可得利益损失，缺乏事实和法律依据，本院不予支持。

3. 作者简评

根据《合同法》第113条第1款"当事人一方不履行合同义务或者履行合同义务不符合约定，给对方造成损失的，损失赔偿额应当相当于因违约所造成的损失，包括合同履行后可以获得的利益，但不得超过违反合同一方订立合同时预见到或者应当预见到的因违反合同可能造成的损失"之规定，可得利益损失也是合同解除后守约人可主张的损失之一。可得利益损失的类型分为生产利润损失、经营利润损失和转售利润损失等。[①]

当然我国《合同法》在对可得利益损失予以认可的同时，也对可得利益损失的界定进行了限制，即可得利益损失"不得超过违反合同一方订立合同时预见到或者应当预见到的因违反合同可能造成的损失"。在对可得利益损失进行确定时，应把握以下两个方面：一是可得利益损失系因违约方的违约造成的；二是可得利益损失违约方在订立合同时预见或应当预见到。

本案中社会资本方的预期利润没有得到支持的原因就在于社会资本方没有能够证明其所主张的预期利润在签订合同时已经预见到或应当预见到。

四、 启示

【启示】社会资本方应在签订 PPP 合同时在合同条款中明确预期利润

本案揭示出，在政府方违约的情况下，社会资本方主张预期利润实际上是非常困难的。我国《合同法》对可得利益损失的界定进行了限制，即可得利益损失"不得超过违反合同一方订立合同时预见到或者应当预见到的因违反合同可能造成的损失"。既然法律规定可得利益损失违约方在订立合同时预见或应当预见到，那么社会资本方在签订合同时最好可以在合同条款中明确预期利润，以确保一旦出现争议时可以主张预期利益损失。

较为适当的方式是在 PPP 合同中明确违约责任的范围包括预期利润，但是由于政府方在签订合同时相对强势，政府方承担预期利润损失赔偿的违约责任可能较难落实到合同当中。但是如果《物有所值评价》《财政承受能力评价》和《实施方案》等文件中明确利润的计算方式，且该等文件作为 PPP 合同的附件。通过这种方式，一旦进入诉讼，社会资本方也可以用该等文件计算预期利润，特别重要的是由于该等文件是在签订合同的同时明确，也符合《合同法》要求的"签订合同时可以预见"的硬性要求。

---

① 最高人民法院《关于当前形势下审理民商事合同纠纷案件若干问题的指导意见》（法发〔2009〕40号）对可得利益损失的主要类型进行了明确："在当前市场主体违约情形比较突出的情况下，违约行为通常导致可得利益损失。根据交易的性质、合同的目的等因素，可得利益损失主要分为生产利润损失、经营利润损失和转售利润损失等类型。"

第九章 争议解决

01 阳江市海陵岛经济开发试验区管理委员会与阳江市新科实业投资有限公司合同纠纷上诉案

案例来源：(2010)粤高法民二终字第43号。
关键词：招商引资 民事合同纠纷 行政合同纠纷

一、 裁判规则

【规则】招商引资项目合同纠纷属于民事合同纠纷

政府在签订招商引资合同时，是普通的民事主体而不是行政主体，从合同目的、主体、内容、履行等方面来看，招商引资合同是民事合同，而不是行政合同。

二、 审判概览

（一）涉案项目情况

1999年11月27日和2001年2月8日，阳江市海陵岛经济开发试验区管理委员会(以下简称"海陵岛管委会")与阳江市新科实业投资有限公司(以下简称"新科公司")分别签订关于投资开发马尾岛高级海滨度假区的协议书和投资开发马尾岛高级海滨旅游度假区的合同书，约定海陵岛管委会提供马尾岛以内的沙滩、周围海域和可利用的半岛腹地给新科公司作为马尾岛海滨度假区项目的投资开发和经营用地；新科公司如不按照规划实施，海陵岛管委会有权终止合同，按原土地价格回收乙方使用的土地、海滩和海域资源，新科公司所投入开发建设的设施及前期投入资金，由有关评估单位评估，按新科公司的实际投入资金给予补偿。合同签订后，新科公司投入相应资金，进行了前期工作，但该项目建设未报相关部门审批。

2004年4月15日，海陵岛管委会以海管函〔2004〕21号《关于收回马尾岛开发经营权的预告通知》为文，要求解除与新科公司签订的合同书，收回马尾岛开发的经营权，新科公司多次与海陵岛管委会沟通，并多次发文给海陵岛管委会，要求继续履行合同约定，由新科公司继续开发经营马尾岛，但海陵岛管委会均未回应，且于2005年1月10日和2005年4月1日以其办公室的名义发布了海管办函〔2005〕1号和海管办函〔2005〕6号文，要求新科公司与海陵岛管委会做好马尾岛的清产核资工作，并由海陵岛管委会接管马尾岛。

2006年2月22日，海陵岛管委会指定了阳江市同德房地产评估咨询有限公司和阳春民泰会计师事务所有限公司对新科公司在马尾岛投入的旅游项目进行了资产评估，价值人民币18 429 477元。

2008年9月，海陵岛管委会向新科公司送达了关于解除《投资开发马尾岛高级旅游度假区的合同书》及收回马尾岛经营权的通知，并于2008年9月23日以海陵岛管委会办公室的名义在马尾岛上落客码头张贴了公告，通告申明海陵岛管委会已经收回了马尾岛的经营权并将马尾岛划为非经营区，至此，新科公司不得不完全放弃马尾岛的开发经营。

（二）审理要览

1. 原告诉求

新科公司起诉至广东省阳江市中级人民法院，请求判令海陵岛管委会返还新科公司的投资款人民币18 429 477元，并支付自2004年4月15日起直至付清时止的同期银行贷款利息，逾期加倍支付同期银行贷款利息；海陵岛管委会支付因解除合同新科公司应赔偿给公司员工的工资、提前解除劳动合同的补偿款、公司员工社保欠费，逾期加倍支付同期银行贷款利息；海陵岛管委会支付因解除合同新科公司应赔偿给船舶经营者的款项，逾期加倍支付同期银行贷款利息。

2. 审理经过

本案经过一审和二审程序。广东省阳江市中级人民法院作出（2008）阳中法民二初字第16号民事判决，判决：海陵岛管委会于本判决生效之日起10日内返还新科公司投资款及利息；驳回新科公司对海陵岛管委会的其他诉讼请求。

广东省高级人民法院于2010年5月31日作出（2010）粤高法民二终字第43号民事判决书，认为：本案投资开发马尾岛高级海滨旅游度假区的合同书应认定有效。海陵岛管委会终止合同后应当对新科公司的实际投入给予合理补偿。本案资产评估委托书及资产评估报告应确认合法有效。判决：驳回上诉，维持原判。

三、 争议焦点的规则解读

【焦点】招商引资项目合同纠纷属于行政合同纠纷还是民事合同纠纷

1. 当事人观点

本案一审原告新科公司认为：在全国开发区的招商引资活动中，开发区管理委员会的职能不仅仅限于行政管理，还有对外招商引资的经济职能，作为一方当事人直接与企业签订开发经营合同，是否属于行政管理或公共服务职能不无疑义。合同本身目的还要考虑到合同另一方当事人新科公司订立合同的目的，作为企业订立开发合同是要通过开发建设获取企业利益。即使单独审视海陵岛管委会订立合同的目的，深化旅游产业改革并提升海陵岛旅游档次和品位，似乎距离合同本身的内容也过远，而且只是一种管理目标，并不能作为具体行政管理或直接执行公务的一种方式。合同本身也未体现公共利益目的，投资开发马尾岛高级旅游度假区项目，并非无偿提供公共服务。从合同的内容方面看，双方的权利义务基本上是平等的，合同不仅约定了双方的权利义务，也约定了违约责任和合同终止。

本案一审被告海陵岛管委会认为，本案应属于行政合同纠纷。海陵岛管委会是行政机关，作为合同一方当事人，是经批准设立的阳江市人民政府派出机构，代表市政府对海陵岛试验区实行统一领导和管理的行政机关，符合行政合同的主体标准。人民法院受理的民事案件应当是平等主体之间的民事权益纠纷。当事人地位平等是形成民事案件的一个标志性条件，是评价民事案件争议主体是否适格的法定条件，管理人（区管委）与其相对人（新科公司）之间形成的行政关系或者一方在履行合同中居于主导和支配地位而另一方居于次要和服从地位都不是平等的主体间的民事关系，因此，区管委认为因马尾岛的开发建设合同而引发的纠纷不能作为民事案件受理并在民庭审理。从合同目的看，合同约定海陵岛管委会本着"深化旅游产业改革，提升海陵岛旅游档次和品位"的宗旨，通过招商引资，引进新科公司投资开发马尾岛高级旅游度假区项目。海陵岛管委会订立合同的目的是深化旅游产业改革，提升海陵岛旅游档次和品位，也是招商引资。

2. 法院观点

广东省阳江市中级人民法院一审认为：

本案投资开发马尾岛高级海滨旅游度假区的合同有效，招商引资合同是民事合同，而不是行政合同。新科公司、海陵岛管委会双方在协商一致的基础上签订的《投资开发马尾岛高级海滨旅游度假区的合同书》是双方就合同内容进行了充分的协商，双方意思表示一致，达成合意后才签订的，而非海陵岛管委会单方行为。合同体现了新科公司、海陵岛管委会为了实现一定的民事目的而双方平等协商、相互讨价还价。

在审查招商引资合同的实践中，对招商引资合同属于行政合同还是民事合同应作如下界定：一个合同是不是民事合同，除判断合同双方当事人法律地位是否平等外，还应看在合同的签订过程中双方是否可以协商，是否可以讨价还价。招商引资合同在签订的过程中，投资方可以与政府协商双方签订的合同内容，就是说招商引资合同需经政府与投资方意思表示一致，双方达成合意后，才可以签订，政府不可以运用行政权力强制对方签订招商引资合同。而政府的行政行为是政府的单方行为，只需要政府单方面意思表示即可完成，不需要征求相对人的意见。因此，可以认定政府在签订招商引资合同时，是普通的民事主体而不是行政主体，招商引资合同是民事合同，而不是行政合同。

广东省高级人民法院二审认为：

本案合同的直接目的是开发建设马尾岛高级海滨旅游度假区，而开发项目的主要目的为开发和经营马尾岛旅游资源，吸引游客观光旅游和度假，具有营利性质，并非提供向社会公众无偿开放的公共服务。从合同主体来看，虽然海陵岛管委会为行政机关，但合同相对人新科公司在订立合同及决定合同内容等方面仍享有充分的意思自治，并不受单方行政行为强制。合同内容包括了具体的权利义务及违约责任，均体现了双方当事人的平等、等价协商的合意；至于本案合同涉及的相关行政审批和行政许可，属于合同的组成部分，为合同履行行为之一，不能决定合同的性质。从本案合同的目的、内容、订立和履行等方面看，合同具有明显的民商事法律关系性质，应当定性为民商事合同。

3. 作者简评

从行政法法理上看，合同主体、合同目的、合同内容是识别行政合同的 3 项主要标准，行政合同应按照行政诉讼程序解决，而民事合同则按照民事诉讼程序解决。一般来说，招商引资合同可能是包含行政因素与民事因素的混合型合同。从终审判决结果来看，法院更倾向于认定招商引资合同本质为民事合同；从合同主体来看，政府方虽为行政机关，但与投资人却并非简单的单方行政强制关系，投资人享有缔约自由和合同内容选择自由；从合同目的来看，既要保护公共利益，又不能不顾及投资人私人利益的保护，营利性是投资人参与项目的重要动机；从合同内容来看，虽既含有双方平等协商的内容，又含有审批、监督、介入、单方终止、行政制裁等行政优益权的内容，但相关行政审批与行政许可是合同履行行为，而不能决定合同性质。

关于招商引资合同的性质，司法实践中各级法院处理各不相同。本案终审法院从便利投资人行使诉权的角度，认定招商引资合同属于民事合同，值得赞赏。本案主审法官、二审审判长李洪堂在一篇文章中写道"确定合同性质属于民事合同或行政合同，除审查合同的识别标准外，还要结合我国行政诉讼程序及司法救济的便利和高效等方面综合加以考量……当事人之间的实质争议在于合同解除后的补偿问题，合同性质的争议只是诉讼中的攻击和防御手段，无论是行政合同还是民事合同，对于当事人因合同解除而受到的损失都应给予补偿或者赔偿……如果海陵岛管委会在另案中提起行政诉讼，不但案件受理存在问题，而且按照行政诉讼程序提供违约救济也将会难以裁决"。[1]

四、 启示

【启示】社会资本可特别约定合同中的某些易产生争议的具体条款属于民事权利义务内容

特许经营项目中不可避免会涉及特许经营协议政府方签订主体的问题，只要是政府或政府部门作为合同主体参与到特许经营协议中，该类合同就会涉及是行政合同还是民事合同的问题。而行政合同的定性显然是对社会资本方相对

---

[1] 李洪堂：《阳江市海陵岛经济开发试验区管理委员会与阳江市新科实业投资有限公司合同纠纷上诉案——行政合同与民事合同的区分与司法救济》。

不利的，社会资本方应对此加以重视。

《基础设施和公用事业特许经营管理办法》第14条规定："县级以上人民政府应当授权有关部门或单位作为实施机构负责特许经营项目有关实施工作，并明确具体授权范围。"第18条的规定："实施机构应当与依法选定的特许经营者签订特许经营协议。需要成立项目公司的，实施机构应当与依法选定的投资人签订初步协议，约定其在规定期限内注册成立项目公司，并与项目公司签订特许经营协议。"

根据上述条款的规定，人民政府已经不能直接作为特许经营合同的签约主体，而应由授权的实施机构签订特许经营协议。

社会资本方应特别注意 PPP 合同的政府方合同签订主体的性质，如果是政府部门签订的 PPP 合同，则容易产生究竟是行政合同还是民事合同的争议，进而影响到社会资本方的权益。在此情况下，社会资本方可特别约定合同中的某些具体条款属于民事权利义务内容，从而保证一旦产生争议，可以适用民事法律来主张权利。

02 河南新陵公路建设投资有限公司与辉县市人民政府管辖纠纷案

案例来源：（2015）豫法民一初字第 1-1 号。

关键词：公路　特许经营　行政合同　管辖权异议

一、裁判规则

【规则】特许经营合同纠纷属于民事纠纷

特许经营合同中行政审批和行政许可内容属于合同的组成部分，不能决定合同性质。特许经营合同由双方平等协商订立，而非单方强制。合同内容规定了双方具体的权利义务及违约责任，具有明显的民商事法律关系性质，应当定性为民商事合同。

二、审判概览

（一）涉案项目情况

2003 年辉县市人民政府（以下简称"辉县市政府"）准备建设辉县市上八里至山西省省界关爷坪（以下简称"新陵公路"）15 公里道路（其中隧道 1.486 公里）项目。2004 年 9 月 15 日，以辉县市新陵公路建设指挥部（指挥部的指挥长为时任市长王可明）为甲方，以河南省万通路桥建设有限公司〔河南新陵公路建设投资有限公司（以下简称"新陵公司"）的主要投资人，后项目主体变更为新陵公司〕为乙方，签订《关于投建经营辉县上八里至山西省省界公路项目的协议书》。协议约定，由乙方出资设立的新陵公司承担项目投融资、建设及经营管理，项目法人代表由万通公司推举为李杰，经营年限按省人民政府批准为准，经营期满后交于辉县市交通行政部门；甲方责任为协助乙方办理项目投资、建设、经营等相关手续等。另约定，"违约方赔偿另一方的经济损失"。

2004年2月24日，新陵公司开工建设该项目。2007年2月2日，河南省新乡市人民政府下发新政文（2007）15号文，向河南省人民政府上报请示，同意新陵公司设立项目收费站，同时该文认可新陵公司"实际建设路基宽12米，路面宽9米，已完成投资12 600万元，目前已具备通车条件"。

2007年6月13日，河南省发改委为新陵公司批准、颁发《收费许可证》并确定新陵公司的收费项目、标准、范围。新陵公司获得收费许可后，出资建设完成新陵公路鸭口收费站办公楼及附属设施。后由于辉县市政府没有履行"路段两端的接线等相关问题的协调工作"，致使新陵公司所修路桥为断头路，无法通行，致使新陵公司的合同目的不能实现。

（二）审理要览

1. 原告主要诉求

一审原告新陵公司起诉至河南省高级人民法院，请求判令：辉县市政府回购新陵公司投融资建设的新陵公路15公里道路（其中隧道1.486公里）项目，并支付新陵公司对项目建设的投融资资金138 894 985.4元；辉县市政府支付新陵公司上述投融资资金相关利息250 368 881.07元（自2006年1月1日至2015年1月1日按年息7.1%计算，利息计88 753 895.67元；罚息8 000万元自2007年9月20日至2015年1月20日按7.1%年利率上浮50%，计22 720 000元。两项合计111 473 895.67元。以后利息及罚息计算至付清之日止）。

一审被告辉县市政府在提交答辩状期间对管辖权提出异议，认为涉案合同为行政合同而非民事合同，因此新陵公司应当依据新《行政诉讼法》的规定，提起行政诉讼。请求：将本案移交河南省新乡市中级人民法院管辖。

2. 审理经过

本案经过一审和二审程序。河南省高级人民法院作出（2015）豫法民一初字第1-1号民事裁定，裁定：驳回辉县市政府对该案管辖权提出的异议。

最高人民法院于2015年10月28日作出（2015）民一终字第244号民事裁定：驳回上诉，维持原裁定。

三、 争议焦点的规则解读

【焦点】特许经营合同纠纷属于行政纠纷还是民事纠纷

1. 当事人观点

本案一审原告新陵公司认为：辉县市政府将民事诉讼和行政诉讼相混淆，其申请不能认为是管辖权异议申请；其依据的新《行政诉讼法》司法解释的生效时间为2015年5月1日，《行政诉讼法》第12条的规定对本案没有溯及既往的效力；新陵公司和辉县市政府现仅存在回购补偿的民事法律关系，双方的特许经营协议因双方的回购合意而终止；国务院及其发改委、财政部关于开展政府和社会资本合作（PPP）的有关规定，更明确把诸如本案的纠纷列为民事诉讼的范围。

本案一审被告辉县市政府认为：案涉的《关于投建经营辉县上八里至山西省省界公路项目的协议书》是典型的政府特许经营协议，属于《行政诉讼法》明文规定的人民法院受理行政案件的范围，河南省高级人民法院不应按民事案件标的额管辖规定立案受理；新的《行政诉讼法》将"认为行政机关不依法履行、未按照约定履行或者违反变更、解除政府特许经营协议、土地房屋征收补偿协议等协议的"作为人民法院受理行政诉讼案件的范围，因此新陵公司应当依据新《行政诉讼法》的规定，提起行政诉讼；本案被告为辉县市政府，属于河南省新乡市中级人民法院辖区内重大、复杂的行政诉讼案件，应当由河南省新乡市中级人民法院管辖。

2. 法院观点

河南省高级人民法院一审认为：

辉县市新陵公路建设指挥部与河南省万通路桥建设有限公司（后项目主体变更为新陵公司）签订的《关于投资经营辉县上八里至山西省省界公路项目的协议书》中对案涉道路建设的融资、收益及双方责任、违约责任等事项的约定系作为平等民事主体的当事人之间权利义务关系的约定，新陵公司因履行该合同产生纠纷向该院提起诉讼，该院作为民事案件受理并不违反法律规定；辉县市政府以该合同为行政合同、该案属于行政诉讼为由提出管辖权异议没有法律依据。

最高人民法院二审认为：

本案是典型的 BOT 模式的政府特许经营协议。案涉合同的直接目的是建设新陵公路，而开发项目的主要目的开发和经营新陵公路、设立新陵公路收费站，具有营利性质，并非提供向社会公众无偿开放的公共服务。虽然合同的一方当事人为辉县市政府，但合同相对人新陵公司在订立合同及决定合同内容等方面仍享有充分的意思自治，并不受单方行政行为强制，合同内容包括了具体的权利义务及违约责任，均体现了双方当事人的平等、等价协商一致的合意；本案合同并未仅就行政审批或行政许可事项本身进行约定，合同涉及的相关行政审批和行政许可等其他内容，为合同履行行为之一，属于合同的组成部分，不能决定案涉合同的性质；从本案合同的目的、职责、主体、行为、内容等方面看，合同具有明显的民商事法律关系性质，应当定性为民商事合同，不属于新《行政诉讼法》第 12 条（十一）项、《行政诉讼法》第 11 条第 2 款规定的情形。

3. 作者简评

本案中，虽然合同的一方当事人为人民政府，但社会资本方在订立合同及决定合同内容等方面仍享有充分的意思自治，并不受单方行政行为强制，合同内容包括了具体的权利义务及违约责任，均体现了双方当事人的平等、等价协商一致的合意。因此，本案中将特许经营合同纠纷定性为民事纠纷是准确的。

四、 启示

【启示】应注意社会资本和政府之间争议所涉行政审批和行政许可的性质

行政审核和行政许可是单方行政强制行为，相对方通常只能接受，不能进行协商变更。而任何一个特许经营项目不可避免要涉及行政审批和行政许可的内容。

本案揭示出，如果社会资本方和政府方之间的争议没有涉及行政审批或行政许可本身的合法有效性，且特许经营合同未仅就行政审批或行政许可事项本身进行约定，合同涉及的相关行政审批和行政许可等其他内容，为合同履行行为之一，属于合同的组成部分，因此产生的争议依法属于民事纠纷。

《行政诉讼法司法解释》第11条规定："行政机关为实现公共利益或者行政管理目标，在法定职责范围内，与公民、法人或者其他组织协商订立的具有行政法上权利义务内容的协议，属于行政诉讼法第十二条第一款第十一项规定的行政协议。公民、法人或者其他组织就下列行政协议提起行政诉讼的，人民法院应当依法受理：（一）政府特许经营协议；（二）土地、房屋等征收征用补偿协议；（三）其他行政协议。"本条限定了特许经营合同纠纷定性为行政纠纷的前提是特许经营合同被认定为行政合同。而被认定为行政合同要满足本条约定的条件：即合同是行政机关在法定职责范围内签订的具有行政法上权利义务内容的合同。一般来说行政法上权利义务内容指的是审批、许可、备案等行政职权行为。

03 北京北方电联电力工程有限责任公司与乌鲁木齐市交通运输局其他合同纠纷案

案例来源：（2014）民二终字第40号。

关键词：特许经营　BOT　民事纠纷　行政纠纷

一、 裁判规则

【规则】特许经营项目回购依据纠纷属于民事纠纷

特许经营协议终止后，案涉工程回购款的支付依据纠纷不是针对具体行政行为的争议，属于平等主体之间的民事纠纷。

二、 审判概览

（一）涉案项目情况

2007年4月28日，乌鲁木齐市城市交通局（以下简称"交通局"）与北京北方电联电力工程有限责任公司（以下简称"北方公司"）签订《新疆维吾尔自治区乌鲁木齐市乌拉泊至板房沟、水西沟公路工程项目BOT投资协议书》（以下简称《BOT协议》），并于2007年12月19日签订《新疆维吾尔自治区乌鲁木齐

市乌拉泊至板房沟、水西沟公路工程项目 BOT 投资补充协议书》（以下简称
《补充协议》），约定项目路线建设总长度约 60.1 公里，项目建设包括公路专项
与辅助配套工程。该工程分为 AK、BK、CK 段，于 2007 年 9 月 29 日正式通车。
2007 年 5 月 28 日，北方公司成立了项目公司——天山公司，由该公司具体负责
项目的经营、收费和管理。

2008 年 5 月 29 日，新疆维吾尔自治区人民政府办公厅作出《关于乌拉泊至
板房沟、水西沟公路收费通行费的复函》（新政办函〔2008〕123 号）同意该项
目设立收费站，实现收费经营。北方公司于 2008 年 6 月 7 日 9 时起开始试运营
收费，但乌鲁木齐市昌吉州发展和改革委员会、乌鲁木齐市城市交通局于 2009
年 6 月 12 日下达了《关于暂停乌拉泊至板房沟、水西沟收费站收费的通知》
（乌发改费〔2009〕265 号），规定自 2009 年 6 月 15 日零时起停止对乌拉泊至板
房沟、水西沟收费站收费。

2011 年 12 月 1 日，交通局与北方公司共同委托鑫瑞公司、华盛公司对竣工
验收质量合格部分的公路工程进行价值评估，并签订了《资产评估业务约定
书》，约定以公路资产评估结果作为回购价款依据，但评估结果至原告起诉前仍
未作出。

（二）审理要览

1. 原告诉求

2013 年 3 月 19 日，北方公司向新疆维吾尔自治区高级人民法院起诉，申请
进行司法鉴定，请求判令交通局向北方公司或者天山公司支付 179 077 628 元
（此为暂定价值，最终以司法鉴定结论为准）。

交通局答辩称，根据《资产评估业务约定书》，回购价款依据为公路资产评
估结果，北方公司要求进行司法鉴定及支付 179 077 628 元回购款的诉讼请求违
反了合同约定和法律规定。

项目公司作为第三人表示：虽然北方公司与交通局共同委托鑫瑞公司、华
盛公司对本案相关工程价值进行评估，但两个评估机构并未按照约定的时间出
具评估意见。交通局应当按照司法鉴定意见向北方公司或者天山公司支付回购
款项。

2. 审理经过

本案经新疆维吾尔自治区高级人民法院一审和最高人民法院二审，二审
终审。

新疆维吾尔自治区高级人民法院以本案属于行政纠纷，而非民事纠纷为由
裁定驳回北方公司的起诉。

最高人民法院认为本案是对回购依据的纠纷，不是针对行政机关的具体行
政行为争议，属于民事纠纷，故作出撤销原裁定、发回重审的裁定。

三、 争议焦点的规则解读

【焦点】回购依据纠纷属于行政纠纷还是民事纠纷

1. 当事人观点

本案一审原告北方公司认为：本诉争议的内容为案涉工程的回购金额，而不是回购行为本身，不针对具体行政行为，不属《行政诉讼法》规定的受案范围，应依《民事诉讼法》进行审理；本案合同条款及有关政府文件均体现了交通局与北方公司的平等法律地位，一审认为交通局在合同履行、解释等方面具单方优越、主导地位不当；一审裁定不符合国务院《关于鼓励和引导民间投资健康发展的若干意见》的政策导向。

本案一审被告交通局认为：本案项目的立项、审批须经政府同意，合同履行过程中，一系列行为要通过行政许可，政府决定导致双方合同不能继续履行。故认定本案纠纷的性质，应结合上述一系列行为的整体，不能单独考虑回购行为。因合同履行产生的许多问题需要相关机关实施行政行为，双方不具有平等地位，本案纠纷应通过行政诉讼解决。

2. 法院观点

新疆维吾尔自治区高级人民法院一审认为：

本案所涉《BOT协议》《补充协议》的合同当事人一方为行政机关，合同目的是实现行政机关的行政职责进而实现社会公共利益，作为合同一方当事人的行政机关在订立合同、监督和指挥合同的履行、变更或者解除合同等方面均享有单方的优越和主导地位，而且合同的履行与行政许可行为紧密相关联，故交通局并不是以平等民事主体的身份与北方公司签订上述两份协议书，上述两份协议书不属于民事法律关系中的合同，基于上述两份协议书所产生的诉讼应当属于行政诉讼而不属于民事诉讼，故本案不属于人民法院民事诉讼案件的主管范围。

最高人民法院二审认为：

交通局行政主体的身份并不必然决定本案为行政纠纷，BOT协议中交织着两种性质不同的法律关系，在民事合同关系中的双方当事人，是相关行政法律关系中的行政主体和行政相对人，双方主体重叠，不能因此否认双方民事合同关系的存在及独立性。争议法律关系的实际性质，不能仅凭一方主体的特定身份确定，需判断争议是否与行政主体行使行政职权相关。根据《行政诉讼法》（1990年）第11条有关受案范围的规定，本案当事人间就回购款支付依据发生的争议，不涉及具体行政行为，有关回购原因的行政行为与回购争议本身相互独立，对回购依据的争议，独立于相关协议终止前的行政行为，属于民事纠纷。

3. 作者简评

本案双方当事人对于合同解除并无异议，核心在于合同解除后政府的回购依据，北方公司认为应按司法鉴定结论支付回购款，但交通局认为应依双方约定以相关评估机构的评估结果作为结算依据。最高人民法院正确地认定本案是针对回购依据的争议，而非对回购原因的争议，不是针对具体行政行为的争议，而是平等主体的民事纠纷。

四、 启示

【启示】特许经营协议可在争议解决条款中单独列明进行行政诉讼或民事诉讼及仲裁的事项

特许经营协议的法律性质一直是特许经营项目实践中的争议焦点，社会资本方基本上不希望特许经营协议被认定为行政合同，因为在我国"民告官"仍然存在不少障碍，一项统计表明行政诉讼胜诉率仅为4%。特许经营协议的性质也关系到《特许经营项目合同》争议解决条款的约定，如若特许经营协议属于行政合同，则无法选择仲裁的纠纷解决方式，因仲裁仅裁决平等关系的民事主体之间的民事纠纷。而仲裁由于其独有的专业性、保密性、快捷性，已经成为我国建筑工程纠纷的重要争议解决方式。

其实，最高人民法院在此问题上观点十分明确，即特许经营协议中包含着两种法律关系，民事法律关系与行政法律关系，只有与行政机关的具体行政行为密切相关的活动才属于行政法律关系，因此发生的纠纷属于行政纠纷，应当按照行政程序审理；而与具体行政行为无关的活动则属于民事法律关系，因此发生的纠纷属于民事纠纷，应当按照民事程序审理。王连昌、马怀德教授认为，行政行为是享有行政职权的行政主体行使权力，对国家和社会公共事务进行管理和提供公共服务的行为。[1] 这一定义在构成要素上，除主体要素、职权要素、法律要素外，还增加了管理和服务要素。在司法实务界，最高人民法院原行政审判庭庭长江必新根据最高人民法院《关于执行中华人民共和国行政诉讼法若干问题的解释》，认为行政行为是指具有行政职权的机关、机构或者组织所实施的与行使行政管理职权有关的，对行政管理相对人的权利义务发生实际影响的行为。这个定义包括三层含义：一是行为的实施者为具有行政管理职权的相关机构或者组织；二是行为的具体内容必须与行政职权有关联；三是必须是能对相对人的权利义务产生实际的影响。这实际上是从法院的行政审判受案范围角度下的定义。据此，我们认为特许经营协议中仍然可以约定仲裁的纠纷解决方式，然而需将仲裁方式限于与行政机关具体行政行为无关的纠纷，为了避免争议，可以在合同中列举哪些行为纠纷与具体行政行为无关，并受仲裁条款约束。

---

[1] 参见王连昌、马怀德主编：《行政法学》，中国政法大学出版社2002年版，第107页。

04 和田市人民政府与和田天瑞燃气有限责任公司合同纠纷案

案件来源：（2014）民二终字第12号。

关键词：行政合同　民事合同　特许经营协议解除　法院主管

一、 裁判规则

【规则】特许经营协议解除纠纷属于行政纠纷

因政府方解除特许经营协议产生的纠纷属于行政纠纷。

二、 审判概览

（一）涉案项目情况

2004年4月14日，新疆兴源建设集团有限公司（以下简称"兴源公司"）与和田市政府就和田市天然气利用项目工程的投资建设签订《和田市天然气利用项目合同》，约定：项目投产正式经营始由兴源公司自主经营20年后，兴源公司将在和田建造的天然气项目工程所有权全部交与和田市政府。2004年年底，和田市陆续使用天然气。

2005年8月和10月，和田市政府分别与兴源公司签订借款合同，借款共计700万，借款用途为购置敷设高压、城区环形管网所用材料、门站设备等，并要求兴源公司于2005年年底前偿还相应借款。

2006年2月20日兴源公司与和田市政府签订合同书，就2004年4月14日签订的《和田市天然气利用项目合同》达成补充条款，约定：兴源公司必须在2006年3月30日前还清所借和田市政府的借款700万元……如兴源公司不在规定期限内归还欠款，和田市政府将视为兴源公司无此经济能力并违约，同时废止双方2004年4月14日签订的《和田市天然气利用项目合同》第5条第8款约定的内容"和田市政府不再允许第三方在和田市敷设天然气管道和建汽车加气站（除较大型工业用气的管道外）"。即和田市政府有权面向社会引进投资商重新敷设天然气管道和建汽车加气站。该合同在兴源公司落款处加盖公章为"和田天瑞燃气有限责任公司"。

2008年9月12日，和田市政府向兴源公司、天瑞公司出具合同解除通知函，称：根据《市政公用事业特许经营管理办法》第10、18、25条和《新疆维吾尔自治区市政公用事业特许经营条例》第31、34条以及《城市燃气管理办法》第18条之规定，市政府决定依法解除与该公司所签订的《和田市天然气利用项目合同》。根据我国《合同法》的相关规定，本通知函送达之日起即发生法律效力，即产生合同解除的法律后果。

2008年9月12日，和田市政府向和田市建设局出具和市政函（2008）99号《关于同意接管兴源公司及其子公司天瑞公司在和田市城市燃气供应运营业务的批复》，其内容记载：市政府同意建设局接管兴源公司及其子公司天瑞公司在和田市城市燃气供应运营业务。

2008 年 9 月 18 日，和田市人民法院根据和田市建设局的申请作出（2008）和市民保字第 37 号诉前财产保全民事裁定书，裁定对天瑞公司售气系统及相关天然气用户资料予以查封。天瑞公司向和田市政府出具《关于对〈合同解除通知函〉的复函》，认为和田市政府单方解除合同不符合法律规定，和田市政府作出的《合同解除通知函》已严重违约，其将随时追诉政府的违约责任。

（二）审理要览

1. 原告诉求

2008 年 12 月 22 日，和田市政府将兴源公司诉至和田市人民法院，要求解除双方签订的《和田市天然气利用项目合同》及《补充合同》。

兴源公司与天瑞公司于 2009 年 1 月 21 日诉至新疆维吾尔自治区高级人民法院称：本案合同不具备法定解除条件及情形，和田市政府解除合同的行为无效，其依法应继续履行合同。同时和田市政府强行接管兴源公司与天瑞公司价值 2.1 亿元的供气经营财产及经营权，严重侵害了两公司合法财产及经营权。请求：依法确认和田市政府解除合同的行为无效，判令和田市政府继续履行合同；判令和田市政府返还价值 2.1 亿元的天然气供气经营财产及经营权。

和田市政府反诉请求：解除和田市政府与兴源公司签订的《和田市天然气利用工程项目合同》及《补充合同》；兴源公司归还借款及垫资款 21 965 199.56 元。

2. 审理经过

和田市人民法院受理和田市政府诉兴源公司案后，兴源公司提出管辖权异议申请。经新疆维吾尔自治区高级人民法院立案庭协调，和田地区中级人民法院于 2009 年 5 月 30 日作出（2009）和中立终字第 22 号民事裁定，裁定将该案移送新疆维吾尔自治区高级人民法院，兴源公司、天瑞公司诉和田市政府的案件合并审理。

新疆维吾尔自治区高级人民法院作出如下一审判决：（1）和田市政府单方解除其与兴源公司签订的《和田市天然气利用项目合同》的行为无效，兴源公司、天瑞公司与和田市政府继续履行《和田市天然气利用项目合同》及《补充合同》，和田市政府向兴源公司、天瑞公司交还由其下属和田市建设局强行接管的兴源公司与天瑞公司在和田市经营的天然气供用气及运行业务的经营权和财产；（2）驳回兴源公司、天瑞公司的其他诉讼请求；（3）驳回和田市政府的反诉请求。

最高人民法院作出如下终审判决：（1）撤销新疆维吾尔自治区高级人民法院（2009）新民二初字第 1 号民事判决；（2）驳回新疆兴源建设集团有限公司、和田天瑞燃气有限责任公司的起诉以及和田市人民政府的反诉。

三、 争议焦点的规则解读

【焦点1】 特许经营协议解除纠纷属于行政纠纷还是民事纠纷

1. 当事人观点

兴源公司和天瑞公司认为：和田市政府的诸多行为表明，其作出的《合同解除通知函》是民事法律行为，而非行政行为，且《市政公用事业特许经营管理办法》《新疆维吾尔自治区市政公用事业特许经营条例》均发布和生效于本案合同签订之后，不应适用于本案合同。

和田市政府认为：本案诉争的《和田市天然气利用项目合同》及《补充合同》并非平等主体之间处分民事权利义务的合同，而是行政机关出于履行社会公共事务管理职能就市政公用事业所签订的行政合同。

2. 法院观点

新疆维吾尔自治区高级人民法院一审认为：

虽然行政法上的特许经营是一种行政许可。然而，从本案合同关于和田市政府要协助兴源公司办理城市燃气经营资质、特许经营证的约定及和田市政府如争取到国家投资，则与兴源公司按投资额比例实施股份制，工程施工中由和田市政府负责监理方面的工作及费用的约定表明本案合同与行政法意义上的行政许可尚不尽一致。双方产生纠纷后，和田市政府亦是按照《合同法》的规定通知兴源公司、天瑞公司解除合同，并不存在撤销其特许经营权的相应的行政决定。和田市政府就本案纠纷所采取的措施也表明其并未将本案合同作为行政合同对待，本案亦不存在行政法意义上的撤销特许经营权的行为。现双方当事人亦均就本案纠纷提起民事诉讼，本案作为民商事案件审理并无不妥。

最高人民法院认为：

案涉合同系由和田市政府作为一方当事人根据其行政机关公权力所签订，体现了其依据有关市政公用事业管理法规，对天然气的利用实施特许经营，行使行政职权的行为，目的是要对天然气这一公共资源进行开发利用，建设并提供公共产品和服务，从而满足公众利益的需要。案涉合同内容虽然存在对双方权利义务的约定，在一定程度上体现了双方协商一致的特点，但其中关于特许经营权的授予、经营内容、范围和期限的限定、价格收费标准的确定、设施权属与处置、政府对工程的监管等内容，均体现了政府在合同签订中的特殊地位。虽《市政公用事业特许经营管理办法》已明确市政公用事业市场化方向，允许并鼓励通过签订合同的形式推进基础设施的建设以及提供服务，但不宜因行政许可系因合同方式取得而否定特许经营权授予的行政许可性质。和田市政府解除合同的依据以及向和田市建设局出具批复同意其接管兴源公司和天瑞公司天然气运营业务的行为，在性质上应属于行政行为，兴源公司和天瑞公司针对和田市政府解除合同、强行接管其相关财产及经营权而提起本案诉讼，应当属于

《行政诉讼法》第 11 条第 1 款第(三)项规定的行政诉讼受案范围。综上，本案所涉合同以及当事人之间讼争的法律关系虽然存在一定民事因素，但双方并非平等主体之间所形成的民事法律关系，因此本案不属于人民法院民事案件受理范围，当事人可依据相关行政法规定另行提起行政诉讼。

3. 作者简评

特许经营协议是交织着民事法律关系与行政法律关系的复合型合同。一审法院根据案涉特许经营合同中的民事因素，以及政府方以《合同法》为依据的解约行为，认为本案属于民事纠纷，应按民事诉讼程序处理。二审法院则认为不能因行政许可系合同方式取得而否定特许经营权授予的行政许可性质，不能因案涉合同和讼争法律关系的民事因素性质就否认特许经营权解除行为的行政行为性质，不能因政府方按《合同法》而行政法律法规撤销特许经营权就认为本案属于民事纠纷。总之，基础设施与公用事业特许经营纠纷究竟属于民事纠纷还是行政纠纷，取决于争议事项是与具体行政行为密切相关还是独立于具体行政行为，前者属于行政纠纷，后者属于民事纠纷。

【焦点 2】政府方单方解除合同的条件是否满足

1. 当事人观点

和田市政府认为：兴源公司自投资和田市天然气利用工程项目的建设开始，资金短缺延误施工进度；不断拖欠农民工工资，引发农民工群体上访；兴源公司投入天然气经营不久，又拖欠塔西南油田天然气款，一度使得和田市天然气供应中断，导致大面积无天然气停暖；所借和田市政府 600 万元周转资金，到期迟迟不予归还；投资施工建设的和田市天然气利用工程项目均未经验收合格便通气非法经营；在经营过程中未经批准同意擅自转让其特许经营权给其他公司经营；已经严重丧失了商业信誉和社会信誉，因此，政府方有权单独解除合同。

兴源公司和天瑞公司认为本案不具备法定合同解除条件。

2. 法院观点

新疆维吾尔自治区高级人民法院认为：

(1)《补充合同》约定兴源公司如不能按期归还欠款，则废止双方签订的《和田市天然气利用项目合同》第 5 条第 8 款约定的内容，显然该约定并非表明是对整个合同的解除；(2)合同约定若兴源公司不能在合同限定的期限内完成工程设计或完成 53 个供热点中压管线铺设，和田市政府则有权另选投资商，但和田市并未主张适用该条款，且和田市已通天然气的事实表明兴源公司、天瑞公司履行了合同约定的主要义务，实现了合同约定的目的；(3)关于无故停气问题，证据表明停气并非兴源公司、天瑞公司的单方原因，与用户拖欠气款导致塔西南降压限气均有关；(4)关于漏税逃税问题，天瑞公司是否存在漏税逃税的行为，只是属于规范一个企业经营行为的问题，并不能作为和田市政府解除合同的依据；(5)关于擅自提高天然气价格、乱收费、篡改用户流量计和随意停气等问题，政府方并未提供充分证据，此外这些属于对企业加强管理的问题，并不能作为解除合同的依据；(6)关于项目均未经验收合格便通气问题，和田市政府作为合同相对方，即便和田市天然气利用工程项目未经验收合格便使用，其责任亦不能完全归责于兴源公司与天瑞公司；(7)关于擅自转让特许经营权问题，特许经营合同虽为兴源公司签订，但兴源公司后与他人共同成立天瑞公司，天瑞公司与兴源公司共同履行本案合同，和田市政府是明知的且未提出异议，不构成擅自转让；(8)关于借款问题，双方在本案合同履行过程中存在的正常借款及垫资情况，只是属于需要双方算账解决的问题，并不能作为兴源公司与天瑞公司违约的依据。综上，和田市政府要求解除合同的理由均不符合我国《合同法》约定的关于解除合同的法定条件。

3. 作者简评

本案合同履行过程中出现了诸多问题，包括投资人资金短缺、农民工上访、停气等，政府方认为社会资本方已丧失商业信誉和社会信誉，主张解除合同，然而法院却认为以上诸多情形均未达到法定解约条件。特许经营协议期限长达十几年，履约过程中难免出现各种问题与困难，双方当事人应本着友好合作的精神，友好协商、互助合作，共同克服各种困难。

四、 启示

【启示】解除合同需符合法律规定和合同约定

在特许经营项目合同中，可能导致项目提前终止进而导致合同解除的事由通常包括：

(1)政府方违约事件——发生政府方违约事件，政府方在一定期限内未能补救的，项目公司可根据合同约定主张终止 PPP 项目合同。

(2)项目公司违约事件——发生项目公司违约事件，项目公司和融资方或融资方指定的第三方均未能在规定的期限内对该违约进行补救的，政府方可根据合同约定主张终止 PPP 项目合同。

(3)政府方选择终止——政府方在项目期限内任意时间可主张终止 PPP 项目合同。

(4)不可抗力事件——发生不可抗力事件持续或累计达到一定期限，任何一方可主张终止 PPP 项目合同。

这里要重点提示一下政府方选择终止。

由于特许经营项目涉及公共产品或服务供给，关系社会公共利益，因此特许经营项目合同中，政府方通常享有在特定情形下(例如，特许经营项目所提供的公共产品或服务已经不合适或者不再需要，或者会影响公共安全和公共利益)单方面决定终止项目的权力。但在特许经营项目实践中，政府方的此项权力应当在 PPP 合同中予以明确限定，以免被政府方滥用，打击社会资本参与特许经营项目的积极性。当然，政府方在选择终止时需要给予项目公司足额的补偿。

 05 **深圳鹏森投资集团有限公司与成都市锦江区业余体育学校确认合同无效纠纷案**

案件来源：（2011）成民初字第 363 号，（2012）川民终字第 64 号。

关键词：特许经营　合同效力　集体土地使用权　非农建设

一、 裁判规则

【规则】不涉及行政审批内容的特许经营协议纠纷属于民事纠纷

特许经营协议缔约时项目标的未被纳入当地特许经营范畴的，事业单位与社会资本方签订的特许经营协议属于民事合同，相关纠纷属于平等主体之间的民事纠纷。

二、 审判概览

（一）涉案项目情况

2004 年 5 月 20 日，成都市锦江区发展计划局批复同意原锦江区文体局修建成都锦江森林体育公园(一期)建设项目，项目业主为锦江业余体校。

锦江文体局于 2006 年 12 月 28 日作出锦文广〔2006〕1 号《关于同意锦江体育运动场特许经营权出让的批复》，同意锦江业余体校采用 BOT 方式(建设—经营—移交)运作，出让锦江体育运动场特许经营权。

2007 年 1 月，锦江业余体校委托四川省嘉诚拍卖有限公司(简称"嘉诚公司")公开拍卖出让锦江体育运动场的特许经营权，经公开拍卖，深圳鹏森投资集团有限公司(以下简称"鹏森公司")以成交总价 1.026 亿元取得锦江体育运动场 27 年特许经营权。

2007 年 1 月 9 日，锦江业余体校与鹏森公司签订《协议书》，约定锦江体育运动场位于成都市南三环路二段，锦江区成龙路街道办事处皇经村一组、六组、七组和柳江街道办事处潘沟村十二组域内，东靠三环路与琉三路交界处，南邻三环路，西毗皇大路，北至琉三路，占地 168.4 亩；运动场的内容包括运动用地建设边界内所有建筑物、构筑物、停车场、体育设施、设施设备、市政道路桥梁、管线、园林绿化、花木、水体等。鹏森公司对锦江体育运动场的经营管理是针对该运动场所有的有形资产和无形资产的管理。鹏森公司每年须向锦江业余体校缴纳运动场特许经营权出让金 240 万元(以拍卖成交价为基数，每两年增长 10%)，每年 6 月 30 日前缴纳下一年度特许经营权出让金。

合同签订后，锦江业余体校将锦江体育运动场移交给鹏森公司管理。2007年 11 月，鹏森公司在成都市注册成立巨能公司，负责锦江体育运动场的经营管理。锦江体育运动场的建设用地为锦江业余体校向成都市锦江区成龙路街道办事处皇经楼村一社、六社、七社和成都市锦江区柳江街道办事处潘家沟村十二社租用的农民集体所有的土地。

（二）审理要览

1. 原告诉求

2011 年 3 月 11 日，原告锦江业余体校起诉至四川省成都市中级人民法院，认为：该协议约定由鹏森公司在集体土地上进行非农业工程建设及经营，违反了《土地管理法》的规定，协议应属无效。且鹏森公司、巨能公司并未履行妥善管理运动场经营权的义务，导致该运动场场地、建筑物、构筑物等损毁严重，造成国有资产的严重损失。鹏森公司、巨能公司已实际占用该运动场 4 年多，应向锦江业余体校支付实际占有运动场期间的使用费。锦江业余体校请求法院：确认鹏森公司与锦江业余体校签订的《协议书》无效；判令鹏森公司、巨能公司将锦江体育运动场(包括全部运动场地、建筑物、构筑物及其他体育设施、设备、园林绿化等)返还给锦江业余体校。

2. 审理经过

本案经过一审、二审以及再审程序。一审法院四川省成都市中级人民法院于 2011 年 8 月 22 日作出(2011)成民初字第 363 号民事判决，判决锦江业余体校与鹏森公司 2007 年 1 月 9 日签订的《协议书》无效，鹏森公司应于判决发生法律效力之日起 10 日内将锦江体育运动场返还给锦江业余体校。

二审法院四川省高级人民法院于 2012 年 3 月 26 日作出(2012)川民终字第 64 号民事判决：驳回上诉，维持原判。

鹏森公司不服四川省高级人民法院(2012)川民终字第 64 号民事判决，向最高人民法院申请再审。最高人民法院于 2014 年 3 月 27 日作出(2013)民申字第 827 号民事裁定，指令本院再审本案。

四川省高级人民法院经过再审后认为：原审判决对《协议书》的效力问题适用法律错误，应予以纠正，鹏森公司的申请再审理由成立。四川省高级人民法院作出如下终审判决：撤销(2012)川民终字第 64 号民事判决及四川省成都市中级人民法院(2011)成民初字第 363 号民事判决；驳回成都市锦江区业余体育学校的诉讼请求。

三、 争议焦点的规则解读

【焦点】特许经营协议纠纷属于行政纠纷还是民事纠纷

1. 当事人观点

鹏森公司在二审中提出审查本案特许经营权出让合同的效力，实际上是审查许可特许经营权的具体行政行为的合法性，本案属于行政纠纷，而非民事纠纷。在再审程序中，鹏森公司主张，根据最高人民法院《关于土地管理部门出让国有土地使用权之前的拍卖行为以及与之相关的拍卖公告等行为性质的答复》的精神，公共资源的拍卖及相关签订合同的行为属于行政行为，应当通过行政诉讼解决。

2. 法院观点

四川省高级人民法院二审认为：

从合同主体、内容与目的上看，本案均为民事纠纷，而非行政纠纷。从合同主体看，《协议书》属于锦江业余体校与鹏森公司平等主体之间签订的民事交易合同。因锦江业余体校是事业单位法人，不是行政机关，锦江业余体校不具备接受行政机关委托作出行政许可行为的主体资格，且在本案中鹏森公司没有提交锦江业余体校接受行政机关委托的相关证据。况且，在2007年1月锦江业余体校出让锦江体育运动场特许经营权时，锦江体育运动场的特许经营权尚不属于政府特许经营权管理范围。从合同内容上看，锦江业余体校对锦江体育运动场的经营、维护情况进行监督检查，与其他民事合同中关于履约的约定并无实质性区别，不是锦江业余体校作为行政主体行使行政优益权的约定，不能以锦江体育运动场具有的社会公共服务职能，来否定锦江业余体校与鹏森公司签订的《协议书》所具有的民事交易性。从合同目的来看，锦江业余体校与鹏森公司签订《协议书》的目的不是实施行政管理，产生、变更或消灭行政法律关系，也不是行使行政职权或履行行政职责。

四川省高级人民法院再审维持了上述见解，进一步阐述锦江业余体校与鹏森公司之间是平等民事主体的民事合同关系。

3. 作者简评

我们认为，法院认为本案属于民事争议的主要理由在于：体育运动场的特许经营权在缔约时尚不属于政府特许经营权管理范围，锦江业余体校不具备接受行政机关委托作出行政许可行为的主体资格，且鹏森公司未提供证据证明锦江业余体校接受行政机关委托。简言之，即使区政府委托锦江业余体校从事特许经营，锦江业余体校选择鹏森公司的行为也属于平等主体之间的民商事活动。

而2014年修正的《行政诉讼法》明确将特许经营合同定性为行政诉讼的审理标的[①]，该法第12条行政诉讼受案范围第11款规定："认为行政机关不依法履行、未按照约定履行或者违法变更、解除政府特许经营协议、土地房屋征收

---

① 《行政诉讼法》第12条："人民法院受理公民、法人或者其他组织提起的下列诉讼：（一）对行政拘留、暂扣或者吊销许可证和执照、责令停产停业、没收违法所得、没收非法财物、罚款、警告等行政处罚不服的；（二）对限制人身自由或者对财产的查封、扣押、冻结等行政强制措施和行政强制执行不服的；（三）申请行政许可，行政机关拒绝或者在法定期限内不予答复，或者对行政机关作出的有关行政许可的其他决定不服的；（四）对行政机关作出的关于确认土地、矿藏、水流、森林、山岭、草原、荒地、滩涂、海域等自然资源的所有权或者使用权的决定不服的；（五）对征收、征用决定及其补偿决定不服的；（六）申请行政机关履行保护人身权、财产权等合法权益的法定职责，行政机关拒绝履行或者不予答复的；（七）认为行政机关侵犯其经营自主权或者农村土地承包经营权、农村土地经营权的；（八）认为行政机关滥用行政权力排除或者限制竞争的；（九）认为行政机关违法集资、摊派费用或者违法要求履行其他义务的；（十）认为行政机关没有依法支付抚恤金、最低生活保障待遇或者社会保险待遇的；（十一）认为行政机关不依法履行、未按照约定履行或者违法变更、解除政府特许经营协议、土地房屋征收补偿协议等协议的；（十二）认为行政机关侵犯其他人身权、财产权等合法权益的。除前款规定外，人民法院受理法律、法规规定可以提起诉讼的其他行政案件。"

补偿协议等协议的"；至此，合同主体为行政机关的特许经营合同的变更、解除、履行争议均属于行政诉讼，不再存在争议。当然回到本案，由于特许经营合同的双方主体均无行政机关，因此定性为民事纠纷是妥当的。

四、 启示

【启示】特许经营合同应明确签约主体

《基础设施和公用事业特许经营管理办法》（六部委 2015 年第 25 号令）第 14 条规定："县级以上人民政府应当授权有关部门或单位作为实施机构负责特许经营项目有关实施工作，并明确具体授权范围。"第 18 条规定："实施机构应当与依法选定的特许经营者签订特许经营协议。需要成立项目公司的，实施机构应当与依法选定的投资人签订初步协议，约定其在规定期限内注册成立项目公司，并与项目公司签订特许经营协议。"可见，基础设施和公用事业特许经营合同缔约双方应为政府指定的项目实施机构和特许经营者(如需成立项目公司，则为项目公司)。

在特许经营项目中，通常由中标的社会资本方与政府指定的项目实施机构首先签订特许经营项目合作协议，项目公司成立后，再由项目公司与实施机构签订特许经营协议。

目前基本达成共识的是 PPP 项目属于特许经营项目，应履行物有所值评估和财政承受能力论证，从理论上看，PPP 项目实施机构与特许经营实施机构应当一致。然而，PPP 项目还包括非特许经营的政府付费项目。目前尚没有文件明确，PPP 项目实施机构与特许经营项目实施机构是否一致，但我们从法规、政策性文件中看到了差别。

发改委与财政部关于什么主体能够成为 PPP 项目实施机构的规定各有不同：《关于开展政府和社会资本合作的指导意见》（发改投资〔2014〕2 724 号）第 4 条第 2 款规定："按照地方政府的相关要求，明确相应的行业管理部门、事业单位、行业运营公司或其他相关机构，作为政府授权的项目实施机构。"《关于印发政府和社会资本合作模式操作指南(试行)的通知》（财金〔2014〕113 号）第 10 条规定："政府或其指定的有关职能部门或事业单位可作为项目实施机构。"可见，发改委的特许经营项目实施机构宽于财政部的规定，行业运营公司也可以作为特许经营项目实施机构。

一些地方性法规和政策文件对特许经营项目实施机构限制更窄。例如成都市政府规定"行业主管部门"为项目实施机构。《成都市人民政府特许经营权管理办法》(2009 年 11 月 3 日成都市人民政府令第 164 号)第 16 条规定："行业主管部门应当自公示期满之日起 30 日内与特许经营权授予对象签订《特许经营合同》。根据招标文件、拍卖公告等需要成立项目公司的，中标人或者买受人应当在规定的期限内注册成立项目公司，并由行业主管部门与项目公司签订《特许经营合同》。"

不过，较为肯定的是平台公司不宜作为政府方签约代表。《关于组织开展第三批政府和社会资本合作示范项目申报筛选工作的通知》（财金函〔2016〕47号）中 PPP 示范项目评审标准规定，国有企业或融资平台公司作为政府方签署特许经营项目合同的，不再列为备选项目。

因此，实务中，特许经营项目投资人（或项目公司）究竟应与何者签订特许经营合同需个案论证、因地制宜。若地方性法规与部门规章、规范性文件存在冲突的，最为稳妥的办法是与有关部门进行沟通，力争遵守各项规定，采各项规定中的较高标准。如果代表政府签约的主体不符合要求，则可能在将来出现纠纷。

06 惠州市威龙伊高水务有限公司与惠州仲恺高新技术产业开发区管理委员会信息公开纠纷上诉案

案件来源：（2012）惠中法行初字第 17 号，（2013）粤高法行终字第 212 号。
关键词：污水处理　会议纪要　内部行政行为　具体行政行为

一、 裁判规则

【规则】政府部门决定收回社会资本方特许经营权的会议纪要不属于具体行政行为

政府部门通过会议纪要的方式将社会资本方依法取得的污水处理特许经营许可证撤销，并收回污水处理厂的土地及投资的行为，属于内部行政行为，不是具体行政行为，只是具体行政行为的准备行为，未对特许经营方产生直接影响，不属于行政诉讼的受案范围。

二、 审判概览

（一）涉案项目情况

根据惠州市人民政府授权及《惠州市第七综合污水处理厂 BOT 特许经营权协议》的约定，惠州市威龙伊高水务有限公司（以下简称"水务公司"）作为惠州市第七综合污水处理厂（以下简称"污水处理厂"）的项目公司负责其建设、运营、移交的全部管理事务。污水处理厂的许可证（惠州市仲规企地证〔2007〕0011 号）于 2007 年 3 月 12 日由惠州市规划建设局核发。

2011 年 10 月 19 日，惠州仲恺高新技术产业开发区管理委员会（以下简称"仲恺管委会"）作出惠仲委纪〔2011〕58 号《惠州仲恺高新区管委会工作会议纪要》（以下简称"会议纪要"），要求区规划建设局撤销污水处理厂的许可证，并将污水处理厂的土地及投资视为国有资产。

2011 年 11 月 22 日，惠州市住房和城乡规划建设局撤销水务公司的许可证，水务公司关于撤销许可证行为已另案提起行政诉讼。仲恺管委会与区规划建设局、惠州市住房和城乡规划建设局属于不同的行政主体。

（二）审理要览

1. 原告主要诉求

一审原告水务公司起诉至惠州市中级人民法院，请求判令：撤销仲恺管委会于 2011 年 10 月 19 日作出的"要求区规划建设局撤销污水处理厂的许可证，并将污水处理厂的土地及投资视为国有资产"的《会议纪要》。

2. 审理经过

本案经过一审和二审程序。惠州市中级人民法院作出（2012）惠中法行初字第 17 号行政裁定：驳回惠州市威龙伊高水务有限公司的起诉。

广东省高级人民法院于 2013 年 6 月 7 日作出（2013）粤高法行终字第 212 号行政裁定书，裁定：驳回上诉，维持原裁定。

三、 争议焦点的规则解读

【焦点】政府部门决定收回社会资本方特许经营权的会议纪要是否属于具体行政行为

1. 当事人观点

本案一审原告水务公司认为：仲恺管委会在《会议纪要》中直接指令区规划建设局撤销水务公司的《建设用地规划许可证》（以下简称"许可证"），单方面宣布将水务公司的资产无偿国有化，提出的一系列行为均系直接针对水务公司，侵犯了其合法权益。

本案一审被告仲恺管委会认为：《会议纪要》是内部行政行为，不属于具体行政行为，不对水务公司权利产生直接和实际影响，不属于行政诉讼的受案范围。

2. 法院观点

惠州市中级人民法院一审认为：

仲恺管委会作出《会议纪要》是召集该区规划建设局、国土分局、环保分局、财政局等部门共同研究形成的内部决定，且该《会议纪要》未直接送达水务公司，其本身也不具备任何一种类型的具体行政行为的形式要件，该《会议纪要》为仲恺管委会在作出具体行政行为之前的准备行为，属内部行政行为，不对水务公司权利产生直接、实际影响；水务公司起诉要求审理的《会议纪要》系用于记载传达会议情况和议定事项的公文，该公文的发文对象并不直接针对水务公司，而是发给相关的行政主体，因此，该《会议纪要》不是对外的行政行为，也不属于《行政诉讼法》中的具体行政行为。综上，《会议纪要》是对水务公司不产生实际影响的行为，不属于行政诉讼的受案范围。

广东省高级人民法院二审认为：

仲恺管委会作出的《会议纪要》系用于记载传达会议情况和议定事项的公文，该公文只发给相关的行政部门，没有送达给水务公司，属内部行政行为，不具有对外性，不对水务公司的权利产生直接影响；不是具体行政行为，只是作出具体行政行为之前的准备行为，不属于行政诉讼的受案范围。

3. 作者简评

本案涉及行政行为的可诉性标准，最高人民法院《行政诉讼法司法解释》第 1 条规定："公民、法人或者其他组织对下列行为不服提起诉讼的，不属于人民法院行政诉讼的受案范围：（一）行政诉讼法第十二条规定的行为；（二）公安、国家安全等机关依照刑事诉讼法的明确授权实施的行为；（三）调解行为以及法律规定的仲裁行为；（四）不具有强制力的行政指导行为；（五）驳回当事人对行政行为提起申诉的重复处理行为；（六）对公民、法人或者其他组织权利义务不产生实际影响的行为。"在本案中，仲恺管委会作出的《会议纪要》系用于记载传达会议情况和议定事项的公文，该公文没有送达给水务公司，不对水务公司的权利产生实际影响。因此不属于人民法院的受案范围，不具有可诉性。

四、 启示

【启示】社会资本方应注意政府出具文件的性质

根据《国家行政机关公文处理办法》，行政机关的公文种类主要有：

(1)命令(令)：适用于依照有关法律公布行政法规和规章，宣布施行重大强制性行政措施，嘉奖有关单位及人员。

(2)决定：适用于对重要事项或者重大行动做出安排，奖惩有关单位及人员，变更或者撤销下级机关不适当的决定事项。

(3) 公告：适用于向国内外宣布重要事项或者法定事项。

(4)通告：适用于公布社会各有关方面应当遵守或者周知的事项。

(5)通知：适用于批转下级机关的公文，转发上级机关和不相隶属机关的公文，传达要求下级机关办理和需要有关单位周知或者执行的事项，任免人员。

(6)通报：适用于表彰先进，批评错误，传达重要精神或者情况。

(7)议案：适用于各级人民政府按照法律程序向同级人民代表大会或人民代表大会常务委员会提请审议事项。

(8)报告：适用于向上级机关汇报工作，反映情况，答复上级机关的询问。

(9)请示：适用于向上级机关请求指示、批准。

(10)批复：适用于答复下级机关的请示事项。

(11)意见：适用于对重要问题提出见解和处理办法。

(12)函：适用于不相隶属机关之间商洽工作，询问和答复问题，请求批准和答复审批事项。

(13)会议纪要：适用于记载、传达会议情况和议定事项。

本案揭示出会议纪要这一特殊的政府文书在特许经营合同法律关系中的法律性质。本案中法院认为会议纪要属于"用于记载传达会议情况和议定事项"

的公文，不对社会资本方产生直接实际的影响。社会资本方应对此引起足够重视，在实际中，很多的政府义务或者承诺是以会议纪要的形式呈现的，社会资本方往往也就以为拿到会议纪要就满足了。但从本案的判决看，光有会议纪要的形式是不够的，社会资本方应以补充协议或者承诺函、声明函的方式将政府义务落实下来。

规则与启示
Rules and Enlightenment

中篇 | 融资

第一章 项目融资

[01] 湖南省高速公路投资集团有限公司与湖南宜连高速公路发展有限公司借款合同纠纷案①

案例来源:(2014)湘高法民二初字第 36 号。

关键词:委托贷款　质押　利息　违约

一、裁判规则

【规则】项目公司因政府路网规划调整导致的流量下降而入不敷出,仍应承担还款责任

委托贷款人通过银行向借款人足额发放了贷款,如贷款到期后借款人未依约偿还本息,委托贷款人有权要求其偿还本息和其他可证明的相关费用。

二、审判概览

（一）涉案项目情况

2006 年 3 月 9 日,湖南省宜章县人民政府与湖南宜连高速公路发展有限公司(以下简称"宜连高速公路发展公司")签订《湖南宜章至广东连州高速公路项目特许投资、建设、经营、养护管理合同》。宜连高速公路项目为 BOT 项目,其设计、规划由湖南省宜章县人民政府完成,宜连高速公路发展公司被特许投资、建设、经营、养护高速公路,并投入自有资金修建高速公路。

2012 年 6 月 27 日,宜连高速公路发展公司(借款人)、湖南省高速公路投资集团有限公司(以下简称"湖南高速公路投资公司")(委托贷款人)、中国建设银行股份有限公司湖南省分行营业部(以下简称"建行湖南省分行")(代理人)签订了编号分别为 K5-WTDK201206007、K5-WTDK201206008 的两份《委托贷款合同》。其中前份合同约定,湖南高速公路投资公司委托建行湖南省分行向宜连高速公路发展公司发放贷款 2 000 万元,该贷款拟于 2012 年 6 月 25 日发放;后份合同约定,湖南高速公路投资公司委托建行湖南省分行向宜连高速公路发展公司发放贷款 8 000 万元,该贷款拟于 2012 年 10 月前发放。两份合同均约定:

---

① 本案虽然不属于项目融资,但该案中法院的裁判思路对 PPP 项目的项目融资具有一定的借鉴意义。

（1）贷款期限为1年，如本合同项下的借款期限起始日与贷款转存凭证（借款借据）不一致时，以第一次放贷时的贷款转存凭证所载的实际放款日期为准，本合同约定借款到期日作相应调整，贷款转存凭证为本合同的组成部分，与本合同具有同等法律效力；（2）委托贷款的利率为年利率10.5%；（3）本合同项下委托贷款拟采用的担保方式为，湖南高速公路投资公司委托建行湖南省分行以建行湖南省分行的名义签订担保合同；（4）委托贷款本金到期后，宜连高速公路发展公司未按时足额还款的，建行湖南省分行应将逾期情况书面通知湖南高速公路投资公司，并在半个月内按中国建设银行股份有限公司的委托贷款管理规章制度向宜连高速公路发展公司进行贷款催收。

2012年6月27日，建行湖南省分行（质权人）与宜连高速公路发展公司（出质人）签订了编号为K5-WTDKZY201206007的《应收账款质押合同》。该合同约定：（1）出质人宜连高速公路发展公司以其有权处分的应收账款为其偿还K5-WTDK201206007、K5-WTDK201206008项下的全部债务，向质权人建行湖南省分行提供第二顺位的质押担保。贷款人湖南高速公路投资公司委托建行湖南省分行作为质权人的代理人；（2）应收账款指宜连高速公路发展公司享有的宜章至凤头岭高速公路项目建成后的车辆通行费收费权及其项下收益；（3）担保范围为主合同项下全部借款本金、利息、罚息、补偿金、违约金、损害赔偿金和实现质权的费用（包括但不限于诉讼费、保全费、律师费、差旅费、评估费等）；（4）2012年1月，宜连高速公路发展公司与建行湖南省分行（作为牵头行和代理行）、招商银行股份有限公司深圳分行（作为参加行）签订的应收账款质押合同，以其享有的宜章至凤头岭高速公路项目建成后的车辆通行费收费权及其项下收益为其向银团的借款12亿元（建行湖南省分行8.4亿元，招商银行股份有限公司深圳分行3.6亿元，借款期限16年，自2009年8月起至2025年8月止）提供质押担保，并在2012年3月5日办理质押登记，出质人认可湖南高速公路投资公司处于第二受偿顺序；（5）在主合同约定的还本结息前10日，出质人收费账户中余额应不低于主合同项下当期借款本息金额，如出质人不能足额偿还贷款本息，质权人按照本合同的约定实现质权。2014年11月4日，建行湖南省分行与宜连高速公路发展公司在中国人民银行征信中心办理了出质登记。

2012年6月26日，建行湖南省分行向宜连高速公路发展公司发放2 000万元贷款。2012年6月29日，建行湖南省分行向宜连高速公路发展公司发放8 000万元贷款。

2013年6月27日，建行湖南省分行向宜连高速公路发展公司发出编号为2013年第0626号《信贷业务到期催收通知书》，宜连高速公路发展公司签收了该通知，并出具相应回执单，保证无条件履行所承担的还款担保责任，清偿所欠本金、利息、罚息。宜连高速公路发展公司签收回执后，并未清偿所欠本息，湖南高速公路投资公司遂提起本案诉讼。

（二）审理要览

1. 原告主要诉求

原告湖南高速公路投资公司起诉至湖南省高级人民法院，请求法院判令：宜连高速公路发展公司偿还湖南高速公路投资公司的贷款本息 123 905 000 元（该贷款本息未计罚息、复利，暂计算至 2014 年 9 月 30 日，2014 年 10 月 1 日至实际清偿日止的利息按同等方式继续计算）；宜连高速公路发展公司承担湖南高速公路投资公司为实现本案债权而支付的一切费用，包括但不限于诉讼费、财产保全费、强制执行费、律师费、交通费、通讯费等费用（该实现债权费用以至实际清偿日止实际发生的总金额为准）；湖南高速公路投资公司对宜连高速公路发展公司在应收账款质押担保范围内，享有优先受偿权。

2. 审理经过

本案经过一审程序。一审法院湖南省高级人民法院于 2015 年 3 月 5 日作出 (2014) 湘高法民二初字第 36 号判决：湖南宜连高速公路发展有限公司在本判决生效之日起 10 日内向原告湖南省高速公路投资集团有限公司偿还借款本金 1 亿元及利息（以 2 000 万元为基数，按照 10.5% 的年利率，从 2012 年 6 月 26 日起计算至付清之日止的利息；以 8 000 万元为基数，按照 10.5% 的年利率，从 2012 年 6 月 29 日起计算至付清之日止的利息）；湖南宜连高速公路发展有限公司在本判决生效之日起 10 日内向原告湖南省高速公路投资集团有限公司支付因实现本案债权而开支的费用 5 万元；如湖南宜连高速公路发展有限公司不能履行本判决第一、二项的还款义务，湖南省高速公路投资集团有限公司有权按照合同约定对被告湖南宜连高速公路发展有限公司享有的宜章至凤头岭高速公路项目建成后的车辆通行费收费权及其项下收益享有第二顺位的优先受偿权；驳回湖南省高速公路投资集团有限公司的其他诉讼请求。

三、 争议焦点的规则解读

【焦点】项目公司因政府路网规划调整导致的流量下降而入不敷出的，是否承担还款责任

1. 当事人观点

本案原告湖南高速公路投资公司认为其委托建行湖南省分行向宜连高速公路发展公司发放贷款共计 1 亿元，贷款到期后，宜连高速公路发展公司没有依约还本付息，宜连高速公路发展公司应偿付其本息和为实现本案债权而支付的一切费用；对宜连高速公路发展公司在应收账款质押担保范围内，享有优先受偿权。

本案被告提出证据，主张湖南省高速公路管理局曾承诺在宜连高速公路发展公司无法归还银团贷款本息时向 BOT 投资方回购宜连高速公路；2014 年度宜连高速 1 - 11 月通行费计费明细表和 2014 湖南省高速公路主管部门向宜连高速公路发展公司支付的通行费明细，证明因政府路网规划调整致使宜连高速收费遭受重创，月底收费规模仅能满足政府规划和基本工资之需。

但湖南省高级人民法院认为被告宜连高速公路发展公司提交的证据与本案的实体处理无关，均不予采信。

2. 法院观点

湖南省高级人民法院一审认为：

宜连高速公路发展公司、湖南高速公路投资公司与建行湖南省分行签订的两份《委托贷款合同》，宜连高速公路发展公司与建行湖南省分行签订的《应收账款质押合同》，均系当事人的真实意思表示，内容不违反法律、行政法规的强制性规定，均为有效合同。各方当事人应按照合同的约定全面履行自己的义务。

从合同的履行情况来看，建行湖南省分行根据湖南高速公路投资公司的委托，先后向宜连高速公路发展公司发放贷款 2 000 万元、8 000 万元。故湖南高速公路投资公司已经全面履行了自己的合同义务。贷款到期后，宜连高速公路发展公司并没有向湖南高速公路投资公司偿还 1 亿元本金并支付相应利息，其行为已经构成违约；按照《合同法》第 206 条、第 207 条的相关规定，宜连高速公路发展公司应按照约定期限返还借款并支付相关利息。宜连高速公路发展公司应偿还的本金为 1 亿元，利息分两部分计算：（1）以 2 000 万元为基数，按照 10.5% 的年利率，从 2012 年 6 月 26 日起计算至付清之日止的利息；（2）以 8 000 万元为基数，按照 10.5% 的年利率，从 2012 年 6 月 29 日起计算至付清之日止的利息。对于湖南高速公路投资公司要求的其他相关费用，对于湖南高速公路投资公司提交的《委托代理收费协议》5 万元代理费用予以认可，至于其他费用，因其既没有提出具体的金额，也没有提供相关证据予以证明，故依法不予认定。

宜连高速公路发展公司以其享有的宜章至凤头岭高速公路项目建成后的车辆通行费收费权及其项下收益对上述债务向湖南高速公路投资公司提供质押，双方办理了质押登记手续，故湖南高速公路投资公司对该应收账款享有质权；在宜连高速公路发展公司不履行债务时，湖南高速公路投资公司有权就处分该应收账款所得优先受偿；因质押合同明确约定，宜连高速公路发展公司已经以该应收账款为其向建行湖南省分行、招商银行股份有限公司深圳分行的 12 亿元贷款提供质押担保，并办理了质押登记，湖南高速公路投资公司处于第二受偿顺序。故对该应收账款，湖南高速公路投资公司的受偿顺序在建行湖南省分行、招商银行股份有限公司深圳分行之后。

3. 作者简评

本案中，特许经营项目融资方宜连高速公路发展公司通过湖南高速公路投资公司委托银行贷款，用于投资兴建高速公路特许经营项目，并以高速公路项目建成后的车辆通行费收费权及其项下收益与银行办理了出质登记。因政府路网规划调整致使高速收费遭受重创，收费规模仅能满足政府规划和其基本工资之需。法院认定融资方仍应承担对湖南高速公路的还款责任。可见，融资方为了防止出现融资风险，需要与政府方就融资明确约定各自的权利和义务，以保障自身利益。

四、 启示

【启示】项目融资风险防范之策

PPP 项目往往投资金额巨大，融资方式的优劣在很大程度上决定了投资者在项目中的收益。项目融资主要依赖于所属项目本身的资产价值和预期收益，对项目公司股东(投资人)往往无追索权或只具有有限追索权，对投资者具有较高吸引力，目前 PPP 项目多采项目融资方式。标准普尔对 20 世纪 90 年代开始世界70% 的项目融资贷款案件调查，结论是：项目融资比传统企业贷款违约率更低，回收率更高，原因有：债务缓冲垫更厚，结构化安排更严格，监督更到位。也就是说，基础设施之稳定现金流回款是有条件的，取决于项目的结构化安排，更重要的是取决于金融机构对项目的识别和全过程风险管控能力。

通常车流量较好的高速公路项目是优质 PPP 项目，然而本案中融资方宜连高速公路发展公司则因政府方规划调整而导致高速收费受到重创，进而难以支付项目贷款还款，双方发生争议。本案暴露出投资人在与政府签订的特许经营协议中可能未约定项目唯一性、流量保底或法律变更条款，如果在合同中明确项目唯一性，即政府不得在特定范围内允许有竞争性路线之建设；或明确流量保底，即政府方确保最低流量，如未达到最低流量按此补贴；或明确法律政策变更导致投资人权益受到影响，则政府方给予相应补偿，那么金融机构利息收益应该是能够保障的。

这个案件给我们的启示是，金融机构在从企业融资转向项目融资的过程中，应更加注意风险防控，特别是要关注 PPP 项目合同的签署情况，从源头控制项目风险。

第二章 特许经营权质押

 01 **福建海峡银行股份有限公司福州五一支行诉长乐亚新污水处理有限公司、福州市政工程有限公司金融借款合同纠纷案**

案例来源：指导案例 53 号（最高人民法院审判委员会讨论通过，2015 年 11 月 19 日发布）。

关键词：特许经营 水处理项目收益权 特许经营权质押 质权实现

一、裁判规则

【规则1】污水处理项目收益质押有效

污水处理项目收益权属于《物权法》规定依法可出质的"应收账款"，属于《中华人民共和国担保法》（以下简称《担保法》）规定的依法可质押的"其他权利"。

【规则2】污水处理项目收益权质押需登记公示

《物权法》生效之前设定的污水处理项目收益权未办理出质登记的，在主管部门备案登记的具有公示效果，主管部门在《质押协议》上签字确认的视为已备案；《物权法》生效之后设定的污水处理项目收益权，需在中国人民银行征信中心的应收账款质押登记公示系统进行出质登记，质权才能依法成立。

【规则3】特许经营权质权的实现可直接向出质人的债务人行使债权

特许经营权质权之实现无需折价、拍卖、变卖质物，质权人可直接向出质人的债务人收取金钱并对该金钱行使优先受偿权，但需为项目公司保留必要的运营费用。

二、审判概览

（一）涉案项目情况

2003 年，长乐市建设局为让与方、福州市政工程有限公司（以下简称"福州市政公司"）为受让方、长乐市财政局为见证方，三方签订《长乐市城区污水处理厂特许建设经营合同》，约定：长乐市建设局授予福州市政公司负责投资、建设、运营和维护长乐市城区污水处理厂项目及其附属设施的特许权，并就合同双方权利义务进行了详细约定。2004 年 10 月 22 日，福州市政公司为履行《长乐市城区污水处理厂特许建设经营合同》设立项目公司。长乐亚新污水处理有限公司（以下简称"长乐亚新公司"）。

2005 年 3 月 24 日，福建海峡银行股份有限公司福州五一支行（以下简称"海峡银行五一支行"）与长乐亚新公司签订《单位借款合同》，约定：长乐亚新公司向福州市商业银行五一支行借款 3 000 万元；借款用途为长乐市城区污水处理厂 BOT 项目；借款期限为 13 年，自 2005 年 3 月 25 日至 2018 年 3 月 25 日；还就利息及逾期罚息的计算方式作了明确约定。福州市政公司为长乐亚新公司的上述借款承担连带责任保证。

同日，福州市商业银行五一支行与长乐亚新公司、福州市政公司、长乐市建设局共同签订《特许经营权质押担保协议》，约定：福州市政公司以《长乐市城区污水处理厂特许建设经营合同》授予的特许经营权为长乐亚新公司向福州市商业银行五一支行的借款提供质押担保，长乐市建设局同意该担保；福州市政公司同意将特许经营权收益优先用于清偿借款合同项下的长乐亚新公司的债务，长乐市建设局和福州市政公司同意将污水处理费优先用于清偿借款合同项下的长乐亚新公司的债务；福州市商业银行五一支行未受清偿的，有权依法通过拍卖等方式实现质押权利等。

上述合同签订后，福州市商业银行五一支行依约向长乐亚新公司发放贷款 3 000 万元。长乐亚新公司于 2007 年 10 月 21 日起未依约按期足额还本付息。

（二）审理要览

1. 原告诉求

因长乐亚新公司未能按期偿还贷款本金和利息，海峡银行五一支行诉请法院判令：长乐亚新公司偿还原告借款本金和利息；确认《特许经营权质押担保协议》合法有效，拍卖、变卖该协议项下的质物，原告有优先受偿权；将长乐市建设局支付给两被告的污水处理服务费优先用于清偿应偿还原告的所有款项；福州市政公司承担连带清偿责任。

2. 审理经过

本案经过一审、二审程序。

一审法院福建省福州市中级人民法院于 2013 年 5 月 16 日作出（2012）榕民初字第 661 号民事判决，主要判决内容为：（1）长乐亚新污水处理有限公司应于本判决生效之日起 10 日内向福建海峡银行股份有限公司福州五一支行偿还借款本金 28 714 764.43 元及利息（暂计至 2012 年 8 月 21 日为 2 142 597.6 元，此后利息按《单位借款合同》的约定计至借款本息还清之日止）；（2）福建海峡银行股份有限公司福州五一支行于本判决生效之日起有权直接向长乐市建设局收取应由长乐市建设局支付给长乐亚新污水处理有限公司、福州市政工程有限公司的污水处理服务费，并对该污水处理服务费就本判决第一、二项所确定的债务行使优先受偿权；（3）福州市政工程有限公司对本判决第一、二项确定的债务承担连带清偿责任；（4）驳回福建海峡银行股份有限公司福州五一支行的其他诉讼请求。宣判后，两被告均提起上诉。

二审法院福建省高级人民法院于2013年9月17日作出福建省高级人民法院（2013）闽民终字第870号民事判决：驳回上诉，维持原判。

三、 争议焦点的规则解读

【焦点】特许经营权质押是否有效，质权如何实现

1. 当事人观点

被告长乐亚新公司和福州市政公司辩称：长乐市城区污水处理厂特许经营权并非法定的可以质押的权利，且该特许经营权并未办理质押登记，故原告诉请拍卖、变卖长乐市城区污水处理厂特许经营权，于法无据。

2. 法院观点

福建省高级人民法院二审生效裁判认为：

被告长乐亚新公司未依约偿还原告借款本金及利息，已构成违约，应向原告偿还借款本金，并支付利息及实现债权的费用。福州市政公司作为连带责任保证人，应对讼争债务承担连带清偿责任。

（1）关于污水处理项目等特许经营的收益权能否出质问题

第一，本案讼争污水处理项目《特许经营权质押担保协议》签订于2005年，尽管当时法律、行政法规及相关司法解释并未规定污水处理项目收益权可质押，但污水处理项目收益权与公路收益权性质上相类似。最高人民法院《关于适用〈中华人民共和国担保法〉若干问题的解释》（以下简称《担保法司法解释》）第97条规定，"以公路桥梁、公路隧道或者公路渡口等不动产收益权出质的，按照担保法第七十五条第（四）项的规定处理"，明确公路收益权属于依法可质押的其他权利，与其类似的污水处理收益权亦应允许出质。第二，国务院办公厅于2001年9月29日转发的国务院西部开发办《关于西部大开发若干政策措施的实施意见》（国办发〔2001〕73号）中提出，"对具有一定还贷能力的水利开发项目和城市环保项目（如城市污水处理和垃圾处理等），探索逐步开办以项目收益权或收费权为质押发放贷款的业务"，首次明确可试行将污水处理项目的收益权进行质押。第三，污水处理项目收益权虽系将来金钱债权，但其行使期间及收益金额均可确定，其属于确定的财产权利。第四，在《物权法》颁布实施后，因污水处理项目收益权系基于提供污水处理服务而产生的将来金钱债权，依其性质亦可纳入依法可出质的"应收账款"的范畴。因此，讼争污水处理项目收益权作为特定化的财产权利，可以允许其出质。

（2）对于污水处理项目收益权的质权公示问题

在《物权法》自2007年10月1日起施行后，因收益权已纳入该法第223条第(六)项的"应收账款"范畴，故应当在中国人民银行征信中心的应收账款质押登记公示系统进行出质登记，质权才能依法成立。由于本案的质押担保协议签订于2005年，在《物权法》施行之前，故不适用《物权法》关于应收账款的统一登记制度。因当时并未有统一的登记公示的规定，故参照当时公路收费权质押登记的规定，由其主管部门进行备案登记，有关利害关系人可通过其主管部门了解该收益权是否存在质押之情况，该权利即具备物权公示的效果。

本案中，长乐市建设局在《特许经营权质押担保协议》上盖章，且协议第7条明确约定"长乐市建设局同意为原告和福州市政公司办理质押登记出质登记手续"，故可认定讼争污水处理项目的主管部门已知晓并认可该权利质押情况，有关利害关系人亦可通过长乐市建设局查询了解讼争污水处理厂有关权利质押的情况。因此，本案讼争的权利质押已具备公示之要件，质权已设立。

(3)关于质权实现方式

我国《担保法》和《物权法》均未具体规定权利质权的具体实现方式，仅就质权的实现作出一般性的规定，即质权人在行使质权时，可与出质人协议以质押财产折价，或就拍卖、变卖质押财产所得的价款优先受偿。但污水处理项目收益权属于将来金钱债权，质权人可请求法院判令其直接向出质人的债务人收取金钱并对该金钱行使优先受偿权，故无需采取折价或拍卖、变卖之方式。况且收益权均附有一定之负担，且其经营主体具有特定性，故依其性质亦不宜拍卖、变卖。因此，原告请求将《特许经营权质押担保协议》项下的质物予以拍卖、变卖并行使优先受偿权，不予支持。

根据协议约定，原告海峡银行五一支行有权直接向长乐市建设局收取污水处理服务费，并对所收取的污水处理服务费行使优先受偿权。由于被告仍应依约对污水处理厂进行正常运营和维护，若无法正常运营，则将影响到长乐市城区污水的处理，亦将影响原告对污水处理费的收取，故原告在向长乐市建设局收取污水处理服务费时，应当合理行使权利，为被告预留经营污水处理厂的必要合理费用。

3. 作者简评

本案双方当事人核心争议焦点有二：一是特许经营权是否为法定可质押权利？本案终审法院认定污水处理项目收益权属于《物权法》规定依法可出质的"应收账款"，属于《担保法》规定的依法可质押的"其他权利"。二是特许经营权质押未经登记是否有效？根据《物权法》，没有权利凭证的，质权自有关部门办理出质登记时设立，以应收账款出质的，质权自信贷征信机构(即中国人民银行征信中心)办理出质登记时设立。终审法院认为本案质权早于《物权法》生效之日设定，无需履行出质登记，仅需到相关主管部门备案即可生效，主管部门在《特许经营权质押担保协议》上盖章视为已备案。

四、 启示

【启示】特许经营权等权利质权设立需满足特定条件

质押是金融机构担保债权实现的重要途径，一些特许经营项目中，特许经营权中的符合法律规定的收益权质押是最重要，甚至是唯一的融资手段，特许经营收费权质权的设定需满足法律法规规定的要件，否则该担保措施将形同虚设。

1. 工程项目中哪些权利可质押

质押在法律性质上属于担保物权。根据物权法定原则，物权的种类和物权的内容（即权能）应由法律直接规定，不得由当事人基于自由意志而协商创设或者确定。项目收益权、特许经营权究竟能否作为权利质押的标的？此前法律并没有明确规定。2007 年出台的《物权法》仅于第 223 条规定"应收账款"为可质权的权利，但对于应收账款却未予定义。

2014 年，国务院出台《国务院关于创新重点领域投融资机制鼓励社会投资的指导意见》（国发〔2014〕60 号），其中明确规定："支持开展排污权、收费权、集体林权、特许经营权、购买服务协议预期收益、集体土地承包经营权质押贷款等担保创新类贷款业务。探索利用工程供水、供热、发电、污水垃圾处理等预期收益质押贷款，允许利用相关收益作为还款来源。鼓励金融机构对民间资本举办的社会事业提供融资支持。"

本案作为最高人民法院的指导案例，首次明确提出污水处理项目收益权属于可质押的应收账款，应该说起到一锤定音的效果。据此，可以认为项目收益权、特许经营权、政府购买服务协议的预期收益权等均属于可质押的权利，性质上属于债权质押，适用权利质押的法律规定。

根据《应收账款质押登记办法》，应收账款是指权利人因提供一定的货物、服务或设施而获得的要求义务人付款的权利，包括现有的和未来的金钱债权及其产生的收益，但不包括因票据或其他有价证券而产生的付款请求权。包括下列权利：（1）销售产生的债权，包括销售货物，供应水、电、气、暖，知识产权的许可使用等；（2）出租产生的债权，包括出租动产或不动产；（3）提供服务产生的债权；（4）公路、桥梁、隧道、渡口等不动产收费权；（5）提供贷款或其他信用产生的债权。也就是说，在工程项目中，公路、桥梁、隧道、渡口等不动产收费权，供应水、电、气、暖等收费权，不动产出租收益权均属于可质押的权利。

2. 应收账款质押应满足成立要件

根据我国法律，物权采公示公信原则，即对物权的享有与变动均应采取可取信于社会公众的外部表现方式。权利质押以交付权利凭证、出质登记作为公示手段。《物权法》第 228 条第 1 款规定："以应收账款出质的，当事人应当订立书面合同。质权自信贷征信机构办理出质登记时设立。"根据《应收账款质押登记办法》，中国人民银行征信中心（以下简称"征信中心"）是应收账款质押的登记机构。也就是说，未于征信中心办理出质登记的，质权未设立。但根据本案例中最高人民法院的观点，在《物权法》生效之前，即 2007 年 10 月 1 日之前，以项目收益权等设立质权的，于相关主管部门备案即可。实务中，特许经营权之质押登记部门需根据不同地域、不同项目具体确定，征信中心是否受理需在实践中具体确定。有些地方性规范对登记部门作了特别规定，例如湖北省经济委员会于 2006 年发布了《湖北省发电企业电费收益权质押合同登记管理办法》，并依据（鄂经电力〔2008〕43 号）规定，将登记的权限放在湖北省经济和信息化委员会。陕西省发展和改革委员会于 2009 年发布了《发电企业电费收益权质押登记管理暂行办法》，规定电费收益权质押登记的机关在当地发改委。

当然，根据项目不同，特许经营权质押还须注意其他合规要件，例如对于发电企业而言，在获得相应电力业务准入许可后，其所享有的电费收费权并不当然能够转化为经营收益。电费收费收益的取得还需要经历从生产到销售的过程，须在经历与电网企业完成市场化机制的并网调度、依据竞价结果签订《供用电合同》等必需过程之后，电力生产企业方能取得收取电费销售收入的依据。

第三章　股东借款

 01 **江门市江建建筑有限公司与江门市金华物业投资管理有限公司等执行异议之诉申请案**①

案例来源：(2013)民提字第 226 号。

关键词：执行异议　所有权　借款　出资　资本公积金　抽回

一、 裁判规则

【规则】名为贷款实为资本公积金的股东借款不得被认定为借款债权

股东以股东借款形式充抵项目资本金，已列为资本公积金的，不得随意变更为借款，股东不得主张享有借款债权。

二、 审判概览

（一）涉案项目情况

江门市金华投资有限公司（以下简称"金华投资公司"）于 1995 年成立，公司章程规定首期投资总额 1.46 亿元，注册资本 100 万元，林金培出资额为 15 万元，占注册资本 15%。章程第 11 条规定，各股东"应按工程进度及各方相应的出资额按期投入资金"。后来金华投资公司股东及股权结构发生变更，各股东出资比例变更如下：股东林金培出资 40 万元，占 40%；佛山三角洲发展公司出资 35 万元，占 35%；江门市外经贸易进出口公司出资 25 万元，占 25%。董事为：林金培、陈汝湛、李宇金。金华投资公司确认：股东林金培通过香港科埠有限公司投入及借款给金华投资公司本金 37 203 231.38 元，计提利息 60 073 060.96 元，共计 97 276 292.34 元。佛山三角洲发展公司投入本金 20 502 136 元，计提利息 29 782 309.34 元，共计 50 284 445.34 元。江门市外经贸易进出口公司投入本金 665 万元，计提利息 12 134 798.8 元，共计 18 784 798.8 元。

2000 年 3 月 13 日，林金培、陈汝湛、李宇金三人召开董事会，通过《董事会决议》，其中对 1995 年 8 月金华投资公司与各股东签订的《借贷协议书》中原有利息的计算方法作如下调整：林金培（香港科埠有限公司）投入本金

---

① 本案虽然不属于 PPP 项目，但该案所涉及的"股东借款"在 PPP 项目中经常出现，具有借鉴意义。

7 084 310 元，按月利率 2% 计息，原有利息 3 001 340.37 元作为投资款，但不再计算利息；佛山三角洲发展公司投入本金 9 382 690 元，按月利率 2% 计息，原有利息 4 869 446 元作为投资款，但不再计算利息；金华投资公司的注册资本 100 万元中，林金培 40 万元，佛山三角洲发展公司 35 万元，江门市外经贸易进出口公司 25 万元，在会计核算中不计算利息，各股东其余的投资款按月利率 2% 计息，所有利息不计算复息。今后金华商业中心销售收入按以下顺序偿还债务和投资款：（1）金华商业中心销售收入首先偿还金华投资公司银行借款和股东之外的对外借款；（2）偿还 1995 年 8 月前投入的前期地价借款（即 1995 年 8 月 25 日董事会会议记录确认的林金培及佛山三角洲发展公司投入资金及利息转为借款部分）和林金培投入的超过其股权比例的工程款；（3）在还清上述两项后，按各股东股权比例偿还股东投资款本息，本金与利息的偿还比例为 70:30。与江门市江建建筑有限公司（以下简称"江建公司"）谈判用以下方法支付工程款：以金华商业中心三楼全层作抵押向银行贷款，用于偿还江建公司工程款，利息由金华投资公司支付，金华投资公司负该项贷款的偿还责任并提供贷款担保。

林金培通过江门市金华物业投资管理有限公司（以下简称"金华物业公司"）分 7 次（其中 1 次通过康培公司支付）划款给金华投资公司 1 600 万元，金华投资公司收款后向金华物业公司开具收据，用以偿还中国银行江门分行的贷款。金华物业公司注册资金 1 000 万元，股东为：江门市蓬江区金华物业管理有限公司出资 25 万元，占 2.5%；林金培出资 975 万元，占 97.5%。

根据广东省高级人民法院于 2008 年 3 月 31 日作出的 (2006) 粤高法民一终字第 375 号民事判决，金华商业大厦是金华投资公司挂靠城建公司开发建设的，虽在城建公司名下，但实际上是金华投资公司的物业。法院判决在影响办理过户手续的原因消除后，城建公司应将金华商业大厦部分物业过户给金华投资公司或者金华投资公司指定的客户名下。

又根据广东省高级人民法院已生效的 (2006) 粤高法民一终字第 343 号判决，2002 年 5 月 31 日，江建公司与金华投资公司就建设金华商业中心首期工程款问题签订《协议书》，主要内容为：双方确认截至 2002 年 3 月 31 日止，金华投资公司共欠江建公司本息 26 739 745.51 元。金华投资公司同意于 2003 年 3 月 31 日前全部付清上述款项给江建公司。金华投资公司将拥有的暂记挂在城建公司名下的金华商业中心三楼全层房屋物业面积 7 230.769 平方米和五楼全层房屋物业面积 4 529.802 平方米作为上述未付款的抵押物，同意将上述抵押物以原开发商城建公司名义办妥真实房地产权证。

2003 年 5 月 14 日，金华投资公司通过《董事会决议》，决定将江门市东华一路金华商业中心首层全层合计 3 840.01 平方米转让给林金培以抵顶其多投入的 1 996 万元，将四楼全层面积 7 314.57 平方米作价 1884 万元转让给林金培以抵顶其多投入的出资本息。2003 年 5 月 22 日，林金培委托金华投资公司将金华商业中心二期地块及金华商业中心首层全层合计 3 840.01 平方米，四层全层合计 7 314.57 平方米过户至金华物业公司名下。

2003 年 5 月 26 日，金华投资公司作为甲方与乙方金华物业公司签订《购买房屋协议书》，约定乙方购买甲方的金华商业中心首层全层、四层全层、保安办公室；房款从甲方欠乙方款项中冲减。2004 年 11 月 19 日，金华物业公司与林艺沙签订《租赁合同》，将金华商业中心四楼（建筑面积 931.50 平方米）的物业出租给林艺沙作 KTV 和酒廊，租赁期由 2004 年 7 月 11 日起至 2012 年 7 月 10 日止。2004 年 6 月至 12 月，金华物业公司对金华商业中心首层部分房屋办理了《房地产权证》。

2003 年 11 月 6 日及 2004 年 1 月 12 日，江建公司向金华投资公司发出函件，称因金华投资公司超过 2003 年 3 月 31 日的还款期限没有还款，按协议约定金华商业中心的三、五层物业属江建公司所有，从 2003 年 4 月 1 日起，应由江建公司来收取相应租金，并要求金华投资公司将已收取的租金还给江建公司。2004 年 1 月 13 日，金华投资公司复函江建公司，称因城建公司单方面停止售楼工作，影响了金华投资公司的筹资计划致未能如期还款，责任不在金华投资公司，并重申金华商业中心的三层物业属金华投资公司所有，收益理应归金华投资公司。2003 年 12 月 22 日，江建公司与金华投资公司签订《协议书》，约定金华投资公司通过贷款偿还江建公司部分工程款 9 499 320 元，并解除金华商业中心的五层物业抵押登记。

（二）审理要览

1. 原告主要诉求

广东省江门市中级人民法院在执行江建公司与金华投资公司拖欠建设工程款纠纷一案过程中，于 2005 年 1 月 31 日查封了江门市东华一路金华商业中心四层 401、402 商铺，2 月 2 日查封了江门市东华一路金华商业中心四层停车场及保安办公室等物业。2008 年 11 月 3 日，金华物业公司向江门市中级人民法院提出执行异议，要求其对上述物业不予执行并解除对上述房产的查封。经审查，江门市中级人民法院认为金华物业公司的异议成立并于 2009 年 11 月 12 日作出（2009）江中法执外异字第 114 号执行裁定书，中止对江门市东华一路金华商业中心四层 401、402、停车场及保安办公室等房产的查封。江建公司不服上述裁定，遂向江门市中级人民法院提起本案诉讼，请求：依法确认坐落在江门市东华一路 61 号四层 401、402、保安办公室、停车场的房产所有权不属于金华物业公司所有；江建公司依法享有拍卖上述房屋清偿部分债务的优先权。

2. 审理经过

本案经过一审、二审和再审程序。广东省江门市中级人民法院作出（2010）江中法民一初字第 9 号民事判决书，判决：确认江门市东华一路金华商业中心四层 401、402、停车场及保安办公室等房产未办理变更登记手续过户给金华物业公司之前，金华物业公司对上述房产不享有所有权；驳回江建公司的其他诉讼请求。

规则与启示：特许经营 PPP 裁判规则解读与适用

广东省高级人民法院作出（2012）粤高法民一终字第 3 号民事判决，判决：驳回上诉，维持原判。

最高人民法院经再审后，于 2013 年 12 月 23 日作出（2013）民提字第 226 号判决，判决：撤销广东省江门市中级人民法院（2010）江中法民一初字第 9 号民事判决、广东省高级人民法院（2012）粤高法民一终字第 3 号民事判决；江门市金华物业投资管理有限公司对金华商业中心四层 1 号铺（401）、2 号铺（402）、保安办公室和停车场不享有所有权。

三、 争议焦点的规则解读

【焦点】 作为项目资本金的股东借款可否被认定为借款债权

1. 当事人观点

本案一审原告江建公司认为：金华投资公司与林金培之间不存在"借款"事实，林金培投入的 3 700 万元是履行股东的出资义务，性质上是不可抽回的项目投资款，而非借款；林金培和佛山三角洲公司多出资部分如果不增加公司持股比例，则公司的其他股东是受益者，承担返还责任的也应是其他股东，而不是公司；金华投资公司记账科目中，有 53 张凭证"资本公积"将直接划横线篡改为"长期借款"，被申请人的行为属于伪造、变造会计凭证，该证据直接说明金华投资公司明知林金培等股东多投入的资本是资本公积，为了逃避清偿债务，恶意将投资款"变造"为借款；金华物业公司对诉争执行标的没有支付对价，不享有诉争房产的实体权利，金华物业公司不是以物抵债协议的受让人，金华物业公司所取得的房屋是林金培因债权关系抵自金华投资公司，金华物业公司与金华投资公司虽有房屋买卖合同，但二者间根本不是房屋买卖关系，而是以物抵债关系。

本案一审被告金华物业公司与金华投资公司均认为：江建公司与金华投资公司曾于 2002 年 5 月 31 日签订协议书明确，如果金华投资公司不依约向江建公司支付工程款，就以物抵债，并确认了欠款总额以及所抵物业，在工程款诉讼开始之前的两年，《董事会决议》已形成，当时没有损害任何债权人的利益，包括江建公司；公司的资产由股东认缴的出资和公司的借款构成，公司借款既包括公司以外的人提供的借款，也包括股东的借款，按照金华投资公司的章程，股东会是最高的权力机构，股东会已经通过决议对股东借款的利息等做了约定，这种安排不违反法律规定，不损害第三人利益，合法有效；本案争议的房产不是抵押给江建公司的房产，因此金华投资公司抵债的方式与处理其他债务方式相同，未损害江建公司的权利。

2. 法院观点

广东省江门市中级人民法院一审认为：

本案的案由为申请执行人执行异议之诉。判断本案诉争标的是否属执行标的、是否可以许可执行的标准应是：案外人金华物业公司对江门市东华一路金华商业中心四层 401、402、停车场及保安办公室等房产是否享有所有权或者其他足以阻止执行标的转让、交付的实体权利。在涉案房产产权登记转移之前，金华物业公司对涉案的房产不享有所有权；涉案房屋虽然登记在城建公司名下，但实际上是金华投资公司的物业。金华投资公司根据其《董事会决议》将涉案房产抵顶给林金培，并根据林金培的委托与金华物业公司签订《购买房屋协议书》，其性质为以物抵债，系双方当事人真实意思表示且内容没有违反法律法规的禁止性规定，应当认定为合法有效。《购买房屋协议书》签订后，金华投资公司就已经实际向金华物业公司交付了江门市东华一路金华商业中心四层 401、402、停车场及保安办公室等房产，金华物业公司已经实现了对上述房屋的合法占有。鉴于金华物业公司享有的债权具有一定的物权属性，较之江建公司对金华投资公司享有的一般金钱债权，在效力上享有优先性，加之其权利的形成早于江建公司申请法院查封执行的时间，故金华物业公司享有的债权足以排除对涉案标的强制执行。

广东省高级人民法院二审认为：

关于金华物业公司购买广东省江门市东华一路金华商业中心四层 401、402、停车场及保安办公室等诉争房屋有无支付对价的问题。早在 2000 年 3 月 13 日，金华投资公司的三名董事林金培、陈汝湛、李宇金就已通过《董事会决议》，约定将股东多投入的出资转作借款并计算利息，该做法由来已久，并非江建公司所称的旨在逃避公司债务及私分公司资产；此外，案涉《董事会决议》形成于 2003 年 5 月 14 日，金华投资公司早已于 2002 年 5 月 31 日签订《协议书》承诺将金华商业中心三层和五层物业抵顶给江建公司用以偿还工程欠款本金及利息，且从案涉《董事会决议》第 3 条的内容来看，金华投资公司抵顶给股东林金培的仅仅是金华商业中心四楼全层物业，并未处分抵债给江建公司的金华商业中心三层和五层物业。金华物业公司于 2003 年 5 月 26 日与金华投资公司签订《购买房屋协议书》时，江建公司与金华投资公司之间的工程欠款问题已经解决，可见，林金培接受以物抵债以及金华物业公司受让诉争房屋的行为，不存在金华投资公司恶意逃避债务，侵害江建公司利益的故意。而江建公司在案涉《董事会决议》形成后及金华物业公司已经购买了诉争房屋之后，于 2003 年 12 月 22 日与金华投资公司签订《协议书》，同意金华投资公司通过贷款来偿还江建公司 9 499 320 元，解除金华商业中心五层物业抵押登记的行为，属对自己权利的处分。江建公司放弃该五层物业的抵押，导致其丧失抵押权优先受偿的风险应由其自行承担。因此，二审法院认定金华物业公司已实际购买了广东省江门市东华一路金华商业中心四层 401、402、停车场及保安办公室等诉争房屋，并用林金培的投资款本金及利息支付了全部对价。

关于金华物业公司是否对诉争房屋实际占有的问题。一审法院在执行江建公司与金华投资公司拖欠工程款纠纷一案中，于 2005 年 1 月 31 日及 2 月 2 日查封了诉争房屋，而金华物业公司早在 2004 年 11 月 19 日就与林艺沙签订《租赁合同》，将金华商业中心四楼物业出租给林艺沙做 KTV 和酒廊，因此，在一审法院封查之前，金华物业公司对诉争房屋已经实际占有使用。

关于金华物业公司对于诉争房屋没有办理过户手续是否有过错的问题。根据最高人民法院《关于人民法院民事执行中查封、扣押、冻结财产的规定》（法释〔2004〕15 号，以下简称《查封规定》）第 17 条，在买卖合同中，第三人若对抗执行需满足三个要件，即"已经支付部分或者全部价款""实际占有"和"对未办理过户登记手续无过错"。本案金华物业公司作为相关执行案的第三人购买诉争房屋，已经支付了全部价款并实际占有，且其对未能过户没有过错，满足上述法律条款规定的三个要件，因而金华物业公司可以对抗申请执行人江建公司提出的执行申请。

最高人民法院再审认为：

金华物业公司系通过与金华投资公司签订《购买房屋协议书》而受让本案物业，其主张购买房屋的对价就是林金培对金华投资公司额外出资形成的借款债权。因此本案审理的关键在于，林金培对金华投资公司是否因额外出资而享有借款债权。

一是林金培对金华投资公司的额外出资不是借款，而属于资本公积金，林金培对金华投资公司所谓的借款债权并不成立。金华投资公司于 1995 年设立时，公司章程规定首期投资总额 1.46 亿元，而公司注册资本只有 100 万元，故包括林金培在内的各股东还需额外出资，公司章程第 11 条也因此规定各股东"应按工程进度及各方相应的出资额按期投入资金"。但对于股东在注册资本之外的出资属于什么性质，章程并未明确规定。1993 年 1 月 7 日财政部发布的《房地产开发企业会计制度》第 311 号科目"资本公积"部分规定"本科目核算企业取得的资本公积，包括接受捐赠、资本溢价、法定资产重估增值、资本汇率折算差额等"；对于资本溢价的范围，第 2 款明确规定"投资人交付的出资额大于注册资本而产生的差额，作为资本溢价"。《公司法》第 167 条规定，国务院财政主管部门规定列入资本公积金的其他收入，应当列入公司资本公积金。据此可知，股东对公司的实际出资大于应缴注册资本部分的，应属于公司的资本公积金。(1)金华物业公司主张林金培对金华投资公司多缴的出资属于林金培对金华投资公司的借款，但未提供证据证明双方事先对该出资的性质为借款以及借款期限、借款利息等有特别约定，在此情形下，根据财政部的规定，林金培多缴的出资应为资本公积金，而非借款。(2)国务院《关于固定资产投资项目试行资本金制度的通知》（国发〔1996〕35 号）规定：投资项目资本金，是指在投资项目总投资中，由投资者认缴的出资额，对投资项目来说是非债务性资金，项目法人不承担这部分资金的任何利息和债务；投资者可按其出资的比例依法享有所有者权益，也可转让其出资，但不得以任何方式抽回。本案中的金华商业中心项目是金华投资公司挂靠城建公司开发的，金华商业中心于 1996 年 1 月开工建设，1999 年完工，国务院上述通知对其具有规范效力。(3)金华投资公司提供的手写书证记载，"金华投资公司注册资本为一百万元，现将各股东多投入的资本转为资本公积"。由此证明，金华投资公司各股东对多缴出资的性质为资本公积金也是明知并认可的。(4)二审期间，被申请人提供的林金培通过香港科埠公司向金华投资公司出资的 53 张会计凭证原始记录即为"资本公积"，虽后来被更改为"长期借款"，但根据《会计法》的规定，会计凭证不得变造，金华投资公司变造上述会计凭证的行为违反《会计法》，应属无效。

二是资本公积金属于公司的后备资金，股东可以按出资比例向公司主张所有者权益，但股东出资后不能抽回，也不得转变为公司的债务计算利息，变相抽逃。2003 年 5 月 14 日，金华投资公司董事会决议用本案的房产抵顶林金培多投入的出资本息，实质是将林金培本属于资本公积金的出资转变为公司对林金培的借款，并采用以物抵债的形式予以返还，导致林金培变相抽逃出资，违反了公司资本充实原则，与《公司法》和国务院上述通知的规定相抵触，故董事会决议对林金培借款债权的确认及以物抵债决定均应认定为无效。

三是金华物业公司与金华投资公司签订《房屋购买协议》时，系依据林金培的指定而受让本案物业，并以林金培对金华投资公司额外出资形成的借款债权作为对价而以物抵债。但本院认为，林金培根据以物抵债决议受让本案物业并不具有合法性基础，该借款债权也不成立，故金华物业公司依据林金培的指定而受让案涉物业不具备《查封规定》第 17 条规定的阻却人民法院执行的条件，金华物业公司也不应取得金华商业中心四层 1 号铺（401）、2 号铺（402）、保安办公室和停车场的所有权。

3. 作者简评

对于股东借款可否被认定为债权，各级法院有不同认识，一审和二审法院均认可股东林金培对金华投资公司股东借款的债权性质，据此认可金华投资公司为偿还该部分借款而与林金培达成的以物抵债协议，进而认定林金培对金华物业公司的占有指示有效，因此金华物业公司的物权可以对抗江建公司对金华投资公司的债权，阻却其强制执行请求。

但最高人民法院却认为林金培给付公司的资金实为额外出资而非借款，由于该部分出资的借款性质不被认可，林金培就案涉房产以物抵债的行为也就不具有合法性基础，因此林金培对物业公司的占有指定也不具有合法基础，遂无法对抗江建公司经生效裁判认可的债权，无法阻却其强制执行请求。最高人民法院的上述认定有三项理由：一是章程未明确股东大于注册资本的部分的出资的性质，根据财政部相关会计准则，亦将其认定为资本公积金；二是根据国发(1996)35 号文，金华投资公司除 100 万注册资本外尚应缴付资本公积金，因此股东大于注册资本金的部分应作为资本公积金，不得抽回，不是债务性资金，而是所有者权益，公司不承担还本付息责任；三是金华投资公司原始会计凭证就该部分出资记载的是"资本公积"，后改为"长期借款"，但该更改因违反《会计法》而无效。

天津×××开发有限公司与浙江××文化投资有限公司企业借贷纠纷上诉案

案例来源：（2008）浙民二终字第164号。

关键词：房地产投资　项目资本金　贷款　借款　利息

一、裁判规则

【规则】股东对公司的实际出资大于应缴注册资本的部分如签订借款合同可以被认定为股东借款

股东足额缴纳注册资本金后，与公司签订借款合同，其对公司的实际出资大于应缴注册资本的部分可以被认定为借款。

二、审判概览

（一）涉案项目情况

2003年11月1日，天津×××开发有限公司（以下简称"长××公司"）（设立中）向浙江××文化投资有限公司（以下简称"伟业××"）（设立中）借款3 000万元，2004年4月13日，长××公司（设立中）又向伟业××借款2 000万元，并以长××公司名义分别出具两份收据。2004年6月，双方就上述两笔借款补签借款合同一份，合同对借款目的、期限、利息、税费承担等问题进行了约定。之后，长××公司已陆续归还借款本金2 400万元（其中2005年3月28日归还1 200万元、2005年3月29日归还300万元、2006年3月1日归还500万元、2007年9月28日归还200万元、2007年11月12日归还200万元），并陆续支付利息8 876 005.21元。后长××公司以资金紧张为由拒绝归还上述借款并支付利息。另，伟业××、长××公司分别成立于2004年1月9日和2004年4月16日。

2004年1月10日，伟业××（设立中）与绍兴第一建工集团有限公司（后变更为长业建设集团有限公司）就共同投资开发天津市北辰区北辰6号地块项目签订合作协议一份，约定双方共同投资设立项目公司，注册资本5 000万元，其中绍兴第一建工集团有限公司出资3 000万元，伟业××出资2 000万元。关于项目前期所需资金，伟业××除已出资的注册资金外，再帮助融资5 000万元，其余前期所需资金由绍兴第一建工集团有限公司出资。项目启动后融资原则上由项目公司负责，但发生资金短缺影响项目的实施，则双方再行融资，如项目资金富余，则融资款优先退还。协议还对项目公司的组织机构组成及分红比例等问题作了约定。协议签订后，绍兴第一建工集团有限公司和伟业××共同出资设立了长××公司，注册资本5 000万元，绍兴第一建工集团有限公司和伟业××认缴的出资分别为3 000万元和2 000万元，均已足额缴纳。此外，两股东分别向项目资金账户投入 5 000 万元。2004 年 6 月，伟业××和长××公司就其投入的 5 000 万元签订一份借款合同。之后，长××公司向伟业××陆续退还本金 2 400 万元，利息 8 876 005.21 元。2006 年因国家出台对房地产行业的调控政策，对项目自有资金达不到 35% 的房地产企业，银行不得发放贷款。在这种情况下，长××公司项目资金非常紧张，故请求公司两位股东对已提供的项目资金不要抽回，并继续履行对项目融资的承诺。

（二）审理要览

1. 原告主要诉求

一审原告伟业××起诉至浙江省绍兴市中级人民法院，请求判令：长××公司立即归还借款 2 800 万元，并赔偿经济损失 69 万元，合计人民币 2 869 万元（2007 年 9 月 29 日之后的经济损失按银行同类贷款利率计算，至还款之日止）；本案诉讼费用由长××公司承担。后变更诉讼请求为：长××公司立即归还借款 2 600 万元，并赔偿经济损失（利息损失）2 135 703 元（计算至 2008 年 5 月 20 日，之后按同期贷款利息至还款之日止）。

2. 审理经过

本案经过一审和二审程序。浙江省绍兴市中级人民法院于 2008 年 6 月 10 日作出（2007）绍中民二初字第 290 号民事判决，判决：长××公司应归还伟业××人民币 2 600 万元，限于判决生效后 10 日内付清；长××公司应支付给伟业××利息人民币 2 135 703 元，于履行判决第一项确定的义务时一并支付，并支付 2 600 万本金从 2008 年 5 月 21 日起至判决第一项确定的给付期限前实际付清日止按中国人民银行规定的同期贷款利率计算的利息。

浙江省高级人民法院于 2008 年 09 月 22 日作出（2008）浙民二终字第 164 号，判决维持浙江省绍兴市中级人民法院（2007）绍中民二初字第 290 号民事判决第一项，即：天津×××开发有限公司应归还浙江××文化投资有限公司人民币 2 600 万元，限于本判决生效后 10 日内付清；撤销浙江省绍兴市中级人民法院（2007）绍中民二初字第 290 号民事判决第二项；天津×××开发有限公司在本判决送达之日起 10 日内赔偿给浙江××文化投资有限公司利息损失人民币 568 784.79 元（截至 2008 年 5 月 20 日止。2008 年 5 月 21 日起至本判决确定的付清之日止的利息损失，以 2 600 万元本金为基数，按人民银行规定的同期贷款利率计算）；驳回浙江××文化投资有限公司的其他诉讼请求。

三、 争议焦点的规则解读

【焦点】股东对公司的实际出资大于应缴注册资本的部分是否为借款

1. 当事人观点

本案一审原告伟业××认为：本案 5 000 万元款项是借款而不是项目资本金，不存在抽回资本的问题；其中 3 000 万元款项长××公司已经收到；伟业×

×的注册资金已经投入。即使根据合作协议，其也没有义务为长××公司融资。

本案一审被告长××公司认为：根据国务院及人民银行的有关规定，房地产投资项目的项目资本金不得低于35%，项目资本金不得以任何方式抽回，否则，银行不得发放贷款。本案长××公司开发的房地产项目，政府批准的项目总投资为12.026亿元，股东应当至少投入项目资本金4.2091亿元，但伟业××及另一股东仅以1.5亿元的资金启动项目（含伟业××主张的5000万元借款），故伟业××向长××公司提供的5000万元资金性质应属于项目资本金，伟业××和长××公司于2004年6月签订的《借款合同》，是在伟业××已投入5000万元融资款之后，属事后签订。其实质是以借款合同的形式抽回项目资金；2003年11月1日，伟业××和长××公司均未成立，不可能发生借款的事实，长××公司也不可能向伟业××出具收据。伟业××与长业建设集团有限公司于2004年1月10日签订的《合作协议》第5条明确："发生资金短缺影响项目的实施，则双方再行融资，如项目资金富余，则融资款优先退还。"目前项目资本金不足，银行贷款困难，该款并不具备退还的条件，伟业××应当按照其承诺继续履行对项目融资的义务。根据国务院的有关规定，项目法人对投资者投入的项目资本金不承担任何利息和债务。且我国的金融法规不允许企业与企业之间因借款而收取利息。伟业××向长××公司收取的利息无正当依据且违法，应当充抵抽回的本金。根据国务院的规定，投资项目资本金对投资项目来说是非债务性资金，项目法人不承担这部分资金的任何利息和债务。因此，长××公司已支付的8876005.21元利息要求充抵本金是正当的。

2. 法院观点

浙江省绍兴市中级人民法院一审认为：

本案伟业××和长××公司之间的借款事实清楚，虽借款交付时伟业××和长××公司尚未正式成立，但伟业××和长××公司成立之后就此补签了借款合同，应视为对在公司设立过程中以公司名义从事的上述民事行为的追认，故伟业××和长××公司应对该借款合同及借款的交付和收取行为承担民事责任。根据国务院的有关规定，投资项目资本金是指在投资项目总投资中，由投资者认缴的出资额，伟业××对长××公司认缴的出资额为2000万元，已足额缴纳，本案涉及的5000万借款，并非伟业××认缴的出资，故不属于项目资本金，也不存在是否抽回的问题。至于投资项目资本金占总投资的比例问题，按照国务院的通知精神，若项目资本金比例未达到规定标准，可以要求投资者追加出资，否则，项目审批部门可不予审批，但在投资者未追加认缴出资额的情况下，不能当然认定投资者对项目公司的借款即为其出资。至于商业银行是否发放贷款，则更不影响借款的性质与效力。伟业××与绍兴第一建工集团有限公司之间的关系，与本案系不同当事人之间不同的法律关系，伟业××与绍兴第一建工集团有限公司在《合作协议》的约定，不影响本案的处理；即使根据《合作协议》的约定，伟业××承诺除已出资的注册资金外，再帮助融资5000

万元，融资既可以是出资，也可以是借款，伟业××向长××公司借款 5 000 万元，并不违背《合作协议》的约定；虽《合作协议》中约定"如项目资金富余，则融资款优先退还"，但绍兴第一建工集团有限公司系长××公司的控股股东，双方在《借款合同》中约定还款期限，亦体现了绍兴第一建工集团有限公司的意志。

浙江省高级人民法院二审认为：

根据一审查明的事实，认定本案双方当事人之间 5 000 万元款项的往来属于企业之间借款有相应事实依据。(1)2003 年 11 月 1 日，3 000 万元借款发生时，双方当事人还未经工商行政管理部门登记成立，但事后通过借款合同的形式对该借款事实予以了正式确认。其中 3 000 万元款项虽然未直接进入长××公司的账户，但其在上诉状及二审庭审中均确认该款项用于支付其开发项目的土地出让金，而且也出具了相应的收款收据。故可以认定长××公司已收到了该笔款项。(2)根据长××公司的营业执照和章程记载，其注册资金为 5 000 万元，伟业××出资 2 000 万元，已经足额出资。虽然根据国务院《关于固定资产投资项目试行资本金制度的通知》规定，房地产企业的资本金应为总投资的 35%，按长××公司开发项目的总投资额为 12.026 亿元计算，其项目资本金应为 4.2091亿元。但国务院上述规定明确项目资本金系由投资者认缴的出资额，即企业的注册资金。长××公司的注册资金为 5 000 万元，未达到国务院的规定，应通过增资扩股的形式增加公司的注册资金。而长××公司并未增资扩股，故伟业××除投入的 2 000 万元系注册资金即项目资本金外，另外交付给长××公司的5 000 万元款项，原审法院认定为借款并无不当。(3)双方当事人在借款合同中也明确某某 5 000 万元款项系借款。综上，原审法院认定本案双方当事人之间的5 000 万元款项属于企业之间的借款正确，应予维持。

3. 作者简评

本案中浙江省高级人民法院认为虽然国务院对房地产项目资本金有最低比例要求，但在投资者未追加认缴出资额的情况下，不能当然认定投资者对项目公司的借款即为其出资，除非股东明确增资扩股，否则股东借款不得当然被认定为资本金，仍然可以认定为对项目公司的债权。此处应注意，浙江省高级人民法院该裁判观点与最高人民法院在江门市江建建筑有限公司与江门市金华物业投资管理有限公司等执行异议之诉申请案(以下简称"江门案")中的裁判观点是不同的，在江门案中，最高人民法院认为在项目资本金未到位的情况下，股东大于注册资本金的部分应作为资本公积金。而且，江门案判决作出的时间晚于本案时间，因此，我们建议投资人在融资实务中应高度关注江门案的裁判规则。但这并不意味着浙江省高级人民法院在本案中的裁判规则完全没有意义，因为江门案有其特殊案情，特别是项目公司已将该笔股东借款计入资本公积金，我们认为这一事实会对法官心证产生重要影响。总之，本案之列示目的在于向读者展示，司法实践中法院对股东借款的性质可能作出另一种解读。

四、 启示

【启示】"股东借款、小股大债"模式的风险防范

"股东借款、小股大债"已经成为实务中资本金融资的重要路径，然而上述二则判例呈现了该种融资模式可能蕴含的法律风险。以股东借款充抵项目资本金是不少施工单位的惯用方法，有的法院认可股东借款的债权性质，正如浙江省高级人民法院在（2008）浙民二终字第164号判决中指出资本金中超过注册资本金的部分应以增资扩股形式进入，股东借款可认定为股东对项目公司的债权；但最高人民法院在江门案，即（2013）民提字第226号判决中持相反观点，最高人民法院强调了国务院《关于固定资产投资项目试行资本金制度的通知》中对资本金的非债务性资金属性的界定，同时强调了公司法资本充实原则，认为若认充抵资本金之股东借款的债权属性，与《公司法》和国务院上述通知的规定相抵触。我们认为江门案值得高度关注，尽管国务院《关于固定资产投资项目试行资本金制度的通知》并不属于影响合同效力的法律和行政法规的效力强制性规定，然而结合资本金制度的初衷，以及公司法的基本原理，法院很可能否定股东借款之债权属性。实务中，充抵项目资本金的股东借款可能面临二种风险：一是项目公司否定其债权属性而拒绝还本付息；二是公司债权人要求股东履行出资义务。① 据此，我们建议金融机构综合判断项目本身的风险，特别是项目现金流的可靠度，防范运营风险，选择适当的资本金融资方式。

---

① 《公司法司法解释（二）》第22条规定："公司解散时，股东尚未缴纳的出资均应作为清算财产。股东尚未缴纳的出资，包括到期应缴未缴的出资，以及依照公司法第二十六条和第八十一条的规定分期缴纳尚未届满缴纳期限的出资。公司财产不足以清偿债务时，债权人主张未缴出资股东，以及公司设立时的其他股东或者发起人在未缴出资范围内对公司债务承担连带清偿责任的，人民法院应依法予以支持。"

第四章　名股实债

 01 联大集团有限公司与安徽省高速公路控股集团有限公司股权转让纠纷上诉案

案例来源：(2013)民二终字第33号。

关键词：股权转让　回购　国有资产评估　国有资产转让　合同有效

一、裁判规则

【规则1】附回购条件的股权转让协议有效

股权协议转让、股权回购等作为企业之间资本运作形式，已成为企业之间常见的融资方式。如果并非以长期牟利为目的，而是出于短期融资的需要产生的融资，其合法性应予承认。

【规则2】未履行国有资产评估程序的股权转让协议有效

《国有资产评估管理办法》性质为行政法规，有关评估的规定虽为强制性规定，但并非效力性强制性规定，违反该条款不影响合同效力，尤其是交易价格未造成国有资产流失，没有损坏国家和社会公共利益的情况下。

【规则3】未履行国有资产转让审批手续的股权转让协议有效

《股份有限公司国有股权管理暂行办法》系行政规章，并非法律或行政法规，合同内容违反其中有关审批的规定并不当然无效，尤其未造成国有资产流失，没有损坏国家和社会公共利益的情况下。

二、审判概览

（一）涉案项目情况

2003年4月30日，联大集团有限公司（以下简称"联大集团"）与安徽省高速公路控股集团有限公司（以下简称"安徽高速"）于安徽省合肥市签订《股权转让协议书》，双方同意在约定的条件下，联大集团向安徽高速转让安徽安联高速49%的股权，由安徽高速向联大集团支付4.5亿元转让对价。同时，安徽高速承诺，自本次股权转让完成之日起两年内，对受让的股权不转让给第三方，如联大集团提出购回本次被转让的股权，在符合本协议约定的条件下，安徽高速同意该回购请求。自本次股权转让完成日起两年内,联大集团没有行使约定的股权回购权利(包括没有提出回购请求,或虽提出回购请求但没有按约定支付回购金额),则联大集团失去本次被转让股权的回购权,联大集团不得再就购回该股权提出请求,或者联大集团虽然提出请求但安徽高速可以不予支持。当日,安徽安联高速的股权变更登记手续办理完毕。安徽高速事后支付了股权转让款。

2004年4月7日、2004年10月8日,联大集团两次向安徽高速发函,提出要求回购49%的股权。10月13日,联大集团向安徽省政府提出《关于帮助解决股权回购问题的请示》(联大函字〔2004〕17号),请求安徽省政府帮助解决股权回购问题。11月1日,安徽省国资委向省政府领导提出《关于山东联大集团公司回购安联高速公路有限公司股权的请示》(皖国资产权函〔2004〕293号),拟同意联大集团按《股权转让协议书》的约定回购股权,省领导批示同意。该请示载明,安徽高速对联大集团提出的回购要求不持异议,但不同意联大集团将案涉股权转让给第三方。

2004年11月26日,安徽省国资委出具《关于山东联大集团公司要求回购安联高速公路有限公司股权的批复》(皖国资产权函〔2004〕322号)。主要内容为:(1)安徽省国资委同意安徽高速与联大集团继续履行《股权转让协议书》,由联大集团按该协议的约定回购相关股权;(2)股权转让情况要及时报安徽省国资委备案并办理产权变更手续。

2004年12月20日,联大集团针对安徽高速草拟的《股权回购协议书》向安徽高速提出《关于对〈股权回购协议书〉的意见》(联大字〔2004〕25号)。联大集团认为双方应遵循《股权转让协议书》处理股权回购事宜,而安徽高速草拟的《股权回购协议书》中存在大量超越《股权转让协议书》约定的内容,因此,其不接受该协议稿。同时,联大集团认为,原股权转让时是先办理股权变更登记,后支付股权转让款,因此,股权回购时也应先办理股权过户,后支付股权回购款,为保证付款,联大集团愿意提供银行保函。

2004年12月27日,安徽高速向联大集团提出《关于股权回购协议书的回复意见》(皖高路划〔2004〕32号)。安徽高速的主要意见为:(1)《股权回购协议书》必须约定协议由双方签署并经安徽省国资委、交通厅批准后生效;(2)双方需就迟延出资利息补偿、借款及或有负债处置、担保处置、税费处理、利润分配、回购后公司管制、再转让之限制等事项协商一致并形成法律文件后,安徽高速才能签署《股权回购协议书》;(3)原则接受《股权转让协议书》约定的股权回购价格的计算方法;(4)坚持在股权回购款全部到位后再办理股权变更登记手续,不接受联大集团关于先办理股权变更登记并提供银行保函的意见。

2005年1月18日,安徽高速和联大集团又对"先进行股权回购还是先办理股权过户"问题产生了争议。安徽高速依旧要求联大集团应先将回购款足额汇至安徽高速,否则不认为联大集团已履行回购提示义务;联大集团则提出按照当初履行《股权转让协议书》的方式进行股权回购,即先办理股权过户，后付款。

2005 年 4 月 28 日，安徽高速致联大集团《关于回购"安徽安联"公司股权的复函》（皖高路办函〔2005〕8 号）。主要内容为：因联大集团持有的剩余安徽安联高速 11% 的股权已被青岛、济南等地法院查封，联大集团提出的先过户后付款的要求难以保障联大集团取得股权后仍享有相应的股权利益，可能影响安徽高速的交易安全。因此，安徽高速要求在联大集团于 2005 年 4 月 30 日前支付约定的股权回购款的同时，安徽高速将案涉股权变更登记至联大集团名下。若联大集团逾期未支付约定的回购金额，将丧失回购权。

2005 年 4 月 29 日，联大集团向安徽高速致函（联大函字〔2005〕0429 - 1 号），认为安徽高速一再拖延，并提出诸多与《股权转让协议书》内容无关的不合理的问题，对于联大集团提出的由联大集团提供银行保函后，先办理股权过户手续，后支付股权回购款的合理要求未予采纳，导致双方未能签订《股权回购协议书》，由此产生的不利后果均因安徽高速的行为导致，联大集团不因此丧失股权回购权。

2005 年 4 月 30 日，安徽高速致联大集团《关于联大函字（2005）0429 - 1 号的复函》［皖高路办函（2005）9 号］，认为安徽高速一直配合联大集团完成股权回购事宜，但因涉及国有资产转让的法律法规调整，安徽高速即按《企业国有产权转让管理暂行办法》向安徽省国资委请示。此后，安徽高速与联大集团相关人员就股权回购事宜进行协商，并多次致函联大集团阐明相关意见，但双方未形成一致意见。

（二）审理要览

1. 原告诉求

联大集团认为《股权协议书》名为股权转让，实为企业之间借贷的协议，且未经有关国家机关批准，不符合合同约定及《股份有限公司国有股权管理暂行办法》的有关规定；而且案涉股权在转让时未经评估，违反《国有资产评估管理办法》和《国有资产评估管理办法施行细则》的强制性规定。故《股权转让协议书》及以其为依据的股权转让应为无效。联大集团请求判令：（1）确认联大集团拥有安徽安联高速 49% 股权的回购权，安徽高速立即按照合同约定同意联大集团回购；（2）安徽高速向联大集团交付上述股权，并办理股权变更手续；（3）由安徽高速承担本案诉讼费用。

2. 审理经过

本案经江苏省高级人民法院一审和最高人民法院二审终审。

一审法院判决：驳回联大集团有限公司的诉讼请求。案件受理费 1 126 130 元，由联大集团有限公司负担。

最高人民法院终审判决：驳回上诉，维持原判。

三、 争议焦点的规则解读

【焦点1】附回购条件的股权转让协议是否实为借贷

1. 当事人观点

一审原告联大集团认为，涉案《股权转让协议书》实为借贷，其提出数份证据证明协议签订之前被告安徽高速曾有借款给原告的意思表示，况且案涉股权转让价格明显低于市场价格，协议中还有回购条款，足以说明转让行为的性质是企业之间的质押借款，即联大集团将案涉股权作为质押物，向安徽高速借款。

被告安徽高速主张，《股权转让协议书》实为质押借款的主张没有事实依据。原告联大集团提出的证据要么未经公正、要么仅为其单方意思的表达，不能证明安徽高速有借款给原告的意思表示。且根据审计报告，股权转让价格并非明显低于市场价格，何况股权转让协议并无关于质押借贷的内容，其中的融资不应理解为借款，融资的方式有很多种，只要是解决企业资金问题的方式均为融资，转让股权也是融资的方式之一。股权回购与借贷融资是两个不同的法律概念，回购股权存在或然性，而借贷合同中的还本付息具有必然性。

2. 法院观点

江苏省高级人民法院一审认为：

《股权转让协议书》并非名为股权转让，实为企业之间借贷的协议。联大集团提供的证明安徽高速有借款意思表示的证据的真实性不能确认，不能作为本案的定案依据。而股权转让协议并未约定关于质押借款的内容，其中有关"融资"的表述亦存在以其他形式进行融资的可能，不能仅理解为借款融资。故《股权转让协议书》并非企业间借贷协议。

最高人民法院二审认为：

《股权转让协议书》并非名为股权转让，实为企业间借贷的协议。就一审查明的事实而言，联大集团上诉提出用于证明安徽高速存在借款的意思表示的证据实际是联大集团单方作出，并未经安徽高速确认，因此不能作为本案的定案依据。联大集团上诉称，在金安公司案件中，安徽高速主动提供了该份材料作为证据，但在本案审理中，安徽高速称该文件系按照法院的要求提供，并不因此当然代表其对前述联大集团拟稿文内容的真实性、合法性的认可。鉴于原审法院对其真实性不予认可，本院二审上诉人未提交新的证据充分证明其主张，故联大集团关于以此函件证明双方存在资金借贷关系的上诉主张不能得到支持。同时，安徽省政府关于股权转让的批复文件已经明确记载，股权转让并非当事人诉称借贷关系。股权协议转让、股权回购等作为企业之间资本运作形式，已成为企业之间常见的融资方式。如果并非以长期牟利为目的，而是出于短期融资的需要产生的融资，其合法性应予承认。

【焦点2】未履行国有资产评估程序的股权转让协议是否有效

1. 当事人观点

一审原告联大集团认为，《股权转让协议书》涉及国有股权转让，根据《国有资产评估管理办法》和《国有资产评估管理办法施行细则》应当对股权进行评估，而涉案协议未经评估，所以该协议因违反强制性规定而无效。

一审被告安徽高速认为，联大集团诉讼请求"确认反诉人拥有安徽安联高速公路有限公司49%转让股权之回购权，被反诉人立即按照合同约定同意反诉人回购"，足以证明其认为协议有效，却要求认定协议无效，不合逻辑。且《国有资产评估管理办法》没有规定违反行为将导致合同无效，属于国有资产管理性规范，不属于效力性规范；而《国有资产评估管理办法施行细则》是国家国有资产管理局于1992年颁布的部门规章，不是法律、行政法规。未经评估转让国有资产的，转让合同并不当然无效。

2. 法院观点

江苏省高级人民法院一审认为：

未经评估不影响《股权转让协议书》的效力。（1）《国有资产评估管理办法》和《国有资产评估管理办法施行细则》均出台于上世纪90年代初，此时《合同法》尚未颁布，国家尚未通过立法确立保护交易安全的理念，但在合同法颁布后，应尽可能促进交易安全，不能轻易否定交易行为的效力。（2）《国有资产评估管理办法施行细则》相关规定的目的在于防止国有资产流失，本案中系在两大国有企业之间流转股权，不存在国有资产流失的可能，因此，亦不宜依据《国有资产评估管理办法施行细则》确认股权转让行为无效。

最高人民法院二审认为：

案涉股权转让未经资产评估不能否定《股权转让协议书》的效力。纵观本案，联大集团始终主张确认其股权回购的权利，但股权回购权的确认必须以《股权转让协议书》有效为前提。联大集团既要求确认《股权转让协议书》无效，又主张确认回购权，理由相互矛盾，难以自圆其说，此其一；其二，1992年国务院发布的《国有资产评估管理办法》性质为行政法规，其第3条关于国有资产占有单位在资产拍卖、转让等五种情形下，应当进行评估的规定虽为强制性规定，但根据《合同法》52条及最高人民法院《关于适用〈中华人民共和国合同法〉若干问题的解释(二)》［以下简称《合同法司法解释》（二）］第14条规定，该内容并非效力性强制性规定。国家国有资产管理局于1992年经国务院授权制定的《国有资产评估管理办法实施细则》性质应属部门规章。该《细则》第10条规定："对于应当进行资产评估的情形没有进行评估，或者没有按照《办法》及本细则的规定立项、确认，该经济行为无效。"鉴于该《细则》属于部门规章，不是法律、行政法规，根据《合同法》第52条规定，不能直接否认案涉《股权转让协议书》的效力。所以，双方应依据《股权转让协议书》

中的约定行使权利、履行义务。

【焦点3】未履行国有资产审批程序的股权转让协议是否有效

1. 当事人观点

一审原告联大集团认为，该协议未经有关国家机关批准，不符合合同约定及有关规定，应为无效。

被告安徽高速的观点与上一争议焦点中所述一致，认为协议有效。

2. 法院观点

江苏省高级人民法院一审认为：

未经有关机关批准不影响《股权转让协议书》的效力。（1）《合同法》第52条第（五）项规定，"有下列情形之一的，合同无效：……（五）违反法律、行政法规的强制性规定。"而《股份有限公司国有股权管理暂行办法》系部门规章，并非法律或行政法规，合同内容违反部门规章并不当然无效。（2）虽然股权转让协议有关于取得政府部门批准的约定，但协议签订当天，双方当事人就办理了股权变更的工商登记，安徽高速已向联大集团支付了股权转让款，联大集团也向安徽高速提出了回购股权的主张。因此，股权转让协议已实际履行，双方当事人以实际履行行为变更了上述约定。况且，本案系两个国有企业之间转让股权，不会产生国有资产流失的后果，未经审批不会损害国家利益或社会公共利益。故是否经过有关机关批准不影响该协议的效力。

【焦点4】股权回购所附条件未成就的，回购权是否丧失

1. 当事人观点

一审原告联大集团认为，安徽高速设置重重障碍，阻碍双方在商谈过程中达成一致意见。联大集团之所以无法在协议约定的期限内支付回购款以回购股权，是由于安徽高速提出了超出《股权转让协议书》第10条约定的股权回购条件，恶意设置障碍，导致双方未能就股权回购达成一致，并且安徽高速一直拒绝签署《股权回购协议书》，故联大集团未能按期支付回购款。根据《合同法》第68条第3款的规定，联大集团可以中止履行付款义务。且在《股权回购协议书》尚未签署的情况下，回购价款的金额、支付方式以及股权变更登记的时间都未明确，客观上无法履行付款义务，故联大集团不因此丧失回购权。

安徽高速则认为，《股权转让协议书》第10条明确、具体且可执行地约定了股权回购事项，没有约定须另行签署《股权回购协议书》。按照工商登记管理规定，安徽高速与联大集团无须另行签署《股权回购协议书》，依据《股权转让协议书》直接可以办理股权转让变更登记手续。至于联大集团诉称的"回购完成日约定不明""付款方式没有约定""股权变更登记的时间未约定"等事项，其按约先期履行股权回购款支付义务后，可随时办理股权变更登记，同时也获得法律上相应请求权，客观上无须进一步约定回购完成日、付款方式、股权变更登记时间。故安徽高速未对联大集团的回购设置障碍，联大集团在约定期限内未回购，其回购权已丧失。

2. 法院观点

江苏省高级人民一审认为：

联大集团未依约履行股权回购的付款提示义务，已丧失案涉股权的回购权。《合同法》第67条规定，当事人互负债务，有先后履行顺序，先履行一方未履行的，后履行一方有权拒绝其履行要求。先履行一方履行债务不符合约定的，后履行一方有权拒绝其相应的履行要求。本案中，《股权转让协议书》已明确约定自本次股权转让完成日起两年内，联大集团没有行使约定的股权回购权利（包括没有提出回购请求，或虽提出回购请求但没有按约支付回购金额），则联大集团失去本次被转让股权的回购权，联大集团不得再就购回该股权提出请求，或者联大集团虽然提出请求但安徽高速可以不予支持。据此，联大集团在合同约定的期限内向安徽高速提出回购请求并支付回购款项是安徽高速将涉案股权转让给联大集团、联大集团实现股权回购权的前提。但由于联大集团仅向安徽高速提出回购股权的请求，未在股权转让完成之日起两年内履行支付股权回购款项的先合同义务，安徽高速有权拒绝向联大集团转让涉案股权，因此，联大集团依约丧失股权回购权。

至于联大集团提出其未支付回购款是担心安徽高速在其付款后拒绝返还股权，但安徽高速系安徽省大型国有企业，其具有依约履行股权转让协议的能力，如联大集团按约履行相关义务后，安徽高速违反合同约定，联大集团可依法追究安徽高速的法律责任，因此，本案不存在联大集团行使不安抗辩权的情形。

最高人民法院二审认为：

《合同法》第62条第（五）项规定，履行方式不明确的，按照有利于实现合同目的的方式履行。本案股权回购过程中，联大集团在安徽高速陆续发出按照指定账户汇款要求的情况下，其可以选择索要具体账户或提存等方式履行合同约定的付款义务。联大集团坚称其有足够的履约能力，但在安徽高速数次函告要求其按照指定账户履行《股权转让协议书》约定的付款义务时，却始终坚持先过户后付款。由于该履约方式违背《股权转让协议书》约定，变更了协议约定的履行方式，最终导致超过该协议约定的回购期限。《合同法》第67条规定："当事人互负债务，有先后履行顺序，先履行一方未履行的，后履行一方有权拒绝其履行要求。先履行一方履行债务不符合约定的，后履行一方有权拒绝其相应的履行要求。"安徽高速依照法律规定及《股权转让协议书》约定，在联大集团违背约定，符合拒绝接受其履约的条件下，拒绝其超出约定内容的关于先过户后付款的回购主张，事实及法律根据充分。联大集团依据《合同法》第68条第（三）项关于应当先履行债务的当事人，有确切证据证明对方丧失商业信誉的，可以中止履行的规定，主张不安抗辩，没有证据支持，不予采信。

3. 作者简评

本案中关于双方签订的《股权转让协议书》的性质和效力问题，联大集团认为该协议实为股权质押借款协议，并提出证据证明被告安徽高速有借款给自己的意思表示，但其所提出的证据被安徽高速一一驳倒，故最高人民法院认为，联大集团未能提供有力证据证明《股权转让协议书》实为借款协议。从外观上看，本案所涉的协议与名股实债的协议类似，故我们认为，在法院审判中名股实债的协议很可能被认定为股权转让协议，而非借款协议。

关于回购条件未成就时，是否还能主张回购权。鉴于协议书中约定："自本次股权转让完成日起两年内，联大集团没有行使约定的股权回购权利（包括没有提出回购请求，或虽提出回购请求但没有按约支付回购金额），则联大集团失去本次被转让股权的回购权，联大集团不得再就购回该股权提出请求，或者联大集团虽然提出请求但安徽高速可以不予支持。"最高人民法院认为联大集团已失去股权回购权利。至于联大集团所称的安徽高速对其回购设置阻碍，以及其行使不安抗辩权的主张，最高人民法院认为没有足够的证据证明，故不予支持。

关于未经评估的国有产权转让合同的合同效力，最高人民法院认为，案涉股权转让未经资产评估不能否定《股权转让协议书》的效力。理由如下：（1）《国有资产评估管理办法》性质为行政法规，其第3条关于国有资产占有单位在资产拍卖、转让等5种情形下，应当进行评估的规定虽为强制性规定，但并非效力性强制性规定；（2）《国有资产评估管理办法实施细则》性质应属部门规章，该细则第10条规定，"对于应当进行资产评估的情形没有进行评估，或者没有按照《办法》及本实施细则的规定立项、确认，该经济行为无效"，鉴于该细则属于部门规章，不是法律、行政法规，根据《合同法》第52条规定，不能直接否认案涉《股权转让协议书》的效力。所以，双方应依据《股权转让协议书》中的约定行使权利、履行义务。

未经审批的国有产权转让合同的合同效力，本案一审法院认为：未经有关机关批准不影响《股权转让协议书》的效力。虽然股权转让协议有关于取得政府部门批准的约定，但协议签订当天，双方当事人就办理了股权变更的工商登记，安徽高速已向联大集团支付了股权转让款。因此，股权转让协议已实际履行，双方当事人以实际履行行为变更了上述约定。故是否经过有关机关批准不影响该协议的效力。

一审法院认定本案中未经有关机构审批不影响合同效力的观点值得商榷。我们认为国有资产转让须经审批并不是一个可以由合同当事人进行自由约定的事项，因此也不可以通过实际履行的行为来变更合同约定，从而规避法定的审批程序。

四、 启示

【启示1】 未经评估的国有产权转让合同的合同效力

1. 最高人民法院在此问题上的其他裁判实践

有关于国有资产转让评估的规定中，效力层级为法律和行政法规①的为以下两个规范性法律文件：《企业国有资产法》和《国有资产评估管理办法》。经检索，目前最高人民法院在认定未评估的国有资产转让合同效力时，我们未见到适用《企业国有资产法》第47条的规定的司法判例，即未对该第47条的规定属于效力性强制性规范还是管理性强制性规范进行分析和认定。

现有最高人民法院作出的裁决中，主要依据对《国有资产评估管理办法》（国务院令第91号）第3条规定②的效力认定来判断未经评估的国有资产转让合同效力。最高人民法院认为，由于该第3条没有直接规定未评估的合同无效，因此根据《合同法司法解释（二）》第14规定③，《国有资产评估管理办法》第3条的规定并非效力性强制性规定④，从而不应依据该条规定否定未经评估的国有资产转让合同的效力。

最高人民法院认为"行政法规层面的关于资产评估的法律规定不是效力性强制性规范"的观点一直存在并体现在最高人民法院的最新判决中，比如在2016年4月19日作出的（2015）民申字第715号裁定书中，最高人民法院就认为

---

① 其他如《国有资产评估管理办法施行细则》《企业国有产权转让管理暂行办法》《企业国有资产交易监督管理办法》等均为部门规章，不会影响到合同效力。

② 《国有资产评估管理办法》第3条："国有资产占有单位（以下简称占有单位）有下列情形之一的，应当进行资产评估：（一）资产拍卖、转让；……"

③ 《合同法司法解释（二）》第14条："五十二条第（五）项规定的'强制性规定'，是指效力性强制性规定。"《企业国有资产评估管理暂行办法》第27条："企业违反本办法，有下列情形之一的，由国有资产监督管理机构通报批评并责令改正，必要时可依法向人民法院提起诉讼，确认其相应的经济行为无效：（一）应当进行资产评估而未进行评估……"

④ 王利明教授认为，区分效力性规范和管理性规范的标准是：第一，法律、法规明确规定违反强制性规定将导致合同无效或者不成立的，该规定属于效力规定。第二，法律、法规虽然没有明确规定违反强制性规定将导致合同无效或者不成立的，但违反该规定以后若使合同继续有效将损害国家利益和社会公共利益，也应当认定为该规范为效力性规范。第三，法律、法规没有明确规定违反强制性规定将导致合同无效或者不成立，违反该规定以后若使合同继续有效并不损害国家利益和社会公共利益，而只是损害当事人的利益，则该规范就不属于效力性规范，而是管理性规范。

《最高人民法院关于当前形势下审理民商事合同纠纷案件若干问题的指导意见》第16条明确指出：人民法院应当综合法律法规的意旨，权衡相互冲突的权益，诸如权益的种类、交易安全以及其所规制的对象等，综合认定强制性规定的类型。如果强制性规范规制的是合同行为本身即只要该合同行为发生即绝对地损害国家利益或者社会公共利益的，人民法院应当认定合同无效。如果强制性规定规制的是当事人的"市场准入"资格而非某种类型的合同行为，或者规制的是某种合同的履行行为而非某类合同行为，人民法院对于此类合同效力的认定，应当慎重把握，必要时应当征求相关立法部门的意见或者请示上级人民法院。

规则与启示：特许经营 PPP 裁判规则解读与适用

未按照《国有资产评估管理办法》规定进行评估的国有资产转让合同有效。①

但我们注意到其他层级法院曾存在相反裁判规则，如黑龙江省高级人民法院在 2015 年 10 月 23 日作出的(2015)黑高民申二字第 590 号中，认为国有资产转让未经法定程序和审批，违反法律的强制性规定，属于无效合同。

即使认定关于资产评估的法律规定不是效力性强制性规范，我们也认为未经评估的国有资产转让合同并不是一定会被认定为是有效的，前述最高人民法院的裁决只是从违反"法律、行政法规强制性规定"这一条来判断合同效力。如果未经评估的国有资产转让中，存在出让方和受让方恶意串通，故意压低资产转让价格的情形，则可按照《合同法》第 52 条的规定，以恶意串通，损害国家利益为由认定合同无效，而不能仅仅因为没有依法评估就认定合同无效。

2. 最新裁判动向：以国资部门行政处理前置作为合同效力认定依据

我们注意到前述法院维持未经评估的国有资产转让合同的效力主要发生在再审程序中并以再审裁定书的形式呈现。我们认为之所以会发生这样的情况，可能是根据 2011 年最高人民法院审判监督庭编写的《全国法院再审典型案例批注》中提到的裁判指导意见："……鉴于很多现实条件，事后补办的资产评估、交易方式的模拟都无法对当时的交易条件作出令人满意的补正。……但基于再审案件的特殊性，再审审理该类纠纷，应当综合考虑原审判决作出之后的法律效果和社会效果，地方政府及国有资产管理部门的基本立场，不宜轻易否定转让行为的效力。"

经过检索，我们发现一个最新的最高人民法院于 2016 年 6 月 28 日作出的二审判决书，即《北京安联置业发展有限公司与北京安恒达投资有限公司、国澳投资有限公司股权转让纠纷二审民事判决书》[(2015)民二终字第 399 号]，这是有别于前述以再审裁定书的形式而是直接以判决书的形式作出的。在该二审判决书中，最高人民法院是这样进行认定的："……即使安联公司出让上述股权未在产权交易场所公开进行、未办理股权资产评估备案，但在没有充足证据证明国有资产监督管理机关否定股权转让的情形下，不宜直接认定安联公司出让涉诉股权的行为无效。"在本案中，最高人民法院回避了《国有资产评估管理办法》第 3 条属于效力性强制性规范还是管理性强制性规范的认定，而是另行探索了一个新的裁判路径：即以国资部门行政处理前置作为合同效力认定依据，

---

① 最高人民法院在(2015)民申字第 715 号裁定书中指出："……但《企业国有产权转让管理暂行办法》《国有资产评估管理办法》等法律、法规并未作出企业国有资产转让未经评估则行为无效的强制性规定。"《国有资产评估管理办法实施细则》第 10 条规定："对于应当进行资产评估的情形没有进行评估，或者没有按照《办法》及本细则的规定立项、确认，该经济行为无效。"但该细则系部门规章。依照《合同法》第 52 条第(五)项之规定，违反法律、行政法规的强制性规定的合同无效，案涉股权转让未经评估并未违反法律、行政法规的强制性规定。华电财务公司主张其向国恒公司转让华商基金公司 34% 股权的行为违反行政法规及部门规章，双方签订的《股权转让与保证协议》无效的再审申请理由不能成立。

如果国有资产监督管理机关没有对未经评估国有资产转让进行否定，则法院也不直接以未评估为由否定转让行为无效。我们认为体现了最高人民法院新的裁判思路，非常值得关注。

【启示2】未经审批的国有产权转让合同的合同效力

1. 最高人民法院有关此问题的其他裁判规则

从司法实务的角度看，未经审批的国有资产转让合同，法院一般会认定为签订但未生效合同，而不是直接认定合同无效。比如在(2013)民二终字第42号股权转让纠纷上诉案中，最高人民法院认为，根据19号令，国有企业云南红塔转让所持云南白药集团上市股份的《股份转让协议》依法属于应当办理批准手续才生效的合同。而云南红塔的上级主管机关中烟总公司明确作出不同意本次转让的批复，据此协议已无法经由财政部批准，故应认定为不生效。值得关注的是：红塔案中法院否定合同生效的关键理由是审批手续已被证明事后确定无法补正。司法实务中主流观点认为未经审批合同不生效，但若事后能够补正程序瑕疵，则可成就合同生效条件。

但是我们注意到，最高人民法院内部对于此也还尚未达成一致意见。比如在2011年最高人民法院审判监督庭编写的《全国法院再审典型案例批注》中表述："未经审批的国有股权的转让，涉及国家利益和社会公共利益，鉴于很多现实条件，事后补办的资产评估、交易方式的模拟都无法对当时的交易条件作出令人满意的补正。对程度要求的放松，将导致国有资产的大量流失。因此，在一、二审程序中处理该类纠纷应当严格要求，不宜将未经审批的股权转让行为认定为不生效。"

综上所述，未经评估和审批的国有资产转让合同虽不必然无效，但此问题在司法领域尚存争议，为了避免将来产生争议，我们建议PPP项目相关方在涉及国有资产转让时应积极依法完整履行评估和审批程序。

对于审批而言，我们建议：凡符合法定审批情形(详见附录)的，交易各方可先签订合同，再由相关审批义务方履行报批手续，并以审批机关审批通过作为合同履行前提条件。对于进场交易而言，凡不属于法定协议转让情形的，均需履行进场交易手续，并根据交易结果签订合同。当然，由于进场交易存在一定的不确定性，我们建议PPP项目，可由主管部门在符合法律规定的情形(详见附录)下批准以非公开协议转让的形式进行。

02 国华实业有限公司与西安向阳航天工业总公司股权转让纠纷上诉案

案例来源：(2013)苏商外终字第0034号

关键词：股权转让　回购　外商投资　合同无效

一、 裁判规则

【规则】未履行外商投资相关审批手续的中外合资相关协议中的回购条款无效

涉及中外合资企业股权转让的协议或条款，需经有权机关批准方可生效，未经审批的协议或条款无效。

二、 审判概览

（一）涉案项目情况

常州山由帝杉防护材料制造有限公司(以下简称"山由帝杉公司")为中外合资有限责任公司，成立于 2005 年 9 月 30 日，2008 年 3 月 21 日，该公司注册资本变更为 2 402 万美元，原系由向阳公司、杭州金富春丝绸化纤有限公司(后更名为金富春集团有限公司，以下简称"金富春公司")、林根永、韩国 CNC 科技有限公司和江苏星源航天材料股份有限公司(以下简称"星源航天公司")设立。其中向阳公司出资 1 238.23 万美元，占注册资本的 51.55%，林根永出资 336.28 万美元，占注册资本的 14%，韩国 CNC 科技有限公司出资 264.22 万美元，占注册资本的 11%，星源航天公司出资 72.06 万美元，占注册资本的 3%，金富春公司出资 491.21 万美元，占注册资本的 20.45%。

2008 年 10 月 23 日，林根永(时任山由帝杉公司总经理)在征得山由帝杉公司其他股东同意，股东向阳公司、金富春公司、韩国 CNC 科技有限公司和星源航天公司自愿放弃原优先受让权后，国华公司、向阳公司及山由帝杉公司的其他四位股东共同签署股权转让协议一份。协议约定了股权转让的份额、价格、支付期限及方式。其中约定：完成本次股权转让后，林根永承诺，在确保盈利的前提下，确保 2009 年销售额不低于 4 亿元人民币，2010 年销售额不低于 8 亿元人民币；在山由帝杉公司不能达到预期的销售总额时，国华公司有权要求撤回对山由帝杉公司的投资，山由帝杉公司各方股东一致同意由林根永、向阳公司分别按出资比例对国华公司的股权进行回购，回购价格按国华公司出资时的兑价(1 美元注册资本转让价格为 9.159 元人民币)，向阳公司的股权回购款项须在国华公司书面撤资后的一个月内一次性付清。关于违约责任，协议约定：如果本协议任何一方未适当全面地履行其义务的，应当承担违约责任，未违约一方由此产生的任何责任和损害，应由违约一方赔偿未违约一方人民币 1 000 万元；任何一方违约时，守约方有权要求违约方继续履行本协议。上述股权转让协议签订后，国华公司依约足额支付了林根永股权转让款，并办理了股权转让的工商变更登记手续。在股权转让完成后，国华公司按照修订后的山由帝杉公司的章程，承担和履行山由帝杉公司股东的权利和义务。

2009 年 1 月 12 日，江苏省对外贸易经济合作厅作出《关于同意常州山由帝杉防护材料制造有限公司股权转让的批复》，同意向阳公司林根永将其在公司的出资额 163.82 万美元，占注册资本的 6.82% 的股权转让给国华公司。2009 年 1 月 22 日，江苏省常州工商行政管理局发出外商投资公司准予变更登记通知书，国华公司成为山由帝杉公司股东。截至 2009 年 4 月 17 日，国华公司前后分两次支付股权转让款 218.827 714 万美元，按当时汇率合计折合人民币 1 500.39 万元，股权转让款已全部付清。

据中天运会计师事务所有限公司于 2010 年 1 月 21 日作出的 2009 年度山由帝杉公司审计报告，山由帝杉公司 2009 年度营业收入为人民币 156 505 604.57元，2008 年度公司营业收入为人民币 140 007 159.47 元、净利润为人民币 20 072 741.92 元。据中天运会计师事务所有限公司于 2011 年 1 月 15 日出具的 2010 年度山由帝杉公司审计报告，山由帝杉公司 2010 年度主营业务收入为人民币 126 895 689.29 元。未完成 2009 年销售额不低于 4 亿元人民币，2010 年销售额不低于 8 亿元人民币的目标。

2010 年 3 月 16 日，国华公司向向阳公司发出《关于要求回购常州山由帝杉防护材料制造有限公司股份的函》，要求根据《中外合资经营常州山由帝杉防护材料制造有限公司股权转让协议》，由向阳公司回购国华公司在合营公司 4.088% 的股份，回购价款合计为人民币 899.3 617 万元，并要求在 2010 年 4 月 16 日前一次性付清前述回购款。

2011 年 7 月，向阳公司、国华公司、金富春公司等协商，由向阳公司收购金富春公司持有的山由帝杉公司 6.82% 股权，代替向阳公司回购国华公司持有的山由帝杉公司 6.82% 股权，股权转让款由向阳公司直接支付给金富春公司，由金富春公司与国华公司再行结算。

2011 年 11 月，向阳公司向金富春公司发出《关于常州山由帝杉防护材料制造有限公司相关事宜的回函》，其中载明："一、按照 2011 年 7 月下旬与贵公司达成的共识，我公司开展了收购贵公司持有的山由帝杉公司 6.82% 股份的相关工作。本次收购名义上收购贵公司股权，实际上是收购国华公司 6.82% 股权，收购完成后，国华公司名义上仍然持有股权，请贵公司与国华公司做好协调工作。目前，股权收购事项已完成了内部决策程序，收购股权事宜已正式上报待审批。二、从操作层面上讲，此次收购股权涉及股东对外收购中外合资企业的股权，按照相关规定，尚需签署新的股权转让协议，履行公司董事会决策，开展资产评估，报地方商务部门审批备案等程序，希望贵公司配合完成有关事宜。"

2011 年 12 月 15 日，向阳公司向国华公司发出《关于常州山由帝杉防护材料制造有限公司相关事宜的回函》，其中载明："目前，公司股权问题处理已经进行到了实质性推进阶段，按照国家国有产权管理的有关法律规定，我公司现正在履行有关报批程序，同时中国航天科技集团公司要求我们各方股东团结起来一致对外，解决处理好韩方股东的债务和股权问题，希望贵公司能理解并予以支持。"

2011 年 11 月 11 日，向阳公司向中国航天科技集团公司提交《关于常州山由帝杉防护材料制造有限公司股权处置的请示》，其中载明："经与金富春公司协商，由向阳公司收购金富春公司股权比例 6.82%，收购价格预计人民币 1 500 万元，收购股权后，向阳公司股权比例由 51.55% 增至 58.37%，金富春公司仍保留 13.63%。以上事项，请批示。"中国航天科技集团公司为向阳公司的主管部门，2007 年 4 月 13 日，中国航天科技集团公司下发《关于印发〈中国航天科技集团经营性投资管理办法〉的通知》，该《投资管理办法》第 16 条规定：集团公司对投资项目实行限额审批管理：对主业投资项目实行限额审批，院、公司对同一项目累计投资 1 000 万元人民币以上（含 1 000 万元人民币），须报集团公司审批。

2011 年 11 月 28 日，中国航天科技集团公司作出《关于常州山由帝杉防护材料制造有限公司股权处置的反馈意见》，认为向阳公司上报的文件不符合集团公司有关管理办法的规定，要求向阳公司按照集团公司经营性投资资产管理办法的要求报文。

2012 年 3 月 28 日，国华公司向一审法院提起本案诉讼，要求向阳公司回购其在山由帝杉公司 6.82% 的股份并承担违约责任。

（二）审理要览

1. 原告诉求

国华公司认为，合营企业营业额未达预期目标，国华公司当初股权转让协议的初衷无法达成，无法获得预期的投资回报。此后国华公司与向阳公司多次协商股权回购事宜未果，向阳公司的行为已经构成违约，遂向江苏省常州市中级人民法院提起诉讼，请求判令：（1）向阳公司按照人民币 1 500.39 万元回购国华公司持有的山由帝杉公司 6.82% 股份；（2）向阳公司向国华公司支付违约金人民币 1 000 万元；（3）向阳公司承担本案的诉讼费用。

2. 审理经过

本案经江苏省常州市中级人民法院一审、江苏省高级人民法院二审。

一审法院判决：驳回国华实业有限公司诉讼请求。一审案件受理费人民币 166 820 元，由国华实业有限公司负担。

二审法院认为，一审法院以向阳公司持有的山由帝杉公司的股权为国有资产，其处置国有资产未经国有资产管理主管部门中国航天科技集团公司审批而损害社会公共利益为由，认定该股权回购涉及的条款无效不当，应予纠正。《中华人民共和国中外合资经营企业法实施条例》（以下简称《中外合资经营企业法实施条例》）第 20 条规定："合营一方向第三者转让其全部或者部分股权的，须经合营他方同意，并报审批机构批准，向登记管理机构办理变更登记手续。……违反上述规定的，其转让无效。"因山由帝杉公司为中外合资企业，而涉案股权的回购并未报审批机构批准，故回购条款无效。一审判决适用法律虽有不当，但处理结果正确。二审法院对其适用法律不当予以纠正，对其处理结果予以维持。终审判决：驳回上诉，维持原判。

三、 争议焦点的规则解读

【焦点】未履行外商投资相关审批手续的股权回购条款是否有效

1. 当事人观点

一审原告国华公司认为，山由帝杉公司 2009 年销售额仅为人民币 156 505 604.57元，净利润仅为人民币 1 606 545.04 元，与股权转让协议中的承诺相差甚远，该状况造成国华公司当初股权转让协议的初衷无法达成，无法获得预期的投资回报。国华公司于 2010 年 3 月 16 日发函要求向阳公司按照人民币 1 500.39 万元的价格回购国华公司持有的山由帝杉公司 6.82% 股份。经多次协商，向阳公司于 2011 年 11 月 1 日书面回复，同意由向阳公司回购国华公司持有的上述股份，但向阳公司又于 2011 年 12 月 15 日再次发函称正在办理收购上述股权的报批程序，而此事至今并无实质性进展。国华公司认为向阳公司的行为已经构成违约。

被告向阳公司辩称，本案涉及的股权回购协议需要经过向阳公司的国有资产监督管理机构(即中国航天科技集团公司)，以及外商投资主管机构(江苏省对外贸易经济合作厅)审批。而本案的股权回购协议在订立时未经中国航天科技集团公司审批，中国航天科技集团公司更是于 2011 年 11 月 28 日以书面形式拒绝同意向阳公司购买国华公司的股份，故本案的股权回购协议未经国有资产管理监督机构和外商投资主管机构的批准，股权回购条款因违反了法律和行政法规的强制性规定而无效，该条款对于合同各方均无约束力，向阳公司无需履行该条款所规定的股权购买事项，更无需为没有履行股权购买事项承担违约责任。

2. 法院观点

江苏省常州市中级人民法院一审认为：

向阳公司系国有单位，其持有的山由帝杉公司的股权为国有资产，处置国有资产应当严格履行审批手续。中国航天科技集团公司是向阳公司国有资产管理的主管部门，未经中国航天科技集团公司审批擅自处置国有资产，属于损害社会公共利益的行为。依照《合同法》第 52 条第(四)项之规定，该股权回购条款应为无效。《合同法》第 56 条规定，合同部分无效，不影响其他部分效力的，其他部分仍然有效，故股权回购涉及的条款无效，不影响涉案股权转让协议其他条款的效力。

因涉案股权转让协议中涉及向阳公司回购国华公司股份的内容无效，故国华公司无权要求向阳公司按照国华公司的出资额人民币 1 500.39 万元回购国华公司持有的山由帝杉公司 6.82% 股份。

因为股权回购条款无效，向阳公司不回购国华公司所持有的股份不构成违约。而且，根据山由帝杉公司提交的财务资料反映，山由帝杉公司 2011 年 1 月所有者权益合计为人民币 203 061 595.26 元，2012 年 12 月，所有者权益合计为人民币 219 084 469.55 元，该公司所有者权益处于动态变化中且有所增长。截至 2012 年 12 月 31 日，山由帝杉公司企业未分配利润为人民币 6 010 925.29 元，其所有者权益增加并且持续盈利。国华公司作为山由帝杉公司的股东，能够享有增加的股东权益，鉴于此，在没有其他证据的情况下，并不能证明国华公司遭受了损失。日后国华公司另有证据能够证明其因股权回购协议无效遭受损失的，可以另案再行主张。

江苏省高级人民法院二审认为：

涉案股权转让协议中涉及向阳公司回购国华公司股权部分未生效，但理由与一审法院不同。江苏省高级人民法院引用了《中外合资经营企业法实施条例》第 20 条规定"合营一方向第三者转让其全部或者部分股权的，须经合营他方同意，并报审批机构批准，向登记管理机构办理变更登记手续。……违反上述规定的，其转让无效。"以及我国《合同法》第 44 条第 2 款规定："法律、行政法规规定应当办理批准、登记等手续生效的，依照其规定。"与最高人民法院《关于适用〈中华人民共和国合同法若干问题的解释（一）〉第 9 条规定"依照合同法第四十四条第二款的规定，法律、行政法规规定合同应当办理批准手续，或者办理批准、登记等手续才生效，在一审法庭辩论终结前当事人仍未办理批准手续的，或者仍未办理批准、登记等手续的，人民法院应当认定该合同未生效。"认为，涉案股权转让协议包含两个股权转让协议，一个是林根永将其持有的山由帝杉公司的股权转让给国华公司，另一个是国华公司将其受让的股权附条件地转让给林根永和向阳公司。由于山由帝杉公司属于中外合资经营企业，涉案的两个股权转让协议均应履行相应的报批手续。2009 年 1 月 12 日，江苏省对外贸易经济合作厅作出《关于同意常州山由帝杉防护材料制造有限公司股权转让的批复》，仅同意林根永将其在公司的出资额 163.82 万美元，占注册资本的 6.82% 的股权转让给国华公司，并未涉及向阳公司回购国华公司股权的部分。关于涉案股权转让协议中的回购条款是否履行报批手续的问题，向阳公司提供了一份《关于办理外商投资企业股权变更审批经过的说明》，但该文件的内容仅为向阳公司关于办理外商投资企业股权变更审批经过的说明，属于向阳公司的单方陈述，不能证明涉案股权转让协议中的股权回购条款履行了相应的报批手续，故应认定向阳公司回购国华公司股权的部分未履行相应的报批手续。因此，涉案股权转让协议中的股权回购条款未生效，国华公司无法据此要求向阳公司回购股权并承担违约责任。一审法院以向阳公司持有的山由帝杉公司的股权为国有资产，其处置国有资产未经国有资产管理主管部门中国航天科技集团公司审批而损害社会公共利益为由，认定该股权回购涉及的条款无效不当，应予纠正。

3. 作者简评

本案的争议核心在于双方签订的《股权转让协议》中回购条款的效力问题。一审法院认为，处置国有资产应当严格履行审批手续，向阳公司在未经其国有资产管理的主管部门中国航天科技集团公司审批的情况下擅自处置国有资产，属于损害社会公共利益的行为。依照《合同法》第 52 条第（四）项之规定，该股权回购条款应为无效。因回购条款无效，向阳公司没有义务回购案涉股权，故不构成违约，自然也不需要支付违约金。而江苏省高级人民法院二审则认为，一审以向阳公司持有的山由帝杉公司的股权为国有资产，其处置国有资产未经国有资产管理主管部门中国航天科技集团公司审批而损害社会公共利益为由，认定该股权回购涉及的条款无效是不当的。且江苏省高级人民法院另寻依据，以《中外合资经营企业法实施条例》第 20 条之规定"合营一方向第三者转让其全部或者部分股权的，须经合营他方同意，并报审批机构批准，向登记管理机构办理变更登记手续。……违反上述规定的，其转让无效。"为依据，认为回购条款违反此项强制性规定而未生效。有观点据此认为，江苏省高级人民法院的这一观点表明其认为即使股权转让协议未经国资主管部门审批也并非一定无效。

我们认为此种理解略显武断，纵观全案，向阳公司将自身持有的山由帝杉公司的股份转让时已经过审批，其转让行为无瑕疵，在股权登记于国华公司名下后，其为国华公司所有，不再是国有资产。故向阳公司回购该部分股份实际上并不涉及国有资产转让，只是因交易金额超过 1 000 万元人民币，根据中国航天科技集团公司下发《关于印发〈中国航天科技集团经营性投资管理办法〉的通知》第 16 条规定，须报集团公司审批。而该《通知》显然并非法律或行政法规，故即使认定其为强制性规定，也不能依据《合同法》第 52 条第（五）项规定认为违反该规定的协议无效。我们认为，江苏省高级人民法院正是意识到了这一点，才以《中外合资经营企业法实施条例》第 20 条规定认定回购条款无效，而只字未提国有资产主管部门的审批。故不能将此判决理解为江苏省高级人民法院认为未经国有资产审批不影响国有股权转让的效力。

四、 启示

【启示】切实履行相关前置审批程序

未履行审批程序是否影响合同效力，需看该审批程序是否为法律或行政法规的效力性强制性规定，例如法院认定本案有关外商投资股权转让审批之规定属于能够影响合同效力的效力性强制性规定。所谓效力性强制性规定是与管理性强制性规定相对称的概念，通常认为管理性强制性规定不影响合同效力，相关程序之违反不必然导致合同之无效。然而，何谓管理性强制性规定，何谓效力性强制性规定，却是极易产生争议的问题。目前通说认为只有法条明确规定"违反该规定合同无效的"，才属于效力性强制性规定，然而由于立法技术问题，早期法规立法技术未必娴熟，无此明示的也未必不属于效力性强制性规定。因此，我们认为，从风险防范角度上看，较为保险的做法是提前在合同中明确相关审批义务之履行问题，并对此作出安排，避免审批义务之未履行影响合同效力及履行。

03 苏州工业园区海富投资有限公司与甘肃世恒有色资源再利用有限公司、香港迪亚有限公司、陆波增资纠纷案①

案例来源：(2012)民提字第11号。

关键词：明股实债　固定收益　补偿条款　融资

一、裁判规则

【规则1】投资者与目标公司之间投资补偿条款无效

在民间融资投资活动中，融资方和投资者设置估值调整机制(即投资者与融资方根据企业将来的经营情况调整投资条件或给予投资者补偿)时要遵守《公司法》和《合同法》的规定。投资者与目标公司本身之间的补偿条款如果使投资者可以取得相对固定的收益，则该收益会脱离目标公司的经营业绩，直接或间接地损害公司利益和公司债权人利益，应认定无效。但有关投资补偿的约定并非名为投资，实为借贷，目标公司并不因此承担返还义务。

【规则2】投资者与股东之间投资补偿条款有效

在合同约定的补偿条件成立的情况下，根据合同当事人意思自治、诚实信用的原则，融资者应信守承诺，投资者应当得到约定的补偿。

二、审判概览

（一）涉案项目情况

2007年11月1日前，甘肃众星锌业有限公司(以下简称"众星公司")、海富公司、迪亚公司、陆波共同签订一份《甘肃众星锌业有限公司增资协议书》(以下简称《增资协议书》)，约定：众星公司注册资本为384万美元，迪亚公司占投资的100%。各方同意海富公司以现金2 000万元人民币对众星公司进行增资，占众星公司增资后注册资本的3.85%，迪亚公司占96.15%。依据协议内容，迪亚公司与海富公司签订合营企业合同及修订公司章程，并于合营企业合同及修订后的章程批准之日起10日内一次性将认缴的增资款汇入众星公司指定的账户。合营企业合同及修订后的章程，在报经政府主管部门批准后生效。同时，陆波承诺于2007年12月31日之前将四川省峨边县五渡牛岗铅锌矿过户至众星公司名下。募集的资金主要用于以下项目：(1)收购甘肃省境内的一个年产

① 本案项目虽不属于PPP项目，但关于"名股实债"的交易模式在PPP项目中经常出现，具有借鉴意义。

能大于 1.5 万吨的锌冶炼厂；（2）开发四川省峨边县牛岗矿山；（3）投入 500 万元用于循环冶炼技术研究。此外，协议特别约定：本协议签订后，众星公司应尽快成立"公司改制上市工作小组"，着手筹备安排公司改制上市的前期准备工作，工作小组成员由股东代表和主要经营管理人员组成。协议各方应在条件具备时将公司改组成规范的股份有限公司，并争取在境内证券交易所发行上市。协议还约定了业绩目标：众星公司 2008 年净利润不低于 3 000 万元人民币，如果众星公司 2008 年实际净利润完不成 3 000 万元，海富公司有权要求众星公司予以补偿，如果众星公司未能履行补偿义务，海富公司有权要求迪亚公司履行补偿义务。补偿金额 =（1 - 2008 年实际净利润/3 000 万元）× 本次投资金额。并有股权回购约定：如果至 2010 年 10 月 20 日，由于众星公司的原因造成无法完成上市，则海富公司有权在任一时刻要求迪亚公司回购届时海富公司持有之众星公司的全部股权，迪亚公司应自收到海富公司书面通知之日起 180 日内按以下约定回购金额向海富公司一次性支付全部价款。若自 2008 年 1 月 1 日起，众星公司的净资产年化收益率超过 10%，则迪亚公司回购金额为海富公司所持众星公司股份对应的所有者权益账面价值；若自 2008 年 1 月 1 日起，众星公司的净资产年化收益率低于 10%，则迪亚公司回购金额为 [（海富公司的原始投资金额 - 补偿金额）×（10% × 投资天数/360）]。

2007 年 11 月 1 日，海富公司、迪亚公司签订《中外合资经营甘肃众星锌业有限公司合同》（以下简称《合资经营合同》），其中约定：众星公司增资扩股将注册资本增加至 399.38 万美元，海富公司决定受让部分股权，将众星公司由外资企业变更为中外合资经营企业。在合资公司的设立部分约定，合资各方以其各自认缴的合资公司注册资本出资额或者提供的合资条件为限对合资公司承担责任。海富公司出资 15.38 万美元，占注册资本的 3.85%；迪亚公司出资 384 万美元，占注册资本的 96.15%。海富公司应于本合同生效后 10 日内一次性向合资公司缴付人民币 2 000 万元，超过其认缴的合资公司注册资本的部分，计入合资公司资本公积金。关于合资公司利润分配，合同约定：合资公司依法缴纳所得税和提取各项基金后的利润，按合资方各持股比例进行分配。合资公司上一个会计年度亏损未弥补前不得分配利润。上一个会计年度未分配的利润，可并入本会计年度利润分配。该利润分配约定与修改后的《公司章程》中一致。还规定了合资公司合资期限、解散和清算事宜。还特别约定：合资公司完成变更后，应尽快成立"公司改制上市工作小组"，着手筹备安排公司改制上市的前期准备工作，工作小组成员由股东代表和主要经营管理人员组成。合资公司应在条件具备时改组成立为股份有限公司，并争取在境内证券交易所发行上市。如果至 2010 年 10 月 20 日，由于合资公司自身的原因造成无法完成上市，则海富公司有权在任一时刻要求迪亚公司回购届时海富公司持有的合资公司的全部股权。合同于审批机关批准之日起生效。

2007 年 11 月 2 日，海富公司依约缴存众星公司银行账户人民币 2 000 万元，其中新增注册资本 114.7 717 万元，资本公积金 1 885.2 283 万元。

2008 年 2 月 29 日，甘肃省商务厅甘商外资字〔2008〕79 号文件《关于甘肃众星锌业有限公司增资及股权变更的批复》同意增资及股权变更，并批准"投资双方于 2007 年 11 月 1 日签订的增资协议、合资企业合营合同和章程从即日起生效"。随后，众星公司依据该批复办理了相应的工商变更登记。2009 年 6 月，众星公司依据该批复办理了相应的工商变更登记，并于同月经甘肃省商务厅批准，到工商部门办理了名称及经营范围变更登记手续，名称变更为甘肃世恒有色资源再利用有限公司。另据工商年检报告登记记载，众星公司 2008 年度生产经营利润总额 26 858.13 元，净利润 26 858.13 元。

（二）审理要览

1. 原告诉求

2009 年 12 月 30 日，海富公司诉至兰州市中级人民法院，请求判令世恒公司、迪亚公司和陆波向其支付协议补偿款 1 998.2 095 万元并承担本案诉讼费及其他费用。

2. 审理经过

本案经兰州市中级人民法院一审、甘肃省高级人民法院二审和最高人民法院再审。

一审法院判决：驳回海富公司的全部诉讼请求。

二审法院判决：（1）撤销兰州市中级人民法院（2010）兰法民三初字第 71 号民事判决；（2）世恒公司、迪亚公司于判决生效后 30 日内共同返还海富公司 1 885.228 3 万元及利息（自 2007 年 11 月 3 日起至付清之日止按照中国人民银行同期银行定期存款利率计算）。

最高人民法院再审判决如下：

（1）撤销甘肃省高级人民法院（2011）甘民二终字第 96 号民事判决；（2）本判决生效后 30 日内，迪亚公司向海富公司支付协议补偿款 19 982 095 元。如未按本判决指定的期间履行给付义务，则按《中华人民共和国民事诉讼法》（以下简称《民事诉讼法》）第 229 条的规定，加倍支付延迟履行期间的债务利息；（3）驳回海富公司的其他诉讼请求。

三、 争议焦点的规则解读

【焦点 1】股东与公司间的利润补偿约定是否有效

1. 当事人观点

一审原告海富公司认为，《增资协议书》中载明："如果众星公司 2008 年实际净利润完不成 3 000 万元，海富公司有权要求众星公司予以补偿，如果众星公司未能履行补偿义务，海富公司有权要求迪亚公司履行补偿义务。"并约定补偿金额计算方式，该条款为各方真实意思表示，为有效条款。

被告称《增资协议书》已被《合资经营合同》取代，而《合资经营合同》中无补偿条款，故补偿条款无效。

2. 法院观点

兰州市中级人民法院一审认为：

《增资协议书》中有关世恒公司 2008 年实际净利润完不成 3 000 万元，海富公司有权要求世恒公司补偿的约定，不符合《中华人民共和国中外合资经营企业法》（以下简称《中外合资经营企业法》）第 8 条关于企业利润根据合营各方注册资本的比例进行分配的规定，同时，该条规定与《公司章程》的有关条款不一致，损害公司利益及公司债权人的利益，不符合《公司法》（2005 年修订）第 20 条第 1 款的规定。因此，根据《合同法》第 52 条（五）项的规定，该条约定因违反了法律、行政法规的强制性规定而无效。

此外，《增资协议书》的利润补偿条款与《合资经营合同》中利润分配约定不一致，依据《中外合资经营企业法实施条例》（2001 年修订）第 10 条第 2 款的规定，应以《合资经营合同》内容为准，而《合资经营合同》中无利润补偿条款，故海富公司无权依据该条款要求世恒公司承担补偿责任。

甘肃省高级人民法院二审认为：

因《增资协议书》与《合资经营合同》缔约主体不同，各自约定的权利义务也不一致，且 2008 年 2 月 29 日，在甘肃省商务厅甘商外资字〔2008〕79 号《关于甘肃众星锌业有限公司增资及股权变更的批复》中第 2 条中明确载明"投资双方 2001 年 11 月 1 日签订的增资协议、合资企业合营合同和章程从即日起生效"。故《增资协议书》未被取代。

纵观该协议书全部内容，海富公司支付 2 000 万元的目的并非仅享有世恒公司 3.85% 的股权（计 15.38 万美元，折合人民币 114.771 万元），而是期望世恒公司经股份制改造并成功上市后，获取增值的股权价值。基于上述投资目的，海富公司等四方当事人在《增资协议书》中约定"世恒公司 2008 年净利润不低于 3 000 万元，若完不成 3 000 万元，海富公司有权要求世恒公司予以补偿，如果世恒公司未能履行补偿义务，海富公司有权要求迪亚公司履行补偿义务。补偿金额 = (1 - 2008 年实际净利润/3 000 万元) × 本次投资金额"。四方当事人就世恒公司 2008 年净利润不低于 3 000 万元人民币的约定，仅是对目标企业盈利能力提出要求，并未涉及具体分配事宜；且约定利润如实现，世恒公司及其股东均能依据《公司法》《合资经营合同》和《公司章程》等相关规定获得各自相应的收益，也有助于债权人利益的实现，故并不违反法律规定。

虽然《增资协议书》中约定利润目标并不违反法律规定，但四方当事人就世恒公司 2008 年实际净利润完不成 3 000 万元，海富公司有权要求世恒公司及迪亚公司以一定方式予以补偿的约定，则违反了投资领域风险共担的原则，使得海富公司作为投资者不论世恒公司经营业绩如何，均能取得约定收益而不承担任何风险。参照最高人民法院《关于审理联营合同纠纷案件若干问题的解答》

第 4 条第(二)项关于"企业法人、事业法人作为联营一方向联营体投资,但不参加共同经营,也不承担联营的风险责任,不论盈亏均按期收回本息,或者按期收取固定利润的,是明为联营,实为借贷,违反了有关金融法规,应当确认合同无效"之规定,《增资协议书》有关利润补偿的约定,因违反《中华人民共和国合同法》第 52 条第(五)项之规定应认定无效。海富公司除已计入世恒公司注册资本的 114.771 万元外,其余 1 885.228 3 万元资金性质应属名为投资,实为借贷。

最高人民法院再审认为:

海富公司向一审法院提起诉讼时的诉讼请求是请求判令世恒公司、迪亚公司、陆波向其支付协议补偿款 19 982 095 元并承担本案诉讼费用及其他费用,没有请求返还投资款。因此二审判决判令世恒公司、迪亚公司共同返还投资款及利息超出了海富公司的诉讼请求,是错误的。

海富公司作为企业法人,向世恒公司投资后与迪亚公司合资经营,故世恒公司为合资企业。世恒公司、海富公司、迪亚公司、陆波在《增资协议书》中约定,如果世恒公司实际净利润低于 3 000 万元,则海富公司有权从世恒公司处获得补偿,并约定了计算公式。这一约定使得海富公司的投资可以取得相对固定的收益,该收益脱离了世恒公司的经营业绩,损害了公司利益和公司债权人利益,一审法院、二审法院根据《公司法》第 20 条和《中外合资经营企业法》第 8 条的规定认定《增资协议书》中的这部分条款无效是正确的。但二审法院认定海富公司 18 852 283 元的投资名为联营实为借贷是错误的。

【焦点 2】 股东之间的利润补偿约定是否有效

1. 当事人观点

一审原告海富公司认为,《增资协议书》中载明:"如果众星公司 2008 年实际净利润完不成 3 000 万元,海富公司有权要求众星公司予以补偿,如果众星公司未能履行补偿义务,海富公司有权要求迪亚公司履行补偿义务。"并约定补偿金额计算方式,该条款为各方真实意思表示,为有效条款。

被告称《增资协议书》已被《合资经营合同》取代,而《合资经营合同》中无补偿条款,故补偿条款无效。

2. 法院观点

兰州市中级人民法院一审认为:

《增资协议书》中有关利润补偿的约定,无论是世恒公司补偿的部分,还是迪亚公司承诺补偿的部分,都不符合《中外合资经营企业法》第 8 条关于企业利润根据合营各方注册资本的比例进行分配的规定,且与《公司章程》的有关条款不一致,损害公司利益及公司债权人的利益,不符合《公司法》第 20 条第 1 款的规定。因此,该条约定因违反了法律、行政法规的强制性规定而无效。

甘肃省高级人民法院二审认为:

根据最高人民法院《关于审理联营合同纠纷案件若干问题的解答》第 4 条第(二)项,增资协议名为投资,实为借贷。所以认为该协议违反有关金融法规而无效。

虽然世恒公司与迪亚公司的补偿承诺亦归于无效,但海富公司基于对其承诺的合理依赖而缔约,故世恒公司、迪亚公司对无效的法律后果应负主要过错责任。根据《合同法》第 58 条之规定,世恒公司与迪亚公司应共同返还海富公司 1 885.228 3 万元及占用期间的利息,因海富公司对于无效的法律后果亦有一定过错,如按同期银行贷款利率支付利息不能体现其应承担的过错责任,故世恒公司与迪亚公司应按同期银行定期存款利率计付利息。

最高人民法院再审认为:

海富公司向世恒公司投资后与迪亚公司合资经营,却在《增资协议书》中约定,如果世恒公司实际净利润低于 3 000 万元,则海富公司有权从世恒公司处获得补偿。这一约定使得海富公司的投资可以取得相对固定的收益,该收益脱离了世恒公司的经营业绩,损害了公司利益和公司债权人利益,应当依据《公司法》第 20 条和《中华人民共和国中外合资经营企业法》第 8 条的规定认定《增资协议书》中的这部分条款无效。

但是,在《增资协议书》中,有关迪亚公司对于海富公司的补偿承诺并不损害公司及公司债权人的利益,不违反法律法规的禁止性规定,是当事人的真实意思表示,是有效的。迪亚公司对海富公司承诺了众星公司 2008 年的净利润目标并约定了补偿金额的计算方法。在众星公司 2008 年的利润未达到约定目标的情况下,迪亚公司应当依约应海富公司的请求对其进行补偿,补偿金额以约定的方式计算。

3. 作者简评

本案的争议核心在于双方签订的《增资协议书》中利润补偿条款的效力问题。无论是一审法院、二审法院还是最高人民法院都认为,《增资协议书》中"如果世恒公司实际净利润低于 3 000 万元,则海富公司有权从世恒公司处获得补偿"的约定使得海富公司的投资可以取得相对固定的收益,该收益脱离了世恒公司的经营业绩,损害了公司利益和公司债权人利益,违反了《中外合资经营企业法》第 8 条关于企业利润根据合营各方注册资本的比例进行分配的强制性规定,依《合同法》第 52 条第(五)项之规定,该条款无效。但三次审判最终的处理依据却各不相同,一审法院径直认为因利润补偿条款无效,海富公司无权获得利润补偿;二审法院则参照最高人民法院《关于审理联营合同纠纷案件若干问题的解答》第 4 条第(二)项关于"企业法人、事业法人作为联营一方向联营体投资,但不参加共同经营,也不承担联营的风险责任,不论盈亏均按期收回本息,或者按期收取固定利润的,是明为联营,实为借贷,违反了有关金融法规,应当确认合同无效"之规定,认定该《增资协议书》中超出股权价值的部分实为借贷,并认为该部分应返还海富公司;最高人民法院否定了二审法院的观点，并认为，投资者与目标公司本身之间的补偿条款如果使投资者可以取得相对固定的收益，则应认定无效，但目标公司股东对投资者的补偿承诺不违反法律法规的禁止性规定，是有效的，所以海富公司有权要求迪亚公司进行补偿。

04 新华信托股份有限公司等诉湖州港城置业有限公司破产债权确认纠纷案

案例来源：（2016）浙 0502 民初 1671 号。

关键词：名股实债　让与担保　固定利息　抵押　融资

一、裁判规则

【规则】名股实债之约定在对外关系上不能对抗第三人，不属于破产债权

在名实股东的问题上要区分内部关系和外部关系，对内部关系产生的股权权益争议纠纷，可以当事人之间的约定为依据，或是隐名股东，或是名股实债；而对外部关系上不适用内部约定。股东出资并获得股东资格后不应再享有对破产企业的破产债权。

二、审判概览

（一）涉案项目情况

新华信托股份有限公司(以下简称"新华信托")系经中国人民银行批准获得信托业务的，具有金融许可证、受银监委监管的中外合资企业。湖州港城置业有限公司(以下简称"港城置业")系以房地产开发为主营业务的企业。2011 年 4 月 12 日、4 月 20 日港城置业分别召开三次股东会(当时港城置业股东有纪阿生、丁林德)，股东会决议决定了向新华信托贷款 2 - 2.5 亿元。2011 年 6 月 21 日，经协商，新华信托与港城置业、纪阿生、丁林德达成了受让股权的协议，并签订了《湖州凯旋国际社区股权投资集合资金信托计划合作协议》(以下简称"合作协议")，协议约定：(1)由原告新华信托募集 2 - 2.5 亿元资金，其中 14 400 万元分别用于受让纪阿生和丁林德的股份，其余全部增入港城置业的资本公积金，股份转让后，原告将持有港城置业的 80% 股份；(2)该笔融资的固定期限为 1.5 年、2 年、2.5 年；(3)港城置业应当向新华信托偿还信托资金，并支付信托收益、信托报酬、保管费用、包干费用等。增信措施如下：(1)港城置业提供土地抵押担保；(2)纪阿生、丁林德以其持有的股权作为质押担保；(3)纪阿生提供连带责任担保。

2011 年 6 月 24 日，新华信托与纪阿生、丁林德按照《合作协议》的约定，分别签订股权转让合同，纪阿生向新华信托有偿转让的股权占港城置业股本总数的 56%，转让价格为 10 080 万元；丁林德向新华信托有偿转让的股权占港城置业股本总数的24%，转让价格为4 320万元；股权转让合同还约定了纪阿生、丁林德作为转让方，要保证转让的股权具有合法性、积极办理股权相关的转让手续等双方应尽的权利和享有的义务等内容；同时，新华信托为了保证《合作协议》的履行，与纪阿生、丁林德签订了股权质押合同，并办理了质押登记手续，纪阿生出质股权占港城置业股本总数的14%，丁林德出质股权占港城置业股本总数的6%。港城置业为了保证《合作协议》的履行，以其土地使用权进行了抵押；2011年9月9日，新华信托向港城置业汇入22 048万元，2011年9月14日，新华信托向港城置业汇入430万元，其中股权转让款为14 400万元，资本公积金为8 078万元。

2011年9月15日，新华信托指派钱海莹、谢萍为港城置业董事，并选举纪阿生为董事长、丁林德为经理，形成新的港城置业章程，新章程明确了港城置业的股东为纪阿生（股权占14%）、丁林德（股权占6%）、新华信托（股权占80%），同时规定纪阿生、丁林德可委派董事3名，新华信托可委派董事2名，董事享有知情权、提案权、表决权和否决权等内容。同月，港城置业据上述股权转让协议、股东会决议、港城置业新的章程、董事会决议等资料向湖州市工商行政管理局进行了工商信息变更。新华信托依法持有了港城置业的80%股权。新华信托、纪阿生、丁林德、港城置业均依合同约定，履行了义务。

2012年4月15日，港城置业召开了股东会，其中股东会应到3名、实到3名，通过了免去丁林德原董事职务，补胡兴坤为董事的决议，即确定第一届董事会董事为纪阿生、周小华、钱海莹、谢萍、胡兴坤。当日港城置业又召开董事会，全体董事参加，董事会决议决定免去丁林德经理职务，聘周小华为经理等事宜。2013年7月30日，新华信托方因钱海莹离职，港城置业股东会会议免去钱海莹董事职务，补陈晨为新华信托方的董事，任期至第二届期满。2013年8月15日，港城置业董事会通过了纪阿生为董事长并为法定代表人，周小华为经理等决议。期间，新华信托与港城置业、纪阿生、丁林德于2013年2月21日签订《补充协议》，协议明确了新华信托对港城置业凯旋国际项目销售资金的管控，如港城置业、纪阿生、丁林德未配合资金监管，新华信托有权更换法定代表人，接管港城置业的财务章及法人章。嗣后，新华信托接管港城置业的法人章、合同专用章、财务专用章、预售资金监管专户财务专用章、纪阿生个人名章。2015年10月9日，新华信托向港城置业破产管理人移交了上述印章。

另，湖州市中级人民法院于2015年8月4日裁定了受理港城置业破产清算纠纷一案，后指定浙江京衡律师事务所为破产管理人。新华信托在法定债权申报期限内向管理人申报了债权，并于2015年12月24日收到管理人作出的《债权审查通知书》，告知不予确认新华信托申报的债权，后新华信托提出债权审查异议，管理人经复审作出了《债权复审通知书》，告知新华信托维持不予确认的审查意见。故新华信托向本院提起诉讼。

（二）审理要览

1. 原告主要诉求

原告新华信托起诉至湖州市吴兴区人民法院，请求判令：确认新华信托对港城置业享有破产债权292 544 339.63元（其中本金19 578万元、利息78 391 903.13元、信托报酬17 212 390元、保管费及包干费1 160 046.50元，合计292 544 339.63元）；确认新华信托对港城置业所有的湖州市西南分区18－C号地块国有土地使用权及在建工程享有抵押权，有权以该抵押物折价或者拍卖、变卖的价款优先受偿。

2. 审理经过

本案经过一审程序。湖州市吴兴区人民法院于2016年8月22日作出（2016）浙0 502民初1 671号民事判决，判决：驳回原告新华信托股份有限公司的诉讼请求。

三、 争议焦点的规则解读

【焦点】"名股实债"之约定是否能够对抗第三人

1. 当事人观点

本案一审原告新华信托认为：新华信托与港城置业之间的法律关系具有以下债权投资业务特征：一是有明确投资期限；二是固定利息；三是对净资产无所有权；四是选举权问题，虽占股80%，但仅派2名董事，其他3名董事由占股20%的股东委托；五是不参与日常经营活动。且本信托计划项下设置了多项增信措施，如作为股东将8 078万元列入资本公积金不符合常理等实际履行行为，均证实新华信托与港城置业之间属于债权投资法律关系；按照协议约定，港城置业不仅要向新华信托偿还直接支付的8 078万元资本公积金的本息，甚至要向新华信托偿还纪阿生、丁林德转支给其的14 400万元股权转让款的本息；以及港城置业向新华信托支付了固定收益，这些事实，进一步证实了股权转让仅仅系让与担保措施；港城置业将"湖州市西南分区18－C号地块"的国有土地使用权抵押给新华信托，并办理了抵押登记。新华信托有权就前述土地使用权及在建工程享有优先受偿的权利。

本案一审被告港城置业认为：新华信托支付给港城置业的22 478万元均属于股权投资款，新华信托关于其对港城置业享有借款债权的说法是不能成立的。与此同时，既然主债权不成立，担保债权自然也无从成立。具体为：系列协议明确约定该14 400万元属于股权转让款。从《合作协议》签署后的实际履行来看，无论是工商登记变更还是指派董事，都说明新华信托按照协议约定受让了股权，并行使了股东权利，实际参与港城置业的管理，既有股权投资之"名"，又有股权投资之"实"；新华信托支付的8 078万元性质属资本公积金，对于资本公积金，按照《公司法》规定，股东不得向公司请求返还；新华信托主张22 478万元资金属于向港城置业借款的理由均背离客观事实和法律评价，也无证据证明。实际上，港城置业与新华信托之间未达成借款的合意。从《合作协议》和股权转让协议的约定来看，新华信托应向股权转让方支付的 14 400 万元协议双方均同意付给港城置业，这一意思表示是股权转让方和受让方达成的合意，是在明确该笔资金系股权转让款的基础上达成的合意。从合意的内容来看，这其实构成股权转让方的"指示付款"，即股权转让方也同意将此款项汇付港城置业；新华信托以其和港城置业存在物保，反推双方之间存在借款关系，有违担保法上主债权、从债权相关规定。即物保的设定，并不代表着其所担保的主债权就存在，也不代表其主债权性质就是借款。综上，新华信托关于其对港城置业享有借款债权的说法是不能成立的。与此同时，既然主债权不成立，担保债权自然也就无从成立。

港城置业向法院提交了两组证据。第一组证据为纪阿生、丁林德与新华信托签订的股权转让协议和港城置业股东出资信息；第二组证据为港城置业的公司章程、港城置业 3 次股东会决议及董事会决议等。

2. 法院观点

湖州市吴兴区人民法院认为：

新华信托提供的第二组证据与港城置业提供的第一组证据中均为原告新华信托与纪阿生、丁林德分别签订股权转让协议，能够证明新华信托买受了纪阿生持有的港城置业 56% 的股权、买受了丁林德持有的港城置业 24% 的股权；新华信托提交了证据 10《抵押合同》一份，拟证明港城置业以土地使用权作了抵押担保，来反证双方间存在借款关系，港城置业认为担保物权的设定并不代表其所担保的主债权就存在，更不能代表主债权必定是借款，该推定有悖主、从合同的法律规定，更与事实不符。本院认为，该《抵押合同》明确载明担保的事项，即为切实履行新华信托与港城置业双方签订的《合作协议》，而《合作协议》的内容并非借贷合同，而为股权转让事宜；股东会决议能够证明港城置业原股东纪阿生、丁林德通过股东会决议，决定拟向新华信托融资 2 - 2.5 亿元，并由港城置业的土地使用权作抵押，以纪阿生、丁林德的股权作质押的事实，但嗣后，新华信托与纪阿生、丁林德分别签订了股权转让协议，而未与港城置业签订借款合同，只能证明港城置业有向新华信托融资的意向，最终新华信托与港城置业股东纪阿生、丁林德分别达成的股权转让协议为双方合意，具有法律约束力。故新华信托认为向被告港城置业汇付的 22 478 万元是名股实债，是借款的主张，缺乏证据证明，法院不予支持。

在名义股东和实际股东的问题上要区分内部关系和外部关系，对内部关系产生的股权权益争议纠纷，可以当事人之间的约定为依据，或是隐名股东，或是名股实债；而对外部关系上不适用内部约定，按照《公司法》第 32 条第 3 款"公司应当将股东的姓名或者名称向公司登记机关登记，登记事项发生变更的，应当办理变更登记。未经登记或者变更登记的，不得对抗第三人"之规定，第三人不受当事人之间的内部约定约束，而是以当事人之间对外的公示为信赖依据。本案不是一般的借款合同纠纷或股权转让纠纷，而是港城置业破产清算案中衍生的诉讼，本案的处理结果涉及港城置业破产清算的所有债权人的利益，应适用公司的外观主义原则。即港城置业所有债权人实际（相对于本案双方当事人而言）均系第三人，对港城置业公司的股东名册记载、管理机关登记所公示的内容，即新华信托为持有港城置业80%股份的股东身份，港城置业之外的第三人有合理信赖的理由。而港城置业的股东会决议仅代表港城置业在签订《合作协议》《股权转让协议》前有向新华信托借款的单方面意向，最终双方未曾达成借款协议，而是新华信托受让了纪阿生、丁林德持有的港城置业股权，与纪阿生、丁林德之间发生了股权转让的事实。如果新华信托本意是向港城置业出借款项的，港城置业从股东会决议来看亦是有向新华信托借款意向的，双方完全可以达成借款合同，并为确保借款的安全性，新华信托可以要求依法办理股权质押、土地使用权抵押、股东提供担保等法律规定的担保手续。如新华信托在凯旋国际项目上不能进行信托融资的，则应依照规定停止融资行为。新华信托作为一个有资质的信托投资机构，应对此所产生的法律后果有清晰的认识，故新华信托提出的"名股实债""让与担保"等主张，与本案事实并不相符，其要求在破产程序中获得债权人资格并行使相关优先权利并无现行法上的依据，故法院不支持其主张。

港城置业管理人在破产程序中履行管理职权，确认新华信托对破产企业不享有破产债权是正确的。基于新华信托在港城置业中的股东身份，其出资并获得股东资格后不应再享有对破产企业的破产债权，新华信托要求行使对港城置业所有的湖州市西南分区18-C号地块国有土地使用权及在建工程的抵押权，并以该抵押物折价或者以拍卖、变卖的价款优先受偿的请求，有悖法律，本院依法予以驳回。

3. 作者简评

对于名股实债性质究竟为股权抑或债权，实务上存在争议，本案的裁判结果，在金融界引起不少关注。原告新华信托主张债权性质，理由是该笔融资有债的特征，包括固定收益、有投资期限、对净资产无所有权、董事选聘不符合股权投资规则、投资人不参与日常经营、股权转让款直接给公司而非股东、对主债权存在担保。而被告则主张股权性质，理由是新华信托委托董事并参与经营、股权转让款是"指示付款"、无借款合意、资本公积金不得向公司返还、不能从担保反推主债权存在。法院最终认定融资的股权性质，理由有二：一是从担保物权存在推定债权存在错误，因为担保可能因主债权不存在而无效；二是双方没有签借款合同，只签了股权转让协议。我们认为，应当注意本案一审法院并未直接否认"名股实债"的债权性质，只是指出新华信托未提出充分的证据"证明"债权的存在。另外，一审法院特别指出本案并非普通的债权债务关系诉讼，而是破产清算案中衍生的诉讼，案件处理结果涉及港城置业破产清算案的所有债权人的利益，应适用公司的外观主义原则。据悉新华信托已提起上诉，本案判决可能并非终审判决，但我们认为一审法院正确地指出名股实债融资方式在对外关系上应适用外观主义，因为必须注重第三人利益的保护。

四、启示

【启示】在设定名股实债交易时，需特别关注对内对外法律关系之区分

根据本书该章节提到的多个关于"名股实债"的案例，我们发现，最高人民法院和地方高级人民法院并没有一概否定名股实债的合同效力，但指出应区分对外效力和对内效力。在对外效力上，出于保护第三人和交易安全的考虑，采外观主义，即第三人可主张名股实债性质上为股权，若目标公司破产，投资人不得以债权人身份参与破产程序。在对内效力上，若协议未违反法律和行政法规的效力性强制性规定，则对当事人之间发生效力，回购方应当履行合同规定的回购义务，但是否可认定为债权效力，则视案件具体情况而定，一般需考虑证据情况、融资目的等。至于附属抵押、质押、保证等担保合同的效力，特别需要关注的是重庆高级人民法院和湖州法院均指出"无所担保的主债权存在，担保无效"。

据此，在设定名股实债交易结构时，需特别关注对内对外法律关系之区分，在对外关系上需关注可能存在的被认定为股权投资的风险，在对内关系上若需主张债权关系，则应注意留存证据、理顺交易架构。在担保的效力上，特别需要关注的是需明确所担保的主债权，该主债权不得为所投资的股权，但我们理解可以创设其他主债权。总之，名股实债的生存之道在于交易结构之设计。

05 新华信托股份有限公司诉诸城市江峰房地产开发有限公司借款合同纠纷案

案例来源：（2014）渝高法民初字第00010号。

关键词：名股实债　债务抵销　股权转让　融资

一、裁判规则

【规则1】具有明显借贷特征的名股实债协议为债权关系

虽具股权转让协议的外观，但实质明显为借款协议的《合作协议》，基于其形成的法律关系应认定为债权债务关系。

【规则2】当事人间互负的同种等值到期债务应认定为抵销

双方签订以先行支付为生效要件的协议，若先行支付的一方对另一方有等额的债权，则认定该合同的先行支付的价款实质上是为了抵销被告所负债务，该价款已支付，协议已生效。

二、 审判概览

(一)涉案项目情况

2011年5月9日,诸城市江峰房地产开发有限公司(以下简称"江峰房地产公司")通过股东会决议,决定向新华信托股份有限公司(以下简称"新华信托公司")融资1亿元用于支付密州购物广场项目的工程垫资款,并以密州购物广场面积21 026.99平方米的商铺作为抵押。同日,江峰房地产公司又通过了信用增级决议,决定:"1. 信托资金以1元资金受让江峰房地产公司原股东持有的90%股权,剩余信托资金用于增加江峰房地产公司资本公积。公司原股东剩余10%的股权全部质押给新华信托公司,新华信托公司100%控制公司⋯⋯2. 本信托计划江峰房地产公司以密州购物广场面积21 026.99平方米的商铺作为抵押,预评估价值为2.03亿元。"

2011年6月10日,祝培杰(甲方,系江峰房地产公司的股东和法定代表人)、卜庆光(乙方,系江峰房地产公司的股东)、江峰房地产公司(丙方)和新华信托公司(丁方)签订《合作协议》,约定设立新华信托·诸城密州购物广场股权投资集合资金信托计划;信托计划规模为人民币1亿元-1.1亿元,期限为1年;由新华信托公司按照委托人的意愿,以新华信托公司的名义,将信托资金以及其他与委托人有相同投资目的,且与新华信托公司签订了《资金信托合同》的自然人、法人或其他组织的信托资金集合管理,向江峰房地产公司进行股权投资(信托资金以1元资金受让江峰房地产公司原股东持有的90%股权,剩余信托资金用于增加江峰房地产公司资本公积),江峰房地产公司所获资金用于支付诸城市密州购物广场项目所欠工程公司的工程垫资款。江峰房地产公司的股东名册中作出变更并于30天内向当地工商登记部门申请变更登记。如果股权转让无法完成,新华信托公司拥有江峰房地产公司所有资产的处置权⋯⋯该合作协议签订后,新华信托公司以"支付股权投资款"的名义,向江峰房地产公司支付价款1.1亿元。

同日,新华信托公司(甲方)与江峰房地产公司(乙方)签订《借款合同》、《借款合同之补充协议》及《抵押合同》。《借款合同》约定:江峰房地产公司向新华信托公司借款1.1亿元,用于支付诸城密州购物广场项目的工程垫资款,借款期限为1年,年利率为20%。《抵押合同》约定乙方自愿以合法取得的位于诸城市和平街125号密州购物广场面积为21 026.99平方米的商铺抵押给甲方,作为信托资金到期后本金及收益的履约担保;本合同所担保的主债权金额为人民币1.1亿元,以主合同确定的实际划款金额为准。2011年6月16日,双方向诸城市房产管理局申请办理了在建工程抵押登记。

2011年6月16日,祝培杰(甲方)与新华信托公司(乙方)签订《股权质押合同》,约定在甲方将其持有的江峰房地产公司90%股权转让乙方并协助办理股东变更等工商登记手续的同时，以其持有的在江峰房地产公司出资 10 万元、占注册资本 0.15% 的股权全部质押给乙方，以此为甲方履行信托计划中约定的义务提供担保；本合同所担保的主债权本金为乙方向甲方划付的总金额为人民币1.1 亿元的投资款，年利率为 20%，信托计划期限自 2011 年 6 月 16 日至 2012 年6 月 15 日。同日，新华信托公司向诸城市工商行政管理局申请办理了股权出质设立登记。同日，卜庆光也与新华信托公司签订《股权质押合同》，约定卜庆光将其持有的江峰房地产公司 9.85% 的股权质押给新华信托公司。该合同约定的其他内容与祝培杰与新华信托公司签订的《股权质押合同》内容相同。该股权质押亦向诸城市工商行政管理局申请办理了股权出质设立登记。

2012 年 6 月 20 日，新华信托公司（甲方，收益权受让方）与江峰房地产公司（乙方，收益权转让方）签订《收益权转让合同》，约定江峰房地产公司因开发建设山东诸城密州购物广场项目的需要，以密州购物广场项目收益权向新华信托公司进行融资。双方约定："第一条转让标的：（1）本合同项下的转让标的为乙方享有的密州购物广场项目收益权。二、乙方将其享有的密州购物广场项目收益权转让给甲方，在转让期间按照本合同约定支付收益权回购款，以实现甲方的信托投资利益……第四条转让价款的支付：乙方向甲方转让上述项目收益权的价格不超过人民币 1.09 亿元，实际转让价格以甲方支付的转让价款总额为准。第五条收益权回购款的支付：乙方应支付的收益权回购款包括两部分：收益权回购价款本金和回购溢价款……第八条担保措施：（1）乙方将其名下位于山东省诸城市和平街 125 号的密州购物广场面积 20 688.07 平方米的商铺继续抵押给甲方，该商铺预估价值为 19 943.3 万元……"

同日，江峰房地产公司（甲方，抵押人）与新华信托公司（乙方，抵押权人）签订《抵押合同之补充协议》，约定："为了确保 2011 年 6 月 10 日江峰房地产公司与本协议乙方所签订的《抵押合同》及 2012 年 6 月 20 日签订的《收益权转让合同》项下江峰房地产公司义务及与本次贷款有关的协议得到切实履行，甲方自愿以其拥有的具备抵押条件的在建工程抵押给乙方……第二条抵押期限延长至收益权转让合同全部履行完毕……"

2012 年 6 月 25 日，江峰房地产公司向新华信托公司出具《划款委托书》，载明："我公司委托贵公司将诸城密州购物广场项目收益权转让款人民币 1.09亿元直接划入下列账户：账户名称：新华信托股份有限公司；开户银行：中国工商银行重庆分行巴南区支行八公里分理处；银行账号：×××。由此引起的法律责任由我公司负责，特此委托。" 2012 年 7 月 3 日，新华信托公司按上述委托将收益权转让价款 1.09 亿元划至委托书指定银行账户。

审理中，本院根据新华信托公司提出的财产保全申请，依法查封了江峰房地产公司价值 1.6 亿元的财产。庭审中，新华信托公司向本院提出撤回诉讼请求申请，自愿撤回第五项诉讼请求，即主张新华信托公司对江峰房地产公司提供的抵押物的优先受偿权，法院已依法予以准许。

（二）审理要览

1. 原告诉求

基于上述新华信托公司与江峰房地产公司签订的《诸城密州购物广场项目收益权转让合同》，江峰房地产公司自收益权转让价款划入资金监管账户之日起，向新华信托公司履行收益权回购义务，收益权回购款为回购款本金加上每年24%的回购溢价款；江峰房地产公司将其名下的位于诸城市和平街125号密州购物广场商铺在建工程抵押给新华信托公司，作为支付收益权回购款的担保。现回购期限已经届满，江峰房地产公司并未按约支付收益权回购款本金及溢价款。新华信托公司多次催收未果，遂起诉至法院，请求判令：

（1）江峰房地产公司立即支付收益权回购款本金1.09亿元，并自2012年7月3日起至回购款本金付清之日止，按照每年24%的标准支付收益权回购溢价款；（2）江峰房地产公司以逾期未付的收益权回购款为基数，自2013年7月3日起至收益权回购款付清之日止，按照每日万分之五的标准支付滞纳金；（3）江峰房地产公司以逾期未付的收益权回购溢价款为基数，自2013年7月3日起至收益权回购溢价款付清之日止，按照每日万分之五的标准支付复利。

2. 审理经过

本案经重庆市高级人民法院一审。

重庆市高级人民法院作出(2014)渝高法民初字第00 010号判决，判决如下：

（1）诸城市江峰房地产开发有限公司支付新华信托股份有限公司借款本金1.09亿元和借款期内利息2 616万元，此款限于本判决发生法律效力之日起10日内付清；（2）诸城市江峰房地产开发有限公司支付新华信托股份有限公司逾期利息，该逾期利息以借款本金1.09亿元为基数，按年利率36%的标准，从2013年7月3日起计算至借款付清之日止；（3）诸城市江峰房地产开发有限公司支付新华信托股份有限公司复利，该复利以本判决第二项确定的逾期利息为基数，按年利率36%的标准，从2013年7月3日起计算至款项付清之日止；（4）诸城市江峰房地产开发有限公司支付新华信托股份有限公司律师费50万元；（5）驳回新华信托股份有限公司的其他诉讼请求。

三、 争议焦点的规则解读

【焦点】 名股实债融资方式可否被认定为债权关系

1. 当事人观点

新华信托公司认为，双方签订的《合作协议》名为股权转让合同，实为借款合同。江峰房地产公司向新华信托公司借款1.1亿元用于密州广场项目工程建设，并以密州购物广场的在建商铺和祝培杰、卜庆光所持有江峰房地产公司的股权作为担保，以新华信托公司受让江峰房地产公司90%的股权作为非典型性担保。借款到期后，因江峰房地产公司未能偿还全部借款本息，双方又签订了

《收益权转让合同》，实际上是用《收益权转让合同》项下 1.09 亿元转让款偿还《合作协议》项下未按期偿还的借款。现双方签订的前一份《合作协议》已履行完毕，双方的权利义务应当按后一份《收益权转让合同》的约定履行。江峰房地产公司对新华信托公司的上述意见并不认同，认为应当按照合同约定的内容认定双方之间法律关系的性质。

2. 法院观点

重庆市高级人民法院审理认为：

关于新华信托公司与江峰房地产公司之间法律关系的性质问题，新华信托公司与江峰房地产公司签订的《合作协议》和《收益权转让合同》的实质均为借款合同。双方合意以后一份《收益权转让合同》项下借款偿还前一份《合作协议》项下借款。现《合作协议》已履行完毕，双方的权利义务应当按《收益权转让合同》的约定履行。

理由在于：（1）双方在签订《合作协议》之前，江峰房地产公司向新华信托公司发出了借款申请、还款计划，并通过了股东会决议，表达了以密州购物广场的在建商铺作为抵押向新华信托公司借款 1 亿元，用于支付密州购物广场项目工程垫资款的意愿。（2）《合作协议》约定新华信托公司"以 1 元资金受让江峰房地产公司原股东持有的 90% 股权"，显然与该股权的实际市场价值不符，也不符合常理。（3）因《合作协议》中江峰房地产公司对新华信托公司不负有支付义务，该合同项下办理的在建商铺抵押和股权质押没有设定担保的主债权存在。江峰房地产公司庭审中主张《合作协议》的性质应为股权转让合同，这与当事人签订《合作协议》并办理相关担保财产的抵押、质押手续的意思表示不符。（4）债权人新华信托公司在庭审中作出了《合作协议》名为股权转让合同、实为借款合同和双方合意以《收益权转让合同》项下的借款偿还《合作协议》项下的未按期偿还的借款的陈述。（5）只有在上述合同解释成立的情况下，才能合理地解释江峰房地产公司向新华信托公司出具《划款委托书》，要求新华信托公司将密州购物广场项目收益权转让款 1.09 亿元直接划入新华信托公司自己开设的账户的事实。

3. 作者简评

本案的争议核心在于《合作协议》的性质以及后签订的《收益权转让合同》是否生效。

重庆市高级人民法院认为原被告双方签订的《合作协议》实际上为借款协议，其核心理由在于《合作协议》中约定的"以 1 元资金受让江峰房地产公司原股东持有的 90% 股权"明显并非正常的股权转让，而且双方办理的各项相关担保财产的抵押、质押手续等也显然是为担保债权，如《合作协议》本质上是股权转让，则无办理上述担保手续的必要。

根据重庆市高级人民法院对原被告双方法律关系的评述，新华信托公司与江峰房地产公司间本就存在基于《合作协议》而生的债权债务关系，而江峰房地产公司并未清偿上述债务，后其又与新华信托公司签订《收益权转让合同》，将诸城市密州购物广场项目的收益权以 1.09 亿元转让给新华信托公司，新华信托公司因此负担的需向江峰房地产公司支付的收益权转让价款实际上与前项债权抵销，故可认为新华信托公司已支付收益权转让价款，《收益权转让合同》由此已生效。

四、 启示

【启示】PPP 项目中名股实债交易结构应如何设计

海富案告诉我们股东要求项目公司进行业绩补偿因损害债权人和公司利益而无效。港城置业案告诉我们股东以股权投资款作为对项目公司债权主张"名股实债"是无效的，换句话说进入公司资本公积的资金不得被作为对公司的债权对待，依附于此的抵押担保也因主合同之无效而随之无效。江峰案中重庆市高级人民法院则承认了"名股实债"的债权效力，判令项目公司偿还借款，但是我们关注到江峰案的特殊情形，即其以《收益权转让合同》取代了此前股权投资性质的《合作协议》，此外协议体系中含《借款合同》。反观港城置业案，法院其实并未直接否认"名股实债"的效力，只是指出原告并无证据证明借贷关系的存在，相反与之，其提供的是股权转让协议。

因此，我们认为"名股实债"是否能够被如愿以偿地认定为"债"，取决于交易结构之设计，如果还款依赖于股东与股东之间的回购等增信措施，则并不违反禁止性规定；但如果还款来源于项目公司，则存在一定的风险性，在对外关系上通常会确认其"股权"外观，在对内关系上是否能够被确认为"债权"，也存在一定的不确定性，法院会综合考虑债权人利益和公司利益保护因素。

目前，PPP 项目资本金融资中，有的金融机构无法取得同作为股东的中标社会资本方的增信支持，只得依赖项目公司回款，我们认为这种交易结构需承担股权投资的交易风险，存在不被认定为债权的可能性，需高度警惕。

第五章　差额补足

01 中国金谷国际信托有限责任公司与浙江优选中小企业投资管理有限公司营业信托纠纷案

案例来源：（2014）二中民（商）初字第 11032 号、（2015）高民（商）终字第 465 号。

关键词：信托　差额补足　优先级受益权　收购

一、裁判规则

【规则】股东间差额补足条款应被认定为有效

差额补足条款不违反法律、行政法规的强制性规定，应当认定有效，差额补足人应按照合同约定履行差额补足义务。

二、审判概览

（一）涉案项目情况

2012 年 12 月 17 日，金谷国际信托有限责任公司（以下简称"金谷信托公司"）作为甲方、浙江优选中小企业投资管理有限公司（以下简称"浙江优选公司"）作为乙方、台州市首信担保投资有限公司（以下简称"台州首信公司"）作为丙方、温州众志融资担保有限公司（以下简称"温州众志公司"）作为丁方、台州元融担保有限公司作为戊方、中国信达资产管理股份有限公司浙江省分公司（以下简称信达浙江省分公司）作为己方共同签订《合作框架协议》，其中第 2.1 条约定：甲方拟发行金谷·向日葵 15 号中小企业发展基金信托计划，计划发行总规模不超过 5 亿元，信托总期限 3 年；每期信托规模不低于 5 000 万元，期限 1 年，每期到期一次性分配信托收益；信托资金用于向浙江省内信用良好、资金用途合法明确、还款来源可靠的中小企业发放信托贷款，信托计划设计结构分层，优先级信托受益权由甲方负责募集，次级信托受益权由乙方以自有资金认购，在每期信托计划中，优先级信托单位与次级信托单位的比例不高于8:2。第 2.4 条约定：甲方在信托计划项下向中小企业发放贷款时，由丙方、丁方、戊方任一方对贷款本息提供连带责任保证担保。第 2.5 条约定：本信托计划下的各期期限届满时，甲方将本信托计划下的各期终止时的信托财产（扣除各项信托税费)以现金形式向对应各期优先级受益人分配信托利益。若届时现金形式的某期信托财产无法足额偿付对应该期优先级信托本益及应付未付的对应该期信托费用(含信托报酬)之和,则甲方有权自行决定该期信托计划期限顺延。顺延期间由担保公司履行承诺先行偿付贷款本息,若优先级信托本益及应付未付的信托费用(含信托报酬)仍未得到足额支付,由乙方承担差额补足义务。第 3.2 条"乙方权利义务"约定:按期足额认缴本信托计划分期发行的每期信托计划的次级信托资金,认购本信托计划的次级信托份额,并享有信托计划的次级受益权。

金谷信托公司作为信托财产受托人(甲方)、工商银行浙江省分行作为信托财产保管银行(乙方),双方签订了《信托计划保管协议》,约定:甲方作为金谷·向日葵 15 号中小企业发展基金信托计划的发行人和受托人,委托乙方作为本信托计划财产的保管人。

2012 年 12 月 27 日,本期信托计划成立,募集信托资金总额 10 212.5 万元,其中优先级信托资金 8 170 万元,次级信托资金 2 042.5 万元,信托计划期限为 1 年,应于 2013 年 12 月 26 日到期。信托计划成立后,金谷信托公司按照《资金信托合同》第 7.2 款的约定以自己的名义共计向浙江优选公司筛选、推荐的 27 家中小企业发放了贷款,并且分别与借款人、保证人签订了《借款合同》和《保证合同》。

2012 年 12 月,浙江优选公司作为委托人、次级受益人,金谷信托公司作为受托人,双方签署金谷信(2012)第 31 号《资金信托合同》,约定:委托人授权受托人将其委托的信托财产加入金谷·向日葵 15 号中小企业发展基金信托计划(第 1 期),委托人基于对受托人的信任,将其合法拥有的资金委托给受托人,受托人以自己的名义运用财产向浙江省内的中小企业发放信托贷款;本合同项下的优先级受益人享有本期信托计划优先级受益权,次级受益人享有本期信托计划的次级受益权;分配信托利益时,如本期可分配的信托财产中的现金额低于本期优先级受益人的信托资金和预期收益及应付未付的信托费用(含信托报酬)之和,则受托人有权自行决定本期信托计划期限顺延;顺延期间由担保公司履行承诺先行偿付贷款本息,若优先级信托本益及应付未付的信托费用(含信托报酬)仍未得到足额支付,由次级投资人承担差额补足义务。

信托计划即将到期前,浙江优选公司与金谷信托公司于 2013 年 12 月签署了《金谷·向日葵 15 号中小企业发展基金信托计划(第 1 期)资金信托合同补充协议》(以下简称《资金信托合同补充协议》),载明:本期信托计划将于 2013 年 12 月 26 日到期分配本期信托利益,需分配的优先级受益人本益 8 966.1 万元(其中信托本金 8 170 万元,受益人预期收益 796.1 万元);因借款企业到期无法归还贷款本息,担保公司无力先行偿付贷款本息,次级投资人(即浙江优选公司)无力履行《资金信托合同》约定的差额补足义务,为保护优先级受益人利益,双方同意:(1)对本期信托计划期限顺延,直至本期优先级受益人的信托利益全部分配完毕为止;(2)金谷信托公司以自有资金或其指定的第三方出资收购本期优先级信托受益权，收购方在收购完毕后自动继承信托合同中规定的优先级受益人的一切权利和义务；（3）自 2013 年 12 月 26 日起，优先级受益人的预期年化收益率一律调整为第年 16%；（4）浙江优选公司应在金谷信托公司提出要求的时候无条件按照以下公式计算的金额收购优先级受益权。

2013 年 12 月 20 日，本期信托计划项下的 31 位优先级受益人作为甲方与金谷信托公司（乙方）分别签署了《信托受益权转让协议》，约定甲方同意出让其所持有的全部信托单位对应之信托受益权、预期收益及相关的一切权利。

2013 年 12 月 27 日，金谷信托公司作为付款人，通过其在本期信托计划项下的信托报酬收入账户，向本期信托计划项下的信托财产保管账户内划款 8 966.1 万元。同日，金谷信托公司向工商银行浙江省分行发出划款指令，要求其按照《信托计划保管协议》的约定，向马天会等优先级受益人支付受益人利益，要求到账时间为 2013 年 12 月 27 日。2013 年 12 月 30 日至 2014 年 1 月 7 日期间，金谷信托公司作为付款人，通过本期信托计划项下的信托财产保管账户，分别向 31 位优先级受益人作为收款人的账户内划款，支付了相应的信托受益权转让价款。

金谷信托公司提交的证据 5——中国工商银行网上银行电子回单显示：2013 年 12 月 27 日，从本期信托计划项下的信托财产保管账户向金谷信托公司的信托报酬收入账户划款 3 500 万元；2014 年 1 月 15 日划款 2 683 162.85 元，2014 年 3 月 27 日划款 5 195 068.49 元，2014 年 3 月 31 日划款 1 572 767.12 元。金谷信托公司主张以上划转的款项系其作为本期信托计划唯一的优先级受益人分配取得的信托收益。

2014 年 8 月 28 日，金谷信托公司以特快专递方式向浙江优选公司寄送律师函，函告浙江优选公司，要求浙江优选公司按照《资金信托合同补充协议》的约定，收购优先级受益权并支付相应价款。

（二）审理要览

1. 原告主要诉求

一审原告金谷信托公司起诉至北京市第二中级人民法院，认为其有权要求浙江优选公司无条件按照特定的金额受让延长期优先级信托本金和收益，请求判令：浙江优选公司按照《资金信托合同补充协议》的约定收购"金谷·向日葵 15 号中小企业发展基金信托计划（第 1 期）"项下的优先级受益权，支付收购优先级受益权的价款 50 335 726.03 元；判令浙江优选公司向金谷信托公司赔偿上述价款自 2014 年 9 月 4 日起至实际支付日止的按照中国人民银行同期贷款利率计算的利息损失。

2. 审理经过

本案经过一审和二审程序。由北京市第二中级人民法院一审，于 2015 年 7 月 10 日作出（2014）二中民（商）初字第 11 032 号民事判决，判决：浙江优选中小企业投资管理有限公司按照《金谷·向日葵15号中小企业发展基金信托计划（第1期）资金信托合同补充协议》的约定收购金谷·向日葵15号中小企业发展基金信托计划（第1期）项下的优先级受益权，于本判决生效之日起10日内向原告中国金谷国际信托有限责任公司支付收购优先级受益权的价款50 335 726.03元；浙江优选中小企业投资管理有限公司于本判决生效之日起10日内向原告中国金谷国际信托有限责任公司赔偿迟延支付本判决第一项确定的收购优先级受益权价款的利息损失（自2014年9月4日起至实际支付之日止，按照中国人民银行同期贷款利率计算）。

期间，浙江优选公司在答辩期内提出管辖权异议，北京市第二中级人民法院于2014年11月25日作出有管辖权民事裁定。浙江优选公司不服该民事裁定，上诉于北京市高级人民法院。北京市高级人民法院于2015年1月27日以（2015）高民（商）终字第465号民事裁定，驳回上诉，维持原裁定。

三、 争议焦点的规则解读

【焦点】差额补足条款是否有效

1. 当事人观点

本案一审原告金谷信托公司认为：在信托计划的延长期内，金谷信托公司作为受托人积极向各借款中小企业及其担保人催讨欠款，但至今仍然没有得到全部偿还，优先级受益人（金谷信托公司）的优先级信托本益没有得到全部分配。为此要求浙江优选公司立即按照《资金信托合同补充协议》的约定收购全部优先级受益权并支付收购价款。

本案一审被告浙江优选公司认为：金谷信托公司提出的浙江优选公司"差额补足及无条件按照特定的金额受让延长期优先级信托本金及收益义务"的条件不成就。

（1）双方合同约定的浙江优选公司履行差额补足及收购义务的条件不具备。根据《资金信托合同》《合作框架协议》，金谷信托公司应向担保公司用尽追偿措施，在确实无法追回应偿付的贷款本息的情况下，方能要求浙江优选公司履行差额补足及收购义务。贷款到期后，金谷信托公司未就借款企业和担保公司尚未履行的剩余债务向法院申请强制执行。（2）金谷信托公司未能遵守信托文件的规定，履行受托人有效管理信托财产的义务。贷款发放初期，借款企业即已出现严重的违约行为，涉及的贷款资金数额巨大，金谷信托公司针对早期发现的严重问题，却未采取任何财产保全措施，更未追加担保措施。（3）未经审计核实，信托专户资金、财产情况不明的情况下，金谷信托公司无权要求浙江优选公司履行优先级受益权收购义务。信托报酬收入账户属于金谷信托公司的固有资产账户，从信托报酬收入账户向信托财产保管账户转账8 966.1万元，同一天又从信托财产保管账户向信托报酬收入账户转账3 500万元，属于将固有资产与信托资产混合,严重影响信托财产的独立性。(4)金谷信托公司还未有效履行相应的信息披露及告知义务,直接影响了委托人(受益人)对信托风险的判断,延误了追偿及回收资金的最佳时期,造成不可逆转的损失。(5)支付《信托受益权转让协议》项下资金的是信托财产保管账户资金,为信托财产,而非金谷信托公司固有资金,依法不构成信托受益权转让。

此外,补充协议的有关条款违背了《合同法》关于格式条款的强制性规定。《资金信托合同补充协议》是由金谷信托公司制定提供的格式合同,其中第2条第4项有关"浙江优选公司在金谷信托公司提出要求的时候无条件按照以下公式计算的金额收购优先级受益权"的约定,属于金谷信托公司利用其受托人及优先受益权人的优势地位,免除自身责任,加重浙江优选公司责任,显失公平,该条款应当认定无效。

2. 法院观点

北京第二中级人民法院一审认为:

关于合同的效力问题。本案中,金谷信托公司与浙江优选公司先后签订《资金信托合同》和《资金信托合同补充协议》。经审查,上述协议的内容不违反我国法律、行政法规的强制性规定,应当认定有效。双方当事人均应当依约履行己方的义务;本案《资金信托合同补充协议》系金谷信托公司与浙江优选公司经过协商自愿签订的协议,并非金谷信托公司提供的格式合同,且浙江优选公司主张其中第2条第4项约定显失公平,亦不属于认定合同条款无效的法定理由,故本院对浙江优选公司的该项主张不予采信。

关于是否构成金谷信托公司信托受益权转让的问题。金谷信托公司与浙江优选公司在《资金信托合同》中约定:"本期信托计划的优先级受益权可以转让。"在《资金信托合同补充协议》中约定:"金谷信托公司以自有资金或其指定的第三方出资收购本期优先级信托受益权;收购方在收购完毕后自动继承信托合同中规定的优先级受益人的一切权利和义务。"上述约定符合我国《信托法》第48条有关"受益人的信托受益权可以依法转让和继承"的规定;金谷信托公司分别与本期信托计划项下的31位优先级受益人签署了《信托受益权转让协议》并支付了相应的款项,有银行电子对账单可以证明。金谷信托公司已经依约履行了支付标的信托受益权转让价款的义务,依法受让了本期信托计划项下的全部优先级受益权。

关于金谷信托公司受让优先级受益权的时点问题。因金谷信托公司已于2013年12月27日向本期信托计划项下的信托财产保管账户转账支付了全部转让价款,并指令保管银行向原优先级受益人的收款账户付款,故应当认定金谷信托公司自2013年12月27日起受让取得本期信托计划项下的全部优先级受益权。

根据《资金信托合同补充协议》第2条第4项的约定,浙江优选公司应当继续履行《合作框架协议》规定的差额补足义务,并在金谷信托公司提出要求的时候无条件按照约定的公式计算收购优先级受益权的金额，故金谷信托公司起诉要求浙江优选公司根据合同约定收购本期信托计划的优先级受益权，并支付相应的收购价款，符合合同约定和法律规定，应予支持。关于浙江优选公司应支付的收购价款金额问题。根据审理查明的事实，本期信托计划顺延期间自2013年12月27日开始，截至2014年8月27日，金谷信托公司作为本期信托计划项下唯一的优先级受益人，共计分配优先级信托本金3620万元，尚未支付的延长期优先级信托本金4550万元，信托计划顺延的天数共计243天，按照《资金信托合同补充协议》中约定的公式计算，收购优先级受益权金额 = 45 500 000元 × (1 + 16%/年 × 243天/365) = 50 346 684.93元，扣除金谷信托公司已于2014年3月31日分配取得的优先级信托收益10 958.9元，浙江优选公司应向金谷信托公司支付的收购优先级受益权的价款金额为50 335 726.03元。

关于浙江优选公司应否向金谷信托公司赔偿迟延支付收购价款的利息损失的问题。金谷信托公司于2014年8月28日曾向浙江优选公司发送律师函，浙江优选公司未在金谷信托公司指定的时间内履行收购优先级受益权并支付相应价款的义务，其行为构成违约。现金谷信托公司要求浙江优选公司按照中国人民银行同期贷款利率赔偿上述收购价款自2014年9月4日起至实际支付之日止的利息损失，于法有据，法院予以支持。

此外，对于浙江优选公司所认为的"金谷信托公司没有向担保公司用尽追偿措施"，涉案《合作框架协议》及《资金信托合同》均约定，金谷信托公司有权自行决定本期信托计划期限顺延；顺延期间由担保公司履行承诺先行偿付贷款本息，若优先级信托本益及应付未付的信托费用(含信托报酬)仍未得到足额支付，由次级投资人(即浙江优选公司)承担差额补足义务。2013年12月，浙江优选公司与金谷信托公司签订《资金信托合同补充协议》，明确约定：对本期信托计划期限顺延，直至本期优先级受益人的信托利益全部分配完毕为止；浙江优选公司将继续履行《合作框架协议》规定的差额补足义务，并在金谷信托公司提出要求的时候无条件按照以下公式计算的金额收购优先级受益权……从上述协议内容可以看出，双方当事人在签订《资金信托合同补充协议》时已经就本期信托计划顺延期间由担保公司先行偿付贷款本息的约定进行了变更，故本院对浙江优选公司的该项抗辩理由不予采信。

而关于浙江优选公司提出的"金谷信托公司未能遵守信托文件的规定，履行受托人有效管理信托财产的义务；为有效履行相应的信息披露义务"等，本院认为，浙江优选公司的上述主张涉及金谷信托公司是否依约履行了其在《资金信托合同》项下的受托人义务，不影响金谷信托公司在本案中依据《资金信托合同补充协议》的约定，以优先级受益人身份要求浙江优选公司履行无条件收购优先级受益权的义务。

3. 作者简评

结构化设计已经成为一种较为普遍的融资方式，结构化设计既可以出现于信托产品中，也可以出现于基金产品中。本案次级投资人浙江优选公司与受托人约定，若优先级信托本益及应付未付的信托费用（含信托报酬）仍未得到足额支付，由次级投资人承担差额补足义务，法院认定该约定不违反法律和行政法规的强制性规定，差额补足义务人应当履行该义务的判断是正确的。值得关注的是，被告浙江优选公司认为受托人未尽受托义务，故差额补足义务不应履行，这一抗辩未获支持，因为受托义务之履行不影响次级投资人差额补足义务之履行。

第六章 安慰函

 01 汇丰银行(中国)有限公司沈阳分行与中国冶金科工股份有限公司合同纠纷案

案例来源：(2016)京03民终2585号。

关键词：安慰函　银行　重整　转让股权　担保

一、裁判规则

【规则】安慰函出具人不必然承担清偿责任

原则上应按照安慰函的内容来认定出具人应当承担的法律责任，若安慰函并无明确代为清偿的意思表示，则出具人不承担清偿责任和违约责任。

二、审判概览

（一）涉案项目情况

2010年9月16日，汇丰银行(中国)有限公司沈阳分行(以下简称"汇丰银行")向葫芦岛锌业股份有限公司(以下简称"锌业公司")出具第一份《授信函》，载明：在遵守本函之各项条款和条件的前提下，在任何该等授信项下已使用并已偿还的任何金额可被再次使用，汇丰银行将对锌业公司给予最高不超过1亿元的人民币循环贷款授信，用于满足借款人的流动资金需求，授信的期限不超过2011年6月30日，利率为提款时中国人民银行公布的同期人民币贷款基准利率上浮5%，违约利率为相关人民币授信的适用利率上浮100%，由中国冶金料工股份有限公司(以下简称"中冶公司")提供的知会函作为担保。锌业公司接受上述授信函并盖章予以确认。

2011年11月30日，汇丰银行向锌业公司出具第二份《授信函》，载明：我行同意在下述的额度范围内，按照本授信函所述的各项具体条款和条件，在下述担保以令我行满意的方式完成后，对该等授信给予展期，授信金额为最高不超过1亿元人民币循环贷款，我行须持有中冶公司提供的安慰函作为担保，利率为该笔贷款提款时中国人民银行公布的同期人民币贷款基准利率上浮10%，逾期利率为约定的人民币循环贷款适用利率上浮50%。

同时，中冶公司向汇丰银行出具《安慰函》，载明：我方确认已知晓贵行向锌业公司授予金额为 1 亿元整流动资金贷款授信额度，并批准此银行授信的各项条件和条款，我方同时确认只要在此授信项下有任何未偿还款项，我方将继续保持通过借款人的集团公司中冶葫芦岛有色金属集团有限公司对借款人的控股权和实际控制力，并承诺在做出决定处分对全部或部分持股时将立即通知贵行，只要该额度仍在使用，我方将继续维持借款人的存在和运营，以使其能够履行该额度下所负的义务，我方在任何时刻都不会采取任何行为致使借款人无法继续经营或使其能够履行该额度下所负的义务，并承诺在出现任何可能影响到借款人持续经营的情况时立即通知贵行，我方将向贵行提供年度经审计合并财务报表，并促使借款人向贵行提供年度经审计财务报表以及贵行可能合理要求的其他财务信息，我方与贵行均确认，本安慰函并非一种担保（中国国内及国外），但我公司将在权限范围内依照法定程序催促借款人切实履行其与银行之间的信贷责任。

2010 年 9 月 30 日、2011 年 8 月 25 日、2011 年 9 月 13 日、2012 年 3 月 12日、2012 年 4 月 11 日、2012 年 5 月 10 日、2012 年 6 月 8 日、2012 年 7 月 6 日，汇丰银行与锌业公司分别签订 8 份循环额度的《人民币贷款合同》，汇丰银行履行了放款义务，但锌业公司在履行合同过程中未能清偿全部贷款本息，尚拖部分本息未还。

2012 年 7 月底，中冶公司无故单方面停止履行义务，中断对中冶葫芦岛有色金属集团有限公司（以下简称"葫芦岛集团"）及其子公司的资金支持，导致锌业公司经营停滞，贷款出现大面积逾期。

2012 年 12 月 31 日，中冶公司发布《关联交易公告》，载明：本公司持股51.06％的葫芦岛集团持续亏损，目前净资产已为负值，为保持中冶公司稳健发展，本公司将持有的葫芦岛集团 51.06％的股权以人民币 1 元对价转让给本公司控股股东中国冶金科工集团有限公司（以下简称"中冶集团"）。同期，中冶公司还发布《关于转让葫芦岛集团股权的公告》，载明：中冶公司与中冶集团于 2012年 12 月 31 日在北京签署《股权转让协议》，将持有的葫芦岛集团 51.06％股权以人民币 1 元对价转让给中冶集团。

2013 年 1 月 31 日，葫芦岛市中级人民法院分别作出（2013）葫民二破字第00001 号、第 00002 号民事裁定书，以资产不足以清偿全部债务，且财务和经营状况严重恶化，明显缺乏清偿能力为由，裁定受理葫芦岛银行股份有限公司龙港支行分别对锌业公司、葫芦岛集团的重整申请。2013 年 2 月 5 日，法院指定了锌业公司破产重整案的破产管理人。

2013 年 3 月 1 日，汇丰银行针对锌业公司破产重整案提交了债权申报表。2013年 3 月 21 日，锌业公司破产管理人出具锌业公司债权表，载明截至该日锌业公司欠付汇丰银行本金 4 000 万元、利息 145 734.73 元、违约利息 1 953 346.86 元，共计42 099 081.59 元。

2013 年 9 月 29 日、2012 年 10 月 19 日、2013 年 1 月 31 日、2013 年 6 月 20

日，汇丰银行分别向中冶公司、中冶集团致函，要求履行安慰函项下所附义务，但均未有结果。

2013 年 11 月 29 日，锌业公司破产管理人发布《锌业公司重整计划（草案）》。2013 年 12 月 31 日，锌业公司破产管理人发布《关于重整计划执行完毕的公告》，载明：葫芦岛市中级人民法院于 2013 年 12 月 5 日作出 (2013) 葫民二破字第 00 001 - 3 号民事裁定书，裁定批准《锌业公司重整计划（草案）》并终止重整程序，截至 2013 年 12 月 31 日，锌业公司已完成《锌业公司重整计划（草案）》中确定的各种债务的清偿工作。根据《锌业公司重整计划（草案）》，汇丰银行获得清偿款 2 247 454.08 元。

（二）审理要览

1. 原告主要诉求

一审原告汇丰银行起诉至北京市朝阳区人民法院，请求判令：中冶公司赔偿损失本金 39 851 627.51 元以及自 2012 年 8 月 3 日起至实际清偿之日止按照年利率 9.66% 标准计算的逾期利息损失。

2. 审理经过

本案经过一审和二审程序。一审法院北京市朝阳区人民法院作出 (2014) 朝民初字第 15031 号民事判决，判决：驳回汇丰银行（中国）有限公司沈阳分行的全部诉讼请求。

二审法院北京市第三中级人民法院于 2016 年 4 月 26 日作出 (2016) 京 03 民终 2585 号民事判决书，判决：驳回上诉，维持原判。

三、 争议焦点的规则解读

【焦点】《安慰函》出具人是否承担代为清偿责任和违约责任

1. 当事人观点

本案一审原告汇丰银行认为：《安慰函》为中冶公司的真实意思表示，是具有效力的无名合同，对双方具有约束力，中冶公司于安慰函中所做的承诺明确、具体且具有执行力，是中冶公司为了帮助其子企业取得贷款所作的真实意思表示；汇丰银行基于对该意思表示的信赖向锌业公司提供授信贷款，中冶公司应当承担因其违反承诺而使汇丰银行遭受的损失；中冶公司于 2012 年 12 月 31 日将其持有的葫芦岛集团股权以 1 元对价全部转让给中冶集团，汇丰银行发现中冶公司与中冶集团为关联公司，公司管理层人员重叠，系恶意协议转让股权，股权转让后仅一个月，葫芦岛集团及锌业公司被裁定重整。中冶公司为避免自身损失扩大，在重组方案实施前急于履行《安慰函》项下义务，拒绝给予锌业公司资金支持，导致无法偿还到期债务，从而获得高额重整收益，造成多数债权人巨大损失。

本案一审被告中冶公司认为：《安慰函》不具有担保效力，《安慰函》中明确载明"我方与贵行均确认本安慰函并非一种担保"，汇丰银行在重整债权申报表中也填报无担保，该笔贷款被列为普通债权。《安慰函》只是一个出于道义上的承诺，并无实体义务上的约束。在资金支持上，中冶公司在《安慰函》中没有任何明确的承诺；中冶公司未违反《安慰函》中的承诺，不应承担任何赔偿责任。中冶公司并未承诺不能对股权进行处分，只承诺在处分时通知银行，中冶公司在转让股权时，已经在公司网站和交易所指定媒体发布公告，履行了通知义务；葫芦岛集团作为当地的企业，从未停产，破产的理由不是由于中冶公司不给资金支持，是由于整个行业的问题。破产也不是由于中冶公司恶意逃债导致的，而是由于锌业公司本身经营状况不佳引起的；中冶公司没有恶意逃避债务的行为，中冶集团持有中冶公司60%以上的股权，是中冶公司的实际控制人，中冶集团并不是像汇丰银行提到的没有偿还能力。

2. 法院观点

北京朝阳区人民法院一审认为：

安慰函通常是指政府或企业控股母公司为借款方融资而向贷款方出具的书面陈述文件，内容或者为表明对借款人清偿债务承担道义上的义务，或者为督促借款人清偿债务，或者为表示愿意帮助借款方还款，但原则上均应按照安慰函的内容来认定出具人应当承担的法律责任。具体到本案中，汇丰银行作为贷款人依据中冶公司出具的《安慰函》提起合同纠纷之诉，要求中冶公司承担因违约造成的损失赔偿，而并未将《安慰函》认定为中冶公司提供的保证担保，故涉案《安慰函》的定性及内容即为本案争议焦点。

中冶公司在《安慰函》项下并无直接代锌业公司偿债之义务，同时中冶公司在《安慰函》项下确认的事项，在实际履行中也无明显不妥行为，汇丰银行作为专业金融机构，在从事信贷业务过程中，拥有更为专业的风险防范措施和经验，其选择向锌业公司放款，但仅接受《安慰函》，未再要求提供其他形式担保，相应贷款违约法律风险应自行承担。汇丰银行要求中冶公司承担《安慰函》项下因违约而产生的损失赔偿责任，依据不足，法院对此不予支持。

北京市第三中级人民法院二审认为：

本案中，汇丰银行依据中冶公司出具的《安慰函》提起诉讼，要求中冶公司承担因违约造成的贷款本息损失。故依据《安慰函》，中冶公司应当承担的责任及中冶公司是否违反《安慰函》承诺为本案的争议焦点。

《安慰函》中并未明确禁止进行股权转让，中冶公司虽将其所持有的葫芦岛集团股权转让给中冶集团，但葫芦岛集团对锌业公司的控股权并未发生变化，且中冶集团为中冶公司的控股股东，中冶公司与中冶集团存在关联关系，通过葫芦岛集团仍可实现对锌业公司的实际控制力，该股权转让并不存在恶意规避债务的意图，锌业公司的经营亏损也并非因该股权转让而导致，中冶公司转让股权的行为并无明显不妥。中冶公司转让股权已发布了《关联交易公告》及《关于转让葫芦岛集团股权的公告》，公众通过公司网站及公共平台均可查询，应视为其已完成通知行为，中冶公司未单独通知汇丰银行转让股权虽然存在瑕疵，但亦无明显不妥。中冶公司转让股权前，中冶公司累计向葫芦岛集团及其子公司提供了77亿多元的借款，中冶公司已尽力维持锌业公司的运营。锌业公司与葫芦岛集团经营困难，资不抵债，经其他债权人申请进入了破产重整程序，破产管理人及时公告通知了汇丰银行，汇丰银行也申报了债权，在破产重整程序中得到了部分清偿，锌业公司与葫芦岛集团作为法人主体仍然存在并运营，无明显证据证明中冶公司采取了致使锌业公司无法经营的行为，中冶公司参与破产重整程序的行为亦无明显不妥。综上，中冶公司并无根本违反《安慰函》承诺，作出影响汇丰银行行使债权的不当行为。

中冶公司在《安慰函》中已明确中冶公司对锌业公司的债务并无担保责任，中冶公司也未在《安慰函》中明确约定或承诺违反相关承诺后应向汇丰银行承担的具体违约责任，故汇丰银行依据《安慰函》要求中冶公司承担因违约而产生的损失赔偿责任，依据不足，一审法院驳回汇丰银行的诉讼请求，并无不当。汇丰银行作为专业的金融机构，在从事信贷业务的过程中，拥有更为专业的风险防范措施和经验，其选择向锌业公司放款，但仅接受《安慰函》，未再要求提供其他形式的担保，相应贷款违约法律风险应自行承担。

3. 作者简评

本案中，两审法院均认可了安慰函的有效性，但均认为出具人的责任应当限于安慰函所记载的内容，即应当按照安慰函的内容来认定出具人应当承担的法律责任。本案中，中冶公司向汇丰银行出具的《安慰函》并未承诺提供担保，也未承诺在经营不善的情况下不转让股权，更未约定违反安慰函中承诺所应负的责任，甚至在《安慰函》中载明"本安慰函并非一种担保（中国国内及国外）"，据此，两审法院均认为，汇丰银行无法依据该《安慰函》获得损失赔偿。我们认为，法院的这一判断是正确的，安慰函实为一方对另一方的承诺，其内容并无定式，或为表明对借款人清偿债务承担道义上的义务，或为督促借款人清偿债务，或为表示愿意帮助借款方还款，因其内容多样，故应按照具体内容认定出具人的法律责任。

四、 启示

【启示】安慰函与差额补足条款之效力与拟定

借款人为了实现"出表"和规避履行担保的内部审批程序，往往不愿意采传统保证等担保形式，转而依靠差额补足、流动性支持、安慰函等创新方式。以上二则判例给我们的启示是：法院会按照实质大于形式的原则认定条款的效力，如果安慰函、差额补足等条款指向确定的付款义务，则借款人权益能够得到较好保护。

视补足主体的不同，差额补足可分为内部增信和外部增信，所谓内部增信常见于结构化融资(信托或基金中)，由劣后级对优先级本息承担差额补足义务，而外部增信则是指债权债务关系之外的第三方对债务人之债务向债权人所作的差额补足承诺。在特许经营项目融资中，基金已经成为重要的融资方式，结构化设计是 PPP 基金常用增信方式，通常由劣后级投资人对优先级投资人的投资本息作出差额补足承诺。

对于差额补足之约定，通常法院认为其不违反法律法规的禁止性规定，因此是有效的。例如：在(2016)鲁民终 1957 号判决中，山东省高级人民法院认为"涉案补充协议约定，新疆光大公司及丁庆忠、李吉庆应当保证公司每年向金朝阳分红金额不低于本次增资金额的 6%，如低于 6%，则差额部分由丁庆忠、李吉庆以现金方式向金朝阳补足……涉案《投资扩股协议》和补充协议均是当事人的真实意思表示，内容均不违反法律和行政法规的强制性规定，合法有效"。在(2015)浦民一(民)初字第 30542 号判决中，上海市浦东新区人民法院认为"被告向原告出具不可撤销保证函，承诺在保证本金安全，且其收益若未达到合同中相应的税后预期收益情况下，不论发生任何形式，被告均承担差额补足责任……现被告保证付款的期限已到期，应当履行付款责任"。

关键问题是差额补足具有什么效力，是使补足人承担连带清偿责任？还是有条件清偿责任，本案判决给我们的启示是：取决于条款的具体约定。如果条款仅简单约定"债务人不能清偿到期债务时"，符合一般保证或一般清偿责任的构成，可能会赋予差额补足义务人先诉抗辩权，而非连带责任。例如金谷信托案中被告浙江优选公司抗辩称原《合作框架协议》及《资金信托合同》约定"顺延期间由担保公司履行承诺先行偿付贷款本息，若优先级信托本益及应付未付的信托费用(含信托报酬)仍未得到足额支付，由次级投资人(即浙江优选公司)承担差额补足义务"，如果合同条款设定了有条件差额补足义务，该条件包括对其他担保人强制执行未果、差补额度、差补前提条件等，则优先级投资人的权益将受到影响。

因此，我们建议投资人根据实际交易结构拟定适当的差额补足条款，例如可约定"当债务人未履行或未足额履行到期债务时，差额补足义务人承担连带清偿责任"。但实务中，承诺人可能难以同意，因此也可以采用类似于"差额补足义务人应在收到债权人通知后的 × 个工作日内履行差额补足义务"的约定，使承诺人承担补充连带责任。

第七章　公司内部决策程序瑕疵

01 **招商银行股份有限公司大连东港支行与大连振邦氟涂料股份有限公司、大连振邦集团有限公司借款合同纠纷案**

案例来源：（2012）民提字第 156 号。

关键词：抵押登记　担保　物权法　善意取得　合同效力

一、裁判规则

【规则】未经股东会决议为公司股东或实际控制人提供担保的，担保合同并不必然无效

公司法第 16 条第 2 款有关"公司为公司股东或者实际控制人提供担保的，必须经股东会或者股东大会决议"的规定，立法本意在于限制公司主体行为，防止公司的实际控制人或者高级管理人员损害公司、小股东或其他债权人的利益，故其实质为内部控制程序，不能以此约束交易相对人，宜理解为管理性强制性规范，违反该规范的，原则上不宜认定合同无效。

二、审判概览

（一）涉案项目情况

2006 年 4 月 30 日，招商银行股份有限公司大连东港支行（以下简称"招行东港支行"）与大连振邦集团有限公司（以下简称"振邦集团公司"）签订编号为 2006 年连贷字第 SL006 号借款合同，约定：借款金额为 1 496.5 万元人民币，借款期限自 2006 年 4 月 30 日至 2006 年 6 月 30 日，如贷款放出的实际日期与上述起始日期不一致，则贷款起止日期以借款借据确定的起止日期为准，借款用途为债权转化（借新还旧），贷款利率为年利率 6.435%，振邦集团公司未按期偿还贷款的，对其未偿还部分从逾期之日起按在原利率基础上加收 50% 计收，贷款期间，若遇中国人民银行调整贷款利率，则按中国人民银行调整贷款利率的有关规定执行。

同日，招行东港支行与大连振邦氟涂料股份有限公司（以下简称"振邦股份公司"）分别签订了两份《抵押合同》，该合同规定以振邦股份公司所有的位于大连市甘井子区管城子镇郭家沟村 182559 平方米的国有土地使用权（土地证号为大甘国用 2005 第 04038 号）及大连市甘井子区管泰街 17 套计 24 361.09 平方米的房产作抵押。同年 6 月 6 日，在大连市国土资源和房屋局甘井子分局对位于大连市甘井子区营城子镇郭家沟村 182 559 平方米的土地办妥了抵押登记，同年 6 月 8 日，在大连市房地产登记发证中心对位于大连市甘井子区营泰街 8 号 17 套计 24 361.09 平方米的房产办理了抵押登记，担保范围包括但不限于借款本金、利息、罚息、违约金、损害赔偿金及实现债权的费用。招行东港支行在中国银行之后为第二抵押权人。

2006 年 6 月 8 日，振邦股份公司出具了编号为 2006 年连保字第 SL002 号的《不可撤销担保书》，承诺对上述贷款承担连带保证责任，保证范围包括借款本金、利息、罚息、违约金及其他一切相关费用。保证期间为自本保证书生效之日起至借款合同履行期限届满另加 2 年。同日，招行东港支行按照合同约定将 1 496.5 万元贷款如数转入振邦集团公司账户内。

另，振邦股份公司的股东共有 8 个，分别为振邦集团公司、天津环渤海创业投资管理有限公司、中绿实业有限公司、辽宁科技创业投资有限责任公司、泰山绿色产业有限公司、大连科技风险投资基金有限公司、王志刚、张国忠。《股东会担保决议》的决议事项并未经过振邦股份公司股东会的同意，振邦股份公司也未就此事召开过股东大会。振邦股份公司的 8 个股东中，王志刚和泰山绿色产业有限公司没有在《股东会担保决议》上签字盖章。根据振邦股份公司章程，振邦集团公司占总股本的 61.5%，振邦集团公司系振邦股份公司的股东和实际控制人。

此外，根据振邦股份公司的申请，一审法院委托辽宁德恒物证司法鉴定所对《股东会担保决议》中盖有的“天津环渤海创业投资管理有限公司”和“中绿实业有限公司”二枚印章进行鉴定，其鉴定意见为：《股东会担保决议》上盖印的“天津环渤海创业投资管理有限公司”印章印文与样本《2006 年度年检报告书》上盖印的“天津环渤海创业投资管理有限公司”印章印文不是同一枚印章所盖。《股东会担保决议》上盖印的“中绿实业有限公司”的印章印文与样本《2006 年度年检报告书》上盖印的“中绿实业有限公司”的印章印文不是同一枚印章所盖。

沈阳市工商行政管理局提供的企业变更的登记情况查询卡片记载，自 2004 年 2 月 26 日至 2006 年 8 月 18 日期间，辽宁科技创业投资有限责任公司没有变更企业名称。而《股东会担保决议》中盖有的印章是辽宁科技创业投资责任公司。大连市工商行政管理局高新园区分局出具的内资企业变更内容查询卡记载，原大连科技风险投资有限公司于 2003 年 5 月 23 日已变更为大连科技风险投资基金有限公司。根据大连市工商行政管理局高新园区分局出具的 2002 年 7 月 22 日振邦股份公司章程修正案中，股东原大连科技风险投资有限公司所盖的印章有数码，而《股东会担保决议》所盖大连科技风险投资有限公司的印章没有数码。

贷款到期后，振邦集团公司未能偿还借款本息。振邦股份公司也没有履行担保义务。

（二）审理要览

1. 原告主要诉求

本案一审原告招行东港支行以振邦集团公司和振邦股份公司为被告，于2008年6月18日起诉至向大连市中级人民法院，请求判令：振邦集团公司偿还贷款本金1 496.5万元及至给付之日的利息（包括逾期利息）；要求振邦股份公司对上述债务承担连带责任；要求两被告承担诉讼费、保全费等。

2. 审理经过

本案经过一审、二审和再审程序。大连市中级人民法院于2009年12月3日作出（2009）大民三初字第36号民事判决：（1）振邦集团公司自本判决生效之日起10日内偿还招行东港支行借款本金1 496.5万元人民币及利息（自2006年6月8日至同年8月8日按年利率6.455%计算，自2006年8月9日至本判决生效日止按中国人民银行规定的同期逾期贷款利率计算）。如果未按该判决指定的期间履行义务，应当按照《民事诉讼法》（2007年修订）第229条之规定加倍支付迟延履行期间的债务利息；（2）在振邦集团公司不能清偿上述款项时，由振邦股份公司对振邦集团公司不能清偿部分的1/2承担赔偿责任；（3）驳回招行东港支行的其他诉讼请求。

二审法院辽宁省高级人民法院（2010）辽民二终字第15号民事判决，认为一审认定事实清楚，证据确实充分，审判程序合法，应予维持。判决：驳回上诉，维持原判。

最高人民法院于2014年4月22日作出（2012）民申字第2号民事裁定，提审本案，并于2015年10月28日作出（2012）民提字第156号民事判决书，判决：撤销辽宁省高级人民法院（2010）辽民二终字第15号民事判决、大连市中级人民法院（2009）大民三初字第36号民事判决第（2）项、第（3）项；维持大连市中级人民法院（2009）大民三初字第36号民事判决第（1）项；振邦股份公司对振邦集团公司上述债务承担连带担保责任。

三、 争议焦点的规则解读

【焦点】未经股东会决议为公司股东或实际控制人提供担保的，担保合同并不必然无效

1. 当事人观点

本案一审原告招行东港支行认为：振邦股份公司出具的不可撤销担保书和抵押合同均有该公司的印章和其法定代表人的签字，并已依法进行了抵押登记，由此可以肯定振邦股份公司为振邦集团公司的贷款进行担保系其真实意思表示；公司为股东提供担保的内部程序理应适用《公司法》，但对于与第三人已经设立了抵押登记的担保的效力问题，则应该适用《物权法》，因为这已经超出了公司内部问题的范畴。根据《物权法》第106条关于善意取得制度的规定，招行东港支行善意取得案涉土地、房产抵押权；振邦股份公司的股东会决议是其公司内部管理问题，其形式要件及内容是否真实不应对抗招行东港支行已依法成立的担保物权。至于振邦股份公司因此而遭受的损失，应按《公司法》规定由公司内部相关责任人来承担赔偿责任；《公司法》第22条第2款明确规定：股东会决议表决方式违反法律、行政法规或公司章程的，股东可以自决议作出之日起60日内请求人民法院撤销。既然一审法院在无明文规定的前提下认定第三人对股东会担保决议具有审查义务，那么振邦股份公司股东并未在法定期限内对担保决议行使撤销权，故该决议应视为有效；《股东会担保决议》符合形式审查要件，不存在主观过错。振邦股份公司提供的《股东会担保决议》上具备公章及法人签名，其符合形式审查要求。振邦股份公司之股东涉嫌印章造假的行为后果，不应由招行东港支行承担。

本案一审被告振邦股份公司认为：振邦股份公司提供的担保无效。招行东港支行提供的《股东会担保决议》，因违反了《公司法》第16条第2款的规定，没有征得振邦股份公司股东会的同意，系无效决议；且招行东港支行没有尽到合理的审慎的形式审查义务，对担保无效的后果负有明显的过错。

2. 法院观点

大连市中级人民法院一审认为：

振邦股份公司为其股东振邦集团公司提供担保，必须要经振邦股份公司的股东会决议通过，而招行东港支行提供的《股东会担保决议》系无效决议，因此振邦股份公司法定代表人周建良无权订立涉案的抵押合同及不可撤销担保书，即涉案的抵押合同及不可撤销担保书系周建良超越权限订立；对于周建良超越权限订立抵押合同及不可撤销担保书，招行东港支行是知道或者应当知道的，理由如下：振邦股份公司的股东之一大连科技风险投资基金有限公司，在2003年就已经将名称由"大连科技风险投资有限公司"变更为现名称"大连科技风险投资基金有限公司"，而《股东会担保决议》形成于2006年，故其上所盖的名为"大连科技风险投资有限公司"的印章系作废旧印章，对此招行东港支行并未尽到审查义务；根据《公司法》第16条第3款规定"前款规定的股东或者受前款规定的实际控制人支配的股东，不得参加前款规定事项的表决"，振邦集团公司作为振邦股份公司的股东，本不应参加此担保事项的表决，但《股东会担保决议》上却盖有振邦集团公司的印章，招行东港支行同样未尽审查义务。由于振邦股份公司作为担保人给招行东港支行提供的《股东大会担保决议》上盖的"天津环渤海创业投资管理有限公司""中绿实业有限公司""辽宁科技创业投资责任公司""大连科技风险投资有限公司"的印章均系虚假印章，其对抵押合同及不可撤销担保书的无效显然存在过错，招行东港支行作为债权人由于未尽到相应的审查义务也存在过错，故根据最高人民法院《关于适用〈中华人民共和国担保法〉若干问题的解释》第7条，振邦股份公司应当对振邦集团公司不能清偿部分的债务承担1/2的赔偿责任。

辽宁省高级人民法院二审认为：

振邦股份公司为振邦集团公司的借款提供了连带责任保证和抵押担保，由于该担保行为属于股份公司为其股东提供担保，故对其效力的认定应适用公司法的有关规定。根据《公司法》第 16 条第 2 款、第 3 款，作为债权人招行东港支行应对借款人提供的借款抵押合同及《股东会担保决议》等相关资料的真实性从程序上、形式上进行审查。《股东会担保决议》所盖 5 枚印章均无效，一审确认《股东会担保决议》事项并未经过股东会的同意，该《股东会担保决议》因缺乏真实性，导致担保合同无效正确。

最高人民法院再审认为：

本案各方争议的焦点是担保人振邦股份公司承担责任的界定。鉴于案涉借款合同已为一、二审法院判定有效，申请再审人对此亦无异议，故本院对案涉借款合同的效力直接予以确认。

关于《抵押合同》及《不可撤销担保书》的合同效力，《合同法》第 52 条规定"有下列情形之一的，合同无效。……（五）违反法律、行政法规的强制性规定"。关于前述法律中的"强制性"，《合同法解释（二）》第 14 条则作出如下解释规定："合同法第五十二条第（五）项规定的'强制性规定'，是指效力性强制性规定"。《公司法》第 16 条第 2 款规定："公司为公司股东或者实际控制人提供担保的，必须经股东会或者股东大会决议。"上述公司法规定已然明确了其立法本意在于限制公司主体行为，防止公司的实际控制人或者高级管理人员损害公司、小股东或其他债权人的利益，故其实质是内部控制程序，不能以此约束交易相对人。故此上述规定宜理解为管理性强制性规范。对违反该规范的，原则上不宜认定合同无效；另外，如以违反股东决议程序而判令合同无效，必将降低交易效率，同时也给公司动辄以违反股东决议主张合同无效的不诚信行为留下了制度缺口，最终危害交易安全，不仅有违商事行为的诚信规则，更有违公平正义。

在案事实和证据表明，案涉《股东会担保决议》确实存在部分股东印章虚假、使用变更前的公司印章等瑕疵，以及被担保股东振邦集团公司出现在《股东会担保决议》中等违背《公司法》规定的情形。振邦股份公司法定代表人周建良超越权限订立抵押合同及不可撤销担保书，是否构成表见代表，招行东港支行是否善意，亦是本案担保主体责任认定的关键。本案再审期间，招行东港支行向本院提交的新证据表明，振邦股份公司提供给招行东港支行的股东会决议上的签字及印章与其为担保行为当时提供给招行东港支行的签字及印章样本一致。而振邦股份公司向招行东港支行提供担保时使用的公司印章真实，亦有其法人代表真实签名。且案涉抵押担保在经过行政机关审查后也已办理了登记。至此，招行东港支行在接受担保人担保行为过程中的审查义务已经完成，其有理由相信作为担保公司法定代表人的周建良本人代表行为的真实性；《股东会担保决议》中存在的相关瑕疵必须经过鉴定机关的鉴定方能识别，必须经过查询公司工商登记才能知晓、必须谙熟《公司法》相关规范才能避免因担保公司内部管理不善导致的风险，如若将此全部归属于担保债权人的审查义务范围，未免过于严苛。因此，招行东港支行在接受作为非上市公司的振邦股份公司为其股东提供担保过程中，已尽到合理的审查义务，主观上构成善意。本案周建良的行为构成表见代表，振邦股份公司对案涉保证合同应承担担保责任。

3. 作者简评

本案中，最高人民法院确立了一个裁判规则，公司违反《公司法》第16条第2款规定提供担保的，担保合同原则上不宜认定为无效，因该规则为管理性强制性规范。我们注意到一审、二审法院均认为招行东港支行未尽审查义务，对担保协议无效存在过错责任，理由有三，一是某股东印章为废旧印章，二是有4名股东印章为虚假印章，三是被担保人未回避表决。然而，最高人民法院认为《股东会担保决议》中存在的相关瑕疵必须经过鉴定机关的鉴定方能识别，必须经过查询公司工商登记才能知晓、必须谙熟《公司法》相关规范才能避免，如此要求债权人，未免过苛，有违交易安全和交易效率之维护。我们认为，最高法院的上述见解有利于维护债权人的权益，保护交易安全，是十分正确的。

四、 启示

【启示】涉及担保事宜应注意内部程序之履行

本判例是否意味着金融机构无需关注内部决策程序之履行？我们认为答案是否定的。尽管存在上述判例，且该判例已被列入《最高人民法院公报》2015年第2期，但个别地方法院对此仍存不同见解。例如（2014）穗中法金民终字第1721号判决就据此做出了无效认定："基于贤成集团是贤成矿业的实际控制人，由于贤成矿业作为上市公司，其股权结构具有特殊性，导致股东的利益与实际经营人的利益相分离，经营者的利益不能代表全体股东的利益。据此，其对外作出重大决定理应严格依照相关的法律法规的规定执行。根据《公司法》第16条第2款，以及国务院《批转证监会关于提高上市公司质量意见的通知》、证监会、银监会《关于规范上市公司对外担保行为的通知》等规定，明确规定了上市公司为实际控制人提供担保的前提条件。但该担保行为，确未经过股东大会的同意，从而违反了前述法律法规的规定。故贤成矿业公司为贤成集团公司提供的担保应属于无效。"但在最高人民法院于2015年3月23日作出的（2014）民一终字第270号民事判决中，认为：《公司法》第16条的规定属于公司对内的程序性规定，其并未规定公司以外的第三人对此负有审查义务，公司对外提供担保是否经股东会或者股东大会决议，并不影响其对外签订的合同效力。该规定不属于效力性强制性规定，不能据此主张合同无效。

鉴于针对此类情形，法院所作出的判决结果可能是不一致的，我们建议金融机构要对有权机构决议文件进行必要的形式审查，关注上市公司或国有企业提供的担保，尤其是上市公司或国有企业为其股东或实际控制人提供担保时，必须要对有权机构决议文件进行审查，避免因为未尽到必要的审查义务而使合同无效。

02 绵阳市红日实业有限公司、蒋洋诉绵阳高新区科创实业有限公司股东会决议效力及公司增资纠纷案

案例来源：(2010)民提字第48号。

关键词：股东会决议　优先认缴权　新增资本　表决权

一、裁判规则

【规则1】公司决议产生过程中的内部意思形成瑕疵对善意第三人不产生影响

在民商事法律关系中，公司作为行为主体实施法律行为的过程可以划分为两个层次，一是公司内部的意思形成阶段，通常表现为股东会或董事会决议；二是公司对外作出意思表示的阶段，通常表现为公司对外签订的合同。出于保护善意第三人和维护交易安全的考虑，在公司内部意思形成过程存在瑕疵的情况下，只要对外的表示行为不存在无效的情形，公司就应受其表示行为的制约。

【规则2】公司作出的新增资本决议侵害原股东的优先认缴权的部分无效

公司新增资本时，股东有权优先按照实缴的出资比例认缴出资，对于侵害股东此项权利的部分出资无效。

【规则3】股东优先认缴权的行使应有合理期限

从权利性质上来看，股东对于新增资本的优先认缴权应属形成权。现行法律并未明确规定该项权利的行使期限，但从维护交易安全和稳定经济秩序的角度出发，结合商事行为的规则和特点，人民法院在处理相关案件时应限定该项权利行使的合理期间，对于超出合理期间行使优先认缴权的主张不予支持。

二、审判概览

（一）涉案项目情况

绵阳高新区科创实业有限公司（以下简称"科创公司"）于2001年7月成立。在2003年12月科创公司增资扩股前，公司的注册资金为475.37万元。其中蒋洋出资额67.6万元，出资比例14.22%，为公司最大股东；绵阳市红日实业有限公司（以下简称"红日公司"）出资额27.6万元，出资比例5.81%。科创公司第一届董事长由蒋洋担任。

2003年3月31日，科创公司作为甲方，林大业、陈木高作为乙方，绵阳高新技术产业开发区管理委员会（以下简称"高新区管委会"）作为丙方，签订了合作开发建设绵阳锦江城市花园的合作协议书（石桥铺项目）。2003年7月2日，全体股东大会通过选举李红为公司董事长，任期两年的决议。此后蒋洋在科创

公司的身份为董事。

2003 年 12 月 16 日下午，蒋洋、红日公司的委托代表常毅出席了股东会，该次股东会的议题：(1)关于吸纳陈木高为新股东的问题；(2)关于公司内部股权转让问题；(3)新科创公司的新股东代表、监事、会计提名等。该次股东代表会表决票反映，蒋洋对上述三项议题的第(2)项投了赞成票，对第(1)项和第(3)项投了反对票；红日公司的委托代表常毅对第(2)项和新会计的提名投了赞成票，对其余内容投了反对票，并在意见栏中注明："应当按照《公司法》第39 条第 2 款规定先就增加资本拿出具体框架方案，按公司原股东所占比重、所增资本所占增资扩股后所占比重先进行讨论通过，再决定将来出资，要考虑原股东享有《公司法》规定的投资(出资)权利。"该次会议同意吸纳陈木高为新股东(经表决，75.49% 同意，20.03% 反对，4.48% 弃权)；同意科创公司内部股份转让(经表决，100% 同意)。会议决定蒋洋在科创公司的身份为监事。

2003 年 12 月 18 日，科创公司与陈木高分别以甲方、乙方的身份签订了《入股协议书》，该协议主要记载：乙方同意甲方股东大会讨论通过的增资扩股方案，即同意甲方在原股本 475.37 万股的基础上，将总股本扩大至 1 090.75 万股，由此，甲方原股东所持股本 475.37 万股占总股本 1 090.75 万股的 43.6%；乙方出资 800 万元人民币以每股 1.3 元认购 615.38 万股，占总股本 1 090.75 万股的 56.4%；科创公司的注册资金相应变更为 1 090.75 万元，超出注册资本的184.62 万元列为资本公积金；该项资本公积金不用于弥补上一年的经营亏损，今后如用于向股东转增股本时，乙方所拥有的股份不享有该权利；本协议签字 7天内，乙方应将 800 万元人民币汇入甲方指定账号，款到 7 个工作日之内，甲方负责开始办理股东、董事及法定代表人和公司章程等变更的工商登记手续，税务等其他有关部门的变更登记手续于一个月办妥；双方同意乙方投资的 800 万元人民币专项用于支付甲方通过政府挂牌出让程序已购得的绵阳高新区石桥铺376.65 亩住宅用地的部分地价款；乙方入股后预计先期投入 3 000 万元人民币开发绵阳高新区石桥铺 376.65 亩住宅用地项目；甲乙双方与高新区管委会于 2003年 3 月 31 日签订的合作协议书继续有效，与本协议具有同等法律效力；本协议一式四份，甲乙双方各执两份，经双方签字且 800 万元人民币到账后生效。2003年 12 月 22 日，陈木高将 800 万元股金汇入科创公司的指定账户。

2003 年 12 月 22 日，红日公司向科创公司递交了《关于要求作为科创公司增资扩股增资认缴人的报告》，主张蒋洋和红日公司享有优先认缴出资的权利，愿意在增资扩股方案的同等条件下，由红日公司与蒋洋共同或由其中一家向科创公司认缴新增资本 800 万元人民币的出资。根据科创公司的章程规定：公司新增资本时，股东有优先认缴出资的权利。

2003 年 12 月 25 日，工商部门签发的科创公司的企业法人营业执照上记载：法定代表人陈木高、注册资本壹仟零玖拾万柒仟伍佰元、营业期限自 2003 年 12月 25 日至 2007 年 12 月 24 日。2003 年 12 月 25 日科创公司变更后的章程记载：

陈木高出资额615.38万元，出资比例56.42%，蒋洋出资额67.6万元，出资比例6.20%，红日公司出资额27.6万元，出资比例2.53%。2003年12月26日，红日公司向绵阳高新区工商局递交了《请就绵阳高新区科创实业有限公司新增资本、增加新股东作不予变更登记的报告》。此后，陈木高以科创公司董事长的身份对公司进行经营管理。

2005年3月30日，科创公司向工商部门申请办理公司变更登记，提交了关于章程修正案登记备案的报告、公司章程修正案、股份转让协议书、陈木高出具的将614.38万股股份转让给福建省固生投资有限公司（以下简称"固生公司"）的股份增减变更证明、收据等材料。

2005年12月12日，蒋洋和红日公司向四川省绵阳市中级人民法院提起诉讼，请求确认科创公司于2003年12月16日股东会通过的吸纳陈木高为新股东的决议无效，确认科创公司和陈木高于2003年12月18日签订的《入股协议书》无效，确认其对800万元新增资本优先认购，科创公司承担其相应损失。

（二）审理要览

1. 原告诉求

2005年12月12日，蒋洋和红日公司向四川省绵阳市中级人民法院提起诉讼，请求确认科创公司2003年12月16日股东会通过的吸纳陈木高为新股东的决议无效，确认科创公司和陈木高2003年12月18日签订的《入股协议书》无效，确认其对800万元新增资本优先认购，科创公司承担其相应损失。

2. 审理经过

本案经四川省绵阳市中级人民法院一审、四川省高级人民法院二审和最高人民法院再审。

一审法院判决：驳回红日公司、蒋洋的诉讼请求。第一审案件受理费50 010元，其他诉讼费25 005元，合计75 015元，由红日公司和蒋洋共同负担。

二审法院主要判决内容如下：（1）撤销四川省绵阳市中级人民法院（2006）绵民初字第2号民事判决；（2）绵阳高新区科创实业有限公司于2003年12月16日作出的股东会决议中关于吸收陈木高为股东的内容无效；（3）绵阳高新区科创实业有限公司于2003年12月18日与陈木高签订的《入股协议书》无效；（4）蒋洋和绵阳市红日实业有限公司享有以800万元购买绵阳高新区科创实业有限公司2003年12月16日股东会决定新增的615.38万股股份的优先权；（5）蒋洋和绵阳市红日实业有限公司于本判决生效之日起15日内将800万元购股款支付给绵阳高新区科创实业有限公司。

最高人民法院再审判决如下：（1）撤销四川省高级人民法院（2006）川民终字第515号民事判决，撤销四川省绵阳市中级人民法院（2006）绵民初字第2号民事判决；（2）绵阳高新区科创实业有限公司2003年12月16日作出的股东会决议中由陈木高出资800万元认购绵阳高新区科创实业有限公司新增615.38万股股份的决议内容中，涉及新增股份 20.03% 的部分无效，涉及新增股份 79.97% 的部分及决议的其他内容有效；(3)驳回四川省绵阳市红日实业有限公司、蒋洋的其他诉讼请求。

三、 争议焦点的规则解读

【焦点1】侵害其他股东行使优先认缴权的股东会决议是否有效

1. 当事人观点

一审原告红日公司和蒋洋主张，2003 年 12 月 16 日的股东会，科创公司只提前 11 日通知各股东，违反了《公司法》(1999 年修订)(以下简称旧《公司法》)第 44 条第 1 款"召开股东会议，应当于会议召开十五日以前通知全体股东"的规定，且在增资扩股的问题上通知书也不明确，故该次股东会上通过的吸纳陈木高为新股东的决议无效。同时红日公司和蒋洋认为，按照旧《公司法》第 33 条关于"股东按照出资比例分取红利。公司新增资本时，股东可以优先认缴出资"的规定，蒋洋、红日公司作为科创公司的股东，对公司新增资本享有优先认缴权利。

科创公司、固生公司和陈木高认为，虽然科创公司召开股东会通知程序不符合《公司法》关于要提前 15 天通知的规定，但该条款是任意性规范，且公司股东均准时参加，不影响决议效力。科创公司所提"吸纳陈木高先生为新股东"的含义是定向增资扩股，该议题已经2/3 表决权的股东表决通过，该议题的决议合法有效。

2. 法院观点

四川省绵阳市中级人民法院一审认为：

红日公司和蒋洋主张无效的理由是，科创公司只提前 11 日通知各股东召开股东会，违反了旧《公司法》第 44 条第 1 款"召开股东会议，应当于会议召开十五日以前通知全体股东"的规定，且在增资扩股的问题上通知书也不明确。然而从本案查明的事实反映，蒋洋与红日公司委托了代表参加了 2003 年 12 月 16 日的股东会并对会议议题行使了表决权，对其中"吸纳陈木高先生为新股东"的议题投了反对票，而且科创公司签订与陈木高等就石桥铺项目进行合作的合作协议时，蒋洋任科创公司董事长，其对此并非不知情。根据旧《公司法》第 39 条第 2 款关于"股东会对公司增加或者减少注册资本、分立、合并、解散或者变更公司形式作出决议，必须经代表三分之二以上表决权的股东通过"的规定，股东会决议的效力不取决于股东会议通知的时间及内容，而决定于股东认可并是否达到旧《公司法》的要求。查明的事实反映，2003 年 12 月 16 日"吸纳陈木高先生为新股东"的决议中涉及科创公司增资扩股 800 万元和该 800 万元增资由陈木高认缴的内容已在股东会上经科创公司 75.49% 表决权的股东通过。因此"吸纳陈木高先生为新股东"的决议符合上述规定，该决议有效。

四川省高级人民法院二审认为：

科创公司于 2003 年 12 月 16 日召开的股东会议所通过的关于"吸纳陈木高先生为新股东"的决议，结合股东会讨论的《入股协议书》，其内容包括了科创公司增资 800 万元和由陈木高通过认缴该 800 万元新增出资成为科创公司新股东两个方面的内容。

根据旧《公司法》第 38 条第 1 款第(八)项关于股东会行使"对公司增加或者减少注册资本作出决议"的职权，第 39 条第 2 款关于"股东会对公司增加或者减少注册资本、分立、合并、解散或者变更公司形式作出决议，必须经代表三分之二以上表决权的股东通过"的规定，科创公司增资 800 万元的决议获代表科创公司 75.49% 表决权的股东通过，应属合法有效。

根据旧《公司法》第 33 条关于"公司新增资本时，股东可以优先认缴出资"的规定以及科创公司章程中的相同约定，科创公司原股东蒋洋和红日公司享有该次增资的优先认缴出资权。在股东会议上，蒋洋和红日公司对由陈木高认缴 800 万元增资股份并成为新股东的议题投反对票并签注"要考虑原股东享有《公司法》规定的投资(出资)权利"的意见，是其反对陈木高认缴新增资本成为股东，并认为公司应当考虑其作为原股东所享有的优先认缴出资权，明确其不放弃优先认缴出资权的意思表示。紧接着在同月 22 日和 26 日，蒋洋和红日公司又分别向科创公司递交了《关于要求作为科创公司增资扩股增资认缴人的报告》，向绵阳市高新区工商局递交了《请就绵阳高新区科创实业有限公司新增资本、增加新股东作不予变更登记的报告》，进一步明确主张优先认缴出资权。上述事实均表明红日公司和蒋洋从未放弃优先认缴出资权。

但是，科创公司在没有以恰当的方式征询蒋洋和红日公司的意见以明确其是否放弃优先认缴出资权，也没有给予蒋洋和红日公司合理期限以行使优先认缴出资权的情况下，即于同月 18 日与陈木高签订《入股协议书》，并于同月 25 日变更工商登记，将法定代表人变更成陈木高，将公司注册资本变更为 1 090.75 万元，其中新增资本 615.38 万元登记于陈木高名下。该系列行为侵犯了法律规定的蒋洋和红日公司在科创公司所享有的公司新增资本时的优先认缴出资权，根据《民法通则》第 58 条第 1 款第(五)项关于"违反法律或者社会公共利益的"民事行为无效的规定，股东会决议中关于由陈木高认缴新增资本 800 万元并由此成为科创公司股东的内容无效。虽然本案所涉股东会决议经代表 2/3 以上表决权的股东投票通过，但公司原股东优先认缴新增出资的权利是原股东个体的法定权利，不能以股东会多数决的方式予以剥夺。故蒋洋和红日公司所提股东会议决议中关于吸收陈木高为股东的内容、《入股协议书》无效，其享有优先认缴科创公司 800 万元新增资本的权利。

最高人民法院再审认为：

2003 年 12 月 16 日科创公司作出股东会决议时，现行《公司法》(指 2005 年修订的《公司法》，下同)尚未实施，根据最高人民法院《关于适用〈中华人民共和国公司法若干问题的规定(一)》（以下简称《公司法司法解释(一)》）第2条的规定，当时的法律和司法解释没有明确规定的，可参照适用现行《公司法》的规定。旧《公司法》第33条规定："公司新增资本时，股东可以优先认缴出资。"根据2005年修订《公司法》第35条的规定，公司新增资本时，股东的优先认缴权应限于其实缴的出资比例。2003年12月16日科创公司作出的股东会决议，在其股东红日公司、蒋洋明确表示反对的情况下，未给予红日公司和蒋洋优先认缴出资的选择权，遂行以股权多数决的方式通过了由股东以外的第三人陈木高出资800万元认购科创公司全部新增股份615.38万股的决议内容，侵犯了红日公司和蒋洋按照各自的出资比例优先认缴新增资本的权利，违反了上述法律规定。现行《公司法》第22条第1款规定："公司股东会或者股东大会、董事会的决议内容违反法律、行政法规的无效。"根据上述规定，科创公司2003年12月16日股东会议通过的由陈木高出资800万元认购科创公司新增615.38万股股份的决议内容中，涉及新增股份中14.22%和5.81%的部分因分别侵犯了蒋洋和红日公司的优先认缴权而归于无效，涉及新增股份中79.97%的部分因其他股东以同意或弃权的方式放弃行使优先认缴权而发生法律效力。四川省绵阳市中级人民法院（2006)绵民初字第2号民事判决认定决议全部有效不妥，应予纠正。该股东会将吸纳陈木高为新股东列为一项议题，但该议题中实际包含增资800万元和由陈木高认缴新增出资两方面的内容，其中由陈木高认缴新增出资的决议内容部分无效不影响增资决议的效力，上述两方面的内容并非不可分割。

【焦点2】公司内部决议的瑕疵是否影响对外的股权转让的效力

1. 当事人观点

一审原告红日公司和蒋洋主张，2003年12月16日的股东会上通过的吸纳陈木高为新股东的决议因违反程序及侵害自身优先认缴权而无效。故科创公司与陈木高据上述决议签订的《入股协议书》是二者恶意串通签订，损害了红日公司和蒋洋的股东利益。违反旧《公司法》第33条关于"股东按照实缴的出资比例分取红利。公司新增资本时，股东有权优先按照实缴的出资比例认缴出资"的规定，因而该协议无效，红日公司与蒋洋得行使优先认缴权。

科创公司、固生公司和陈木高认为，科创公司于2003年12月16日作出的股东会决议已经2/3表决权的股东表决通过，决议合法有效，由此签订的《入股协议书》也无效力问题。

2. 法院观点

四川省绵阳市中级人民法院一审认为：

对于科创公司与陈木高于2003年12月18日签订的《入股协议书》的效力，红日公司和蒋洋主张该协议是科创公司与陈木高恶意串通损害其股东利益而签订的，但并无有力证据证明该事实存在。庭审中红日公司和蒋洋提出科创公司于 2005 年 12 月 25 日在工商局办理的科创公司变更登记不真实的主张，这涉及工商部门的具体行政行为是否合法的问题，是另一层法律关系，不属本案审理范围。经审查，该《入股协议书》的主体适格，意思表示真实，不违反法律或者社会公共利益，应为有效协议。

四川省高级人民法院二审认为：

科创公司于 2003 年 12 月 16 日通过的股东会决议因侵害股东优先认缴权而无效。在决议作出之后，科创公司在没有以恰当的方式征询蒋洋和红日公司的意见以明确其是否放弃优先认缴出资权，也没有给予蒋洋和红日公司合理期限以行使优先认缴出资权的情况下，即于同月 18 日与陈木高签订《入股协议书》，并于同月 25 日变更工商登记，将法定代表人变更为陈木高，将公司注册资本变更为 1 090.75 万元，其中新增资本 615.38 万元登记于陈木高名下。该系列行为继续侵害了法律规定的蒋洋和红日公司在科创公司所享有的公司新增资本时的优先认缴出资权，根据《民法通则》第 58 条第 1 款第(五)项关于"违反法律或者社会公共利益的"民事行为无效的规定，股东会决议中关于由陈木高认缴新增资本 800 万元并由此成为科创公司股东的内容无效，科创公司和陈木高签订的《入股协议书》也相应无效。故蒋洋和红日公司所提股东会议决议中关于吸收陈木高为股东的内容、《入股协议书》无效，其享有优先认缴科创公司 800 万元新增资本的权利。

最高人民法院再审认为：

2003 年 12 月 18 日科创公司与陈木高签订的《入股协议书》系科创公司与该公司以外的第三人签订的合同，应适用《合同法》的一般原则及相关法律规定认定其效力。虽然科创公司于 2003 年 12 月 16 日作出的股东会决议部分无效，导致科创公司达成上述协议的意思存在瑕疵，但作为合同相对方的陈木高并无审查科创公司意思形成过程的义务，科创公司对外达成协议应受其表示行为的制约。上述《入股协议书》是科创公司与陈木高作出的一致意思表示，不违反国家禁止性法律规范，且陈木高按照协议约定支付了相应对价，没有证据证明双方恶意串通损害他人利益，因此该协议不存在《合同法》第 52 条所规定的合同无效的情形，应属有效。《入股协议书》对科创公司新一届董事会的组成及董事长、总经理人选等公司内部事务作出了约定，但上述约定并未排除科创公司内部按照法律和章程规定的表决程序作出决定，不导致合同无效。二审法院根据《民法通则》第 58 条第 1 款第(五)项的规定认定该《入股协议书》无效属适用法律错误。

【焦点 3】股东行使优先认缴权是否有期限限制

1. 当事人观点

一审原告红日公司和蒋洋主张，科创公司于 2003 年 12 月 16 日的股东会上通过的决议以及依据该决议与陈木高签订的《入股协议书》均侵害其优先认缴权，损害了红日公司和蒋洋的股东利益。蒋洋、红日公司作为科创公司的股东，对公司新增资本享有优先认缴权利。

科创公司、固生公司和陈木高认为，股东会决议与《入股协议书》均无效力问题。而且，红日公司和蒋洋提出优先认缴时，《入股协议书》已经成立并在履行过程中，科创公司是因公司面临土地价款无法缴纳，土地将被政府收回的困境而吸收陈木高入股，陈木高出资800万元，以1.3元溢价购股，且承诺成为新股东后不得再以股东身份分享科创公司在合作协议项目中应分得的35%的盈利，该决议使公司利益最大化，保证了原股东利益。以后陈木高将股份以赠与和转让方式转给固生公司，陈木高和固生公司均是善意第三人。而红日公司和蒋洋在长达两年时间内多次参加陈木高主持的董事会和股东会，没有就优先认缴权进一步采取法律措施，此时主张权利缺乏合理性和正当性。

2. 法院观点

四川省绵阳市中级人民法院一审认为：

按照《旧公司》法第33条关于"股东按照出资比例分取红利。公司新增资本时，股东可以优先认缴出资"的规定，蒋洋、红日公司作为科创公司的股东，对公司新增资本享有优先认缴权利。但旧《公司法》对股东优先认缴权的期间未作规定。依据2006年5月9日起施行的最高人民法院《公司法司法解释（一）》第2条规定："因公司法实施前有关民事行为或者事件发生纠纷起诉到人民法院的，如当时的法律法规和司法解释没有明确规定时，可以参照适用公司法的有关规定。"2005年修订后的《公司法》也未对股东优先认缴权行使期间作规定，但新《公司法》第75条第1款规定"有下列情形之一的，对股东会该项决议投反对票的股东可以请求公司按照合理的价格收购其股权……"第2款规定"自股东会会议决议通过之日起六十日内，股东与公司不能达成收购协议的，股东可以自股东会会议决议通过之日起九十日内向人民法院提起诉讼"。该条虽然针对的是异议股东的股权回购请求权，但按照民法精神从对等的关系即公司向股东回购股份与股东向公司优先认缴出资看，后者也应当有一个合理的行使期间，以保障交易的安全和公平。从本案查明的事实看，红日公司和蒋洋在2003年12月22日就向科创公司主张优先认缴新增资本800万元，但于2005年12月12日才提起诉讼，这期间，陈木高又将占出资比例56.42%的股份转让给固生公司，其个人又陆续与其他股东签订了股权转让协议，全部办理了变更登记，从2003年12月25日起至今担任了科创公司董事长，科创公司的石桥铺项目前景也已明朗。因此红日公司和蒋洋并非在合理期间内提起诉讼，其已丧失优先认缴权。

所以，红日公司和蒋洋虽于2003年曾主张优先认缴权，但之后未积极行使权利，在其向法院起诉之前，围绕科创公司和公司股权又发生了一系列新的民事、行政关系，形成了一系列新的交易关系，为保障交易安全，认定其行使权利的合理期间已过，故其不能请求对800万元资本优先认缴权并赔偿其损失。

四川省高级人民法院二审认为：

股东会决议与《入股协议书》均因侵害股东优先认缴权而无效。

按照《民法通则》第61条的规定，民事行为被确认为无效或者被撤销后，当事人因该行为取得的财产，应当返还给受损失的一方，因此陈木高依据该部分无效决议和《入股协议书》所取得的股权应当返还。虽然后来陈木高将其名下的股份赠与和转让给了固生公司，但陈木高系固生公司的法定代表人，固生公司知道或者应当知道陈木高认缴出资侵犯了他人的优先认缴出资权，故该公司并非善意取得，其间的赠与和转让行为也无效。

关于有限责任公司股东请求人民法院保护其认缴新增资本优先权的诉讼时效问题，现行法律无特别规定，应当适用《民法通则》规定的两年普通诉讼时效。蒋洋和红日公司在2003年12月22日书面要求优先认缴新增资本800万元，至2005年12月19日提起诉讼，符合该法关于两年诉讼时效的规定。

所以，固生公司应当将其所持有的科创公司615.38万股股份返还给科创公司，由红日公司和蒋洋优先认购；科创公司应当将800万元认股款及其资金占用利息返还给陈木高。

最高人民法院再审认为：

虽然科创公司2003年12月16日股东会决议因侵犯了红日公司和蒋洋按照各自的出资比例优先认缴新增资本的权利而部分无效，但红日公司和蒋洋是否能够行使上述新增资本的优先认缴权还需要考虑其是否恰当地主张了权利。股东优先认缴公司新增资本的权利属形成权，虽然现行法律没有明确规定该项权利的行使期限，但为维护交易安全和稳定经济秩序，该权利应当在一定合理期间内行使，并且由于这一权利的行使属于典型的商事行为，对于合理期间的认定应当比通常的民事行为更加严格。本案红日公司和蒋洋在科创公司2003年12月16日召开股东会时已经知道其优先认缴权受到侵害，且作出了要求行使优先认缴权的意思表示，但并未及时采取诉讼等方式积极主张权利。在此后科创公司召开股东会、决议通过陈木高将部分股权赠与固生公司提案时，红日公司和蒋洋参加了会议，且未表示反对。红日公司和蒋洋在股权变动近两年后又提起诉讼，争议的股权价值已经发生了较大变化，此时允许其行使优先认缴出资的权利将导致已趋稳定的法律关系遭到破坏，并极易产生显失公平的后果，故四川省绵阳市中级人民法院（2006）绵民初字第2号民事判决认定红日公司和蒋洋主张优先认缴权的合理期间已过并无不妥，红日公司和蒋洋不能再行使对科创公司新增资本优先认缴权。

3. 作者简评

本案的争议核心在于股东会决议和《入股协议书》是否有效以及红日公司、蒋洋是否能对增资部分主张优先认缴权。

一审法院认为，股东会决议的效力不取决于股东会议通知的时间及内容，而决定于股东认可并是否达到旧《公司法》的要求。本案中股东会决议经75.49%表决权的股东通过，达到法定和公司章程中规定的 2/3 的标准，故股东会决议有效。科创公司与陈木高签订的《入股协议书》并无影响协议效力的情形，也有效。红日公司、蒋洋虽在股东会上即已主张优先认缴权，但其在之后的两年中并未积极行使权利，且此两年中科创公司整体经营环境变化巨大，基于保障交易的安全和公平的考量，认定优先认缴权已过合理期间，不得再行主张。

二审法院所持观点与一审法院不同，认为股东会决议应当分为两个部分，即科创公司增资 800 万元部分和由陈木高通过认缴该 800 万元新增出资成为科创公司新股东部分。科创公司增资 800 万元的决议获代表科创公司 75.49% 表决权的股东通过，应属合法有效。但因红日公司和蒋洋主张优先认缴权，由陈木高认缴 800 万元新增出资部分侵害了其二者的股东权利，根据《民法通则》第 58 条第 1 款第（五）项关于"违反法律或者社会公共利益的"民事行为无效的规定，股东会决议中关于由陈木高认缴新增资本 800 万元并由此成为科创公司股东的内容无效，科创公司和陈木高签订的《入股协议书》也相应无效。并认为按照《民法通则》第 61 条的规定，民事行为被确认为无效或者被撤销后，当事人因该行为取得的财产，应当返还给受损失的一方，因此陈木高依据该部分无效决议和《入股协议书》所取得的股权应当返还。此外，二审法院认为红日公司和陈木高主张对其优先认缴权的保护未过诉讼时效。

最高人民法院认为，股东会决议确实应当分为两个部分，其中增资的部分无效力问题。对于由陈木高认缴 800 万元新增资的部分，因根据新《公司法》第 35 条的规定，公司新增资本时，股东的优先认缴权应限于其实缴的出资比例，红日公司、蒋洋明确表示要行使优先认缴出资的权利，但股东未理睬其份额内的优先认缴权，迳行以股权多数决的方式通过了由陈木高出资 800 万元认购科创公司全部新增股份 615.38 万股的决议内容，侵犯了红日公司和蒋洋按照各自的出资比例优先认缴新增资本的权利。据新《公司法》第 22 条第 1 款规定："公司股东会或者股东大会、董事会的决议内容违反法律、行政法规的无效。"故股东会决议中涉及新增股份中 14.22% 和 5.81% 的部分因分别侵犯了蒋洋和红日公司的优先认缴权而归于无效，其他内容有效。

但最高人民法院在否定股东会决议的同时，又肯认了《入股协议书》的效力，认为科创公司达成协议的意思虽然存在瑕疵，但作为合同相对方的陈木高并无审查科创公司意思形成过程的义务，科创公司对外达成协议应受其表示行为的制约。且没有证据证明双方恶意串通损害他人利益，该协议又没有其他影响效力的事由，故该协议有效。然而，股东优先认缴公司新增资本的权利属形成权，虽然现行法律没有明确规定该项权利的行使期限，但为维护交易安全和稳定经济秩序，该权利应当在一定合理期间内行使，红日公司和蒋洋在股权变动近两年后又提起诉讼，争议的股权价值已经发生了较大变化，此时允许其行使优先认缴出资的权利将导致已趋稳定的法律关系遭到破坏，并极易产生显失公平的后果，故认定其优先认缴权已过合理期间，不得再行主张。

我们认为，此种评价与之前作出的股东会决议部分无效的评价多少有些矛盾。若决议部分无效而入股协议书有效，那么究竟应当保护原股东的优先认缴权将股份返还以便原股东认缴，还是应当保护交易安全而不允许原股东认缴呢？最高人民法院并未对此作正面回答。而是以股东的优先认缴权已过合理期间为由认定其权利已丧失。

4. 最高人民法院与该案相关的判例规则：侵害股东优先认缴权的股东会决议无效

【基本案情】

一审原告夏舸中，被告何红阳、潘万华均为黔西交通公司股东，其中夏舸中持股93.33%，何红阳、潘万华共持股6.67%。2010年3月30日、6月20日、6月29日，何红阳、潘万华在未有夏舸中或代理人参加的情况下召开股东会议，通过决议将何红阳向公司的借款转为增加注册资本并变更公司各股东持股比例。夏舸中知晓后，认为上述股东会上述决议未经代表2/3以上表决权的股东通过，侵害了其优先认缴权，以及决策权、利润分配权等权利，遂诉至贵州省毕节市中级人民法院，要求确认上述股东会决议以及对章程的修改无效。该案经一审、二审，两审法院均未支持原告主张，后一审原告向最高人民法院申请再审，获最高人民法院支持，于2016年6月27日作出(2016)最高人民法民申334号裁定，指令贵州省高级人民法院再审。

【裁判要旨】

最高人民法院认为，根据一审、二审查明的案件事实，夏舸中向代明贵出具的授权委托书并不包括代其参加股东会并对决议内容发表意见的内容，故2010年3月30日、6月20日、6月24日、6月29日黔西交通公司召开的股东会所做出的关于增加注册资本以及修改公司章程的股东会决议内容，没有经过当时仍持有公司93.33%股权的夏舸中的同意，也没有证据证明夏舸中就公司的该次增资已知悉并明确放弃了优先认缴权，故上述决议内容违反了《公司法》(2005年修订)第35关于"股东有权优先按照实缴的出资比例认缴出资"的规定，侵犯了夏舸中认缴增资的合法权益，依据《公司法》(2005年修订)第22条第1款规定，应认定无效。

最高人民法院据此认为二审判决关于是否侵害夏舸中优先认购权的认定缺乏证据证明，并裁定指令贵州省高级人民法院再审本案。

四、 启示

【启示】以增资方式投资PPP项目公司需核实原股东优先认缴权

以增资方式投资PPP项目公司，需注意原股东的优先认缴权问题，以法律法规、章程规定方式通知股东，并取得股东放弃优先认购权的书面声明，否则协议因违反法律法规的效力性强制性规定可能被认定为无效。

03 中国工商银行股份有限公司景德镇分行与景德镇市鑫桥公路开发有限公司借款合同纠纷案

案例来源：（2013）民提字第 248 号。

关键词：借款合同　签字　盖章　合同效力　备案

一、 裁判规则

【规则】保证合同印章与备案公章不一致不必然影响合同效力

当事人的签字或盖章都可以使合同成立，当合同的签字、签章与其在管理部门备案公示不一致时该合同并不当然无效。

二、 审判概览

（一）涉案项目情况

2003 年 11 月 20 日，江西省景德镇市人民政府作为甲方，与珠海经济特区三桥集团有限公司（简称"三桥集团"）、中国航空技术珠海有限公司（简称"中航技公司"）共同作为乙方签订的《景德镇环城公路（南环段）投资建设特许经营合同》，景德镇市政府批准授权三桥集团、中航技公司参照 BOT 模式对景德镇市环城公路（南环段）建设工程进行投资、经营管理。该《特许经营合同》约定：乙方（三桥集团、中航技公司）在景德镇市注册项目公司鑫桥公司，作为项目法人负责项目实施，项目工程概算为 10.5 亿元人民币，乙方总投资应控制在该概算以内，乙方经营年限为 30 年（含建设期）。

景德镇市鑫桥公路开发有限公司（简称"鑫桥公司"）因景德镇环城高速（南环段）公路建设项目，向中国工商银行股份有限公司景德镇分行（简称"景德镇工行"）申请贷款 3 亿元，双方于 2004 年 3 月 12 日签订"2004 年工银景字第 0001 号"《人民币固定资产借款合同》和《关于景德镇市鑫桥公司分期归还景德镇工行贷款的协议》。

2004 年 3 月 12 日，景德镇工行（简称"乙方"）分别与保证合同的保证人（简称"甲方"）上海中皇置业投资有限公司（简称"中皇公司"）、保证合同的保证人中航技公司签订编号为工银景保字第 0001 号的保证合同（简称"01 号保证合同"）以及 2004 年工银景保字第 0002 号保证合同（简称"02 号保证合同"）。01 号和 02 号保证合同约定，为了确保 2004 年 3 月 12 日鑫桥公司（借款人）与景德镇工行签订的 2004 年工银景字第 0001 号借款合同（简称"主合同"）项下借款人义务得到切实履行，中皇公司、中航技公司愿意向景德镇工行提供保证担保。01 号保证合同和 02 号保证合同所担保的主债权为景德镇工行依据主合同发放的贷款，金额为人民币一亿五千万元（第 2.1 条）。主合同履行期限为 164 个月，自 2004 年 3 月 12 日起至 2017 年 11 月 20 日止。乙方与借款人协议变更主合同的，除展期或增加贷款金额外，无须经甲方同意，甲方仍在原保证范围内承担连带保证责任。

2005年9月，因办理通行费收费权质押事宜需要，景德镇工行、鑫桥公司双方自愿签订贷款总额人民币6.9亿元的借款合同，双方在合同中约定的签订时间仍为原借款合同签订时间2004年3月12日，编号仍为原借款合同的编号"2004年工银景字第0001号"。约定：贷款人同意景德镇工行同意向借款人鑫桥公司提供总额为6.9亿元的贷款。贷款期限自2004年3月12日起至2022年3月11日止；贷款期限内，借款的实际提款日以贷款人批准的借据为准，并约定了贷款利率及还款时间等。景德镇工行于2004年3月12日一次性向鑫桥公司发放贷款3亿元。

景德镇环城高速(南环段)公路建设项目于2006年年底全线停工。鑫桥公司从2007年3月20日起开始欠息，截至2009年6月20日，鑫桥公司累计欠息6 648.76万元。景德镇工行经多次催要无果情况下向江西省高级人民法院提起诉讼。

（二）审理要览

1. 原告主要诉求

2008年9月5日，原告景德镇工行起诉至江西省高级人民法院。请求法院判令：鑫桥公司归还到期债权1 200万，提前归还未到期债权2.88亿元，支付利息；终止借款合同的履行；请求中皇公司、中航技公司在保证合同范围内承担连带保证责任。

此外，景德镇工行于2009年6月12日向景德镇市中级人民法院申请依照《民事诉讼法》(2007年修订)第139条的规定，对鑫桥公司与其3亿元项目贷款本息借款合同纠纷主债权先行审理判决。

2. 审理经过

本案经过景德镇市中级人民法院一审、江西省高级人民法院二审及最高人民法院再审。

一审法院景德镇市中级人民法院于2009年8月24日作出(2008)景民二初字第20号民事判决书就借款合同纠纷主债权先行审理判决：鑫桥公司于判决生效后一次性向原告景德镇工行支付人民币3亿元及利息(利息依照双方合同的约定计算至本息清偿之日止)；终止本案借款合同的履行；驳回景德镇工行其他诉讼请求。上述判决因当事人未上诉而发生法律效力。

对于保证合同部分，一审法院判决：驳回景德镇工行对中皇公司和中航技公司的诉讼请求。

原告不服，上诉至江西省高级人民法院，二审江西省高级人民法院判决：驳回上诉，维持原判。

一审原告不服，申请最高人民法院再审，最高人民法院于2014年3月25日作出(2013)民提字第 248 号民事判决，认为景德镇工行的再审请求和理由成立，判决：撤销江西省高级人民法院(2011)赣民二终字第 14 号民事判决；部分维持江西省景德镇市中级人民法院(2008)景民二初字第 20 号民事判决；部分撤销江西省景德镇市中级人民法院(2008)景民二初字第 20 号民事判决(保证合同部分)；中航技公司于本判决生效之日起 30 日内依据 2004 年工银景保字第 0002 号保证合同就鑫桥公司的债务向景德镇工行承担连带保证责任。

三、 争议焦点的规则解读

【焦点】保证合同印章与备案公章不一致是否影响合同效力

1. 当事人观点

原审原告景德镇工行认为，中航技公司在其经营及业务活动中多次反复使用与 02 号保证合同印文相同的同一公章，证明该公章为其所有并使用的真实公章；该公章的真实性在衡阳案中经生效判决确认，基于相同情况相同对待原则，应当认定本案合同上的公章使用是其真实意思表示，担保合同成立且生效；基于《特许经营合同》以及鑫桥公司的工商登记，其有理由相信中航技公司是鑫桥公司的股东，中航技公司为鑫桥公司提供保证担保的真实性；公章虽未经备案，但公章所有人是以自己的意思并以自己名义刻制使用的，该公章即为其所有的真实公章，与被使用的公章是否经过备案无关。

原审被告中航技公司认为，依据最高人民法院《关于民事诉讼证据的若干规定》第 5 条合同纠纷的举证责任规定，景德镇工行需举证证明合同订立及公章加盖过程，不存在加重保证人举证责任的问题；景德镇市政府参与订立的《特许经营合同》，是建设南环公路的框架协议，并不涉及本案的借款及担保问题，即使该合同约定中航技公司同意参与公路建设，也不表明其愿意为鑫桥公司担保。

2. 法院观点

景德镇市中级人民法院一审认为：

根据《国务院关于国家行政机关和企业事业单位社会团体印章管理的规定》(国发〔1999〕25 号)第 23 条"印章制发机关应规范和加强印章制发的管理，严格办理程序和审批手续。国家行政机关和企业事业单位、社会团体刻制印章，应到当地公安机关指定的刻章单位刻制"和第 24 条"国家行政机关和企业事业单位、社会团体的印章，如因单位撤销、名称改变或换用新印章而停止使用时，应及时送交印章制发机关封存或销毁，或者按公安部会同有关部门另行制定的规定处理"的规定，企业使用公安机关批准的印章代表其意志是常态，使用未经批准的印章是特例。

根据工银发〔2003〕94《中国工商银行贷款担保管理办法》和中航技公司章程，对保证合同的调查评审是签订保证合同的前提，保证贷款担保具有合法性、有效性和可靠性，才能签订保证合同。本案保证合同均为保证金额1.5亿元的保证合同，景德镇工行应当具备证明保证合同具有合法性、有效性和可靠性的证明能力。《中国工商银行贷款担保管理办法》对保证贷款担保的调查评审制定了严格的规定，景德镇工行应当具备提交相应证据的举证能力，但未提交相关证据。

虽然衡阳案保证合同中的航技公司印章与本案02号保证合同中航技公司印章一致，但从法律关系来看，衡阳案和本案是两个独立的法律关系，不具关联性，且均非中航技公司经公安部门批准刻制的印章。两案保证合同是否成立取决于两案当事人意思表示是否真实，不互为因果；衡阳案关于印章的认定是本案诉讼后发现的证据，不是在本案保证贷款担保的调查评审时预留的印鉴卡或核查印章真伪的材料，也就不是判别签订合同书时保证人意思表示是否真实的依据。

根据景德镇工行上级行的内部管理规定，景德镇工行应当具备证明保证合同真实性的能力，但景德镇工行提交有关保证人承诺的直接证据均不具有证明力，旁证材料也不能充分证明保证合同的真实性，景德镇工行应当承担举证不能的法律后果。

江西省高级人民法院二审认为：

02号保证合同上张联军的签字经鉴定不是其本人真实签字，中航技公司不因伪造的法定代表人签字而产生保证责任。但盖章也可以产生合同成立的效果，因此如能证实该公章是张联军或公司中其他员工所盖，其仍能代表中航技公司的意思表示，中航技公司仍应承担保证责任。

但景德镇工行代理人陈述02号保证合同系债务人鑫桥公司法人代表茹高乔递交。因此，可以认定景德镇工行与中航技公司对02号保证合同没有协商沟通的过程，没有中航技公司及其员工当景德镇工行人员的面在该保证合同上加盖公章的行为发生，不发生表见代理或代表代理的法律后果。至此，只有加盖在02号保证合同上的公章是真实的情况下，02号保证合同才能合法有效成立。

保证合同订立的时间、地点以及参与保证合同签订的人员等事实也是综合判断保证合同真实性的重要依据，景德镇工行无法提供上述订立、协商过程中的任何细节，不能排除对02号保证合同真实性的合理怀疑；如果说保证合同上公章为中航技公司的第二枚公章，应该有更广泛的用途，而不是仅仅均与茹高乔有关；即使张联军的签名与02号保证合同上的公章同时出现在衡阳案、广州案的证据上，也只能证明中航技公司对该交易行为予以认可，其效力仅及于该项代理行为；景德镇工行作为金融机构，其内部对于担保人提供保证责任担保有严格的审批程序和要求，而其疏于管理义务，违反内部操作规定，违反贷款人应有的审慎审查义务，导致损害结果的发生，该行应自行承担责任。

《特许经营合同》的签订方为景德镇市政府和三桥集团、中航技公司，相对方并不是景德镇工行，该合同并不涉及本案的借款及担保问题。即使该合同约定中航技公司同意参与公路的建设，也并不表明中航技公司作出了为鑫桥公司借款提供保证担保的意思表示。

最高人民法院再审认为：

本案02号保证合同虽然不是通过借款保证担保当事人协商谈判过程签订，但也没有法律依据排除通过单方面提交保证担保承诺的方式的合法性，问题的关键仍然在于本案02号保证合同是否真实、有效。

中航技公司对于衡阳案和广州案的保证合同，不论是出于策略考虑抑或由于其自身重大过错应当发现而未予发现其公章为非备案公章盖印，在本案与衡阳案有着相互提示作用的情况下仍未提出异议且认可保证合同的效力，中航技公司的行为效力应当得到确认。虽然衡阳案、广州案中航技公司均因超过保证期间最终未承担保证责任，但当时在未知判决结果情况下，理应提出保证合同真实性的抗辩。衡阳案和广州案保证合同中航技公司法人代表张联军签名经鉴定为其本人真实签字，不论中航技公司公章印文与其法定代表人张联军签名关系如何，均证明中航技公司已经认可保证合同及其公章印文的真实、有效性。

中航技公司对于衡阳案和广州案保证合同中其非备案公章使用效力的认可，其效力不应该仅仅限于衡阳案和广州案，同样也应当延展到本案。不论本案02号保证合同与衡阳案、广州案加盖中航技公司非备案公章是否为中航技公司所有或者使用，中航技公司只要认可其非备案公章的使用效力，便具有公示性，从而必须为其行为承担责任。本案02号保证合同所涉中航技公司法定代表人张联军签名经鉴定为非本人签名，不影响本案保证合同的效力。

3. 作者简评

本案中保证合同的双方当事人因保证合同签字签章的真实性发生争议，虽然保证人在保证合同中的签字与签章与其在工商管理部门备案的信息并不一致，但是并不能因此而否定其保证合同的效力。在现实中一个公司有多枚公章的现象时有发生，如果仅仅只通过合同的签字签章与其主体在工商管理部门及公安部门的备案是否一致来认定合同的有效与否，并不能有效地保障当事人的合法权益。我国《合同法》第32条规定"当事人采用合同书形式订立合同的，自双方当事人签字或者盖章时合同成立"。第44条规定"依法成立的合同，自成立时生效"。合同经当事人签字或者盖章，均能使合同成立生效。在探讨合同效力、合同签字签章的真实性时，应当综合考量合同签订的背景、合同双方主体的真实意图。

4. 最高人民法院与该争议焦点相关的裁判规则

根据国务院《关于国家行政机关和企业事业单位社会团体印章管理的规定》（国发〔1999〕25号）第23条、24条，企业使用公安机关批准的印章代表其意志是常态，使用未经批准的印章是特例。这是否代表合同中使用未备案公章必然会造成合同无效？最高人民法院对此持否定态度，即未备案公章并不必然导致合同无效，判定的主要依据是合同及其公章印文是否具有真实、有效性。此外，如果非备案公章的持有人认可其非备案公章的使用效力，便具有公示性，从而必须为其行为承担责任。

相关案例：大连锦绣大厦有限公司与佳定工程有限公司拖欠工程款纠纷案①

【基本案情】

1994 年 10 月 18 日，佳定公司与锦绣大厦签订了《大连锦绣大厦机电配套工程设备及材料供应合约书》《大连锦绣大厦机电配套工程提供劳务合约书》《大连锦绣大厦机电配套工程机电配套设计及顾问合约书》。约定：锦绣大厦工程项目的机电配套工程（包括机电系统、给排水系统、消防系统、采暖空调系统）由佳定公司负责提供设备和材料，并承担设计、顾问任务及提供劳务。工期分二期，第一期（裙楼层）1996 年 3 月 31 日竣工，第二期（两座公寓楼各标准层）1996 年 9 月 30 日竣工。付款方式为：劳务合同依工程进度付款；供应合同在发出 30 日后，锦绣大厦支付 510 万元港币定金，余款按工程安装进度及经证明满意后付款；设计及顾问合同签妥后，付出 250 万元港币，余款 50 万元港币于土建平顶时支付。上述三份合同上分别盖有锦绣大厦和佳定公司公章，并有锦绣大厦副董事长兼副总经理金文豹和佳定公司董事麦剑波的签名。

【裁判要旨】

最高人民法院审理认为，佳定公司与锦绣大厦签订的三份合同上所盖公章虽不是锦绣大厦依法备案的公章，签名人也不是公司法定代表人，但作为合同相对人的佳定公司没有义务也无权对合同公章是否经过备案的情况进行调查、举证，合同是锦绣大厦副董事长、副总经理金文豹以联合董事长名义而签订的，而且根据庭审笔录和会议纪要证实，在合同签订之前，佳定公司依据双方口头协商，提前进入工地进行施工，在合同签订后，双方继续实际履行，因此可以认定双方所签订的三份合同是其真实的意思表示。

四、 启示

【启示】核实合同签字盖章情况

本案提出的一个问题是金融机构是否有义务核实借款人所盖印章是否为备案印章。最高人民法院最终从经其他诉讼程序确认印章被借款人用于其他合同的事实中，得出签字盖章为借款人真实意思表示的结论；在相关判例中，最高人民法院也指出"合同相对人无义务也无权利对合同公章是否经过备案的情况进行调查、举证"。但是我们认为作为专业投资人的金融机构应对合同签章情况进行必要的复核，以避免争议，例如可表面检验借款人所盖印章是否为预留印鉴，印章中法人名称与合同法人名称是否一致，法定代表人签名是否与工商登记的法定代表人一致。

---

① 此案例来源于北大法宝，北大法宝引证码为 CLI.C.31 213。

規则与启示
Rules and Enlightenment

下篇 | 投资管理

01 北京钠锘环境工程有限责任公司与香港鸿峰发展有限公司买卖合同纠纷案

案例来源：(2007)泉民初字第 149 号，（2010）泉民初字第 8 号，（2010）闽民终字第 695 号。

关键词：购销合同　承揽建设工程　占用利用　合同解除

一、裁判规则

【规则1】含设备安装、调试以及售后服务内容的购销合同是买卖合同

在合同主要条款符合购销合同特征的情况下，即使合同约定了作为出售方负责设备、系统的安装与调试等内容，也仅是购销合同的附随义务，不因此改变合同的性质。

【规则2】项目实际使用未提出质量异议的情况下推定已经验收合格

合同约定货物验收后付款的，双方当事人因质量争议一直未验收，在试运行时间较长的情况下，无法再行鉴定或验收，如买方在质量不明情况下既不验收又不诉诸法律途径，反而继续使用，应推定项目验收合格，进而认定合同约定的付款条件已成就。

二、审判概览

（一）涉案项目情况

2002 年 5 月 23 日，石狮市政府与香港鸿峰发展有限公司（简称"鸿峰公司"）签订《投资合同书》，双方约定以 BOT 模式投资建设垃圾焚烧厂。

2002 年 7 月 2 日，北京钠锘环境工程有限责任公司（简称"钠锘公司"）与鸿峰公司签订《设备购销合同书》，约定由钠锘公司向鸿峰公司出售 NSL－100B 型生活垃圾焚烧炉生产线 2 条及其成套设备，并负责设备、系统的安装调试以及人员培训等各项售后服务。合同总价为 1 600 万元。双方约定了技术要求与指标，其中包括设备应达到的验收指标，并约定设备系统安装调试正常，炉体带负荷连续 48 小时运行合格后 7 日内，双方组织总体验收。还约定了付款方式。

2002 年 9 月 16 日，双方签订《关于设备购销合同书付款方式变更协议》，表明考虑到鸿峰公司资金暂时紧张，双方同意减少第一、二期应付款数额，将拖欠的 280 万元移至生产线安装基本完成、设备调试前一次支付。次日，钠锆公司出具一份《质量承诺书》，承诺"若属于产品出现质量问题，按照国家有关产品质量验收的规定执行，我方将全额退款"。

2003 年 4 月，双方签订焚烧车间电控柜设备安装承揽合同，总价款为58 000 元，应与焚烧设备一起付款。同年 6 月，双方经过数次往来传真，确认钠锆公司再安装 2 台蒸汽过热器。

石狮市垃圾综合处理厂一期工程于 2003 年 12 月进行调试，于 2004 年年初开始点火试运行。2004 年 4 月间，受钠锆公司委托，国家环境分析测试中心、中国科学院大连化学物理研究所现代中心，分别对涉案焚烧炉排放污染物、焚烧残渣浸出毒性和厂界噪声、恶臭及烟道气排放二噁英污染物等项目进行测试，结论均为合格。2004 年 5 月 28 日，经泉州市质量技术监督局对锅炉进行验收，结论为基本合格。

2004 年 2 月、6 月，钠锆公司同意对设备进行整改。2004 年 5 月 12 日，钠锆公司发传真给鸿峰公司，在同意对部分项目进行整改的同时，要求双方制订验收方案，进行整体验收。并要求鸿峰公司支付设备款。至同年 7 月 20 日，钠锆公司撤走技术人员，停止调试运行，双方矛盾爆发。钠锆公司告诫鸿峰公司在设备总体验收之前不得运行，否则对强制运行造成的损害不承担责任。而鸿峰公司则认为安装调试时间早已超过合同约定期间，仍无法达到合同约定要求，提出解除合同。同年 8 月 18 日，钠锆公司回函，认为其已完全履行合同义务，而鸿峰公司未按约付款，同意解除合同。但双方对合同解除的后续事宜未能达成一致意见。为此，石狮市环境卫生管理处、石狮市国土规划建设局、福建省建设厅先后主持协调，均告未果。

2004 年 12 月 10 日，钠锆公司、鸿峰公司双方经对账，确认钠锆公司共领取货款 9 696 689.2 元。

2004 年 11 月至 2005 年 9 月间，鸿峰公司共焚烧处理生活垃圾 36 000 吨，其中两个月时间进行设备维修。2004 年 12 月 21 日至 2007 年 11 月 20 日，鸿峰公司共向石狮市政府领取垃圾处理费 24 377 933 元。

（二）审理要览

1. 原告主要诉求

2007 年 5 月，原告钠锆公司起诉至泉州市中级人民法院，认为：钠锆公司按照《设备购销合同书》的约定为鸿峰公司投资的垃圾焚烧厂提供了所需设备和安装工程，并在制作过程中应其要求增加了相应设备，履行了合同义务，垫付了大量资金。工程已于 2003 年年底完工并于 2004 年元月投入运行，并通过了各项检测和验收。但虽经多次催讨，鸿峰公司仍拖欠合同款，未履行付款、验收等主要合同义务，给钠锆公司造成巨大经济损失，并利用钠锆公司完工后的工程技术设备进行商业性运营多年，赚取利益。请求法院判令：鸿峰公司立即付清拖欠的合同款；补偿钠锆公司因土建及公用工程延误，迫使钠锆公司停工、窝工、资金占压8个月所造成的损失；补偿钠锆公司因违约拖欠合同款3年多导致钠锆公司常年的额外费用；鸿峰公司逾期支付违约金按每天万分之二点一计算。

2. 审理经过

一审法院泉州市中级人民法院于2008年10月20日作出（2007）泉民初字第149号民事判决。

钠锆公司不服，进行上诉，福建省高级人民法院裁定撤销原判，发回重审。

泉州市中级人民法院于2010年9月1日作出（2010）泉民初字第8号民事判决：一审法院判决鸿峰公司应于判决生效后10日内支付钠锆公司货款及逾期付款违约金，违约金利率按同期同类人民银行逾期贷款利率计算；驳回钠锆公司对鸿峰公司的其他诉讼请求。

福建省高级人民法院于2014年9月20日作出（2010）闽民终字第695号终审判决。

福建省高级人民法院认为：原审认定事实基本清楚，适用法律基本正确。两上诉人的上诉理由均不能成立。但原审认定鸿峰公司逾期支付货款利息起始时间有误，应予纠正，鸿峰公司应该支付尚未支付的货款及合同解除之日起的资金占用费。福建省高级人民法院作出如下终审判决：维持原审判决第二项内容；变更原审判决第一项关于鸿峰公司应支付货款和资金占用费的内容。

三、 争议焦点的规则解读

【焦点1】含设备安装、调试以及售后服务内容的购销合同是买卖合同还是建设工程合同

1. 当事人观点

本案一审原告钠锆公司认为，《设备购销合同书》开宗明义即表明了合同目的，明确了买卖合同的法律关系，成套设备的买卖合同中自然包括制造、运输等内容；被告鸿峰公司认为合同内容既有建设工程的设计、施工等内容，亦有承揽合同的加工、检验等内容，兼具承揽和建设合同关系的法律特征。

2. 法院观点

泉州市中级人民法院一审认为：

《设备购销合同书》的主要条款符合购销合同的特征，合同中约定的钠锆公司安装调试及售后服务等内容仅为购销合同的附随义务，目的是顺利让渡该成套设备的所有权，不因此改变合同性质，且合同中约定鸿峰公司仅可要求钠锆公司交付符合质量要求的标的物，并无检查监督和协力义务，明显区别于承揽合同。

福建省高级人民法院二审观点和原审法院一致。

【焦点2】项目未经验收是否应支付货款

1. 当事人观点

本案原告钠锘公司认为其提供的生活垃圾焚烧锅炉已经完成了国家标准中规定的全部检测项目，并且全部合格。在设备已具备合同约定的验收条件的情况下，鸿峰公司一方面以质量、整改为借口拒不验收，另一方面又以标的物合格的证明材料向相关部门申请运营，已丧失了提出质量异议的资格。

被告鸿峰公司则认为钠锘公司所进行的验收仅为局部的中间验收，项目尚未进行最终验收，不满足合同约定的付款条件；本项目验收指标有4项，即"处理量、技术性能、应达到的国家标准、污染物排放"，前三项均未达到验收标准。

2. 法院观点

泉州市中级人民法院一审认为：

根据合同约定，货款应在项目验收合格后支付，而事实是鸿峰公司以设备存在问题需要整改为由至今未进行验收，双方对于设备的质量状况并未达成一致意见。对于鸿峰公司主张质量不合格所提供的几份证据，法院认为：1.《建设部环卫中心评估报告》，系鸿峰公司单方所为，其并非质量鉴定结论；2. 省环保局同意扩建的批示，其内容仅体现同意扩大现有规模，并未表明对现有设备质量状况的评价；3. 会议纪要中，钠锘公司对设备质量问题提出了辩解和不同意见，不可认定其对该纪要无异议，该设备从试运行至今已达7年之久，现在再行鉴定或验收均失去其法律意义。

为此，需要判断设备在当时是否已达到验收指标。

（1）关于垃圾处理量问题

一审法院认为：根据环境卫生管理处的证明，鸿峰公司自2004年11月至2005年9月共焚烧处理生活垃圾36 000吨，在此期间项目日处理量完全达到约定的处理能力。二审法院认为：以BOT模式投资建设的生活垃圾焚烧综合处理厂，顾名思义是以焚烧为主，鸿峰公司认为垃圾处理方式是堆肥、焚烧、填埋"三合一"综合处理技术不适用于本案项目验收。

（2）关于技术性能问题

一审法院认为：国家环境分析测试中心（2004）字第098号分析测试报告有关数据显示，设备均符合合同约定指标。该报告虽系钠锘公司单方委托检测得到，但它是在合同履行过程中，钠锘公司依据项目进度进行的检测，并非在双方对质量发生争议时而进行的质量鉴定，且其目的是为了说明设备已达到验收条件而不是最终的质量检测报告，鸿峰公司若对此有异议，可以通过验收来确定最终质量状况。

（3）关于国家标准问题

本案有证据表明诉争标的物在安装和施工过程中正确执行国家法规和有关技术规范，且泉州市锅炉压力容器检验所于 2004 年 5 月 25 日出具的《锅炉安装监检报告书》认定，诉争的两台锅炉已具备总体验收的条件，可以认定涉案设备的全部技术指标已达到国家标准并基本符合双方合同的约定，同时已具备总体验收的条件。

综上，一审法院认为：鸿峰公司在质量状况不确定的情况下，不予验收也不采取法律方式解决争议，反而持续地使用诉争设备并获取利益，因此应推定付款条件已成就。

二审法院认为：鸿峰公司认为钠诺公司提供的成套设备是不合格产品，从 2004 年 7 月起就弃之不用，但未提供证据证明，相反其却不间断地从石狮市政府领取垃圾处理费，无证据表明鸿峰公司就讼争标的物的处理能力提出异议。

3. 作者简评

特许经营项目中合同种类数量很多，最常见的就是建设工程合同和买卖合同。区分这两类合同对正确处理合同纠纷有重要意义。识别合同标的是区分这两类合同的最主要方法。建设工程合同的合同标的是建设工程，而买卖合同的标的是通常意义上的产品。从《中华人民共和国产品质量法》（以下简称《产品质量法》）第 2 条"本法所称产品是指经过加工、制作，用于销售的产品。建设工程不适用本法规定"就可以看出这种明显的区别，即建设工程不属于产品的范畴。当然我们也可以通过建筑企业的资质来对合同性质进行区分，一般来说，《建筑业企业资质标准》中列明的承包资质所涉及的合同通常会被认定为建设工程合同，2015 年住建部新颁布的《建筑业企业资质标准》中明确地将建筑业企业资质分为三个系列：总承包资质、专业承包资质以及施工劳务资质。其中总承包资质有 12 个资质类别，专业承包资质有 36 个资质类别，施工劳务资质有 1个资质类别。总承包合同和劳务承包合同不会产生认定为买卖合同的争议，专业承包合同中起重设备安装工程专业承包合同、预拌混凝土专业承包合同、电子与智能化工程专业承包合同、消防设施专业承包合同、钢结构工程专业承包合同、机电安装工程专业承包合同等由于有采购的内容，容易发生被认定为买卖合同的争议。但是由于有相关专业资质，该等合同较易被认定为施工合同而不是买卖合同。

当然在本案中，区分建设工程合同和买卖合同的主要意义在于，作为付款前提条件的验收在不同合同类型下的认定不同。建设工程的验收有着相对严格的流程规定以及强制的质量标准要求，其验收需要有政府部门的参与。而买卖合同的产品验收主要发生在买卖合同当事人之间，可以由买卖合同当事人自行确认（当然产品本身是要符合《产品质量法》的要求的）。

四、 启示

【启示】设备采购合同应明确验收程序和验收标准

依据法律规定，卖方交付的产品质量不合格的，买方可以拒收或解除合同。《合同法》第148条规定："因标的物质量不符合质量要求，致使不能实现合同目的的，买受人可以拒绝接受标的物或者解除合同。"但卖方应在法定或约定期限内向买方通知质量异议。

《合同法》第158条第1、2款规定："当事人约定检验期间的，买受人应当在检验期间内将标的物的数量或者质量不符合约定的情形通知出卖人。买受人怠于通知的，视为标的物的数量或者质量符合约定。当事人没有约定检验期间的，买受人应当在发现或者应当发现标的物的数量或者质量不符合约定的合理期间内通知出卖人。买受人在合理期间内未通知或者自标的物收到之日起两年内未通知出卖人的，视为标的物的数量或者质量符合约定，但对标的物有质量保证期的，适用质量保证期，不适用该两年的规定。"

本案买方已将质量异议在规定时间通知卖方，但却未配合卖方进行质量验收，并在项目未进行验收的情况下先行使用。尽管本案法院认为合同性质为买卖合同，而非施工合同，但设备买卖合同中亦可对货物验收程序作出详细约定，可参照施工合同的相关约定，规定买受人拒不验收的后果，以及买受人在未验收的情况下先行使用的后果，以避免将来发生争议。比如2013年《建设工程施工合同（示范文本）》第13.2.2条规定：工程未经验收发包人擅自使用的，且无正常理由逾期不颁发工程接收证书的，自转移占有后第15天起视为已颁发工程接收证书。第13.1.2条规定：监理人未按时进行验收，也未提出延期要求的，有权自行验收，监理人应认可验收结果。

02 阿克苏市疆南热力有限公司与陈世华、吕银生建设工程施工合同纠纷案

案例来源：（2015）阿中民一初字第8号，（2015）新民一终字第356号。
关键词：建设工程施工　保证金　利息　主体适格

一、 裁判规则

【规则1】自然人在一定条件下可以是建设工程施工合同纠纷的适格主体
有证据证明自然人为相关款项或权利的权利人时，该自然人具有诉讼主体资格。
【规则2】建设工程承包合同的效力不影响与之无关联的保证金和利息的支付
判断建设工程施工合同是否影响保证金的支付要看相关文件的具体承诺内容，如相关文件内容呈现出保证金交付是独立于建设工程施工合同的事件，则建设工程承包合同是否是无效合同，并不影响保证金的交付与返还。

二、 审判概览

（一）涉案项目情况

2012 年 4 月，阿克苏市人民政府同阿克苏市疆南热力有限公司（简称"疆南热力公司"）签署了《新疆阿克苏市集中供热 BOT 项目特许经营协议》，约定由疆南热力公司负责推进西城区集中供热基础设施工程。后疆南热力公司与江苏威达建设有限公司（以下简称"威达公司"）签订了建设工程施工合同。

2012 年 9 月 12 日，新疆九州建设集团有限公司向疆南热力有限公司汇入 200 万元保证金。2013 年 8 月 15 日，阿克苏市人民政府向疆南热力公司发出通知，内容为：根据 2013 年 7 月 11 日阿克苏市人民政府下发的《关于阿克苏市西城区集中供热项目遗留问题工作协调会纪要》要求，贵公司未在规定的时限内给予相关回复，经研究，做如下处理：（1）现立刻收回 2012 年 3 月 23 日提供给贵公司的《授权书》（阿市政函(2012)33 号）；（2）依照 2012 年 4 月市政府同贵公司签署的《新疆阿克苏市集中供热 BOT 项目特许经营协议》的约定，贵公司的行为已构成实质性违约，根据《新疆阿克苏市集中供热 BOT 项目特许经营协议》第 18.2.c 的约定，甲方有权立即发出终止意向通知。针对贵公司实质违约，政府于 2013 年 7 月 11 日下发《关于阿克苏市西城区集中供热项目遗留问题工作协调会纪要》和《关于落实市西城区集中供热项目遗留问题协调会纪要的通知》，但贵公司拒不履行此会议纪要和通知要求，现根据《新疆阿克苏市集中供热 BOT 项目特许经营协议》第 18 条第 3 款"提前终止通知：a. 在第 18.3.1 条款项下的协商期结束后，除非(i)双方另行达成一致，(ii)导致发出提前终止意向通知的乙方(贵公司)违约事件"，由于乙方不在上列两种情况之列，发出提前终止意向通知的一方有权发出提前终止通知。现阿克苏市政府通知贵公司终止《新疆阿克苏市集中供热 BOT 项目特许经营协议》的履行，在贵公司收到之日，双方签订的《新疆阿克苏市集中供热 BOT 项目特许经营协议》应于双方商定的提前终止日终止。

2013 年 8 月 15 日，阿克苏市人民政府办公室向疆南热力公司发出通知，认为其目前已根本无法推进该项目，决定：（1）政府考虑到疆南热力公司前期已投入财力、物力，为积极稳妥地推进西城区集中供热工程，妥善解决历史遗留问题，供热主管部门提出：疆南热力公司在 7 月 10 日前出具银行 1 亿元资信证明，在指定账户打入 3 000 万元项目保证金，出具在 2013 年供暖的施工方案后，市政府可优先考虑由疆南热力公司继续实施西城区供热项目，并签订新的投资合同。（2）2013 年 7 月 15 日，阿克苏市人民政府办公室给疆南热力公司下发了《关于落实市西城区集中供热项目遗留问题协调会纪要的通知》，要求疆南热力公司严格按会议纪要精神执行：（1）对遗留工程质量进行认定，由疆南热力公司邀请原设计单位到现场，由市政府主管部门、疆南热力公司、山东通源热力集团共同组成质量检验评估小组，由原设计单位检定是否符合设计标准，然后签字承担责任；（2）疆南热力公司提供 10% 的隐蔽工程记录和原 X 光检测部门的探伤照片，供检验评估小组检查。该《通知》要求疆南热力公司领取时该公司未及时领取，7 月 16 日、17 日市政府办委托市住建局以给疆南热力公司法定代表人吕银生发彩信和快递的方式将《通知》发送给吕银生，均有相关签收记录。（3）截至 2013 年 7 月 25 日，疆南热力公司未履行《通知》要求。遂决定："市政府依照相关法律条款重新选址，疆南热力公司出具供热廊道和路由，由有实力的企业组织、实施西城区集中供热项目；另外对此造成的一切经济责任和法律关系由疆南热力公司自行负责、解决。疆南热力公司退出阿克苏市供热市场。"

2013 年 10 月 13 日，出具关于退还工程保证金不可撤销的承诺，认为关于阿克苏集中供热项目管网工程，疆南热力公司在实施时收取了以下几家施工方的保证金，收取金额分别为：一工区陈世华现金人民币 200 万元（2012 年 9 月 10 日）、二工区魏继明现金人民币 30 万元（2012 年 8 月 25 日）、三工区蒋安兵现金人民币 200 万元（2012 年 8 月 28 日）、四工区魏久俊现金人民币 100 万元（2012 年 11 月 3 日），保证金共计人民币 530 万元整。关于退还保证金事宜，疆南热力公司经与以上四个工程队慎重沟通、友好协商，现承诺如下：（1）在该项目实施过程中，疆南热力公司前期已完成一定金额的现金投资，该金额的大小由市政府及相关部门通过对已完成部分的清算后确定，该费用为疆南热力公司实际应收款项。现承诺并同意以上四家施工方的保证金由市政府清算小组代扣并由以上四家施工方负责人亲自领取。（2）疆南热力公司承诺将积极督促市政府及相关部门进行清算，若 2013 年 11 月 15 日前清算工作仍未完成，我公司愿意按照月息 3% 向以上四家施工方支付利息，利息计算起始日期为实际交纳保证金的具体日期。该利息与保证金本金同期一并支付。以上保证金为我疆南热力公司应退还款项，对于上述不可撤销承诺我公司愿意承担所有责任。吕银生代表疆南热力公司签字及盖章，同时吕银生手写关于利息问题经协商后再定，收取保证金属实。

2014 年 4 月 1 日，吕银生出具欠条一张，内容为吕银生今欠向传义、陈世华、魏继明三家施工队施工保证金，情况如下：向传义 200 万元，利息按月息 3% 计算，共计 18 个月。陈世华 200 万元，利息按月息 3% 计算，共计 16 个月。魏继明 200 万元，利息按月息 3% 计算，共计 18 个月。以上欠款在 2014 年 5 月 30 日前一次性付清。新疆九州建设集团有限公司出具证明、授权委托书证明受陈世华委托向疆南热力公司汇入工程保证金 200 万元，该款所有权属于陈世华。

（二）审理要览

1. 原告主要诉求

原告陈世华起诉至阿克苏地区中级人民法院，请求：疆南热力公司返还保证金 200 万元；吕银生承担民事责任。

2. 审理经过

本案经过一审、二审以及再审程序。一审法院阿克苏市中级人民法院作出

（2015）阿中民一初字第 8 号民事判决，判决：疆南热力公司于本判决生效后 10 日内一次性退还陈世华保证金 200 万元；疆南热力公司于本判决生效后 10 日内一次性支付陈世华保证金利息 73 万元；驳回陈世华的其他诉讼请求。

二审法院新疆维吾尔自治区高级人民法院于 2015 年 12 月 17 日作出（2015）新民一终字第 356 号民事判决：驳回上诉，维持原判。

三、 争议焦点的规则解读

【焦点 1】 自然人是否可以成为建设工程施工合同纠纷案件的诉讼主体

1. 当事人观点

本案原告陈世华认为，其将 2 000 000 元支付给疆南热力公司有相关的打款凭证，吕银生作为公司的法定代表人有针对性地向其出具欠条，并约定了利息的计算方式，故自己具备起诉的主体资格，有权要求疆南热力公司返还支付的保证金和利息。

本案被告疆南热力公司认为，陈世化作为个人，不具有施工资质，故其以原告身份提起诉讼显然不适格；与疆南热力公司形成建设工程施工合同关系的是威达公司，威达公司才是本案适格的诉讼主体。新疆九州建设集团有限公司出具的证明和授权委托书，只是说明了付款的事实，根本不能认定当初付款的主体到底是谁。

2. 法院观点

阿克苏地区中级人民法院一审认为：

新疆九州建设集团有限公司出具证明、授权书证实该保证金系陈世华委托汇款，该款所有权人是陈世华，陈世华具有本案原告的诉讼主体资格；同时吕银生向陈世华出具了欠条，亦认可了陈世华的主体身份，吕银生作为疆南热力公司的法定代表人的签字行为系履行职务行为，法律后果应由疆南热力公司承担。

新疆维吾尔自治区高级人民法院二审认为：

疆南热力公司与吕银生对新疆九洲建设集团有限公司新业分公司汇入疆南热力公司保证金 200 万元没有异议，新疆九洲建设集团有限公司新业分公司出具《证明》和《授权委托书》，亦证实 200 万元系陈世华委托汇款，并且疆南热力公司出具的承诺以及原审被告吕银生出具的欠条，明确欠付陈世华保证金 200 万元。

此外，疆南热力公司认为威达公司才是本案适格原告，但其仅提供自己公司出具的收条，并无其他证据与之印证，缺乏证据支持本案诉争的 200 万元保证金为威达公司所交纳。故陈世华具有原告主体资格。

3. 作者简评

特许经营项目的建设过程中参与主体繁复，参与主体之间的法律关系也很复杂，因此准确认定和适用法律是很困难的。本案中就体现了这样一个复杂法律关系的局部。从案件的实际情况看，本案实际是社会资本方和实际施工人之间发生的"名为保证金实为工程欠款"的法律关系。只有这样认定才能准确解释"社会资本方承诺按月息3%支付利息"以及"社会资本方法定代表人出具欠条明确欠付款及利息"的事实情况。

作出上述认定之后，在本案中个人当然可以作为工程欠款的权利人向社会资本方主张工程欠款及其利息，具备诉讼主体资格。

【焦点2】建设工程承包合同的效力是否影响保证金和利息的支付

1. 当事人观点

疆南热力公司认为，其与威达公司之间的建设工程施工合同并未解除，威达公司包括陈世华对已施工的工程项目的质量是否合格还未通过验收，故威达公司所缴纳的安全保证金还未到归还的时间；疆南热力公司出具的所谓欠条和承诺，均是陈世华组织人员对疆南热力公司法定代表人限制人身自由，进行胁迫的情况下所形成的，按照法律规定受胁迫所实施的民事法律行为无效。故威达公司与疆南热力公司签订的合同是无效的合同，合同无效应当相互返还财产，但即便是归还保证金也只是归还本金，不应向威达公司更不应向陈世华支付高额利息。

陈世华认为疆南热力公司提交的阿克苏市兰干派出所出具的《接处警登记表》无法证实吕银生是否遭到胁迫，认为证人对管网工程的施工方和发包方不清楚，不能证实工程施工合同的双方当事人，且对吕银生的过激行为，是否存在动手、谩骂等行为证人没有表述清楚，也不能证实陈世华对吕银生有胁迫行为。

2. 法院观点

阿克苏地区中级人民法院一审认为：

疆南热力公司、吕银生辩称欠条系被强迫出具没有事实和法律依据，其抗辩理由不能成立。且双方欠条及承诺约定的支付保证金利息，约定的利息未超出法律规定的部分，应予以支持。

新疆维吾尔自治区高级人民法院二审认为：

疆南热力公司退还工程保证金的承诺和公司法定代表人吕银生出具保证金在2014年5月30日前一次性支付的欠条的行为，应视为保证金退还的条件已成就，故退还保证金符合条件。

疆南热力公司逾期未退还保证金，应当支付占用资金期间的利息。疆南热力公司退还工程保证金的承诺和吕银生的欠条中均记载了退还保证金利息的利率和计算的起止时间，属于当事人意思自治的内容，一审法院予以适当调整，并不违反法律规定。

3. 作者简评

建设工程施工合同是很复杂的合同，其内容至少包括工程范围、合同价款、付款方式、预付款、履约担保、计价方式、变更、索赔、工期、质量、材料、不可抗力、违约责任等。而基于建设工程施工合同也会派生出很多其他的合同，这里要特别提到的是结算协议和还款协议。司法实践中，一般认为结算协议和还款协议是独立于施工合同的单独协议。如北京市高级人民法院在《关于审理建设工程施工合同纠纷案件若干疑难问题的解答》（京高法发〔2012〕245号）第7条中即明确规定："当事人在诉讼前已就工程价款的结算达成协议，一方在诉讼中要求重新结算的，不予支持，但结算协议被法院或仲裁机构认定为无效或撤销的除外。建设工程施工合同无效，但工程经竣工验收合格，当事人一方以施工合同无效为由要求确认结算协议无效的，不予支持。"

本案中社会资本方出具的承诺函及欠条是类似于还款协议的文件，其具有独立于施工合同的法律性质，因此其效力不受施工合同效力的影响。

四、启示

【启示】社会资本方在特许经营项目中应特别重视文件签署及授权

本案中社会资本方没有避免要承担付款责任的一个重要原因是，社会资本方的法定代表人向相关方出具了欠条。尽管社会资本方提出是受胁迫签订的，但是由于没有证据证明受胁迫的事实，因此该说法没有被法院采纳。

为了应对此类情况，也避免相关方采取胁迫方式强迫社会资本方工作人员签署文件的情况发生，我们建议社会资本方在合同中明确："经济类文件，包括但不限于合同、补充协议、认价单、确认函、承诺函等均只能使用社会资本方公章签署，仅有任何人的签字包括法定代表人的签字均为无效。"通过这样的约定可以以公示的方式明确公章才是有效，第三方不存在善意不知情的情况，而一般来说公章的管理是较为严格的，相较于个人签字，更不容易通过胁迫获得。

特许经营项目建设过程中有很多类似上述建议的注意事项，需要社会资本方的工作人员在项目管理中多注意多总结。

03 安陆市涢泉环保科技有限公司与杨远平、郭亚洲合同纠纷再审复查与审判监督案

案例来源：（2013）鄂安陆民初字第02880号，（2015）鄂民申字第00525号。

关键词：借贷合同　定金合同　附解除条件　招投标

一、裁判规则

【规则】特许经营项目在一定条件下可不经招标确定项目施工方

特许经营权项目在决定了项目公司以后，针对项目中的工程建设环节，是否需要通过招投标，决定权在项目公司。

二、 审判概览

(一)涉案项目情况

2008 年 8 月 25 日,安陆市人民政府与汉川市银泉环保科技有限公司(简称"银泉环保公司")签订了《安陆市城市污水处理厂 BOT 方式投资合同书》,授予银泉环保公司对安陆市污水处理厂项目的特许经营权,银泉环保公司享有该项目的投资、建设、在运营期内运营、维护、经营项目的权利。银泉环保公司为此项目成立了安陆市涢泉环保科技有限公司(简称"涢泉公司")。

2013 年 7 月 27 日,杨远平、郭亚洲与涢泉公司签订了一份协议书,约定涢泉公司向杨远平、郭亚洲借款人民币 150 万元,借款期限为两个月,期内按每月 2.5% 支付利息,涢泉公司向杨远平、郭亚洲借款附条件为将安陆市生活污水处理厂的第二期土建工程(包括土建、市政、道路等)给杨远平、郭亚洲承建,由杨远平、郭亚洲以具有二级以上的相应建筑资质单位签订具体工程施工合同,同时借款转为施工合同保证金,涢泉公司不再支付利息。

协议同时约定涢泉公司不能让杨远平、郭亚洲承建工程,则杨远平、郭亚洲所借款两个月后按每月 5% 支付利息,并单项约定违约责任为:如涢泉公司违约由涢泉公司向杨远平、郭亚洲赔偿违约金,按本金的双倍予以支付,杨远平、郭亚洲违约不得收回本金及利息。

涉案协议签订后,杨远平、郭亚洲为正式签订安陆市污水处理厂第二期工程建设施工合同做了制作工程预算等准备工作。2013 年 10 月 20 日,涢泉公司作为招标人将安陆市污水处理厂第二期工程对外招标,但未通知杨远平、郭亚洲有关招标的事宜,此工程中标人为湖北江天建筑工程有限公司,中标价为 2 719.09 万元。

(二)审理要览

1. 原告主要诉求

原告杨远平、郭亚洲起诉至湖北省安陆市人民法院,请求:因涢泉公司将工程发包给其他单位承建,显属违约,应支付工程预付保证金 150 万元,并按照合同约定给付赔偿金。

2. 审理经过

本案经过一审、二审以及再审程序。一审法院湖北省安陆市人民法院作出 (2013)鄂安陆民初字第 02880 号民事判决,判决:涢泉公司支付给杨远平、郭亚洲违约金 130 万元;驳回杨远平、郭亚洲的其他诉讼请求。

二审法院湖北省孝感市中级人民法院于 2014 年 10 月 20 日作出(2015)鄂民申字第 00525 号民事判决:驳回上诉,维持原判。

湖北省高级人民法院经过再审后作出终审判决:驳回安陆市涢泉环保科技有限公司的再审申请。

三、 争议焦点的规则解读

【焦点】特许经营项目能否直接通过合同约定的方式确定项目施工方

1. 当事人观点

本案一审原告认为，安陆市污水处理厂工程的运行模式是 BOT 模式，该项目是涢泉公司与安陆市人民政府之间签订的投资合同所决定的，该合同授权涢泉公司投资、融资、建设、经营、自行委托承建单位，无需走招投标程序。

本案一审被告涢泉公司认为，工程发包合同是法定要式合同，且本案工程是市政重大工程，需通过招投标才能签约，杨远平和郭亚洲系自然人，无资格签订工程施工合同，即使是代表有资质的公司签约，也应当依据招投标程序进行。因此，合同所附条件是不合法、无效的，应视为条件未成就，依此为前提的法律事实均应归于无效。涢泉公司还提交了湖北省发展计划委员会"鄂计投资(2001)1377 号"文件，证明：涉案协议约定所附条件的工程属于市政重大工程，由湖北省发展计划委员会审批，依法应当招投标，涉案协议约定的所附条件不合法。

2. 法院观点

湖北省安陆市人民法院一审认为：

原被告双方签订的协议，从其内容看，并非简单的民间借贷关系。杨远平、郭亚洲借款给涢泉公司的目的是为其所联系单位取得工程承建权，同时将借款转化为承建工程的投资，涢泉公司则是以借款作为承建工程对外要约邀请的条件，尽管协议中先条款约定了缔约过失加重利息的罚则，但后条款单项约定的违约责任明显属定金罚则，按照后条款优于先条款的原则，此协议应属缔约定金合同性质。原被告双方签订的合同无法律禁止性规定，合法有效，涢泉公司将工程发包给其他单位承建，属于违约。

湖北省孝感市中级人民法院二审认为，合同明确约定"涢泉公司向杨远平、郭亚洲借款附条件为将安陆市生活污水处理厂的第二期土建工程(包括土建、市政、道路等)给杨远平、郭亚洲承建"以及"由杨远平、郭亚洲以具有二级以上的相应建筑资质单位签订具体工程施工合同"的内容，该内容明确要求预订立安陆市生活污水处理厂第二期土建工程合同的主体应是具有相应建筑资质的建筑施工企业，并不违反国家法律法规的禁止性规定，故应当认定为有效条款。

湖北省高级人民法院再审认为：

本案的性质是附条件的合同纠纷。其条件应为甲方向乙方借款附条件将安陆市生活污水处理厂第二期土建工程给乙方承建。对于特许经营权(BOT)的项目在决定了项目公司以后，针对项目中的工程建设环节，是否需要通过招投标，决定权在项目公司。

3. 作者简评

本案核心争议在于特许经营项目投资人与第三方约定项目由有相应资质的

企业承揽施工是否有效。终审法院认为，投资人有权决定不经招投标程序选择施工方，协议有效，投资人应当履行。我们认为这一观点是值得商榷的。根据《招标投标法实施条例》第9条的规定，已通过招标方式选定的特许经营项目投资人依法能够自行建设、生产或者提供的，在选定施工单位时可以不进行招标。① 除了该等情形外，均应该采用招标方式确定施工单位。

四、 启示

【启示】关于"二招并一招"的适用条件

《招标投标法实施条例》第9条第(三)项规定"已通过招标方式选定的特许经营项目投资人依法能够自行建设、生产或者提供"，可以不进行招标，也就是说，投资人可不进行招标是有条件的，即该投资人与项目施工方为同一主体。因此本案终审法院认为投资人可自行决定不采用招投标方式选择施工方，我们认为是值得商榷的。

对于《招标投标法实施条例》第9条第(三)项的解释存在两种不同意见。《关于在公共服务领域深入推进政府和社会资本合作工作的通知》（财金〔2016〕90号）第9条指出："对于涉及工程建设、设备采购或服务外包的PPP项目，已经依据政府采购法选定社会资本合作方的，合作方依法能够自行建设、生产或者提供服务的，按照《招标投标法实施条例》第九条规定，合作方可以不再进行招标。"该条款并未将"两招并一招"的范围限制在采用招投标方式选择投资人时，表明财政部认为无论采取招投标，还是采取竞争性磋商等《政府采购法》规定的竞争性程序，都可以采用"两招并一招"的方式。

而《传统基础设施领域实施政府和社会资本合作项目工作导则》（发改投资〔2016〕2231号）第13条指出："拟由社会资本方自行承担工程项目勘察、设计、施工、监理以及与工程建设有关的重要设备、材料等采购的，必须按照《招标投标法》的规定，通过招标方式选择社会资本方。"该条款明确指出，能够采用"两招并一招"的方式的，必须是通过招标方式选择的社会资本方，可视为对《关于在公共服务领域深入推进政府和社会资本合作工作的通知》中有关通过《政府采购法》选定的投资人可适用"两招并一招"的规定的明确否定。

我们建议，若社会资本方有意采用"两招并一招"的方式，则应做好与政府方的沟通工作，尽量通过招标方式取得项目，以防止法律风险。相比而言，采招投标方式选择特许经营投资人法律风险更小。

---

① 《招标投标法实施条例》第9条："除招标投标法第六十六条规定的可以不进行招标的特殊情况外，有下列情形之一的，可以不进行招标：（一）需要采用不可替代的专利或者专有技术；（二）采购人依法能够自行建设、生产或者提供；（三）已通过招标方式选定的特许经营项目投资人依法能够自行建设、生产或者提供；（四）需要向原中标人采购工程、货物或者服务，否则将影响施工或者功能配套要求；（五）国家规定的其他特殊情形。"

04 衡阳市鑫湘江建筑劳务有限公司与衡阳市蒸湘建筑工程公司、涟源市海川达水务有限公司建设工程分包合同纠纷案

案例来源：（2013）长中民三初字第 01 028 号，（2015）湘高法民一终字第 198 号。

关键词：工程款　鉴定　结算　经济签证单

一、 裁判规则

【规则1】工程造价咨询单位未取得司法鉴定许可证，其出具的鉴定报告可作为结算依据

工程造价咨询单位不属于实行司法鉴定登记管理制度的范围，故只要鉴定程序合法，鉴定机构和鉴定人员具备相应资质，且鉴定结论也无明显依据不足之情形，则应认定其出具的鉴定报告可以作为工程结算依据。

【规则2】依工程经济签证单可以作为工程结算的依据

在工程经济签证单均有施工方、监理方、建设方的签章，且当事人对签章的真实性无异议的情况下，可以将之作为计算工程价款的依据。

二、 审判概览

（一）涉案项目情况

2009 年 4 月 25 日，湖南省涟源市人民政府与深圳市海川达投资有限公司（以下简称"海川达公司"）签订《涟源市污水处理厂及污水收集系统特许经营合同》，将涟源市污水处理厂工程以 BOT 的方式交由深圳市海川达投资有限公司投资、建设、运营。

2009 年 5 月 15 日，深圳市海川达投资有限公司成立了项目公司即涟源市海川达水务有限公司，负责该合同的履行。深圳市海川达投资有限公司另成立深圳市海川达投资有限公司湖南项目部，后正式成立广东海川达投资（集团）有限公司湖南分公司（以下简称"海川达湖南分公司"），负责对包括涟源市污水处理厂在内的投资的工程进行结算、管理，廖国庆为总经理、庾江华为副总经理。海川达公司将该工程发包给衡阳蒸湘建筑工程有限公司（以下简称"蒸湘公司"）承包建设，蒸湘公司为此成立衡阳蒸湘建筑工程公司涟源海川达污水处理厂工程项目部。

2009 年 5 月 18 日，深圳市海川达投资有限公司湖南项目部总经理廖国庆作为蒸湘建筑公司涟源海川达污水处理厂工程项目部（甲方）委托代理人与衡阳市鑫湘江建筑劳务有限公司（以下简称"鑫湘江公司"）签订《建筑工程施工劳务协作合同》，并加盖了蒸湘建筑公司涟源海川达污水处理厂工程项目部公章，合同约定："……三、协作工程范围和内容：涟源市污水处理厂厂区土建工程。

四、协作形式：包劳务用工、包小型消耗材料、包模板材料、包架管及安全防护、包施工设备、包水电费、包施工排水；钢材由甲方供应，按图纸工程量核销，其他材料由乙方采购且含在综合单价中。……七、工程款支付：1. 工程进度款按甲方审定的乙方报送的当月完成工程量，根据当月完成的工程量，乙方可预借部分工程款，该款项在每月5日支付；2. 单项工程完成后进行单项结算，7天内付至70%；3. 15%在工程竣工验收，工程结算完成后14天内支付；4. 留10%作为民工工资保证金，在竣工验收3个月内支付；5. 留工程合同价的5%作为保修期的保修金。保修金在竣工验收后1年到期后14天内付清。……九、现场管理：……2、文明施工：乙方的场地通道、便道要充分满足施工、消防、排水、排污要求，其费用自理……"

合同签订后，鑫湘江公司组织进行施工。该工程于2010年6月18日通过竣工验收。2010年9月29日，鑫湘江公司向海川达公司送达《涟源市污水处理厂厂区工程结算书》，结算金额为21 414 874.40元，但海川达公司未进行审核。2011年10月14日，鑫湘江公司项目经理朱伟民与海川达湖南分公司代表就涟源污水处理厂工程的结算事宜进行了协商并形成了会议纪要。

2012年1月13日，经海川达湖南分公司审核形成了《涟源污水处理厂厂区工程结算汇总表》，载明工程款合计12 692 181.24元，其中，签证部分1（含土石方等）为769 916.95元、签证部分2（含土石方等）为398 472.53元，海川达湖南分公司合同部工作人员张伍林、谢昌喜在该汇总表上签字，副总经理庾江华在该汇总表上签署了"签证工程量暂予以认可，待总公司审核后再予认定"的意见，总经理廖国庆未在该汇总表上签署意见。2012年10月12日，海川达湖南分公司副总经理庾江华代表蒸湘建筑公司涟源海川达污水处理厂项目部与鑫湘江公司项目经理朱伟民签订《涟源污水处理厂结算协议》，约定双方将重新对工程款进行审核，但直至诉讼过程中，双方未依照该协议重新审核工程款。

2009年8月20日，鑫湘江公司向蒸湘公司出具《报告》，请求蒸湘公司酌情承担工伤事故费用，海川达湖南分公司总经理廖国庆在该报告上签署了"同意业主方承担16万元"的意见；2009年12月5日，鑫湘江公司向蒸湘公司出具《报告》，请求蒸湘公司补偿二次转运费16万元，海川达湖南分公司总经理廖国庆在该报告上签署了"情况属实，同意补偿5万元"的意见；鑫湘江公司还向海川达湖南分公司出具《报告》，请求补偿池体试水费用2万元，海川达湖南分公司总经理廖国庆在该报告上签署了"同意"的意见；鑫湘江劳务公司还向海川达湖南分公司出具《报告》，请求确认水电安装费20万元，海川达湖南分公司总经理廖国庆在该报告上签署了"按约定办理"的意见。

蒸湘公司、海川达公司主张已分28笔向鑫湘江公司支付、借支、抵扣工程款8 116 881元，但鑫湘江公司对其中3笔有异议，只认可收到、借支工程款7 883 985元。

（二）审理要览

1. 原告主要诉求

鑫湘江公司起诉至长沙市中级人民法院，请求：蒸湘公司、海川达公司向其支付确认的工程款 3 727 111.76 元；蒸湘公司、海川达公司支付签证部分对应的工程款 1 168 389.48 元或由鉴定机构对签证部分进行鉴定确认该部分工程款项支付；蒸湘公司、海川达公司支付事故赔偿款项 16 万元、道路转运费用 5 万元、试水设备人工费 2 万元及水电安装工程包干费用 20 万元；蒸湘公司、海川达公司按银行同期贷款利率计算支付欠付工程款利息 952 210 元（按合同约定付款方式计算至 2013 年 10 月 11 日止），其后利息由法院判决确认，直至欠付工程款项全部付清。

2. 审理经过

本案经过一审和二审程序。一审法院长沙市中级人民法院于 2015 年 3 月 10 日作出（2013）长中民三初字第 01 028 号民事判决，判决：蒸湘公司、海川达公司于判决生效之日起 10 日内共同向鑫湘江公司支付工程款 4 608 388.82 元；蒸湘公司、海川达公司于判决生效之日起 10 日内按照中国人民银行同期同类贷款利率的标准共同向鑫湘江公司支付欠付工程款 4 608 388.82 元自 2012 年 7 月 2 日起至实际清偿之日止的利息；驳回鑫湘江公司其他诉讼请求。

二审法院湖南省高级人民法院于 2015 年 8 月 3 日作出（2015）湘高法民一终字第 198 号民事判决：驳回上诉，维持原判。

三、 争议焦点的规则解读

【焦点 1】工程造价咨询单位未取得司法鉴定许可证，其出具的鉴定报告可否作为结算依据

1. 当事人观点

本案一审原告鑫湘江公司认为，双方当事人签署的《涟源污水处理厂结算协议》并没有实际履行，协议的约定不能推翻有效的签证单，原审法院组织双方对鉴定资料进行质证并交由鉴定部门鉴定，本身就是合法有效的；鉴定机构的资质是合法有效的。

本案一审被告蒸湘公司、海川达公司认为，根据双方当事人签署的《涟源污水处理厂结算协议》第 2 条，土石方、淤泥开挖、回填工程量及签证工程量按核实的资料重新计算，即双方当事人一致同意土石方、淤泥开挖、回填工程量及签证工程量原报审的资料有出入，要重新计算；蒸湘公司、海川达公司聘请过专业造价师进行审计核算，但因鑫湘江公司不配合而未能就重新计算的结果达成一致；法院指定的湖南精算堂工程项目管理有限公司（以下简称"精算堂"）并没有进行专业审核，只是对法院提交的资料进行了简单的计算统计，漏洞百出，且精算堂不具有司法鉴定资格。

2. 法院观点

长沙市中级人民法院一审认为：

蒸湘建筑公司涟源海川达污水处理厂工程项目部不具有独立承担民事法律责任的主体资格，其民事法律责任应由其设立机构蒸湘公司承担；蒸湘建筑公司涟源海川达污水处理厂工程项目部与鑫湘江公司签订《建筑工程施工劳务协作合同》虽系双方真实意思表示，但该合同所涉工程系蒸湘公司从海川达公司处承包后转包给鑫湘江公司，违反了法律法规的强制性规定，故该《建筑工程施工劳务协作合同》系无效合同；虽合同无效，但因该工程已经竣工验收合格，鑫湘江公司有权请求蒸湘公司参照合同约定支付工程价款，并有权要求发包人即海川达公司在欠付工程价款范围内承担支付责任。

三方当事人对于涉案工程的工程价款未进行有效结算，法院根据鑫湘江公司的申请，依法委托了有资质的精算堂对涉案工程总价款进行了评估鉴定，根据该公司出具的《鉴定报告》，涟源市污水处理厂土建及水电安装工程鉴定造价为 11 952 973.82 元。该鉴定所依据的签证资料均有建设方、监理方、施工方的签字或盖章，蒸湘公司与海川达公司对于该签字和盖章的真实性无异议，其又未提供充分证据证实这些签证资料内容不实，故鉴定所依据的签证资料应认定为真实、合法，该《鉴定报告》应当予以采信。

湖南省高级人民法院二审认为：

关于精算堂的鉴定资质问题。根据最高人民法院《关于如何认定司法鉴定人员是否同时在两个司法鉴定机构执业问题的答复》第 1 条 "根据全国人大常委会《关于司法鉴定管理问题的决定》第二条的规定，工程造价咨询单位不属于实行司法鉴定登记管理制度的范围"。精算堂是一审法院在双方当事人委托下摇珠产生的鉴定机构，向法庭提交了鉴定机构的《工程造价咨询企业甲级资质证书》及鉴定人的《注册造价工程师》证书，具备鉴定资质。

关于鉴定所依据的签证资料的真实性问题。工程签证单上均有建设方、监理方、施工方的签字或盖章，双方对签证单上签字和盖章的真实性无异议，蒸湘公司、海川达公司以工作人员素质不高、相互勾结，工程量虚假为由否认双方签字确认的工程量，没有证据证明；即使双方在 2012 年 10 月 12 日达成的结算协议上约定 "土石方、淤泥开挖、回填工程量及签证工程量按核实的资料重新计算"，但在长达两年多的时间里双方并没有就以上工程量重新核实计算，蒸湘公司、海川达公司主张系鑫湘江公司拒不配合，也未提供证据证明。因此，各方对签证单上签字盖章的真实性予以认可，且本案蒸湘公司、海川达公司至今未能提供核实后重新计算的工程量资料，一审中鉴定机构以经过双方质证的签证单作为鉴定的依据之一并无不妥。

因此，一审法院委托进行的司法鉴定程序合法，鉴定机构和鉴定人员具备相应资质，且该鉴定人员也出庭接受各方当事人的质询，并对各方当事人提出的异议部分业已作出了合理说明，鉴定结论也无明显依据不足之情形。精算堂出具的工程造价鉴定报告，程序合法，依据充分，应当作为本案工程造价结算之依据。

3. 作者简评

根据《司法鉴定机构登记管理办法》第 2 条规定："本办法所称的司法鉴定机构是指从事《全国人民代表大会常务委员会关于司法鉴定管理问题的决定》第二条规定的司法鉴定业务的法人或者其他组织。"而全国人大常委会《关于司法鉴定管理问题的决定》第 2 条规定的鉴定业务范围不包括工程造价①，因此工程造价咨询单位不属于实行司法鉴定登记管理制度的范围。也就是说建设工程施工合同纠纷中涉及造价鉴定时，进行造价鉴定的机构不需要具备司法鉴定资质。

【焦点 2】依工程经济签证单结算工程价款是否有效

1. 当事人观点

本案一审原告鑫湘江公司认为，21# - 25#施工便道工程、49#第 6、7、8 项机械费用工程、26#、27#签证工程、53#9 工程、60#工程都具有经济签证单，但一审法院却没有计算工程款，共计 1 305 793.93 元；氧化沟凉亭项目鉴定造价没按双方约定方式计算，少计算鑫湘江公司应得工程款 109 608.83 元，应予增加；化粪池项目是海川达公司与鑫湘江公司双方至施工现场确认施工规格并套用了标准图集，因工程随时可实地查看，加之当时已通水运行，故未办理签证。《鉴定报告》漏算化粪池工程项目，理应增加工程造价 212 131.58 元；付款有部分采取"朱伟民先出具收据，后经海川达公司湖南部人员审批后再转账或付现"的方式进行，2009 年 8 月 1 日收据所记载的 20 万元，鑫湘江公司项目经理朱伟民只收到 10 万元。且如该 20 万元已全部支付，海川达作为履行付款义务人，即可向法院提交银行付款凭证，以证实实际支付。

本案一审被告蒸湘公司、海川达公司认为，鑫湘江公司自己向海川达公司出示了已收到 20 万元的收据，故不应再支付其 10 万元；根据双方签订的劳务合同第 9 条，施工便道的费用应该属于对方自己负担的费用。同理，第 26、60、53 号第 9 项工作签证的内容也是合同约定的鑫湘江公司自己应负担的内容；49号施工措施费用已经包含在相关定额单价中，不应重复计算。

蒸湘公司另主张，本工程原已支付所有的工程款由海川达公司直接支付给鑫湘江公司。蒸湘公司没有领取工程款，没有支付的责任。

2. 法院观点

长沙市中级人民法院一审认为：

（1）对于石方的类别。《鉴定报告》所依据的 49# - 57#工程经济签证单均有施工方、监理方、建设方的签章，且蒸湘公司、海川达公司对签章的真实性无

---

① 全国人民代表大会常务委员会《关于司法鉴定管理问题的决定》第 2 条：国家对从事下列司法鉴定业务的鉴定人和鉴定机构实行登记管理制度：（一）法医类鉴定；（二）物证类鉴定；（三）声像资料鉴定；（四）根据诉讼需要由国务院司法行政部门商最高人民法院、最高人民检察院确定的其他应当对鉴定人和鉴定机构实行登记管理的鉴定事项。法律对前款规定事项的鉴定人和鉴定机构的管理另有规定的，从其规定。

异议，而蒸湘公司、海川达公司《涟源市污水处理厂岩土工程详细勘察报告》系施工前单方面委托进行，其证明效力不及鑫湘江公司提供的签证资料，故鉴定机构按照签证资料确定石方类别并无不妥。(2)对于构筑物砼内是否掺加防水剂的问题。鑫湘江公司在《鉴定报告》出具后补充提交了其购买使用该防水剂的证据，且结合其施工的涉案工程已通过竣工验收的事实，鑫湘江公司在涉案工程构筑物砼内掺加该型号防水剂具有高度盖然性，故应在鉴定结论基础上增加造价19.88万元。(3)对于签证单51#载明的综合楼土石方基底标高比竣工图基底标高超深的问题。虽基础工程无超深设计变更，但鑫湘江公司提供的51#签证单有施工、监理、建设方签章，应当予以采信，故该项应增加造价5.8万元。(4)对于室外排水管及电力管施工开挖、回填的问题。如按土方回填至竣工图室外标高再开挖管槽土、回填砂计算，需增加造价22万元，对于该问题，鑫湘江公司提交了具有施工、监理、建设方签章的签证单53#、54#予以证实，故该项应增加造价22万元。(5)对于砼构筑物内壁是否抹水泥砂浆的问题。鑫湘江公司提供的80#签证单上说明有构筑物内壁抹水泥砂浆的费用，且有施工、监理、建设方签章，应当予以认定，故该项应增加造价6.26万元。(6)施工便道费用。根据鑫湘江公司与蒸湘公司签订的《建筑工程施工劳务协作合同》第9条第2款的约定，施工便道费用应由鑫湘江公司自理，故签证单21#-25#载明的施工便道费用不应计入工程款范围。(7)卸土场平整等费用。因该费用已包含在相关定额子目中，故不应另行计算。(8)对于签证单26#、60#及53#第9条包含的工作内容。该部分内容属于合同约定由鑫湘江公司自理费用的范围，故不应计入工程款范围。(9)对于化粪池工程。由于鑫湘江公司就该项工程未提供任何图纸及签证资料证明其完成了该项工程，且蒸湘公司、海川达公司不予认可，故对该项工程的费用不予支持。综上，法院认定本案工程款及相关费用为12 492 373.82元（11 952 973.82元+19.88万元+5.8万元+22万元+6.26万元）。

湖南省高级人民法院二审认为：

(1)关于原合同有约定自理部分又有经济签证单的工程没有计入工程款范围的问题。关于施工便道费用，鑫湘江公司与蒸湘公司在《建筑工程施工劳务协作合同》第9条约定应由鑫湘江公司自理，虽之后出具了经济签证单，但签证单上只写明情况属实，双方并没有另外达成便道工程量由蒸湘公司承担费用的协议，故鉴定机构没有按经济签证单计入工程款。同理，26#、27#、60#及53#第9条包含的工程内容，皆属于合同约定由鑫湘江公司费用自理的部分，故一审法院对原合同有约定自理部分又有经济签证单的工程没有计入工程款范围，并无不妥。(2)关于49#第6、7、8项机械费用。按双方结算协议约定，工程土石方挖运等按2006年《湖南省市政工程消耗量标准》计算，其中卸土场平整费已包含在相关定额子目中，故鉴定机构没将经济签证单49#第6、7、8项机械费用列入造价。鑫湘江公司没有提出充分证据推翻鉴定机构的判断，故不予支持。(3)关于凉亭工程量的计算问题。2012年12月20日鑫湘江公司向建设方提交的

《报告》中"双方同意按现行园林消耗量定额计算人工及材料费调差后的直接费加10%管理费进行结算",建设方廖国庆批复"此项要求,当时现场提出,工程部、合同部答应适当按园林消耗补偿计量,属实",建设方并未明确表示凉亭工程量全部按园林消耗量计量,"适当"计量属约定不明,既然双方未达成一致意见,故鉴定机构按原合同清单上的计量标准计算并无不妥。(4)关于化粪池工程。鑫湘江公司认为鉴定机构漏算,因鑫湘江公司未就该工程提供施工图,也无签证单佐证,故不予支持。

3. 作者简评

一般来说,工程签证是指在施工合同履行过程中,承发包双方根据合同的约定,就费用补偿、工期顺延以及因各种原因造成的损失赔偿达成的文件。但是由于工程签证的签订没有合同签订那么规范,因此会出现干了工作却由于经济签证不完整而无法获得工程价款的情况。本案就是因为签证单上只写明情况属实,双方并没有另外达成便道工程量由发包人承担费用的协议,故鉴定机构没有按经济签证单计入工程款,从而导致承包人无法获得对应工程价款。

四、 启示

【启示】社会资本方应重视工程签证的签订,确保足额收回建设投资和获得投资回报

在特许经营项目中,社会资本方的投资和投资回报是以项目的工程造价为基础的。但是如本案审理所揭示的,由于建设工程建设周期长,期间也可能会发生设计变更、不可抗力、工期延误等导致造价增加的情况,因此工程造价除了合同约定的合同价款外,还会发生合同外的大量费用。这也就是为什么在我国工程领域一直有"低价中标高价索赔"的说法。

工程签证是建设工程领域的一个特殊文件,直接会影响到最终承包人所能够获得的工程价款。我们建议:根据合同价格形式不同,工程签证要求应做相应调整。其中,可调价合同至少要签到量和单价;固定单价合同至少要签到量;固定总价合同至少签到量、价、费。

社会资本方在工程建设过程中应特别重视会导致工程价款增加的情况,并及时以工程签证的形式固定下来。这样即便政府方最终不认可增加的工程价款,但一旦进入诉讼,也可以通过鉴定机构的鉴定取得增加的工程价款。

05 **建设发展公司、刘国军与丰源房产公司、张勇、六盘水职业技术学院建设工程施工合同纠纷案**

案例来源:(2010)黔六中民一初字第0 005 号,(2011)黔高民终字第32 号。
关键词:BOT 工程款 竣工验收 停工 赔偿

一、 裁判规则

【规则】工程未竣工验收的情况下，施工方仍可向发包方主张工程款和利息

双方协议中已经明确了工程款的数额和支付情况，应按照合同约定支付。如未及时支付工程尾款及工程进度款造成工程停工的情况，发包方应承担由此给施工方造成的停工损失。

二、 审判概览

（一）涉案项目情况

2003 年 9 月 21 日，六盘水市发展计划委员会给六盘水职业技术学院（以下简称"职院"）下发了市计产二字〔2003〕157 号《关于六盘水职业技术学院第一期建设工程立项的批复》，其中：学生宿舍一期 15 000 平方米；食堂、浴室 7 150 平方米；职院采用 BOT 等方式融资 1 622 万元建设学生宿舍、食堂、浴室。

2005 年 10 月 17 日，张勇代表六盘水昱龙房地产开发有限公司（乙方）与职院（甲方）签订了《BOT 投资合同》，约定：职院学生宿舍（一期）和食堂、浴室工程采取 BOT 融资方式建设和经营，基础设施工程由乙方完全投资。工程命名为六盘水职业技术学院学生宿舍（一期）和食堂浴室工程。工程造价：估算 2 000 万元。工程建造由乙方实施。工程报建、招标等由乙方按规定完成，甲方给予协助。每月 25 日向甲方报告月工程进度。

2005 年 10 月 19 日，张勇作为发包方与刘国军（建设发展公司项目部经理）作为承包方签订了《建筑安装工程承包合同》，约定：工程名称为六盘水职业技术学院学生宿舍（一期）和学生食堂、浴室工程。工程期限为 2005 年 10 月 27 日至 2006 年 8 月 10 日止；工程总造价为 14 948 190 元；工程价款的支付与结算为进度款支付，完成第一层时，支付基础工程的 80％，完成第二层时，支付第一层的 80％，以此类推。如发包方拖欠工程进度款和尾款，应按银行有关逾期付款办法或"工程价款结算办法"的有关规定处理。确因发包方拖欠工程款、代购材料价款而影响工程进度、造成承包方的停、窝工损失，应由发包方承担。违约责任与奖励规定：（1）承包方的责任，工程质量不符合合同规定的，负责无偿修理或返工，工程交付时间不符合规定，按合同总价的 0.5％ 偿付逾期违约金；（2）发包方的责任，发包方未能按照承包合同的规定履行自己应负的责任，除竣工日期得以顺延外，还应赔偿承包方因此发生的实际损失，同时，承包方自然递升为投资合同书的乙方。工程中途停建、缓建或由于设计变更以及设计错误造成的停工，还应采取措施弥补或减少损失，同时赔偿承包方由此而造成的停工、窝工、返工、倒运、人员和机械设备调迁、材料和构件积压的实际损失。未能按合同规定支付工程进度款和工程尾款，承包方自然递升为 2005 年 10 月 17 日 BOT 投资合同》的投资商，同时占有投资合同书约定权益的 60％ ，原投资合同书的乙方同时占有此投资合同书约定权益的 40%。

2005 年 11 月 24 日，职院（发包方）与建设发展公司（以下简称"建设发展公司"）（承包方）签订了《建设工程施工合同》，约定：工程名称为六盘水职业技术学院学生宿舍（5、6、8 号楼）和食堂、浴室工程；资金来源为 BOT 融资；合同价款为 14 948 300 元；发包方向承包人承诺按照合同约定的期限和方式支付合同价款及其他应当支付的款项；工程款（进度款）支付方式为完成第一层时，支付基础工程的 80%，完成第二层时，支付第一层的 80%，以此类推，工程验收完毕后，付至总价的 95%，留 5% 作为工程保修金。工程进度款和竣工结算后余款的支付均由 BOT 投资方六盘水市昱龙房地产开发公司按照 BOT 合同支付。

协议签订后，建设发展公司入场开始施工，张勇支付了部分工程款及钢材款给刘国军。2006 年 6 月 6 日，张勇（甲方）与刘国军（乙方）就工程款的支付情况签订了《补充协议》，约定：（1）学生宿舍（一期）款支付，甲方从 2006 年 5 月 18 日开始支付款项直至工程完工共支付乙方 350 万元。其中：2006 年 5 月 29 日前支付款物合计 100 万元；2006 年 6 月 6 日前支付乙方 100 万元；余款 150 万元在学生宿舍（一期）六层封顶后一次付清。（2）食堂、浴室投资款支付，乙方从食堂、浴室工程基础部分以上开始施工，甲方从开工之日起支付乙方 50 万元，一层封顶甲方支付乙方 50 万元，二层封顶甲方支付乙方 50 万元，其余部分工程的款项由乙方垫资至工程完工。违约责任：（1）甲方必须按照本协议第 1 条规定的时间和金额支付乙方款项，如违约甲方已支付的款项作为赔偿乙方的违约金；（2）乙方必须按以上双方约定的条款履行本协议，如违反上述约定，乙方无条件退出施工，自愿放弃对其所垫付的工程主张权利，其所垫付的工程款作为赔偿甲方的违约金；（3）食堂、浴室工程如无法按 1 号合同的工期完工，由乙方赔偿甲方违约金 10 万元后，如无法按本协议约定的工期完工，则按本协议第 4 条第 2 款执行。协议签订后，六盘水市昱龙房地产开发公司支付了部分工程款，同年 8 月 28 日，5、6、8 号楼学生宿舍工程竣工验收，并交付给职院使用。

2007 年 11 月 20 日，六盘水昱龙房地产开发有限公司函告职院，同意将《BOT 投资合同》主体及合同项目的投资开发主体变更为丰源房产公司（以下简称"丰源房产公司"，法定代表人系张勇）。同年 11 月 29 日，丰源房产公司与职院签订了《BOT 投资合同变更本》。

2008 年 6 月 20 日，因丰源房产公司未按协议约定支付款项，丰源房产公司与建设发展公司就食堂、浴室工程的施工及 5、6、8 号楼工程尾款签订了《补充协议》，约定：付款办法：（1）职院 5、6、8 号楼工程尾款及 5、6、8 号楼学生宿舍增加部分（4 002 303.72 元）、食堂浴室孔桩及垫层（723 534 元）、工程检测费（106 167 元），此四项费用共 4 836 004.72 元的支付，从食堂、浴室工程动工之日起，每两个月支付一次，每次等额支付 160 万元，三次支付完毕。其中：第一次支付时间在食堂浴室工程动工的第 2 个月底，以此类推，所有款项在 6 个月内支付完毕。（2）食堂浴室工程进度款按照月进度支付的办法执行，建设发公司每月 25 日向丰源房产公司呈报"工程进度报表",按进度的 85% 支付,工程尾款(质量保修金 2% 除外)在本工程完工后两个月内支付完毕。(3)职院食堂浴室工程的启动资金人民币 70 万元,在动工前三日支付。违约执行《通用条款》(建设部与国家工商行政管理局联合制定)的有关规定。协议签订后,丰源房产公司陆续支付了部分食堂浴室工程进度款。其付款情况有:支付 5、6、8 号楼学生宿舍工程款 50 万元,支付食堂浴室进度款 342 万元,代付建设安装税共计 326 675.01 元(建设发展公司有异议),材料款共计 2 205 922.64 元。其中,钢材款 2 009 715 元、钢材运费 13 796.44 元(建设发展公司有异议)、砖款 165 911.20 元、水泥款 16 500 元,以上支付款项共计 6 452 597.65 元。因丰源房产公司未严格按照双方约定期限支付工程进度款而造成涉案工程断断续续停工。

2009 年 9 月 26 日,张勇出具一份承诺给刘国军,承诺在同年 12 月 30 日前支付刘国军工程款 300 万元;并注明,如不按期支付,承担该笔款项月利息 3%。

（二）审理要览

1. 原告主要诉求

本案一审原告建设发展公司起诉至贵州省六盘水市中级人民法院,认为丰源房产公司拖欠其 5、6、8 号学生宿舍和食堂、浴室的工程尾款共计 5 200 498.80 元;产生的利息共计 6 924 877.74 元;造成二次停工及施工期间人工、机械等损失共计 2 954 726.06 元,请求:依法判令丰源房产公司和职院连带清偿拖欠工程款及利息和因其违约造成原告损失等共计 15 080 103.06 元。

2. 审理经过

本案经过一审和二审程序。一审法院贵州省六盘水市中级人民法院作出 (2010)黔六中民一初字第 0 005 号民事判决,判决:丰源房产公司于判决生效 10 日内支付建设发展公司工程款 4 009 329.71 元;丰源房产公司于判决生效后 10 日内支付建设发展公司所欠工程款利息(其中:4 009 329.71 元从 2008 年 6 月 20 日起按银行同期贷款利率四倍计算至 2009 年 9 月 26 日止;4 009 329.71 元中 300 万元从 2009 年 12 月 30 日起按月利率 3% 计算至付清该款之日止;1 009 329.71 元从 2009 年 12 月 30 日起按银行同期贷款利率四倍计算至该款付清之日止);职院、张勇在本案中不承担责任;驳回建设发展公司其他诉讼请求。

一审庭审中丰源房产公司要求追加刘国军为本案被告参加诉讼,原审法院根据案件情况决定通知刘国军为原告,张勇为被告参加诉讼。

二审法院贵州省高级人民法院于 2011 年 8 月 30 日作出 (2011)黔高民终字第 32 号民事判决,判决:撤销六盘水市中级人民法院作出 (2010)黔六中民一初字第 0 005 号民事判决;丰源房产公司于判决生效后 10 日内支付建设发展公司工程款 5 050 503.52 元;丰源房产公司于判决生效后 10 日内支付建设发展公司工程停工损失 78 000 元;丰源房产公司于判决生效后 10 日内支付建设发展公司所欠工程款 5 050 503.52 元的利息(其中 4 336 004.72 元的利息按中国人民银行发布的同期同类贷款利率计息从 2008 年 6 月 20 日起算至 2009 年 12 月 30 日止，300 万元的工程款利息按月利率 3% 计算从 2009 年 12 月 30 日起算至付清之日止，1 336 004.72 元的利息按中国人民银行发布的同期同类贷款利率计息从 2009 年 12 月 30 日起算至付清之日止，714 498.80 元的利息从 2010 年 1 月 25 日起按中国人民银行发布的同期同类贷款利率计息至付清之日止)；驳回建设发展公司、刘国军其他诉讼请求。

三、 争议焦点的规则解读

【焦点】工程未完工竣工验收的情况下，施工方可否向发包人主张工程款和利息

1. 当事人观点

本案一审原告建设发展公司及刘国军认为：本案工程经验收交付使用，职院已经使用 4 年，但丰源房产公司不按约定支付工程进度款，导致工程停工，应由丰源房产公司、职院和张勇承担违约责任；工程进度款的支付在合同中有明确约定，建设发展公司按约定按时提交的工程进度款报表资料，丰源房产公司不按时审核，进度款就应按进度款报表金额支付；原审认定丰源房产公司缴纳的税金为其代建设发展公司缴纳，但该纳税人为丰源房产公司，不能证明是代缴；关于钢材的运费问题，在双方的合同中已经明确约定是工地交货，但原审法院将运费在工程款中扣除与合同约定不符。

本案一审被告丰源房产公司及张勇认为：对 5、6、8 号楼工程尾款无异议，但丰源房产公司给建设发展公司代缴的税款应当扣除；食堂工程进度款因未完成工程，需评估后才能确认；合同未约定利息，所以不应支付利息；关于造成建设发展公司二次停工的损失是包括 5、6、8 号楼和食堂浴室工程在内，而这几项已经结算，故不存在损失；其他损失因张勇与刘国军已协议约定，由刘国军垫支款后再结算，故没有任何依据；本案非民间借贷纠纷，付款承诺是张勇个人行为，未加盖丰源房产公司的公章，丰源房产公司也未追认，该付款承诺对丰源房产公司不发生效力。

本案一审被告职院认为，为了办理相关手续方便，职院才与建设发展公司签订合同，且合同约定了解决纠纷的方式为仲裁，本纠纷应先仲裁。

2. 法院观点

贵州省六盘水市中级人民法院一审认为：

(1)关于丰源房产公司是否应支付建设发展公司工程款及支付金额的问题

刘国军系建设发展公司项目部经理，张勇系丰源房产公司的法定代表人，刘国军、张勇分别代表本公司签订相关合同的行为合法有效；丰源房产公司未按照《补充协议》约定履行支付 5、6、8 号楼工程尾款及食堂、浴室的工程进度款义务而导致本案纠纷发生，对此应承担违约责任；张勇是代表丰源房产公司签订的合同，不是合同权利义务主体，不应承担民事责任；职院虽与建设发展公司签订的《建设工程施工合同》中第9条约定了支付合同价款及其他应当支付款项的义务，但合同第二部分专用条款第26条约定，工程进度款和竣工结算后余款的支付均由BOT投资方支付，故不应承担支付建设发展公司工程款及工程进度款的民事责任；建设发展公司单方提供的工程进度报表，没有丰源房产公司印章及相关负责人的签字，丰源房产公司的管理人员虽签收该报告，但不能充分说明其对工程报表认可；在合同中，双方并未约定收到文件后未作答复视为认可，且原告对原审法院决定就食堂浴室工程进度款委托评估鉴定的做法表示反对，食堂、浴室工程进度尾款无充分证据证实；建筑安装税应由建筑施工方建设发展公司缴纳，故应在所欠工程款中予以扣除丰源房产公司代缴的326 675.01元；关于丰源房产公司是否已支付了5、6、8号楼工程款50万元的问题，建设发展公司未持异议，故此款应当从被告丰源房产公司欠的5、6、8号楼工程款中减除，即丰源房产公司应支付建设发展公司工程款4 009 329.71元（4 836 004.47元的工程款中减去以上两笔款项）。

(2)关于丰源房产公司应否支付利息及如何计算的问题

丰源房产公司从与建设发展公司签订《补充协议》后，虽陆续履行义务，但未按照双方约定每二个月支付工程款160万元，三次付清工程款，因此对于所欠工程款4 009 329.71元应向建设发展公司支付相应利息；丰源房产公司法定代表人张勇于2009年9月26日承诺在同年12月30日支付工程款300万元给原告建设发展公司的委托代理人刘国军，如到期未支付工程款月利息按3%计算。对于这300万元，从承诺履行支付款项期限2009年12月30日起应按月息3%计算至付清该笔款项之日止；丰源房产公司所欠工程款除300万元外的1 009 329.71元应按银行同期贷款基准利率四倍计算，从2009年12月30日起计算至付清该笔款项之日止。

(3)关于丰源房产公司应否承担违约责任的问题。

丰源房产公司虽陆续履行了合同约定义务，但未严格按约定时间履行支付义务，其应承担违约责任；建设发展公司主张赔偿的损失2 954 726.06元，其所提供的证据均为单方拟定，被告对此不予认可，且丰源房产公司又不申请法院委托相关鉴定部门评估鉴定，不予支持。

贵州省高级人民法院二审认为：

(1)关于丰源房产公司应支付建设发展公司学生宿舍工程尾款的问题

本案当事人签订的《建筑安装工程承包合同》《建设工程施工合同》及两份《补充协议》均为当事人真实意思表示，未违反法律法规的强制性规定，应为有效；丰源房产公司应支付建设发展公司的学生宿舍尾款应为《补充协议》中认定的工程尾款4 336 004.72元［4 836 004.72元－50万元(已支付)］；丰源房产公司提交的证据中只有纳税人为丰源房产公司开具的税票，没有税务机关的代扣说明，不能证明该税款系丰源房产公司代建设发展公司缴纳，不能在工程款中扣除。

(2)关于丰源房产公司支付建设发展公司食堂、浴室进度款的问题

建设发展公司按约定向丰源房产公司报送了工程进度报表，该公司工程业务代理人签收，虽然丰源房产公司对签字人员签字表示不确定，但其并未提交其他证据佐证，也未向法院提出要求对签字人员的签字进行鉴定的申请，应认定丰源房产公司已经收到工程进度报表；丰源房产公司未在规定的时间审核，也未拨付工程进度款，最终导致涉案工程停工，根据《通用条款》的有关规定，丰源房产公司应按建设发展公司提交的工程进度报表支付进度款；建设发展公司提交的工程进度款报表金额为 6 476 625 元，其中 15 万元为设计变更增加工程，该部分不属于工程进度款项目，应予扣除，即工程进度报表金额为6 326 625元；对于丰源房产公司主张支付材料费 2 205 922.64 元中包含的钢材运费 13 796.44 元应在工程进度款中扣除的问题，因双方对钢材运费的具体承担无合同约定，丰源房产公司也未能提供其支付钢材运费的相关票据，故该主张缺乏事实依据，不予支持。故丰源房产公司应支付建设发展公司食堂、浴室工程进度款为 714 498.80 元［6 326 625 -（2 205 922.64 - 13 796.44）- 3 420 000］。

(3)关于丰源房产公司应否支付建设发展公司停工损失、应支付的金额为多少的问题

丰源房产公司未及时支付工程尾款及工程进度款造成工程停工的情况是客观存在的，这也是双方签订《补充协议》及张勇出具承诺的原因，丰源房产公司应承担由此给建设发展公司造成的停工损失；建设发展公司主张 2005 年 11 月至 2009 年 12 月 31 日共有 4 次停工损失，虽然建设发展公司表示其未实际支付的原因系丰源房产公司拖欠工程进度款及工程尾款造成，但鉴于以上损失并未实际发生，故不予支持；对于建设发展公司主张的 2010 年 1 月 1 日至 2010 年 4 月 30 日看守工地人员工资 24 000 元及 2010 年 1 月 1 日至 2010 年 4 月 30 日食堂浴室塔吊外架租金 12 万元，建设发展公司提交了 2010 年 1 月至 3 月工资发放名册，金额为 18 000 元；对于外架塔吊租金，建设发展公司提交的其工程项目部与案外人郭涛签订的《建筑工程（外架）分项劳务分包合同书》中明确约定外架闲置租金为 500 元/天，故外架的租金应为 60 000 元（500×30×4）；对于建设发展公司主张的塔吊租金，鉴于该费用并未实际发生，不予支持。综上，丰源房产公司应支付建设发展公司停工损失 78 000 元。

(4)关于职院应否承担责任的问题

职院与建设发展公司签订的《建设工程施工合同》约定：工程进度款和竣工结算后余款的支付均由 BOT 投资方六盘水市昱龙房地产开发公司按照 BOT 合同支付，后六盘水市昱龙房地产开发公司将其在 BOT 合同投资主体变更为丰源房产公司，丰源房产公司与职院签订了《BOT 投资合同变更本》，约定涉案工程的工程进度款和竣工结算后余款的支付均由 BOT 投资方丰源房产公司承担。因此，职院在本案中不承担责任。

(5)关于原审认定的利息标准是否不当的问题

本案系因工程款拖欠引发的纠纷，并非民间借贷纠纷，不能适用民间借贷利息标准确定本案工程欠款的利息标准；张勇作为丰源房产公司负责涉案项目的代表人，其出具承诺，表明"在 2009 年 12 月 30 日前支付刘国军工程款 300万元，如不按期支付，承担该笔款项月利息 3% 的承诺应否由丰源房产公司履行"。其对工程款利息支付的表示仍然在工程项目管理权限范围内，该结果应归于丰源房产公司。

3. 作者简评

建设工程施工合同纠纷中，关于承包人能否就未完工程主张工程价款，法律法规以及司法解释并没有明确规定。但是司法实务界的普遍经验是，承包人仍然可以主张未完工程的工程价款。注意这里实际上并不区分工程未完工是否由承包人的原因造成，因为如果是因为承包人的原因造成，发包人可以依据施工合同主张违约责任，并在应支付给承包人的工程价款中扣除相关违约金或实际损失。本案的审理就体现了这样的裁判规则。

四、 启示

【启示】特许经营项目社会资本方应避免建设期停工

从特许经营项目的合同结构可以看出，社会资本方是处于政府方和施工单位之间的夹层中的。一旦出现建设停工的情况，社会资本方不但要承担《特许经营合同》项目的违约责任，并导致政府方直接接管项目，而且对于社会资本方签订的施工总承包合同、专业工程施工合同、采购合同等下游合同，社会资本方却仍然要承担付款责任。

在此情况下，社会资本方在 PPP 合同项下无法再获得收入，却仍然要支付下游合同的付款义务，对社会资本方来说，建设期停工可以说是最不愿意看到的情况。而本案揭示出的是：哪怕工程没有完工，社会资本方对于下游合同也要按照合同约定进行付款。

为了保证建设工程的顺利竣工，对于特许经营项目的社会资本方来说，最重要的是解决钱和人这两个问题。要解决钱的问题，社会资本方应结合项目实际情况，妥善设计并落实融资方案。要解决人的问题，社会资本方应选择真正有资金实力和相应资质的施工企业来进行施工建设。此时施工企业的资金实力显得尤为重要，一旦选定了有实力的施工企业，哪怕社会资本方出现了短时间的资金困难，有实力的施工企业也有能力进行一定时间的垫资施工，这样可以缓解社会资本方的资金压力，从而为融资争取到时间窗口，避免政府接管和解除特许经营合同的情况发生。

06 广东省源天工程公司等与河南省大河筑路有限公司建设工程施工合同纠纷案

案例来源：（2011）民三初字第 85 号，（2013）豫法民二终字第 73 号。

关键词：建设工程 分包 转包 最终受益人 无效

一、 裁判规则

【规则】非法转包致使建设工程施工合同无效，实际施工人有权向发包人、转包人和最终受益人主张工程欠款

违法转包的，建设工程协议无效。不是建设工程协议当事人，但是实际履行了施工义务的，有权向转包人、发包人、最终受益人主张承担支付欠付工程款的连带责任。

二、 审判概览

（一）涉案项目情况

2003 年 10 月 29 日，开封市人民政府与西安海星科技投资控股（集团）有限公司（以下简称"西安海星集团"）和西安海星现代科技股份有限公司联合体签订《关于阿荣旗至深圳国家重点公路开封至通许（周口界）段项目投资框架协议书》，约定：开封市人民政府同意西安海星集团和西安海星现代科技股份有限公司出资建设该段高速公路，后者应在协议签署之日起 30 个工作日内依法设立项目公司。项目公司成立后，开封市人民政府将委托开封市交通局与项目公司签订项目特许经营协议。阿荣旗至深圳国家重点公路开封至通许（周口界）段建成后，由项目公司依法收费经营。上述协议签订后西安海星集团和西安海星现代科技股份有限公司申请设立河南海星高速公路发展有限公司（以下简称"河南海星公司"）作为其项目公司。

2005 年 5 月，河南海星公司为修建阿深线开封至通许（周口界）段高速公路路面工程发布招标文件，河南省大河筑路有限公司（以下简称"大河公司"）投标后中标，同年 8 月 11 日，河南海星公司作为业主，大河公司作为承包人签订了第十一标段《施工合同文件》，约定：根据工程量清单所列的预计数量和单价或总额价计算的本合同总价为人民币 96 296 969 元。大河公司与河南海星公司另在施工合同的其他组成文件中对履约保证金、开工期、缺陷责任期等做了约定。还约定不允许工程的任何部分转包。任何分包必须经过业主批准。2005 年 6 月 15 日、7 月 6 日和 7 月 7 日，大河公司按施工合同要求共向河南海星公司支付履约保证金共计 795 万元。

2005 年 8 月 23 日，大河公司与中建三局签订《工程合作协议》，约定：大河公司将中标的阿荣旗至深圳国家重点工程开封至通许段高速公路路面工程第十一合同段工程项目，全权委托中建三局承建。中建三局必须在合同生效后当日向大河公司支付现金1 000万元(其中795万元为履约保证金，205万元为大河公司的部分管理费)。中建三局不得再次将工程进行分包或转包，否则，按中建三局违约并终止合同。

2005年8月24日，中建三局又与广东省源天工程公司(以下简称"源天公司")签订《合作承建工程协议》，约定：中建三局与源天公司联合承建阿深高速开封至通许工程段第十一合同段工程项目，双方同意将大河公司与中建三局2005年8月23日签订的《工程合作协议》作为根据文件，并按该合同条款执行。上述两份合同签订之后，中建三局没有参与涉案建设工程的付款、施工与结算。

2005年8月25日，源天公司指派其公司下属的河南工程处负责人蓝惠森向魏明珠借款，魏明珠委托深圳市金莱明投资发展有限公司向大河公司汇款1 000万元，大河公司收到款项后出具2张收据，其中1张内容为收取附加履约保证金795万元，另1张内容为收取管理费205万元。

2006年4月20日，大河公司阿深高速开通段第十一合同段项目经理部与开封县高速公路建设指挥部签订《土方工程协议书》，约定由开封县高速公路指挥部供应土方。源天公司认为实际购买土方单价较招标时单价16.5元增额过大，给其造成损失，因供土单位属于业主协调政府专为该工程成立的二级机构，对工程进行垄断供应，高于投标价供土应视为业主供土，应由业主根据鉴定结论对施工单位的损失承担赔偿责任。

2006年8月，河南海星公司、河南高速公路发展有限责任公司(以下简称"高速公路公司")及西安海星集团经协商签订《关于投资建设大广线开封至通许段高速公路协议书》，约定自2006年8月28日起，大广线开通高速工程由高速公路公司作为投资主体之一行使业主对项目的建设管理权。自高速公路公司接手后，西安海星集团承诺项目公司及项目的一切支付均由高速公路公司全权负责执行，但西安海星集团有权也有义务予以监督。高速公路公司接手前，西安海星集团与工程建设相关的债权债务之外的其他债权债务问题，均由西安海星集团负责处理，高速公路公司概不承担责任。后开封市人民政府发通知对此进行了确认。

此后，高速公路公司承担了开通高速公路的后续建设任务。为确保涉案工程在2006年11月底竣工通车，业主多次下文要求各施工单位昼夜施工作业，施工单位为此增加了沥青施工设备和照明设备，产生夜班津贴、机械进出场费、按拆费等费用。因业主对此问题未予解决，源天公司提起诉讼，请求对此部分赶工损失进行鉴定，并请求根据鉴定结论予以支付。

2006年11月15日源天公司施工的第十一标段工程完工，同年11月22日验收合格并交付使用，11月28日大广(原阿深)线河南开封至通许段高速公路正式通车。

2007 年 8 月 30 日下午召开了大广高速公路开通段业主变更会议,会议决定自 2007 年 8 月 30 日始,大广高速公路开通段的经营权、管理权先行移交给高速公路公司。2007 年 9 月 7 日,由高速公路公司申请设立的一人有限责任公司开通公司在开封市工商行政管理局注册成立。2007 年 10 月 25 日,开封市人民政府授权开封市交通局与开通公司签订《关于大广高速公路开封至通许段项目特许权协议书》,开通公司取得大广高速公路开封至通许段的特许经营权。

2008 年 1 月 9 日,开封市交通局以汴交文(2008)7 号文件形式,向西安海星集团和西安海星现代科技股份有限公司,下发了关于解除西安海星科技投资控股(集团)有限公司和西安海星现代科技股份有限公司联合体对阿荣旗至深圳国家重点(大广高速)公路开封至通许(周口界)段项目特许权的通知。

2012 年 9 月 29 日,开封市行政服务中心工商行政管理局决定准予开通公司注销登记。开通公司清算完毕后,法人主体将注销,高速公路公司开封分公司代表高速公路公司接收该公司清算后的资产、负债,清算后该公司的所有未尽事务由开封分公司负责。

(二)审理要览

1. 原告主要诉求

本案一审原告源天公司起诉至河南省郑州市中级人民法院,请求:(1)由河南海星公司、高速公路公司、开通公司以及大河公司连带支付源天公司附加履约保证金 345 万元、工程质保金 5 404 212 元、剩余工程款 5 040 126 元。并按银行同期贷款利率承担延期支付的利息(自 2006 年 11 月 28 日至实际还款之日);(2)由河南海星公司、高速公路公司、开通公司以及大河公司连带承担因窝工给源天公司造成的损失 2 198 852 元、因赶工造成的损失 300 万元;(3)由大河公司返还源天公司工程管理费 205 万元,并按银行同期贷款利率承担占用期间的利息(自 2005 年 8 月 25 日至实际还款日);(4)大河公司承担占用源天公司 795 万元资金的利息(自 2005 年 8 月 25 日至实际还款之日)。

诉讼过程中,源天公司将其第 1 项诉讼请求中主张的剩余工程款金额变更为 4 782 635.89 元;第 2 项诉讼请求中主张的窝工损失变更为 3 083 825 元,赶工损失变更为 1 883 783.68 元;撤回了第 3 项诉讼请求。

2. 审理经过

本案经过一审和二审程序。一审法院河南省郑州市中级人民法院于 2012 年 12 月 24 日作出(2011)郑民三初字第 85 号民事判决,判决:大河公司于判决生效之日起 10 日内支付源天公司工程款 3 054 740.34 元及利息(利息按照中国人民银行同期贷款利率自 2006 年 11 月 28 日计算至判决确定的履行之日)、质保金 2 797 844.11 元及利息(利息按照中国人民银行同期贷款利率自 2008 年 12 月 13 日计算至判决确定的履行之日)、窝工损失 3 083 825 元、赶工损失 1 883 783.68 元;河南海星公司、高速公路公司对大河公司的上述债务承担连带清偿责任;

驳回源天公司的其他诉讼请求。

二审法院河南省高级人民法院于 2013 年 8 月 24 日作出(2013)豫法民二终字第 73 号民事判决，认为：原审判决对质保金、下余应付工程款认定有误，对其他事实认定清楚，处理正确。判决：维持河南省郑州市中级人民法院(2011)郑民三初字第 85 号判决第(二)、(三)项；变更河南省郑州市中级人民法院(2011)郑民三初字第 85 号判决第一项为"河南省大河筑路有限公司于本判决生效之日起 10 日内支付广东省源天工程公司工程款 2 971 274.34 元及利息(利息按照中国人民银行同期贷款利率自 2006 年 11 月 28 日计算至判决确定的履行之日)、质保金 1 524 378.11 元及利息(利息按照中国人民银行同期贷款利率自 2008 年 12 月 13 日计算至判决确定的履行之日)、窝工损失 3 083 825 元、赶工损失 1 883 783.68 元"。

三、 争议焦点的规则解读

【焦点】非法转包致使建设工程施工合同无效，实际施工人可否要求发包人、转包人和最终受益人承担工程欠款付款责任

1. 当事人观点

本案一审原告源天公司认为，对于土方调价款：施工路段供土的单位开封县高速公路建设指挥部是政府的二级机构，土方供应被其垄断，源天公司必须按其规定的高于投标价很多的价格从其处买土才能保证工程施工，这直接导致源天公司施工成本大额增加。根据《通用条款》第 51.1(7)约定，所有投标时单价都应重新调整补差。土方价格因政府定价使得承包人额外损失 929 369.42 元，业主作为工程的受益人应弥补该损失。对于赶工中同时存在窝工问题：本案工期被政府和业主压缩，是客观存在的，本该在 12 个月完工的工程工期被强行缩短到 9 个月；源天公司在施工期间仍然多次因为业主方面的原因，无法正常顺利施工，导致了巨额的窝工及设备闲置损失；本案工程奖励基金的使用采用的是业主部分和施工人部分分开使用的原则。其中业主 1.5% 部分主要用途是奖励给施工人，从本案证据和对账可知工程结束后施工人实际获得 119 万元业主部分奖励基金的支付；施工人 1.5% 部分主要用途是处罚，从本案证据和对账可知工程结束后施工人实际被处罚了 3 万元，扣除该 3 万元罚款之外施工人 1－8 期计量款中被作为奖励基金扣除的部分，在工程结束后业主已经实际返还给施工人。业主要求将已经形成返还和奖励事实的奖励基金重新扣除没有依据。对于水泥稳定层变更设计增加的工程材料费 467 554 元是否已支付过的问题：该部分款项业主从未支付，而河南海星公司也从未举证证明支付过；海星公司作为原业主，高速公路公司作为继任业主和工程实际受益人，都应对工程结算承担责任。根据相关司法解释规定，高速公路公司和海星公司都应在大河公司欠付工程价款范围内对实际施工人承担支付责任。

本案一审被告河南海星公司认为：涉案工程合同为单价包死合同，工程价款的结算应以合同约定为准，不应当再进行司法鉴定；河南省交通工程定额站于 2004 年 6 月 8 日印发的《关于调整在建高速公路建设项目材料价格的指导性意见》不具有法律强制约束力，不应该据此进行调价；河南海星公司与源天公司之间无任何合同关系，源天公司无权向河南海星公司主张权利；根据各方认可的水泥稳定层变更设计增加工程材料费 467 554 元，涉案工程业主已经实际支付给承包人，源天公司的代理人在其代理意见中也认可了该项变更增加的 467 554 元。原审法院对该项已经支付的费用判决再次支付，与事实不符；关于奖励基金，根据合同约定，业主和施工方应各提供合同价的 1.5% 作为奖励基金，但原审法院在各方对账时没有计算业主有权扣除的奖励基金 1 273 466 元；对于奖励基金的运用，源天公司应得的奖励基金仅为 119 万元，业主已经实际支付，不存在不足额的问题；高速公路公司自 2006 年接管涉案工程后，河南海星公司便不再是涉案工程的业主，也对完工后的涉案工程不享有任何权益，不应就大河公司对源天公司应负担的债务承担连带责任。

本案一审被告高速公路公司认为：河南海星公司与高速公路公司因投资形成的 11 亿的债权债务关系与本案工程合同纠纷属不同的法律关系，认定高速公路公司承担连带责任缺乏法律和事实依据；高速公路公司从未以自己的名义对涉案工程进行监管，作为投资方派员参与工程的监管，是投资方的权利，由此认定高速公路公司是实际的业主，没有依据；河南海星公司与大河公司所签订的合同约定，涉案工程为单价包死合同，合同期内不调价，不应依据司法鉴定结论作出判决；《关于调整在建高速公路建设项目材料价格的指导性意见》不具有法律强制性效力，不符合当事人的约定；窝工并非高速公路公司的原因所致，虽有赶工行为，但赶工缩短了 3 个月的工期，也节省了源天公司的相应开支；奖励基金必须依据有效合同约定取得，源天公司属于非法承包方，要求支付奖励基金缺乏法律依据。

2. 法院观点

河南省郑州市中级人民法院一审认为：

大河公司与中建三局签订了《工程合作协议》，中建三局与源天公司签订了《合作承建工程协议》，根据合同内容及双方约定的权利义务显示，该两份协议均是将其承包工程全部转让，其自身不对工程承担任何技术、质量、经济法律责任，故该二份合同的当事人之间实为违法转包关系，其协议应被确认无效；中建三局在协议签订之后未参与工程施工与结算，大河公司亦认可其收取的工程转包管理费和附加履约保证金均是由源天公司支付，源天公司以大河公司名义实际履行了承包人对涉案工程的施工义务，涉案工程款的结算也都由大河公司与源天公司直接实施，故大河公司与源天公司之间系事实上的转包和施工法律关系；高速公路公司虽不是涉案施工合同的当事人，但实际参与了施工合同的履行，享有了施工合同的权利，并从该合同中获取利益，因此高速公路公司理应承担该合同相应的义务；依据最高人民法院《关于审理建设工程施工合同纠纷案件适用法律问题的解释》（以下简称《建设工程施工合同司法解释》）第 2

条、第 26 条，源天公司要求大河公司、河南海星公司、高速公路公司和开通公司承担工程结算责任，符合法律规定；河南海星公司与大河公司签订的《施工合同文件》中虽约定有仲裁条款，但该仲裁条款对源天公司不具有法律约束力，原审法院依法对该案具有管辖权。

源天公司作为涉案工程的实际施工人，在工程完工交付使用之后，尚有 2 797 844.11 元质保金、3 054 740.34 元剩余工程款、3 083 825 元窝工损失、1 883 783.68 元赶工损失未得到支付，工程转包人大河公司应就上述款项向源天公司承担付款责任，发包人河南海星公司和最终受益人高速公路公司亦应在上述工程欠款范围内对源天公司承担清偿责任，而开通公司作为公司法人成立于涉案工程完工之后，且其取得的高速公路经营收费权与涉案施工合同无关，源天公司要求开通公司承担连带付款责任的请求缺乏法律依据，不予支持。

河南省高级人民法院二审认为：

本案中，河南海星公司与大河公司所签订的《施工合同文件》合法有效，该合同确定了河南海星公司与大河公司之间的建设工程承发包法律关系，但大河公司将本案工程全部转包给中建三局，中建三局再次转包给源天公司，均属于违法转包；大河公司与中建三局、中建三局与源天公司分别签订的《工程合作协议》《合作承建工程协议》应属无效；因中建三局未参与工程施工与结算，源天公司直接以大河公司名义实际履行了涉案工程的施工义务，涉案工程款的结算也都由大河公司与源天公司直接进行，故大河公司与源天公司之间系事实上的转包人与实际施工人的法律关系；本案工程已于 2006 年 11 月 22 日验收合格并交付使用，作为实际施工人的源天公司有权依照上述司法解释规定向转包人大河公司、发包人河南海星公司主张权利；高速公路公司虽不是本案施工合同当事人，但其自 2006 年 8 月 28 日起，加入案涉工程成为投资主体之一，实际参与了施工合同的履行，掌管工程建设的一切费用和支出。2007 年 8 月 30 日，开封市高速公路建设指挥部召开了案涉路段业主变更会议，高速公路公司取代河南海星公司成为业主（发包人），负责与本案工程有关的贷款和支出，河南海星公司有义务协助高速公路公司处理该工程存在的遗留问题；之后，高速公路公司申请设立开通公司，取得案涉高速公路的特许经营权，高速公路公司是本案的适格被告；本案业主已经支付的工程款，实际施工人源天公司已经全部收到，各方当事人对此均无异议，故现在争议的款项，只要认定是应该由业主支付给实际施工人的，均属于欠付工程款范畴，河南海星公司、高速公路公司均应作为发包人（业主）与转包人大河公司承担连带支付责任；由于开通公司现已被注销，不应再列为本案当事人。

3. 作者简评

《建设工程施工合同司法解释》第 26 条规定："实际施工人以转包人、违法分包人为被告起诉的，人民法院应当依法受理。实际施工人以发包人为被告主张权利的，人民法院可以追加转包人或者违法分包人为本案当事人。发包人只在欠付工程价款范围内对实际施工人承担责任。"本条的适用前提是转包和违法分包的认定，即只有转包和违法分包情形下才存在实际施工人的问题，也才存在着突破合同相对性直接向转包人和发包人主张合同价款的法律适用。转包和违法分包的情形主要规定在《建设工程质量管理条例》中。①

　　本案特别有意思的地方在于：法院不仅将发包人和转包人加入到共同被告，也把项目的实际收益方列为被告。也就是说项目的参与主体几乎全部作为了承担付款责任的主体。这种认定实际上对特许经营项目的政府方和社会资本方有重要的警示。特许经营项目中，不可避免地要涉及建设工程施工合同，那么一旦施工方存在转包和违法分包情况，政府方和社会资本方并不能以合同相对性作为挡箭牌，仍然有要支付欠付工程款的风险。

四、 启示

　　【启示】社会资本方应重视施工总承包单位的选择，避免转包挂靠等违法情况

　　本案对于非施工企业的社会资本方有重要的警示作用。非施工企业的社会资本方包括保险银行等金融机构以及其他社会资本。相对来说，他们在资金端有着丰富的经验，对于投融资合同及履行有较大的敏感度。但是这些社会资本方往往忽视投后管理，当然这并不是因为他们不想管。真实的原因是：PPP 项目往往建设周期长，涉及的总承包合同、分供合同常常达到几十上百个合同的数量，确实是想管也管不过来。

　　本案揭示出，对于社会资本方来说，合同相对性并不能很好地保护自己，也就是说仅仅通过签订规范和完善的施工总承包合同并不足以完整保护自己的利益。社会资本方还需要对施工企业的资质、资信、过往项目履行情况等等进行考察，并真正利用好招投标程序，以保证最终选择的施工企业不会出现转包、挂靠、违法分包的情况，避免产生纠纷。也只有这样才能真正减少投后管理的工作量及风险。

---

　　① 《建设工程质量管理条例》第 78 条第 3 款规定："本条例所称转包，是指承包单位承包建设工程后，不履行合同约定的责任和义务，将其承包的全部建设工程转给他人或者将其承包的全部建设工程肢解以后以分包的名义分别转给其他单位承包的行为。"建设部规章《建筑安装工程总分包实施办法》对工程转包的定义为：建筑施工单位以赢利为目的，将承包的工程转包给其他施工单位，不对工程承担任何技术、质量、经济法律责任的行为。"所谓工程转包，是指建筑安装工程承包合同的承包人不履行合同义务，将其承包的工程转给他人施工，不对工程承担技术、质量、经济等法律责任的行为。"

　　《建设工程质量管理条例》第 78 条第 2 款规定："本条例所称违法分包，是指下列行为：（一）总承包单位将建设工程分包给不具有相应资质条件的单位的；（二）建设工程总承包合同中未有约定，又未经建设单位认可，承包单位将其承包的部分建设工程交由其他单位完成的；（三）施工总承包单位将建设工程主体结构的施工发包给其他单位的；（四）分包单位将其承包的建设工程再分包的。"

07 山东兴华建设集团有限公司与威海华方水务有限公司建设工程施工合同纠纷案

案例来源：（2010）威民一初字第 11 号，（2015）鲁民一终字第 392 号。

关键词：工程价款　黑白合同　逾期完工　变更

一、裁判规则

【规则1】施工合同无效，参照合同结算工程价款

如建设方和施工方只签订了一份建设工程施工合同，无经过备案的中标合同，则不适用《建设工程施工合同司法解释》第 21 条的规定，以备案的中标合同作为结算工程价款的依据，而应参照建设工程施工合同确定工程价款。

【规则2】工期是否延误按照各方形成的工期文件确定，合同约定工期不是唯一依据

双方当事人在合同中对相关施工工期进行了合意变更，而施工工期后的工作主要是完工后的维修工作，施工方不需支付逾期完工违约金。

二、审判概览

（一）涉案项目情况

2004 年 11 月 11 日，威海市发展计划委员会根据威海市人民政府第 50 次常务会议纪要精神，批复同意威海华方水务有限公司（以下简称"华方水务公司"）以 BOT 方式扩建市第三污水处理厂。

2005 年 4 月 15 日，山东兴华建设集团有限公司（以下简称"兴华建设公司"）作为投标单位就威海第三污水处理厂二期扩建工程公开招标事项，向威海市建设工程招投标代理咨询有限责任公司发出一份投标书，投标报价为 909 万元；当日，兴华建设公司另向该代理公司出具一份投标报价说明，内容为：我方在投标书中报价为使用商品砼后报价。若施工时现场条件允许，并经建设单位批准，不使用商品砼，使用现场搅拌砼，我方最终投标价为 790 万元。2005年 4 月 18 日，兴华建设公司又向招标代理公司出具承诺函，确定其最终报价为 839 万元。2005 年 4 月 20 日，威海市建设工程招投标管理办公室就威海第三污水处理厂二期扩建工程向兴华建设公司发出《中标通知书》（威招审 SG200510012），确定其为涉案工程的中标单位，中标价为 909 万元，工期为 123 天。

2005 年 4 月 22 日，兴华建设公司与华方水务公司双方签订《建设工程施工合同》约定，工程名称：威海市第三污水处理厂二期扩建；工程地点：威海市第三污水处理厂南；工程内容：4 万吨/日污水处理生产区主要构筑物；承包范围：按招标工程内容（主要包括粗格栅进水泵房 1 组，细格栅机房变配电室，加药间 1 组，曝气池 1 组）土建施工；开工日期：2005 年 4 月 30 日，竣工日期：2005 年 8 月 30 日，合同工期 123 天；合同价款 839 万元。

2005 年 5 月 17 日，威海市国土资源局出具一份证明，证实：威海市水务集团第三污水处理厂在文化西路与营口路交汇处松林内占用 30 亩土地进行二期扩建，用地手续正在该局办理之中。2011 年 12 月 7 日，威海市规划局就涉案项目用地及建设情况颁发了《建设用地规划许可证》及《建设工程规划许可证》。2011 年 12 月 29 日，威海市城乡建设委员会核发了《建筑工程施工许可证》。

建设工程施工合同签订后，兴华建设公司与华方水务公司双方未到相关部门进行备案，兴华建设公司于 2005 年 5 月 23 日正式开工。2005 年 9 月 28 日，双方签订一份《土建施工补充协议》，内容为：根据 9 月 28 日施工协调会双方研究确定的工期计划，施工方在 10 月 31 日前完成曝气池施工，进行闭水试验，每超期 1 天扣土建施工合同价 3 扣的违约金。在 11 月 15 日前完成粗格栅房、进水泵房、鼓风机房及配电室等施工，完全具备机械设备安装条件。每超期 1 天扣土建施工合同价 5 扣的违约金。

2005 年 11 月 7 日至同年 12 月 3 日，曝气池进行蓄水试验；2005 年 11 月 30 日，曝气池蓄水完成。检查结果：经闭水试验，曝气池存在渗漏点，渗漏量在设计允许的偏差范围之内。施工单位及监理工程师复查意见为：存在渗漏点，目前可以排水进行渗漏点处理。

2006 年 3 月 30 日，原、被告双方签订一份土建施工补充协议，内容为：涉案工程已基本完工，曝气池经闭水试验发现 300 多处渗漏点，施工方已对全部渗漏点进行堵漏，根据施工方意见不再进行闭水试验，建设方进水调试运行后，曝气池再有渗漏均由施工方负责维修堵漏，由此造成的一切经济损失由施工方承担。

涉案工程的验收情况为：2005 年 8 月 31 日，涉案工程基础分部进行了工程验收；2005 年 11 月 2 日，主体分部进行了验收，监理部门、设计部门及原告签署了主体结构工程质量验收报告；2006 年 3 月 18 日，屋面工程分部进行了验收；2006 年 3 月 28 日，各方共同签署了地基与基础工程质量验收报告，结论为合格；2006 年 5 月 18 日，装饰装修分部进行了验收。2006 年 5 月 22 日，兴华建设公司及监理部门就涉案工程签署竣工工程质量验收报告。

此外，华方水务公司分别于 2005 年 5 月 25 日付款 839 000 元、2005 年 10 月 27 日付款 199 万元、2005 年 10 月 28 日付款 507 203.80 元、2005 年 12 月 27 日付款 81 万元、2006 年 1 月 11 日付款 50 万元、2006 年 3 月 13 日付款 150 万元，累计付款 5 639 000 元。

之后，华方水务公司再未付款，兴华建设公司与华方水务公司双方就工期、质量、应付款数额等发生争执，兴华建设公司诉至山东省威海市中级人民法院。

（二）审理要览

1. 当事人主要诉求

本案一审原告山东兴华建设集团有限公司起诉至山东省威海市中级人民法院，请求法院判令：威海华方水务有限公司给付山东兴华建设集团有限公司未付工程款、因变更施工所增加的工程款及利息。

本案一审被告威海华方水务有限公司提出反诉，请求法院判令：山东兴华建设集团有限公司赔偿华方水务有限公司隔墙补建停工损失262 500元；兴华建设公司拖延工期185天，按照约定合同额的1%/天为标准计算，应赔偿华方水务公司为1 552 150元；粗格栅房、泵房未于11月15日前完全具备设备安装条件，按每超期一天扣合同价5前的违约金的标准，计算至2006年3月30日应支付违约金4 497 040元；兴华建设集团返还华方水务公司代其付款222 437元，其中包括铝合金门窗42 888.6元、曝气池修补费54 769.2元、垫付电费124 779元。

2. 审理经过

本案经过一审和二审程序。一审法院山东省威海市中级人民法院作出（2010）威民一初字第11号民事判决，判决威海华方水务有限公司给付山东兴华建设集团有限公司工程款2 449 529.6元及利息（自2006年3月30日起至本判决所确定的执行之日止，以2 449 529.6元为本金，按照中国人民银行公布的同期银行贷款利率计付）；山东兴华建设集团有限公司赔偿威海华方水务有限公司隔墙补建停工损失262 500元；驳回原告山东兴华建设集团有限公司及威海华方水务有限公司其他诉讼请求。

二审法院山东省高级人民法院于2015年12月9日作出（2015）鲁民一终字第392号民事判决，判决：维持山东省威海市中级人民法院（2010）威民一初字第11号民事判决第二、三项，即：山东兴华建设集团有限公司赔偿反诉原告威海华方水务有限公司隔墙补建停工损失262 500元；驳回原告山东兴华建设集团有限公司及反诉原告威海华方水务有限公司其他诉讼请求；变更山东省威海市中级人民法院（2010）威民一初字第11号民事判决第一项：威海华方水务有限公司给付山东兴华建设集团有限公司工程款1 749 529.6元（2 449 529.6元－70万元）及利息（自2006年3月30日起至本判决所确定的执行之日止，以1 749 529.6元为本金，按照中国人民银行公布的同期银行贷款利率计付）。

三、 争议焦点的规则解读

【焦点1】施工合同无效后如何进行工程价款结算

1. 当事人观点

一审原告兴华建设公司认为：涉案工程必须进行公开招投标，应当依据中标价认定工程价款；有关合同外增加的工程造价及增加的工期问题，没有争议的部分是施工当中所使用的对拉螺栓，对此设计单位专门作出了技术指导，属于设计变更，应计算在增加造价中；对于打井和降水问题，兴华建设公司完全是按照设计进行的施工，是天气原因导致增加了打井和降水，属于不可抗力，且施工之初华方水务公司没有施工许可，兴华建设公司是替其考虑才加紧施工，问题也应由其承担。

一审被告华方水务公司认为：《建设工程施工合同》系双方当事人的意思自治，且双方并未按规定向有关部门进行备案，因此不应当以"黑白合同"的处理原则来认定涉案工程合同价款；华方水务公司提供的《二期工程用电情况》虽为复印件，但结合兴华建设公司并未在供电公司开立账户，也未提供任何缴纳电费单据，而华方水务公司在无其他工程项目用电的情况下出现巨额用电费用等情况，足以认定华方水务公司垫付了电费；采用对拉螺栓固定的方法取代钢板固定的方法仅是建议，并非设计变更，不能作为工程量增加。即使该部分被认定为设计变更，也应当将所节约材料等成本在增加工程造价中扣除；对于打井和降水问题，华方水务公司已经向兴华建设公司提供了地质机构的报告，报告明确显示需要降水，而且双方约定的造价是包死价，当然包含打井和降水价格，故也不应计算为增加的工程价款。

2. 法院观点

山东省威海市中级人民法院一审认为：

关于应付工程款数额的确定问题。本案合同价款的确定，实际上涉及的是"黑白合同"的认定问题。根据最高人民法院《工程施工合同司法解释》第21条，当事人就同一建设工程另行订立的建设工程施工合同与经过备案的中标合同实质性内容不一致的，应当以备案的中标合同作为结算工程价款的依据。本案中，威海市建设工程招投标管理办公室最终向兴华建设公司发出的《中标通知书》确定的中标价为909万元，其后双方于2005年4月22日签署的施工合同所确定的839万元的合同价款，明显与中标通知书的内容不一致，不得作为结算工程价款的依据，故依据中标通知书涉案工程的合同价款依法应确定为909万元。在此基础之上工程价款的增减，尚需确认以下几项事实：

一是变更施工及未施工部分的扣减。双方确认了兴华建设公司施工过程中只使用了200立方米的商品砼，故华方水务公司依据双方认可的两种混凝土110元/立方米的差价要求自总造价中扣减1 168 000元，应予支持；保温层部分，双方已确认施工时此部分业已取消，依据诉讼期间双方达成的计算原则，该部分扣减项目应确定为33 408.6元；水磨石地面的施工变更，华方水务公司已放弃扣减差价的主张，原审法院予以照准；对于未施工部分双方没有争议，该部分造价261 912元应予扣减。

二是代付款的扣减部分。华方水务公司主张其代兴华建设公司付款222 437元。其中铝合金门窗施工款的扣减，华方水务公司提交了施工单位的结算发票等证实付款的材料，而兴华建设公司并无证据证实其就此部分已自行结算，故华方水务公司的该部分抗辩理由法院予以采纳；曝气池的修复费用，华方水务公司提供了修复曝气池的合同及修复费用支付发票，兴华建设公司虽不予认可但并无证据予以推翻，法院对此予以支持；垫付的电费问题，华方水务公司主张垫付并要求扣减的依据只有一份复印件材料，兴华建设公司对此不予认可，华方水务公司理应承担举证不能的责任。

三是增加工程的认定及造价确认。鉴定部门确认的增加工程造价为559 508.00元，其中对拉螺栓部分是176 740.81元。该部分设计部门有通知单，如果仅仅是施工方法的选择，当属施工单位自主决定的事项，与现有的通知单及客观增加了造价明显不符，故兴华建设公司主张的该部分造价应予支持。而争议较大的施工过程中因打井和降水增加的造价382 767.19元，兴华建设公司已提供了三份签证单，签证单虽没有华方水务公司的签字，但有监理工程师的签署意见，其能够明确证实涉案工程在施工过程中受到台风的影响而导致了塌方，且是根据甲方、设计单位等共同研究的意见进行的处理，由此增加的造价理应按照双方合同当中的约定依据签证单据实调整。

山东省高级人民法院二审认为：

关于原审判决对涉案工程合同价款的认定是否正确的问题。涉案《建设工程施工合同》系双方当事人真实意思表示，应为合法有效。首先，本案双方当事人只签订了一份建设工程施工合同，不存在经过备案的中标合同，故原审判决认定本案涉及"黑白合同"问题，并依据中标价909万元确定涉案工程合同价款，属于适用法律错误；其次，虽然涉案工程中标价为909万元，但上诉人在中标前的最终投标价为839万元，建设工程施工合同约定的合同价款亦为839万元，该约定低于中标价，不侵害其他投标人的权利，且没有证据证实该价款低于成本价；最后，双方当事人实际履行了该合同，且均未主张合同签订非真实意思表示，故《建设工程施工合同》对合同价款为839万元的约定应当视为双方当事人意思自治的结果，合法有效。

关于原审判决对华方水务公司主张的124 779.65元电费不予认定是否正确的问题。华方水务公司仅提供一份《二期工程用电情况》的复印件，兴华建设公司对此不予认可，华方水务公司提供的证据不足以证明其主张；鉴定报告初稿并非最终稿，不能作为认定案件事实的依据，华方水务公司在二审庭审中亦认可鉴定报告最终稿没有涉及垫付电费的问题。因此，原审判决对华方水务公司主张的124 779.65元电费不予认定，并无不当。

关于原审判决对增加工程造价的认定是否正确的问题。关于对拉螺栓部分：华方水务公司在原审中认可有设计单位的通知单，且采用对拉螺栓固定方法客观上增加了工程造价，故华方水务公司关于采用对拉螺栓固定方法并非设计变更的上诉主张不能成立；华方水务公司并未在原审中提出将采用对拉螺栓固定方法所节约材料等成本从工程造价中扣除的主张，亦未提供证据证明所节约材料等成本数额，故原审判决对于对拉螺栓部分增加工程造价的认定并无不当。关于打井和降水部分：涉案工程有关工程资料签证的说明及监理单位质量保证体系报告表只加盖了威海安兴建设监理有限公司的印章，没有单位负责人及制作证明材料人员的签名或盖章，不符合证据形式要求，不予采信；兴华建设公司在原审中提供的三份工程签证单均载明受 8.8 台风影响导致工程塌方，根据为设计院处理意见或者甲方、设计、监理、施工单位共同研究意见进行施工的签证内容，且均有监理人员签名。尽管其中两份签证单落款处分别载有"待核实后再定"及"不参与费用签证按甲方设计要求施工"的监理意见，但华方水务公司并未提供证据证明该两份签证单签证内容不实。故原审判决对于打井和降水部分增加工程造价的认定亦无不当。因此，华方水务公司关于原审判决对增加工程造价的认定不当的上诉理由不能成立，本院不予支持。

【焦点 2】工期延误如何进行认定

1. 当事人观点

一审原告兴华建设公司认为，华方水务公司提供的主体工程验收报告已充分说明涉案工程按时完工，渗漏量亦在设计允许的范围之内，华方水务公司没有按照合同约定支付工程款，违约在先。

一审被告华方水务公司认为，兴华建设公司提供的关于主体工程的验收报告出具时间早于检验曝气池质量是否合格的闭水试验时间，且没有华方水务公司的签字，该报告不应被采信；即使按照兴华建设公司提供的 2006 年 4 月 17 日的验收报告，兴华建设公司逾期也达 153 天，华方水务公司仅主张 134 天的违约责任合情合理；华方水务公司按照合同约定履行了付款义务，是否取得施工许可证亦不影响合同效力；涉案工程至今未能竣工验收，责任在兴华建设公司，未付工程款不应当计算利息。

2. 法院观点

山东省威海市中级人民法院一审认为：

华方水务公司虽主张 2006 年 3 月 30 日的协议明确到此时涉案工程才基本完工，但其也承认在此之前的期间原告所进行的工作就是针对曝气池渗漏点等的修补，是完工后的维修还是尚处施工期间双方存有争议；现有证据表明，2005 年 11 月 2 日涉案工程主体分部已进行了验收，且监理部门、设计部门及原告签署了主体结构工程质量验收报告，之后所进行的曝气池闭水试验渗漏量亦在设计允许的误差范围之内，故兴华建设公司之后的行为及双方签署的协议解决的主要是完工后的维修问题，不能否认兴华建设公司已按照双方约定的工期，完成了曝气池的施工等主要义务，不能据此得出原告逾期完工的结论；按照兴华建设公司、华方水务公司双方于 2005 年 4 月 22 日所签署的协议，曝气池闭水试验合格，华方水务公司应付合同价款 80% 的工程款，但截至 2006 年 3 月 13 日华方水务公司的付款也仅有 5 639 000 元，即使按照约定的合同价款 839 万元计算 80% 的应付款为 6 712 000 元，仍尚欠 1 073 000 元工程款未付，华方水务公司存在逾期付款的情形，即使兴华建设公司未按约定工期完工，其也依法享有抗辩权；在施工期间华方水务公司并未取得涉案工程施工许可，兴华建设公司据此抗辩华方水务公司逾期完工的违约请求，亦存在一定的事实基础。

山东省高级人民法院二审认为：

关于原审判决认定兴华建设公司不承担逾期完工违约责任是否正确的问题。双方当事人签订《威海华方水务有限公司土建施工补充协议》，该协议载明"根据 9 月 28 日施工协调会双方研究确定的工期计划，施工方在 10 月 31 日前完成反应池施工，进行闭水试验……在 11 月 15 日前完成粗格栅房、进水泵房、鼓风机房及配电室等施工……本协议与双方签订的合同具有同等效力"。从内容看，该协议足以证明双方当事人对相关施工工期进行了合意变更；另外，兴华建设公司与监理单位、设计单位共同签署了主体结构工程质量验收报告，该报告载明主体分部工程所含分项工程质量均验收合格，后进行的曝气池闭水试验结果证明渗漏量在设计允许的误差范围之内，华方水务公司亦认可兴华建设公司在 2006 年 3 月 30 日之前一直在对工程进行修补。故原审判决认定兴华建设公司在 2005 年 11 月 2 日之后所做的工作主要是完工后的维修工作，并无不当。涉案《建设工程施工合同》约定"生物反应曝气池完成，闭水试验合格后 10 日内付至合同额 80% 工程款"，也即认定华方水务公司是否逾期付款的标准是其付款是否达到合同价款的 80%，而非其上诉主张的合同价款扣除应当扣减部分后的 80%；兴华建设公司在原审中以涉案工程在施工期间未取得施工许可为由进行抗辩，针对的是华方水务公司关于兴华建设公司应当承担逾期完工违约责任的反诉请求，而不是涉案《建设工程施工合同》的效力问题；因此，原审判决认定兴华建设公司不承担逾期完工违约责任，并无不当。

3. 作者简评

《招标投标法》明确规定了必须进行招标的项目，具体为：(1)大型基础设施、公用事业等关系社会公共利益、公众安全的项目；(2)全部或者部分使用国有资金投资或者国家融资的项目；(3)使用国际组织或者外国政府贷款、援助资金的项目。具体项目的范围和规模由《工程建设项目招标范围和规模标准规定》予以明确。基于上述法律法规的规定，只要法规限定范围和规模内的建设工程均需要进行招标，只要招标就要符合《招标投标法》的规定，否则会被认定为中标无效。《建设工程施工合同司法解释》第 1 条明确规定，建设工程必须进行招标而未招标或者中标无效的，施工合同无效。① 本案就是典型的招标不合法导致施工合同无效的情形。

---

① 《建设工程施工合同司法解释》第 1 条："建设工程施工合同具有下列情形之一的，应当根据合同法第五十二条第(五)项的规定，认定无效：(一)承包人未取得建筑施工企业资质或者超越资质等级的；(二)没有资质的实际施工人借用有资质的建筑施工企业名义的；(三)建设工程必须进行招标而未招标或者中标无效的。"

四、 启示

【启示】招投标程序法违将影响到合同效力

本案中兴华建设公司进行了三次投标，投标价格分别为 909 万元、790 万元和 839 万元，而中标价格并不是最终的投标价 839 万元，而是 909 万元。也就是说本案的中标价格并不是投标人的投标价格，这个中标显然是无效的。据此签订的合同当然也是无效的。

我们注意到本案中签订的合同价格为 839 万元，实际上是兴华建设公司的最终投标价，但是由于并没有 839 万元的中标通知书，也就是说 839 万元的合同不是经过招投标程序确定的，属于应当招标未招标，因此该合同也是无效的。

除了应当招标未招标导致合同无效的情况，司法实践中还存在中标无效的情况，《招标投标法》主要规定了以下几种中标无效的情形：

（1）招标代理机构违反法律规定导致的中标无效。根据《招标投标法》第 50 条规定："招标代理机构违反本法规定，泄露应当保密的与招标投标活动有关的情况和资料的，或者与招标人、投标人串通损害国家利益、社会公共利益或者他人合法权益的，……前款所列行为影响中标结果的，中标无效。"

（2）招标人违法泄露招标情况和标底的中标无效。《招标投标法》第 52 条规定："依法必须进行招标的项目的招标人向他人透露已获取招标文件的潜在投标人的名称、数量或者可能影响公平竞争的有关招标投标的其他情况的，或者泄露标底的，……前款所列行为影响中标结果的，中标无效。"

（3）恶意串通招投标的中标无效。《招标投标法》第 53 条规定："投标人相互串通投标或者与招标人串通投标的，投标人以向招标人或者评标委员会成员行贿的手段谋取中标的，中标无效……"

（4）弄虚作假骗取中标的中标无效。《招标投标法》第 54 条规定："投标人以他人名义投标或者以其他方式弄虚作假，骗取中标的，中标无效……"

（5）招、投标人事前进行实质性谈判的中标无效。《招标投标法》第 55 条规定："依法必须进行招标的项目，招标人违反本法规定，与投标人就投标价格、投标方案等实质性内容进行谈判的，给予警告，对单位直接负责的主管人员和其他直接责任人员依法给予处分。前款所列行为影响中标结果的，中标无效。"

（6）招标人违法确定中标人的中标无效。《招标投标法》第 57 条规定："招标人在评标委员会依法推荐的中标候选人以外确定中标人的，依法必须进行招标的项目在所有投标被评标委员会否决后自行确定中标人的，中标无效。"

《政府采购法》法律体系和《招标投标法》法律体系是规制特许经营项目的两大法律体系，政府采购程序及招标投标程序一定要符合法律规定，否则会导致合同无效，从而社会资本方无法完全按照合同约定实现合同预期收益。

08 昆明星瑞特公司与倪川江劳务合同纠纷案

案例来源：（2014）渝二中法民终字第00889号。

关键词：BOT　抽逃　劳务工资　调解书　赔偿

一、 裁判规则

【规则】实际施工人向承包人和发包人主张的价款限定在欠付工程款范围，并不及于其他损失

实际施工人无权向承包人和发包人主张工程价款之外的费用，本案中劳务承包人因迟延支付劳务人员的工资而产生的迟延履行利息应当由其自己承担，无权要求劳务合同以外的其他人承担。

二、 审判概览

（一）涉案项目情况

云南省石屏县人民政府与云南石红高等级公路投资管理有限公司（以下简称"石红公司"）签订石元高速公路工程项目BOT特许经营权合同，授权其建设云南石屏至元江（红龙厂）高速公路。石红公司享有有权机关审定及批准期限内投资建设石元高速公路项目，并在建成后经营、管理、维护的专有特许权利。为建设该段高速公路，以杨星、宋亚坤、何雄三人为设立人向云南省工商行政管理局申请注册成立石红公司，2003年12月30日，经云南省工商行政管理局预先核准。

2004年2月2日，石红公司以用途为"验资款"向石红公司开设在广东发展银行昆明分行账户注入资金600万元、昆明银圣地商贸有限公司以用途为"验资款"向石红公司开设在广东发展银行昆明分行账户注入资金700万元、昆明市镇晖电缆桥架有限公司以用途为"验资款"向石红公司开设在广东发展银行昆明分行账户注入资金600万元、昆明大生装饰工程有限公司以用途为"验资款"向石红公司开设在广东发展银行昆明分行账户注入资金600万元，合计2 500万元。

2004年2月2日，石红公司被云南省工商行政管理局核准成立。同日，石红公司以用途为"还借款"方式，将注册资金2 500万元抽逃，分别转款给石红公司810万元、昆明银圣地商贸有限公司700万元、昆明市镇晖电缆桥架有限公司900万元、杨星90万元。以上注入资金和抽逃资金，除昆明银圣地商贸有限公司向石红公司开设在广东发展银行昆明分行账户注入验资款700万元外，其余均是杨星预留在广东发展银行昆明分行的印章和相关单位财务专用章操作。成立石红公司，杨星认缴出资额875万元（占35%）、宋亚坤认缴出资额1 375万元（占55%）、何雄认缴出资额250万元（10%），三人均未支付认缴出资额。

2007年4月份，寇志学想做石红公司投标第九标段工程，最后经过招标，由中航南方机械化海南工程局中标。寇志学找到饶荣伟（石红公司执行董事长），饶荣伟让寇志学和中标单位具体商谈。实际石红公司未与中航南方机械化海南工程局签订国道323线石屏至元江（红龙厂）高速公路项目九合同段（K30＋960～K33＋330）路基工程《施工承包合同》。

2008年1月30日，石红公司收取被告寇志学履约保证金80万元，后分别于2008年1月31日收取寇志学履约保证金20万元、2008年3月10日收取寇志学履约保证金75万元、2008年3月14日收取寇志学履约保证金25万元、2008年4月2日两次收取寇志学履约保证金计200万元，合计400万元。2008年4月21日，石红公司就上述履约保证金向寇志学开具编号0 144 880收据，收据载明：兹收到"中航南方机械化海南工程局（寇志学）9标ర段保证金肆佰万元"。

2008年1月6日，寇志学为甲方与倪川江合伙人之一胡元学为乙方签订《劳务合同》，约定将云南省石屏至元江（红龙厂）高速公路K30＋960～K33＋330段即九合同标段临建工程，即办公楼一层以430元/m²、住宿房以390元/m²的劳务承包给胡元学。倪川江等在合同签订后组织民工进场施工。至2008年8月29日，寇志学向倪川江等人出具欠条，欠条载明："今欠到倪川江、何开福、倪文兵、胡元学等在云南省石屏县金河牛达林场石红高速公路N9标房屋修建款（9标临时住房）工程结算款950 000.00元，大写玖拾伍万元整。此款保证在2008年11月底付清，如没按时付款，由我承担一切损失及资金利息。"至同年施工结束后，经与寇志学结算，民工工资为114.6万元，其中，陶宏权等民工工资99.4万元，云南省当地民工工资15.2万元。

2008年12月26日，倪川江与胡元学等人签订协议，该劳务合同所产生的债权债务由倪川江承担。由于石红公司和寇志学未向倪川江支付劳务工资，倪川江无法给付其他民工工资，民工以陶宏权名义向重庆市万州区人民法院提起诉讼。2008年12月29日，经重庆市万州区人民法院调解，由倪川江于2009年1月4日前给付陶宏权劳务工资99.4万元并承担案件受理费6 870元。因倪川江未按时履行给付义务，陶宏权向重庆市万州区人民法院申请执行，并主张加倍收取迟延履行期间的债务利息。2013年6月17日，陶宏权给倪川江出具收条，载明收到支付99.4万元劳务工资的迟延履行金560 238.28元（从2009年1月4日起至2013年6月17日止）；2013年7月9日，倪川江支付陶宏权99.4万元劳务工资。

（二）审理要览

1. 原告主要诉求

本案一审原告倪川江起诉至重庆市万州区人民法院，认为倪川江未按时履行给付义务，造成陶宏权申请执行，并主张加倍收取迟延履行期间的债务利息。该款系寇志学不履行给付义务所造成，其应承担的责任由石红公司、昆明银圣地商贸有限公司、昆明市镇晖电缆桥架有限公司、宋亚坤、何雄、杨星承担连带赔偿责任和补充赔偿责任。请求：判决该几人和公司承担赔偿损失56 238.28元。

2. 审理经过

本案经过一审、二审以及再审程序。一审法院重庆市万州区人民法院于2014年3月21日作出判决：驳回倪川江要求寇志学、云南石红高等级公路投资管理有限公司、昆明星瑞特电力锥形钢管有限公司（以下简称"星瑞特公司"）、昆明银圣地商贸有限公司、昆明市镇晖电缆桥架有限公司、宋亚坤、何雄、杨星赔偿损失56 238.28元的诉讼请求。

二审法院重庆市第二中级人民法院于2014年10月9日作出（2014）渝二中法民终字第00889号民事判决：驳回上诉，维持原判。

再审法院重庆市高级人民法院于2015年3月4日作出（2014）渝高法民申字第01375号裁定：驳回倪川江的再审申请。

三、 争议焦点的规则解读

【焦点】实际施工人能否向承包人和发包人主张欠付工程款之外的其他损失范围

1. 当事人观点

一审原告倪川江认为：其向陶宏权支付了迟延履行债务期间的利息，该损失产生的原因在于寇志学与石红公司不履行付款义务，应当由寇志学等人赔偿；本案法律关系为合同纠纷，应当适用《合同法》及《民法通则》，一审判决适用《民事诉讼法》第64条的规定，但并未指出缺乏证据证明的事实，适用法律明显错误；石红公司设立时，借用昆明银圣地商贸有限公司、昆明市镇晖电缆桥架有限公司、星瑞特公司、昆明大生装饰工程公司的资金登记注册，石红公司设立后，资金即被抽回，宋亚坤、何雄、杨星未实际出资，应当对石红公司的债务承担连带清偿责任；昆明银圣地商贸有限公司、昆明市镇晖电缆桥架有限公司、星瑞特公司的不当行为使石红公司得以设立并从事与之实际履行能力不相适应的活动，给倪川江造成损失，应当在石红公司注册资金不实的范围内承担补充赔偿责任。

一审被告星瑞特公司认为：倪川江并无组织人员务工的主体资格，其行为具有违法性，非法组织人员务工所产生的劳务费用及迟延履行金应当由其个人承担；债务形成原因应当有法律明确规定、合同约定、无因管理、侵权等，现倪川江的主张缺乏依据。

2. 法院观点

重庆市万州区人民法院一审认为：

由于倪川江不按照生效调解书确定的给付内容、期间按时履行给付义务，所造成支付给陶宏权560 238.28元的双倍迟延履行金损失，应由倪川江自己承担。倪川江作为陶宏权用工主体，应当具备承担风险的能力；石红公司等对于尚欠的劳务工资应该承担的法律责任是基于合同约定和法律规定，而不应承担相对方不依法履行法律文书的迟延履行金，该损失不能及于石红公司等人；对于倪川江主张的自己代陶宏权支付给付石红公司债务本金和利息52 391.12元，因该案在再审中，本案不作调整。

重庆市第二中级人民法院二审认为：

关于倪川江向陶宏权支付的560 238.28元迟延履行期间的债务利息是否属于损失的问题。根据《民事诉讼法》第239条，迟延履行期间的债务利息兼具有惩罚性和赔偿性的性质。本案迟延履行期间债务利息系按人民银行贷款利率的两倍计算，其中一倍的债务利息具有补偿性质，该部分基本由债务人寇志学一方在执行案件中予以支付；对于剩下按一倍贷款利率计算的债务利息，则具有惩罚性质，属于倪川江违反法律规定所产生的损失。

关于该损失是否应当由寇志学等人承担的问题。本案所涉劳务合同因倪川江并无劳务承包资质而无效，作为无效合同，倪川江具有较大过错。根据《合同法》第113条，本案所涉99.4万元债务系连环债务，陶宏权系其债权人，倪川江系债务人，寇志学系次债务人。寇志学将建设工程违法分包给倪川江的合伙人胡元学，应当知道其不及时支付工程款，将会导致倪川江不能按时支付劳务工资，引发诉讼乃至于强制执行的后果。按照社会经验法则，寇志学一方逾期付款，对于倪川江未能按照民事调解书的约定向陶宏权支付劳务工资，将承担逾期付款债务利息的损失属于可预见范围；但对多收取的迟延履行期间人民银行贷款利率一倍的利息，由于属于人民法院对于被执行人拒不履行生效裁判文书所确定的债务采取的惩罚性措施，且寇志学并不负有保障倪川江对于劳务合同具备完全履行能力的合同义务及法定义务，该损失的产生并不属于寇志学在订立合同之时可以预见的范围；合同具有相对性，倪川江因与陶宏权劳务合同债务需要向陶宏权承担的民事责任，无权要求该劳务合同以外的其他当事人承担。

重庆市高级人民法院再审认为：

关于本案的案由问题，从基础法律关系和事实来看，本案系劳务纠纷引发的损失赔偿案件，至于石红公司在本案中是否有不当行为，与本案的定性没有必然关系，原审法院将本案案由确定为劳务合同纠纷而不是侵权纠纷并无不当。

关于倪川江是否可就其支付的56万余元的双倍迟延履行利息损失向石红公司主张赔偿的问题。倪川江与陶宏权于2008年12月29日达成解调协议，该调解协议于2009年1月4日到期。倪川江与陶宏权因劳务纠纷而产生的债权债务关系确定；2009年1月6日，倪川江与寇志学达成协议，约定将寇志学交到石红公司的工程保证金转让给倪川江用于支付民工工资，但石红公司拒绝支付。由于倪川江与寇志学所达成的债权转让协议的时间晚于倪川江与陶宏权等民工达成调解协议的时间，倪川江在尚未取得债权的情况下，就与陶宏权达成了调解协议，其仍应当按约履行调解协议的义务；债权转让协议仅是倪川江履行调解协议的资金来源之一，即使没有这笔资金，其亦应当以自己的财产来承担债务；从合同相对性来说，倪川江对陶宏权等人应承担的民事责任，无权要求劳务合同以外的其他人承担；对于石红公司及寇志学的法律责任问题，已在倪川江起诉石红公司和寇志学等人要求支付劳务费的诉讼中得以解决。因此，倪川江要求石红公司再承担其他损失没有相应的法律依据。

3. 作者简评

合同相对性是合同法的基石，除法律特别规定外，在合同当事人之间主张违约责任及损害赔偿是不能突破合同进而向合同外主体主张权利的。施工合同纠纷中存在一个突破合同相对性的特例，那就是《建设工程施工合同解释》第26条："实际施工人以转包人、违法分包人为被告起诉的，人民法院应当依法受理。实际施工人以发包人为被告主张权利的，人民法院可以追加转包人或者违法分包人为本案当事人。发包人只在欠付工程价款范围内对实际施工人承担责任。"也就是在转包和违法分包的合同纠纷中，实际施工人可以突破合同相对性向合同当事人之外的第三人主张责任。但是需要注意的是合同当事人之外的第三人只在欠付工程价款的范围内承担责任（即不构成工程价款的费用，第三人不承担。）

施工合同内的工程价款通常指，综合包括了建设工程直接费、违约金、损失赔偿在内的工程结算所确定的金额。结算内容可以参考《建设工程价款结算暂行办法》相关规定。①

而本案中原告主张的逾期付款利息恰恰不是工程价款的组成部分，因此本案审理法院无法援引上述施工合同司法解释的规定支持原告的诉讼请求。

四、 启示

【启示】特许经营项目多层次合同架构中应建立联系，以确保付款流程

在特许经营项目实践中，除了投融资协议层面的合同体系，在项目建设层面存在着施工总承包合同、专业分包合同、劳务分包合同、材料设备采购租赁合同等繁复的合同体系。而建设工程合同之间的履行，尤其是付款，往往是环环相扣的，也就是说，一个合同的付款往往需要上一个合同发包人付款到账后才能进行。但是由于合同相对性的限制，承包人又无法以上一级发包人没付款而有效拒绝对合同相对方进行付款。

---

① 《建设工程价款结算暂行办法》第7条规定："发包人、承包人应当在合同条款中对涉及工程价款结算的下列事项进行约定：（一）预付工程款的数额、支付时限及抵扣方式；（二）工程进度款的支付方式、数额及时限；（三）工程施工中发生变更时，工程价款的调整方法、索赔方式、时限要求及金额支付方式；（四）发生工程价款纠纷的解决方法；（五）约定承担风险的范围及幅度以及超出约定范围和幅度的调整办法；（六）工程竣工价款的结算与支付方式、数额及时限；（七）工程质量保证（保修）金的数额、预扣方式及时限；（八）安全措施和意外伤害保险费用；（九）工期提前或延后的奖惩办法；（十）与履行合同、支付价款相关的担保事项。"

在这种情况下，我们建议在合同中约定"付款前提条款"，即类似于"合同当事人都同意在上一级合同发包人对本合同的发包人付款的情况下，才对本合同的承包人进行付款"的约定，这相当于合同当事人针对合同付款约定了一个可以突破合同相对性的条件，这样可以在一定程度上避免相关争议。

09 杭州汽轮动力集团设备成套工程有限公司与浙江玻璃股份有限公司所有权确认纠纷再审案

案例来源：(2014)绍柯民初字第 1 032 号，(2015)新民一终字第 356 号，(2015)浙民提字第 75 号。

关键词：建设工程　BOT　所有权　债权

一、裁判规则

【规则】承包人协议约定工程所有权保留的，约定有效

融资建造合同约定在发包人未支付所有工程款前资产由承包人管理并使用的，可以认定承包人对案涉资产享有占有、使用、收益及处置的权利。

二、审判概览

（一）涉案项目情况

2009 年 5 月 13 日，杭州汽轮动力集团设备成套工程有限公司(简称"杭汽轮公司")(乙方)与浙江玻璃股份有限公司(简称"浙玻公司")(甲方)签订一份《关于合作建设浙江玻璃股份有限公司下属余热电站的协议书》（以下简称《合作协议书》），约定工程名称为甲方浮法一线、浮法二线、浮法三线、浮法六线节能改造及 8MW 余热电站建设项目；案涉余热电站为乙方总承包，包括但不限于提供工程涉及所有机电设备并负责安装管理、工程土建等内容；工程价款为包价5 256万元，全部工程款由乙方先行垫资，甲方在案涉余热电站竣工验收后6 年内按照本协议第六章的相关约定通过分期付款方式向乙方支付；建设期为一年，自正式开工起至正式竣工验收日止；工程建设及案涉余热电站委托管理期限内，若甲方发生破产或者其他原因造成其资产被拍卖、清算或者整体转让，乙方将成为甲方的第一顺序债权人，要求甲方清偿本协议项下债务；双方确认在乙方未完全收到甲方应支付给乙方的所有工程款(含托管期间服务管理费)前，甲方无权对案涉余热电站及其涉及资产进行任何形式的处置，案涉余热电站由乙方管理并使用，如因甲方违约导致乙方必须对案涉余热电站资产进行相关处置，甲方须无条件配合并签署相应法律文件。

同日，甲、乙双方又签订一份《关于浙江玻璃股份有限公司下属余热电站的委托管理协议书》（以下简称《委托管理协议书》），约定案涉余热电站竣工验收后，甲方委托乙方对其进行全权管理和运行，甲方应支付乙方委托管理费，委托期为案涉余热电站建成竣工验收后6年。

2012年6月28日，浙玻公司进入破产重整程序。为明确涉案余热电站的财产归属问题，2012年7月1日，杭汽轮公司（甲方）与浙玻公司（乙方）共同签署一份《补充协议》，约定甲方在未按《合作协议书》和《委托管理协议书》约定收到乙方应支付给甲方的所有工程款（含托管期间服务管理服务费）前，甲方投资的案涉余热电站及其涉及的全部资产的所有权归甲方所有，乙方无权作任何处置。

同日，上述甲、乙双方又签订一份《协议书》，约定在乙方重整期间，双方继续履行《合作协议书》和《委托管理协议书》，乙方应采取措施推进案涉余热电站尽快投入正常运行，以便正式起算委托管理期；双方明确包括案涉余热电站在内的相关建设项目的财产归属和履约保障按《合作协议书》的相关约定执行，乙方承诺在重整期间依法保护上述财产的完整和安全。

（二）审理要览

1. 原告主要诉求

杭汽轮公司于2014年3月5日起诉至绍兴市柯桥区人民法院，认为案涉余热电站的所有权应归杭汽轮公司所有，重整、破产程序中，破产财产界定、评估时均确认该财产所有权属杭汽轮公司。管理人在破产资产分配方案中无视其正当要求，给其造成重大损失，请求：确认案涉余热电站的全部资产所有权归属杭汽轮公司。

2. 审理经过

本案经过一审、二审以及再审程序。一审法院绍兴市柯桥区人民法院作出(2014)绍柯民初字第1032号民事判决，认为因杭汽轮公司对自己的诉讼请求所依据的事实未充分举证加以证明，故应由其承担由此产生的不利后果。判决：驳回杭汽轮公司的诉讼请求。

二审法院绍兴市中级人民法院于2015年12月17日作出(2015)新民一终字第356号民事判决：驳回上诉，维持原判。

浙江省高级人民法院经过再审后作出(2015)浙民提字第75号判决书，其认为：杭汽轮公司提出的再审申请理由成立，应予以支持。判决：撤销绍兴市中级人民法院(2014)浙绍民终字第657号民事判决和绍兴市柯桥区人民法院(2014)绍柯民初字第1032号民事判决；杭州汽轮动力集团设备成套工程有限公司投资建造的浙江玻璃股份有限公司余热电站的相关设备及设施等资产所有权归属杭州汽轮动力集团设备成套工程有限公司所有。

三、 争议焦点的规则解读

【焦点】承包人协议约定工程使用权保留是否有效

1. 当事人观点

本案一审原告杭汽轮公司认为，双方在《补充协议》中明确"收到乙方（浙玻公司）应支付给甲方（杭汽轮公司）的所有工程款前，甲方投资的余热电站及其涉及的全部资产的所有权归甲方所有"；在案涉余热电站建设完成后，杭汽轮公司收回的价款并不取决于电站设计、配套、建设投入了多少，而是取决于自营运行余热电站的效果，故该合同是一个典型的 BOT 合同，而非简单的建设工程施工合同；案涉余热电站至今尚未建设完毕和竣工验收，一直以来全部财产的控制权均在杭汽轮公司，浙玻公司没有任何实际投入；在浙玻公司的破产程序中，有关破产财产界定、评估时均明确案涉余热电站的全部资产所有权归属杭汽轮公司；管理人已向杭汽轮公司发送了《告知函》，要求杭汽轮公司行使取回权，也印证在整个破产程序中，管理人认为余热电站所有权归属杭汽轮公司的基本态度。

本案一审被告浙玻公司认为，双方签订《合作协议书》明确约定当浙玻公司破产时，杭汽轮公司为第一顺序债权人，即明确的是债权，而非所有权；在浙玻公司进入破产重整后，杭汽轮公司、浙玻公司及浙玻公司管理人三方签订的《协议书》中明确约定就案涉余热电站所有权问题仍按照《合作协议书》履行，并没有约定案涉余热电站归属杭汽轮公司所有，且案涉余热电站所涉土地使用权归浙玻公司所有；因双方就所有权问题存在争议，故浙玻公司管理人未将案涉余热电站列入资产评估的范围；管理人向杭汽轮公司发送《告知函》，是要求其将相应设备进行拆除、搬迁，而不是余热电站所有权归属杭汽轮公司。

2. 法院观点

绍兴市柯桥区人民法院一审认为，

双方当事人围绕案涉余热电站签订《合作协议书》的实质为建设工程施工合同，而《委托管理协议书》则为发包人浙玻公司与承包人杭汽轮公司就案涉余热电站工程价款的支付而作出的相应安排；案涉余热电站系浙玻公司在其拥有合法使用权的土地上所建造的不动产，在未有相反证据证明的情况下，其所有权应归属建设用地使用权人即浙玻公司，从而体现房、地产权人一致的认定原则；杭汽轮公司作为承包方，只对案涉余热电站拥有合同债权，而非所有权；《补充协议》在浙玻公司进入破产程序后订立，未经由管理人出面签订，事后也并未获得管理人或者全体债权人会议通过认可，不能作为案涉余热电站的确权依据；浙玻公司进入破产程序后，涉及案涉余热电站的协议现已依法解除，杭汽轮公司和管理人对余热电站相关事项一直进行磋商解决，破产资产评估报告未体现案涉余热电站的相关内容，并不意味案涉余热电站归属杭汽轮公司所有。

绍兴市中级人民法院二审认为，

根据《委托管理协议书》的内容，只能认定杭汽轮公司作为承包人根据协议约定对案涉余热电站享有相关债权，但非所有权；《补充协议》是在二审法院裁定受理浙玻公司重整一案并指定管理人之后，故对该《补充协议》依法不予采信；坤元资产评估有限公司作为评估机构在本案中无权对案涉余热电站进行确权；管理人在《告知函》中旨在行使对案涉余热电站相关协议的解除权，并未明确表示认可杭汽轮公司对案涉余热电站的全部资产享有所有权。

浙江省高级人民法院再审认为：

（1）《合作协议书》和《委托管理协议书》明确："在乙方未完全收到甲方应支付给乙方的所有工程款（含托管期间服务管理费）前，甲方无权对案涉余热电站的全部资产进行任何形式的处置，案涉余热电站由乙方管理并使用，如因甲方违约导致乙方必须对案涉余热电站资产进行相关处置，甲方须无条件配合并签署相应法律文件"。虽然双方当事人在《合作协议书》和《委托管理协议书》中没有直接约定案涉余热电站的全部资产所有权归杭汽轮公司，但已明确约定杭汽轮公司在未完全收到浙玻公司应支付的所有工程款前对由其投资建造的案涉余热电站的全部资产享有占有、使用、收益及处置的权利。（2）从浙玻公司破产重整及宣告破产过程中委托的《资产评估报告》及双方当事人签订的《补充协议》约定的"杭汽轮公司投资建造的案涉余热电站的全部资产所有权归杭汽轮公司"等内容看，有理由相信双方当事人在《合作协议书》和《委托管理协议书》约定杭汽轮公司在未收到浙玻公司应支付的所有工程款前，杭汽轮公司投资建造的余热电站所涉全部资产的所有权归杭汽轮公司所有，浙玻公司无权作任何处置，属签约双方的真实意思表示。（3）管理人向杭汽轮公司发送《告知函》要求其限期行使取回权，进一步印证在整个破产程序中，管理人亦认同案涉余热电站的全部资产所有权归属于杭汽轮公司的基本事实。据此，在杭汽轮公司与浙玻公司合作期限内且杭汽轮公司未收到所有工程款的情况下，案涉余热电站的全部资产应属杭汽轮公司所有。

3. 作者简评

我们认为本案是融资建造领域极为特殊的案件，合同当事人在融资建造系列合同中设计了一个对工程款支付的"担保措施"，即"杭汽轮公司在未收到浙玻公司应支付的所有工程款前，杭汽轮公司投资建造的余热电站所涉全部资产的所有权归杭汽轮公司所有，浙玻公司无权作任何处置"。但是该等约定又无法构成担保法意义上的法定的担保方式。《担保法》中规定的抵押担保方式需要做抵押登记才能生效。而在本案中项目资产显然没有做抵押登记。从法律上讲，承包人只有基于融资建造合同所产生的债的请求权进而请求法院确认所有权的权利，而不是当然的物权所有权。

需要强调的是，融资建造合同中明确了："在乙方未完全收到甲方应支付给乙方的所有工程款（含托管期间服务管理费）前，甲方无权对案涉余热电站的全部资产进行任何形式的处置，案涉余热电站由乙方管理并使用。如因甲方违约导致乙方必须对案涉余热电站资产进行相关处置，甲方须无条件配合并签署相应法律文件。"该条的约定实际上对承包人取得项目资产设定了取得程序，包括取得条件及发包人的无条件配合义务。综上，我们认为，通过合同约定取得项目资产所有权是需要通过严格的合同条款设计的，约定的内容包括但不限于成就条件、启动程序、发包人配合义务等，当然最好是完善项目资产的抵押登记。

四、 启示

【启示】特许经营项目资产应明确归何方所有

实务中，有的地方政府为了强化对项目的控制，要求特许经营项目立项至政府指定出资主体名下，而社会资本方为了避免缴纳房产、土地方面的税收，也乐于不将项目资产纳入项目公司。尽管目前法律法规并未对项目立项主体作出强制性规定，但是这可能会导致一系列问题，例如后续规划、土地等手续应办至政府指定主体，而非项目公司，这将对项目融资和后续运营产生影响。在项目融资方面，一般银行会就特许经营项目设定应收账款质押或在建工程抵押。如果资产所有权在政府指定主体，则会出现一定的困难，当然这个问题也可以通过协议约定解决，但需取得金融机构的同意。本案给我们的最大启示是，把资产归入政府指定主体名下，可能引起资产安全性问题，即若政府指定主体出现破产等情形时，特许经营项目投资人的财产权安全可能会受到影响。

⑩ 四川省广汉公路桥梁工程建设有限公司与四川龙浩公路投资有限公司建设工程施工合同纠纷案

案例来源：（2014）自民二初字第 19 号，（2015）川民终字第 185 号，（2015）民申字第 2 852 号。

关键词：建设工程　特许经营　工程结算　提前进场费

一、 裁判规则

【规则】工程竣工验收后，工程价款应按照工程结算价格计算

工程结算是具有重要意义的法律文件，工程总体结算之后以结算前的分项计价再度提出主张，有失公允，于法无据。

二、 审判概览

（一）涉案项目情况

经招投标，四川省广汉公路桥梁工程建设有限公司（以下简称"广汉路桥公司"）于 2005 年 7 月 12 日和自贡捷通公路开发有限公司（以下简称"捷通公司"）签订合同编号为 G 合同段的《省道 S305 线隆雅公路富顺至荣县段改建工程（K32 +451～K41 +567）合同协议书》，约定广汉路桥公司承建捷通公司发包的路基工程（含桥涵）；合同总价为 19 888 405 元，其中含暂定金额 2 401 302 元。

在该工程项目的施工招标文件第 4 篇《合同专用条款》中，"专用条款数据表"载明"本数据表是合同条款中适用于本项目的信息和数据的归纳与提示，是合同专用条款的组成部分"。该表第 14.43.1 载明"工期：路基（包桥涵）18 个月完工。预计开工时间：以招标人将根据地方施工和交通维护需要在签订合同

一年内所发出的《准备开工令》上的时间为准。承包人应将此因素考虑风险系数，计入投标报价中，合同执行期间不为此调整单价"；第18.52.3载明"变更超过15%，设计上的变更按四川省交通厅《四川省地方重点公路工程设计变更管理规定》程序执行……计量确认：由监理初审报业主最后审定。变更工程量单价确定的原则：无论变更量达到多少，首先按合同中同类单价执行，如合同中无同类单价，则按公路工程预算定额及四川省的有关补充规定编制后下浮20%执行，并报市公路造价定额站审定"；第26.60.15载明"未付款额的利率：不计利息"；第28.70.1载明"对于合同执行期间(包括开工时间因素)劳务、材料等价格上涨对本合同工程成本的影响，承包人在编制投标文件时即应考虑确定一个'调价系数'，并计入工程量清单中的各项单价中，合同执行期间不再调整，风险自负"。

《标价的工程量清单》载明，204－1－g结构物台背回填执行单价44.20元/m³；同时，该清单所列细目不包括重滩大桥拱架。《标价的工程量清单说明》第11条载明"桥、涵施工所需模板、拱盔、支架等应计入各相应单价中，业主不再单独计量支付"；第13条载明"符合合同条款规定的全部费用应认为已被计入有标价的工程量清单所列各细目之中，未列细目不予计量的工作，其费用应视为已分摊在本合同工程的有关细目的单价或总额价之中"。

《合同通用条款》第55.1载明"工程量清单中开列的工程量是根据本工程的设计提供的预计工程量，不能作为承包人在履行合同义务中应予完成工程的实际和准确的工程量"；双方还在合同中对工程范围、竣工验收、质量保修、违约责任等进行约定。

2006年11月23日，自贡市交通局与四川龙浩公路投资有限公司(以下简称"龙浩路投公司")签订《特许经营协议书》，约定龙浩路投公司作为修建省道S305线隆雅公路富顺至荣县段改建工程的项目法人。2007年4月10日，四川省发展和改革委员会以川发改交(2007)123号文件批复同意龙浩路投公司作为上述工程的项目法人。

2006年4月19日，广汉路桥公司编制的《总体施工组织设计》载明，重滩大桥拱架采用木拱架。5月17日，工程项目的监理单位对《总体施工组织设计》签署意见，内容为"原则同意。涉及个别与实际施工不符的为：……重滩大桥拱架方案等应进一步完善。重滩大桥实施性施工组织设计及支架、拱架等单独报批……"2007年1月28日，龙浩路投公司对工程项目监理单位关于重滩大桥拱架已能满足使用要求，同意进行下一道工序的意见，签署"同意"。5月10日，龙浩路投公司对广汉路桥公司关于业主、监理单位出于质量和安全考虑，将重滩大桥木拱架变更为碗扣钢管拱架的情况说明，签署"情况属实"。

2007年12月17日，广汉路桥公司与龙浩路投公司达成《关于G段另半幅路基工程施工及费用的会议纪要》。其中，第3条约定"由于形成该半幅路基现状的原因较多，对该部分的挖、填工程等费用的认定，经双方协调认定，费用按以下方式进行处理：双方认同的挖、填工程数量按 G 段原合同清单报价里的路基挖土土石方(203 - 1 - d)及路基填筑中的利用土石混填(204 - 1 - d)项目单价进行计价，另考虑到该种施工机械效率较低、工效不高及运距较长等，对该部分形成的费用考虑其利用由 G 段征用的弃土场，并补助给 G 段征用该弃土场费用 4.7 万元。以上费用达成协议后，由 G 段按此协商费用完成该段的所有另半幅路基工程并移交路面单位施工，并做好相关交接资料。其他费用不再考虑"。

2008 年 12 月 10 日，广汉路桥公司将该工程项目交工。

工程竣工验收合格后，广汉路桥公司于 2012 年 1 月 5 日编制工程结算文件。在其编制说明中，载明了结算依据按照合同文件和业主制定的结算管理办法执行；实际结算总金额为 19 158 219 元；G 合同段在施工过程中共发生了 26 项变更，变更令累计增加价 1 351 829 元。

2012 年 7 月 13 日，广汉路桥公司与龙浩路投公司签订《补充合同》，约定龙浩路投公司承接捷通公司在《省道 S305 线隆雅公路富顺至荣县段改建工程(K32 +451 ~ K41 +567)合同协议书》中的全部权利义务。

2012 年 8 月 17 日，因广汉路桥公司要求龙浩路投公司补偿相关费用，双方签订《补充协议》，约定重滩大桥(K35 + 895.86)拱圈、重滩大桥(K35 + 895.86)、长土桥等调整后的结算方式。之后，广汉路桥公司将调整后编制的工程结算文件交给龙浩路投公司，由龙浩路投公司委托北京天健兴达工程咨询有限公司进行审核。2013 年 1 月 7 日，广汉路桥公司与龙浩路投公司就该工程项目签订《基本建设工程结算审核定案表》，约定"送审金额 19 979 546.70 元，审减金额 126 848.53 元，审定金额 19 852 698.17 元"。该表同时备注"原送审金额 19 847 359 元，漏报金额 132 187.70 元，根据业主意见，漏报金额直接计入送审金额，故合计送审金额为 19 979 546.70 元"。

2013 年 6 月 4 日，广汉路桥公司、龙浩路投公司与监理单位根据审定的结算工程款签订《工程款结算最终支付证书》，广汉路桥公司在其签章处备注"该工程款结算款最终支付证书(单)指双方已认可的工程项目款，不含双方待处理的遗留问题工程项目款"。

（二）审理要览

1. 原告主要诉求

本案一审原告广汉路桥公司于 2010 年 4 月向自贡仲裁委员会提起仲裁，请求捷通公司和龙浩路投公司支付其工程款 5 805 801.09 元，款项涉及的工程项目为：一是路基部分，包括软基换填项目、结构物台背回填项目、自备挖方填料项目；二是桥梁部分，包括长土桥项目、重滩大桥项目的粗料石加工费、块石增加运输费、拱架增加费；三是提前进场费。自贡仲裁委员会作出自仲裁(2010)民字第 15 号裁决。之后，广汉路桥公司向原审法院提出申请，请求撤销仲裁裁决。同年 6 月 30 日仲裁裁决被该院依法撤销。

此后，广汉路桥公司与龙浩路投公司在确认工程量基础上，对工程款进行结算，双方结算差额为 3 377 206.49 元。故请求判令：龙浩路投公司支付其工程款 3 377 206.49 元(借土费 1 968 431.61 元 + 结构物台背回填费 244 402.21 元 + 重滩大桥拱架增加费 644 402 元 + 提前进场费 519 970.67 元)及相应资金利息，并承担全部诉讼费用。

2. 审理经过

本案经过一审、二审和再审程序。四川省自贡市中级人民法院作出(2014)自民二初字第 19 号民事判决：驳回广汉路桥公司的诉讼请求。

二审法院四川省高级人民法院于 2015 年 5 月 22 日作出(2015)川民终字第 185 号判决：驳回上诉，维持原判。

最高人民法院于 2016 年 1 月 25 日作出(2015)民申字第 2 852 号民事裁定书，裁定驳回四川省广汉公路桥梁工程建设有限公司的再审申请。

三、 争议焦点的规则解读

【焦点】 工程结算价款如何确定

1. 当事人观点

本案一审原告广汉路桥公司认为：《补充协议》第 8 条约定表明，广汉路桥公司和龙浩路投公司将双方争议部分留待诉讼解决，即《竣工结算审核报告书》仅对双方无争议部分进行了结算；广汉路桥公司已就争议部分提供相关证据。结合合同约定，可以计算出主张的工程款金额。龙浩路投公司如有异议或者人民法院认为确有必要，可以由龙浩路投公司提出或者人民法院决定启动鉴定程序，而不应由广汉路桥公司提交鉴定意见。

本案一审被告龙浩路投公司认为：在广汉路桥公司主张的四部分费用中，借土费已包含在《竣工结算审核报告书》内，结构物台背回填费的单价变更经广汉路桥公司签字确认，重滩大桥拱架增加费按照合同约定不属于业主支付范围，而提前进场费则系广汉路桥公司的单方行为，且也无证据证明业主要求其提前进场。

2. 法院观点

四川省自贡市中级人民法院一审认为：

《省道 S305 线隆雅公路富顺至荣县段改建工程(K32 + 451 ~ K41 + 567)合同协议书》合法有效。龙浩路投公司承接捷通公司的合同权利义务，应当向广汉路桥公司支付工程价款。事实表明，广汉路桥公司经与龙浩路投公司多次协商后，提交结算文件，龙浩路投公司对漏报金额 132 187.70 元认可并直接计入结算金额。经北京天健兴达工程咨询有限公司审核，审减金额 126 848.53 元，审定金额 19 852 698.17 元。对此审定金额，广汉路桥公司与龙浩路投公司于 2013 年

1月7日予以确认，龙浩路投公司也已足额支付该工程价款。现广汉路桥公司在双方确认结算金额后，再行主张"借土、回填、重滩大桥工程变更、提前进场"费用不符合合同约定；且广汉路桥公司既未编制结算书，也未提交工程造价部门或造价鉴定机构对该部分价款予以确认的证据，龙浩路投公司也不予认可。故广汉路桥公司的诉讼请求缺乏相应证据，不予支持。

四川省高级人民法院二审认为：

关于是否应当支付借土费及利息。借土费虽被《补充协议》约定为双方待协商处理事项，但之后，广汉路桥公司根据《补充协议》，对其自行编制的工程结算文件进行调整，并将调整后的结算文件交由龙浩路投公司委托审核。同时，对《竣工结算审核报告书》载明的挖、填方数量以及按照该挖、填方数量计价的审定金额，双方均予签字确认。所以，在龙浩路投公司支付完毕审定金额工程款后，广汉路桥公司又对审定的挖、填方数量进行否定，并以施工过程中双方的往来函件、清单等，要求龙浩路投公司支付因挖填不平衡所产生的借土费，没有事实和法律依据。假如广汉路桥公司的该主张成立，工程审核也将失去其最终结算的意义。至于广汉路桥公司在《工程款结算最终支付证书》中的签章备注内容。因该备注系广汉路桥公司的单方行为，未得到龙浩路投公司的确认。因此，不能视为龙浩路投公司同意借土费在工程审核之外另行解决。

关于是否应当支付结构物台背回填费及利息。广汉路桥公司在其自行编制的工程结算文件和《竣工结算审核报告书》中，对结构物台背回填中的7 881.40m³工程量以13.19元/m³单价结算不持异议。广汉路桥公司和龙浩路投公司也对依该计价方法得出的审定金额予以签字确认。由此可知，双方通过上述方式，就该部分工程量达成了价格合意变更。且结构物台背回填中的其余1 233m³工程量，在使用砂性土做填料的情形下，仍然按照44.20元/m³单价结算，对广汉路桥公司而言，亦属获利行为。因此，在双方针对结构物台背回填费已达成合意结算后，广汉路桥公司再行主张以44.2元/m³单价结算7 881.40m³工程量，并要求龙浩路投公司支付差价款，明显违背诚实信用原则。

关于是否应当支付重滩大桥拱架增加费及利息。根据双方合同即施工招标文件第5篇《技术规范》约定，重滩大桥拱架的设计、制作与安装均需报请监理单位批准同意。广汉路桥公司的原木拱架设计方案，因不符合质量和安全要求，被监理单位提出整改而变更为碗扣钢管拱架方案。由此产生的增加费用，应当由广汉路桥公司承担。因此，在双方合同明确约定龙浩路投公司不承担桥、涵施工所需模板、拱盔、支架等费用的条件下，结合龙浩路投公司自始未对增加费用作计量确认之事实，可以推出龙浩路投公司于2007年5月10日对调整方案的签字认可，并不表明其有变更双方合同约定之意思表示。

关于是否应当支付提前进场费及利息。双方在合同中未对该部分费用进行约定。广汉路桥公司并未提供捷通公司或者龙浩路投公司要求其提前进场施工和承诺支付该部分费用的其他有力证据，故广汉路桥公司主张龙浩路投公司支付该部分费用的上诉理由不能成立。

最高人民法院经再审认为：

关于借土费问题，广汉公司认为在其施工时，因填方大于挖方，发生了122 338.82m³的借土工程量，总计工程款1 968 431.61元，主张龙浩公司应另行支付。但根据2012年1月5日广汉公司就案涉工程编制的结算文件，并不存在填方大于挖方而必须借土的情形。在施工中，广汉公司另行承担了另半幅路基工程的扫尾工作，对于该部分工程价款，双方已于2007年12月17日以《关于G段另半幅路基工程施工及费用的会议纪要》形式确定，故此关于另半幅路基工程扫尾工作的挖填方费用双方已有约定，并且已经审核结算。现广汉公司以工程施工时存在借土事宜为由，主张另行给付，与事实不符；广汉公司为证实借土费未在《竣工结算审核报告书》中解决，提交了一份由北京天健大华工程咨询有限公司出具的《省道305线隆雅路G合同段2 012.1.4审核（量1）》作为新证据。但该份文件所载明的经调整后的挖方量仍然大于填方量，也不能支持广汉公司的借土主张。

关于重滩大桥拱支架设计变更增加费问题，根据招标文件《工程量清单说明》，拱架并非单独计价项目，其费用已经包含在其他工程量的计算中，因设计变更导致的拱架费用增加亦本应包含在广汉公司制作投标文件所考虑的风险之中。施工中，即使因为设计变更导致广汉公司成本增加，其也只能通过协商与龙浩公司解决此问题。而据2012年8月17日双方签订的《补充协议》可见，对涉重滩大桥的拱圈设计变更、石料运输增加费用等，龙浩公司业已同意对广汉公司给予一定补助，但对重滩大桥拱支架设计变更所增加费用，因双方未能达成合意，只能按照合同约定，由广汉公司自行承担。广汉公司所提交的新证据为龙浩公司出具的《关于G段（2007）39号报告的回复》，为结算前双方往来协商文件，其第6条仅能证明双方就重滩大桥变更拱支架的费用承担问题处于协商之中，不能证明双方已就此问题达成合意，因此该证据不足以推翻原审判决。

关于提前进场施工费问题，广汉公司提交的新证据，即龙浩公司出具的《关于G段（2007）39号报告的回复》第7条载明："关于提前进场施工的费用，原业主会同现业主曾同你方进行专题会议讨论，对相关事宜提出初步解决方法，请贵司研究确认"，但该证据恰恰证明双方仅就该部分费用处于协商之中，并未达成合意。因招标文件已明确约定开工时间并提示提前开工风险，加之龙浩公司又对提前进场施工费用主张提出抗辩，且广汉公司提前进场施工所做工程量均已计入最终结算，故广汉公司对提前进场施工提出单独的费用主张，难以得到支持。

关于结构物回填差价问题，工程竣工验收后，根据广汉公司就案涉工程编制的结算文件，双方对于回填材料与工程量并无争议，只是对回填单价有不同认识。关于回填单价，招标文件第4篇《合同专用条款》规定：无论变更量达到多少，首先按合同中同类单价执行，如合同中无同类单价，则按公路工程预算定额及四川省的有关补充规定编制后下浮 20% 执行，并报市公路造价定额站审定。在施工过程中，由于龙浩公司变更设计，将砂砾石回填改为砂性土回填，并据此将部分回填工程变更价格为 13.19 元/m³，且经审定结算，其行为并无违反合同约定之处。

广汉公司主张双方仅就达成一致的问题先行结算，将争议事实留待诉讼解决，但工程结算是具有重要意义的法律文件，工程总体结算之后以结算前的分项计价再度提出主张，有失公允，于法无据。案涉工程或存在低价竞标情形，如广汉公司希望提高工程单价，只能通过协商方式与龙浩公司共同确定。

3. 作者简评

建设工程中结算协议实际上是对竣工验收之前的建设工程施工合同的履行情况进行结算的结论性文件。即只要在结算协议中没有单独罗列的争议事项和争议费用，那么结算协议所确定的金额就是发包人应该支付给承包人的全部金额。本案中包括最高人民法院在内的各级人民法院的判决书都印证了这样一个审判思路，各级人民法院均确认了结算协议的效力，对于承包人超出结算协议金额的价款主张没有支持。

四、 启示

【启示】特许经营项目的社会资本方应重视结算协议签订

建设工程价款结算是建设工程施工合同领域一个特殊的事项，由于建设工程涉及工程价款变更的事项非常之多，因此需要一个很长时间的结算程序来明确最终的工程价款金额，这区别于一般的买卖合同或者承揽合同。结算程序的最终成果文件，可以是一个结算汇总表，但是越来越多地采用了签订结算协议的做法。签订结算协议的优势在于，结算协议是独立于施工合同的具有独立效力的协议，不受施工合同效力的影响。只要签订结算协议，即便施工合同无效，结算协议的金额也会得到法院的支持。如北京市高级人民法院就有明确的规定，北京市高级人民法院《关于审理建设工程施工合同纠纷案件若干疑难问题的解答》："当事人在诉讼前已就工程价款的结算达成协议，一方在诉讼中要求重新结算的，不予支持。但结算协议被法院或仲裁机构认定为无效或撤销的除外。建设工程施工合同无效，但工程经竣工验收合格，当事人一方以施工合同无效为由要求确认结算协议无效的，不予支持。"

11 盐城市市政建设集团有限公司与上海建设机场道路工程有限公司建设工程施工合同纠纷申请再审案

案例来源：（2013）通中民初字第 0037 号，（2014）苏民终字第 253 号，（2015）民申字第 3311 号。

关键词：发包　分包　无效　审计

一、裁判规则

【规则】一审法庭辩论结束前未取得建设工程规划许可证，施工合同无效，工程已竣工验收的参照合同约定结算并支付工程款

一审法庭辩论结束前未取得建设工程规划许可证所签订的总包合同以及分包合同，均应认定为无效。如工程已竣工验收，依据最高人民法院《建设工程施工合同司法解释》第2条的规定，应参照合同约定结算并支付工程款。

二、审判概览

（一）涉案项目情况

2007年2月16日，海门市城市发展投资有限公司（以下简称"海门城投公司"）与上海城建（集团）公司（以下简称"上海城建"）就张謇大道拓宽工程等的投资、建设、移交签订合作备忘录。

2007年5月，海门城投与海门晟隆建设发展有限公司（以下简称"晟隆公司"，为上海城建所设立的项目公司）就张謇大道拓宽工程等订立海门市城市基础设施项目投资合同（BOT模式），约定由晟隆公司负责本工程的投融资、建设及移交事宜。2007年6月5日，晟隆公司将张謇大道拓宽工程发包给上海建设机场道路工程有限公司（以下简称"上海场道公司"）、上海城建联合体施工。

2007年7月10日，上海场道公司与盐城市市政建设集团有限公司（以下简称"盐城市政公司"）订立了建设工程专业分包合同，约定由盐城市政公司分包张謇大道K3+750-K5+600内主车道工程（双向八车道）、雨污水工程、全部沟塘回填及涵洞工程。上海场道公司与盐城市政公司议标文件约定的议价方式为：以海门城投公司、晟隆公司批准的、经审计部门审定的工程造价（不下浮12%的前提下）下浮22%，税收由承包方办理代扣代缴；项目竣工验收合格并经海门市政府审计部门审定后付至决算价格的95%，一年保修期结束后全部付清。

此后，盐城市政公司完成了涉案工程的施工。2008年12月25日，涉案工程经竣工验收为优良。2009年11月，盐城市政公司向上海场道公司提交了结算书，载明涉案工程总价款为67 204 073.32元，上海场道公司将该结算书提交晟隆公司送审。

2012年12月7日，海门市审计局审定张謇大道拓宽工程（实际桩号为K3+750-K5+606）的造价为53 296 019.67元，该价格已经按照总包合同的要求下浮12%。双方当事人确认已付款为42 531 081.61元。

（二）审理要览

1. 原告主要诉求

本案一审原告盐城市政公司起诉至江苏省南通市中级人民法院，请求判令上海场道公司支付工程款7 434 878.11元，并按同期银行贷款利率承担2009年

12 月 25 日至实际还款之日的利息及本案诉讼费用。

本案重审过程中，盐城市政公司认为在施工过程中，存在工程材料价格上的调整，遂增加诉讼请求，请求上海场道公司另行支付材料调差费 2 128 255.37 元。

2. 审理经过

本案经过一审、二审以及再审程序。一审法院江苏省南通市中级人民法院于 2013 年 12 月 20 日作出（2013）通中民初字第 0037 号民事判决，判决：上海场道公司于判决生效后 10 日内给付盐城市政公司工程款 2 497 756.39 元，并按银行同期同类贷款利率支付从 2009 年 12 月 25 日起至实际给付之日止的利息；驳回盐城市政公司的其他诉讼请求。

二审法院江苏省高级人民法院于 2015 年 2 月 9 日作出（2014）苏民终字第 253 号民事判决：驳回上诉，维持原判。

最高人民法院于 2015 年 12 月 21 日作出（2015）民申字第 3311 号民事裁定：驳回盐城市市政建设集团有限公司的再审申请。

三、 争议焦点的规则解读

【焦点】未取得建设工程规划许可证的总包、分包合同无效，工程已竣工验收的如何进行工程结算

1. 当事人观点

本案一审原告盐城市政公司认为：涉案工程的发包人是海门城投公司，而非晟隆公司，后者只是总包人上海城建公司的全资子公司，2007 年 6 月 5 日、7 月 10 日的合同是转包和违法分包合同，均为无效合同；一审法院认定上海场道公司提交的中标通知书和合同等材料有效，而盐城市政公司从海门市城建档案馆调取并提交的中标通知书和合同等材料无效，于法无据；分包合同中并没约定以海门城投公司和晟隆公司共同委托的审计结论作为最终结算依据，对方向海门市审计局提供的决算书并不是盐城市政公司向对方提供的决算书，审计结果不能作为定案依据，且海门市审计局系行政机关，不具有审计资质；原审判决书欠款数计算错误，53 296 019.67 元已经下浮了 12%，因此不应在判决书中重复下浮 12%，同时税金应当按照工程款下浮 22% 后的数额承担；本案应以2009 年 11 月盐城市政公司递交的结算书中的工程造价 67 204 073.32 元加上材料调差费 2 128 255.37 元作为双方的结算价款；盐城市政公司在一审庭审中明确提出，"如果法院认为本案需要审计，应该向盐城市政公司释明"，一审法院对盐城市政公司的陈述既未驳回，也未释明不可以如此，而迳行作出判决，违背了客观事实，属程序违法。

本案一审被告上海场道公司认为：总包合同和分包合同都明确约定由政府部门审计作为双方决算依据，该约定对双方都具有约束力；专用条款中约定要审计，通用条款中约定我方对对盐城市政公司结算书在 28 天内不审核就视为认可，专用条款优先于通用条款适用；2013 年 5 月 28 日，上海场道公司持原审法院开具的《调查令》才取得了海门市审计局出具的《审定单》，故此前上海场道公司仅需支付85%的工程款；因取得《审定单》时工程保修期已经届满，上海场道公司应支付全部的工程款而没有支付，故逾期付款的利息应从2013年5月29日之日起计算。

2. 法院观点

江苏省南通市中级人民法院一审认为：

涉案工程经发包人晟隆公司同意，上海场道公司与盐城市政公司订立的分包合同，系当事人真实意思表示，未违反法律、行政法规的强制性规定，合法有效。即使涉案分包合同无效，在涉案工程质量合格的情况下，合同无效并不妨碍双方当事人参照合同的约定确定盐城市政公司应得的工程价款；盐城市政公司从档案馆复制的中标通知书等材料，并未加盖公章，无法确认系当事人最终签署的材料；分包合同约定，以海门城投公司、晟隆公司批准的、经审计部门审定的工程造价（不下浮12%的前提下）下浮22%，并由上海场道公司代扣4.68%税收后，支付给盐城市政公司。现审计部门审定的工程造价下浮12%后为53 296 019.67元，故上海场道公司应给付盐城市政公司的工程款为45 028 838元 [53 296 019.67×（1−12%）×（1−22%）×（1−4.68%）]；盐城市政公司在提交结算报告时并没有提出价格调差，因此其真实意思为涉案工程并不需要或放弃价格调差。而且，盐城市政公司所依据的江苏省建设厅《关于加强建筑材料价格风险控制的指导意见》主要针对固定价格施工合同，而本案的施工合同并非固定价格合同；双方约定在工程竣工验收合格并经海门市政府审计部门审定后付至决算价格的95%，保修期结束后全部付清，故审定价格一旦确定，即应溯及地计算利息。本案中，保修期截止至2009年12月24日，上海场道公司应当在保修期结束后向盐城市政公司支付全部工程款。

江苏省高级人民法院二审认为：

（1）关于涉案总包合同、分包合同的效力问题。涉案工程的建设方海门城投公司没有申请领取建设工程规划许可证，晟隆公司作为受托方，与上海场道公司和上海城建签订的总包合同以及上海场道公司与盐城市政公司签订的分包合同，均应认定为无效。

（2）关于涉案工程款如何结算的问题。虽然涉案的总包合同和分包合同为无效合同，但依据《建设工程施工合同司法解释》第2条，涉案工程已经竣工验收，应参照合同的约定结算并支付工程款；《议标文件》解释顺序优先于分包合同的通用条款，应优先适用《议标文件》确定涉案工程款。

（3）关于涉案工程款的利息如何计算的问题。涉案工程虽竣工验收于2008年12月25日，但其时海门市审计局尚未审定其价款，至一年保修期届满时支付全部决算价的条件仍未成就，故盐城市政公司主张的利息计算时间亦不能成立；海门市审计局的审定单虽于2013年5月28日方为上海场道公司所获悉，然其不得以此为据而改变原来"项目竣工验收合格并经海门市审计局审定后付至决算价格的 95%，一年保修期结束后全部付清"的约定。但其逾期出具，一方并据此主张从获悉之日方支付利息，实为双方订约时所预料未及，应通过补充协商予以确定，在没有或未能协商一致时，仍应参照原约处理，上海场道公司尚不能单方地主张从其获悉审定单之日起计算利息。

最高人民法院再审认为：

二审法院对于总包合同、分包合同的合同性质认定并无不当；盐城市政公司从海门市城建档案馆获取的招标公告和中标通知书无海门城投公司的签字盖章，海门城投公司与上海城建的合作备忘录落款处无双方的签字盖章，故这些材料均无法确认为当事人最终签署的材料；本案《建设工程专业分包合同》通用条款第 25.2 条约定，"承包人收到分包人递交的分包工程竣工结算报告及结算资料后 28 天内进行核实，给予确认或者提出明确的修改意见。承包人确认竣工结算报告后 7 天内向分包人支付分包工程竣工结算价款。"盐城市政公司主张应依据该约定来认定案涉工程价款，因为这一约定属于通用条款，而作为合同组成部分的《议标文件》属于当事人特别约定，其适用顺序优先于通用条款；建行海门支行编制的报价书，并非当事人约定的结算依据，不属于审理本案需要的主要证据，故盐城市政公司称原审法院未依法调取证据，理由不能成立；在一审庭审中，盐城市政公司的委托代理人明确表示："作为原告的特别授权代理人，我认为不需要审计，现在撤回申请"，虽然该代理人又提出，"如果法院认为本案需要审计，应该向盐城市政公司释明"，但某份证据材料等能否作为判决依据，并非属于人民法院应当释明的事项，故盐城市政公司申请再审称原判查明"双方当事人均表示不对涉案工程进行工程造价鉴定"违背客观事实且程序违法，理由不能成立。

3. 作者简评

建设工程施工阶段有很多需要政府审批的事项，其中土地使用权证、建设用地规划许可证、建设工程规划许可证以及施工许可证这四个证件是较为重要的，施工合同纠纷的产生往往和这四个证件是否取得有关联。

四、 启示

【启示】特许经营项目的社会资本方应取得"四证"，确保施工合同效力

特许经营项目的社会资本方应取得"四证"，确保施工合同效力，建设工程施工阶段有很多需要政府审批的事项，其中土地使用权证、建设用地规划许可证、建设工程规划许可证以及施工许可证这四个证件是较为重要的，施工合同纠纷的产生往往和这四个证件是否取得有关联。其中施工许可证，一般认为是行政管理文件，不涉及建筑物合法性问题及合同效力问题。发包人未取得施工许可证会受到行政处罚，但不会影响施工合同效力。土地使用权证、建设用地规划许可证和建设工程规划许可证这三个证件会影响到建筑物的合法性，如果没有取得建筑物会被认定为违章建筑，因此发包人没有取得该三个证件，签订的施工合同无效。但是法院也给了发包人补正错误的机会，即在一审法庭辩论结束前，如果发包人取得了该三个证件，施工合同也会被认定为有效。具体规定详见各地区高级人民法院的审判指导意见：

浙江省高级人民法院《关于审理建设工程施工合同纠纷案件若干疑难问题的解答》："发包人未取得建设用地规划许可证或建设工程规划许可证，与承包人签订建设工程施工合同的，应认定合同无效；但在一审庭审辩论终结前取得建设用地规划许可证和建设工程规划许可证或者经主管部门予以竣工核实的，可认定有效。发包人未取得建设用地使用权证或建筑工程施工许可证的，不影响建设工程施工合同的效力。"

广东省高级人民法院《全省民事审判工作会议纪要》："建设工程没有取得建设工程规划许可证，属于违法建筑，就该违法建筑所签订的施工合同无效。但在一审法庭辩论终结前取得建设工程规划许可证或者经主管部门批准建设的，应当认定该施工合同有效。"

北京市高级人民法院《关于审理建设工程施工合同纠纷案件若干疑难问题的解答》："发包人就尚未取得建设用地规划许可证、建设工程规划许可证等行政审批手续的工程，与承包人签订的建设工程施工合同无效。但在一审法庭辩论终结前发包人取得相应审批手续或者经主管部门批准建设的，应当认定合同有效。发包人未取得建筑工程施工许可证的，不影响施工合同的效力。"

 12 甘肃中瀚建筑工程有限公司与赵振明、罗志军、甘肃中瀚建筑工程有限公司甘肃武威工业园区污水处理工程项目部买卖合同纠纷案

案例来源：(2013)凉民初字第3865号，(2015)武中民终字第272号。
关键词：工程　发包　债务　连带清偿责任

一、裁判规则

【规则】总承包方不得依据内部承包关系对抗善意第三人

内部承包关系，对外不能对抗善意第三人。总承包方应对修建工程过程中所产生的债务承担连带清偿责任。

二、审判概览

（一）涉案项目情况

2011年7月19日，武威恒泰污水处理有限公司与甘肃中瀚建筑工程有限公司（以下简称"中瀚公司"）签订修建甘肃武威工业园污水处理厂工程的建设工程施工合同，约定武威恒泰污水处理有限公司将武威工业园污水处理厂工程发包给中瀚公司承建。另，根据甘肃省高级人民法院于2014年8月15日作出的(2014)甘民一终字第149号民事判决书，武威工业园区污水处理项目采取的是BOT建设与运行的方式。

2011年7月29日，中瀚公司与罗志军签订项目经营个人承包合同，中瀚公司将该工程转包给罗志军承建，双方约定承包方式为项目承包、自主经营、独立核算、自负盈亏。此后，罗志军未经工商登记即以甘肃中瀚建筑工程有限公司甘肃武威工业园区污水处理工程项目部(以下简称"项目部")名义修建了该工程。中瀚公司曾于2011年7月16日作出《甘肃中瀚建筑工程有限公司关于成立甘肃武威工业园区污水处理工程项目经理部的决定》[甘中瀚发(2011)25号]，成立甘肃武威工业园区污水处理工程项目经理部，任命项目主要负责人为罗志军。

2012年3月至10月，罗志军以项目部名义陆续从赵振明处赊购了价值22万元的保温砖、空心砖等材料。2012年12月25日，罗志军的雇员罗志龙以项目部名义出具欠条1张，载明：该项目部从原告处购买了价值22万元的材料，支付了7万元材料款，下欠15万元未付，并加盖了项目部公章。后赵振明向罗志军索要欠款无果，遂于2013年11月27日起诉要求被告偿付材料款15万元及利息。

（二）审理要览

1. 原告主要诉求

一审原告赵振明起诉至凉州区人民法院(简称"凉州区法院")，请求判令：罗志军偿付赵振明材料款15万元及利息；甘肃中瀚建筑工程有限公司对上述债务的偿还承担连带清偿责任。

2. 审理经过

本案经过一审和二审程序。凉州区法院作出(2013)凉民初字第3865号民事判决。审理中，中瀚公司提出该案须以武威市中级人民法院审理的其与被告罗志军的另一案件的结果为依据并要求本案中止诉讼，凉州区法院遂于2014年3月15日裁定本案中止诉讼。2014年8月15日甘肃省高级人民法院作出(2014)甘民一终字第149号民事裁定书，其中明确了被告中瀚公司与被告罗志军间系转包关系且被告罗志军系权利主体。凉州区法院遂恢复本案审理。

凉州区法院判决：罗志军偿付赵振明材料款15万元及利息(利息按中国人民银行同期贷款利率计付，自2012年12月25日起付至本金付清之日止)。限本判决生效后10日内付清；甘肃中瀚建筑工程有限公司对上述债务的偿还承担连带清偿责任。

二审法院甘肃省武威市中级人民法院于2015年7月11日作出(2015)武中民终字第272号判决，判决：驳回上诉，维持原判。

三、 争议焦点的规则解读

【焦点】总承包方可否依据内部承包关系对抗善意第三人，不予承担连带清偿责任

1. 当事人观点

本案一审原告赵振明认为：2012年3月至10月间，其陆续向项目部供应了价值22万元的保温砖、空心砖，项目部向其出具了欠条1张，后项目部陆续支付7万元，还欠15万元久拖不付。

本案一审被告项目部负责人罗志军认为：赵振明陈述属实，但我方只同意给付货款15万元，不同意支付利息。且我方与武威恒泰公司就工程款正在诉讼期间，如果我方将工程款索要回来，将全额支付赵振明的货款。

本案一审被告中瀚公司认为：我公司与赵振明没有合同关系和债权债务关系，我公司已将涉案工程承包给罗志军，我公司与罗志军签订的合同约定由罗志军自负盈亏，原赵振明陈述的欠款与我公司无关，我公司不承担任何责任；原审程序错误，罗志军以实际施工人的名义，针对本案所涉工程项目以原告身份以中瀚公司、武威恒泰污水处理有限公司、甘肃武威工业园区管理委员会为被告进行诉讼，该案正在审理中，本案的审理应当以前一个案件的审判为依据，故本案应当中止审理；中瀚公司工业园区污水处理项目部不具有本案的诉讼主体资格；不能仅以罗志龙出具的欠条认定罗志军与赵振明之间存在买卖关系，亦不能认定与中瀚公司之间存在债权债务关系；中瀚公司与罗志军之间并非发包、分包、转包关系，而是项目内部承包关系，在双方签订的合同中并未约定对外承担连带责任。

2. 法院观点

甘肃省武威市凉州区人民法院一审认为：

赵振明与项目部之间因买卖而形成的债权债务关系因有项目部出具的欠据证实，足以认定。项目部系罗志军在未取得建筑资质情况下成立，项目部无法人资质，不能独立承担责任；且罗志军与中瀚公司约定工程承包方式为项目承包、自主经营、独立核算、自负盈亏，故罗志军应对修建工程中项目部产生的债务承担清偿责任。中瀚公司明知罗志军未取得建筑资质而与罗志军签订施工合同，将其承揽的工程发包给罗志军承建，并默认罗志军承建工程期间以项目部名义从事相关民事活动，由此形成的债务，中瀚公司应承担连带清偿责任。

甘肃省武威市中级人民法院二审认为：

本案的债权债务关系因罗志军承建武威工业园区污水处理工程期间接受赵振明供应的保温砖、空心砖后未全额支付材料款所致。中瀚公司承包武威工业园区污水处理工程后，与无建筑资质的罗志军另行签订了《甘肃中瀚建筑工程有限公司项目经营个人承包合同》，以收取管理费的方式将工程转包给罗志军，后因施工需要成立了武威工业园区污水处理工程项目经理部，并任命罗志军为项目部的主要负责人。罗志军与中瀚公司对内虽属承包关系，权利义务关系明确，但因该约定系内部约定，对外不能对抗善意第三人，且项目部是中瀚公司为完成工程临时设立的，并无独立的法人资格，对外项目部隶属于中瀚公司，罗志军是项目部的负责人，赵振明有理由相信项目部在修建工程过程中对外从事民事行为实际代表中瀚公司，故中瀚公司应当对罗志军所欠赵振明的材料款承担连带清偿责任。另本案主要系罗志军与中瀚公司对外法律关系的认定问题，无须以罗志军向中瀚公司及发包人等主张工程款的另一案件的结果为依据。

3. 作者简评

内部承包对于大多数的施工企业尤其是江浙一带的施工企业来说并不陌生，是施工企业普遍采取的经营模式。目前并无对内部承包的确切法律定义，一般而言，内部承包指施工企业将其承接工程项目全部或部分交给其内部职能部门或内部职工负责，由承包合同中的承包方组织人、财、物完成施工，实行内部独立核算，自负盈亏，并向发包方缴纳一定管理费的经营方式。承包合同中的承包方一般包括企业内部职工、分公司、项目部等具有隶属关系的企业内部部门或个人，而对于作为公司法上具有独立法人资格的子公司则不可以作为内部承包的承包方。①

四、 启示

【启示】特许经营项目社会投资人应清晰识别内部承包与转包挂靠的区别

对于特许经营项目的社会投资方来说，需要了解内部承包这种承包方式，但是对于内部承包并不需要有过多的疑虑，内部承包和转包挂靠这样的违法承包方式还是有本质区别的。一旦出现施工合同的争议，承担责任的也是社会资本方选定的有资质的施工企业，而不是具体实施施工工作的个人。

各地高级人民法院都对内部承包的合法性进行规定，基本的裁判规则都是确认内部承包是合法有效的。具体如下：

浙江省高级人民法院《关于审理建设工程施工合同纠纷案件若干疑难问题的解答》明确规定：建设工程施工合同的承包人与其下属分支机构或在册职工签订合同，将其承包的全部或部分工程承包给其下属分支机构或职工施工，并在资金、技术、设备、人力等方面给予支持的，可认定为企业内部承包合同；当事人以内部承包合同的承包方无施工资质为由，主张该内部承包合同无效的，

---

① 1987年，原国家计划委员会、财政部、中国人民银行颁布的《关于改革国营建筑企业经营机制的若干规定》第2条规定："施工企业内部可以根据承包工程的不同情况，按照所有权与经营权适当分离的原则，实行多层次、多形式的内部承包经营责任制，以调动基层施工单位的积极性。可组织混合工种的小分队或专业承包队，按单位工程进行承包，实行内部独立核算；也可以由现行的施工队进行集体承包，自负盈亏。不论采取哪种承包方式，都必须签订承包合同，明确规定双方的责权利关系。"

不予支持。北京市高级人民法院《关于审理建设工程施工合同纠纷案件若干疑难问题的解答》明确规定：建设工程施工合同的承包人将其承包的全部或部分工程交由其下属的分支机构或在册的项目经理等企业职工个人承包施工，承包人对工程施工过程及质量进行管理，对外承担施工合同权利义务的，属于企业内部承包行为；发包人以内部承包人缺乏施工资质为由主张施工合同无效的，不予支持。

后 记

唯有坚持方得始终

坦白说，写书是一件费劲儿的事，前期研究方法与思路的确定，资料的搜索与整理，写作体例的形成，具体问题的研究撰写与推敲琢磨，校稿统稿，直至最后的专家推荐，没有一件不需费心费力。对于工作极端繁忙的专业工作者，任何懈怠、犹豫都可能使写书的念头付诸东流。此时此刻，面对眼前这部书稿，我的脑海里只有二个字，感恩！

感恩的是，北大法宝郭叶女士和北京大学出版社陆建华先生对我的鼓励与督促。在我仅有一个研究念头的时候，他们多次主动与我交流探讨书稿体例，亲自参与书稿的讨论修改，反复督促我努力写作。良好的合作关系是本书得以形成的前提与基础。

感恩的是，我们团队伙伴一次次的挑灯夜战。他们分别是黄栋律师、孙泉律师、吴昕栋律师、唐光超律师以及杨梦娇律师，他们在繁重的日常工作之余，积极参与资料收集、整理和部分写作。团队的力量是本书得以形成的坚实保障。

作为一个投入近三分之一时间学习法律，一个热爱法学缜密思维与"公平与善艺术"的人，放弃"铁饭碗"是为了"诗和远方"，为了在垂垂老矣的时候，不会因为没有做自己曾经想做的事而遗憾。然而，任何突然转型的人生都不是一帆风顺的，个中滋味，冷暖自知。无论前路多么漫长，我始终提醒自己，唯有坚持，方得始终。

我们知道本书仍有疏漏和欠妥之处，我们将继续努力，结合PPP法律服务实践，持续进行PPP司法案例研究。欢迎各位同仁提出批评指正，也期待与大家进行深入交流探讨。

黄华珍

2017 年 11 月 14 日

于北京富凯大厦